Diversity Management

ダイバシティ・マネジメント

多様性をいかす組織

谷口真美
Taniguchi Mami

東京 **白桃書房** 神田

序　文

　多様性（ダイバシティ）をうまくパフォーマンスにむすびつけている企業とそうでない企業とがある。その違いは，いったいどこにあるのだろうか。

　ある企業では，女性を役員に登用することで，マスコミの反響を呼び，市場から好感を持って受け入れられている。また，ある企業では，若手の幹部登用をすすめることで，若手だけでなく全社員のモチベーションを上げることに成功している。ある企業は，中途入社の社員と既存の社員たちが互いの良い面を学び合っている。ある企業では，高齢の社員がその経歴をいかしプロジェクトに素晴らしい助言をもたらしている。

　性別，年齢，経歴など，組織には多様な人材が集まっている。価値観や宗教，習慣，教育，ライフスタイルまでも含めると，企業はきわめて多様な人材の集合体だといえる。多国籍企業や外資系企業と提携あるいは合併した企業では，とりわけ国籍や人種・民族の多様化がすすんでいる。

　こうした企業は，どのような組織の特徴を持っているのか，どのようなプロセスを経て多様性をいかす組織へと変えていったのだろうか。

　多様性は，偏見や対立（コンフリクト）などマイナス面ばかりが注目されていた。だが，多様性は，マネジメントいかんによってプラスになるということが，これまでのダイバシティ研究で解明されているのである。

　アメリカでダイバシティ・マネジメントが頻繁に議論され始めたのは1990年代に入ってからである。アメリカの企業は，当初「マイノリティの昇進の道が閉ざされている」といった批判に応えるための消極的な取り組み方をするにとどまっていた。

　だが中には，多様性を売上や利益にむすびつけて考える企業があった。それらの企業は，「労働力の多様性が，企業と市場の多様性との間の橋渡しを

する」ということに気づいた。さらに研究が進むうちに、多様性にはもっと大きなメリットがあることが明らかになった。もちろん、デメリットもあるが、多様性のメリットとデメリットをうまくコントロールしながら経営にいかし業績をあげる企業が現れるようになった。

1990年代後半、アメリカの企業の中で、ダイバシティ・マネジメントにいち早く取り組んだ企業と、遅れをとった企業との間に、明確な差が出てきた。従業員のモチベーションや組織の柔軟性の面だけでなく、財務的な数値の上でも差が顕著になった。ダイバシティ・マネジメントにいち早く取り組んだ企業が抜きん出た業績をあげたのである。

日本では、ダイバシティ・マネジメントに積極的に取り組む企業はまだ数えるほどしかない。だが、ダイバシティ・マネジメントに取り組む企業がある限り、いずれ必ず格差が生まれる。

ダイバシティ・マネジメントは避けては通れない道なのである。その理由は第1章で述べる。避けて通れないのならば、いち早く取り組む以外に道はなさそうである。

アメリカで発達したダイバシティ・マネジメントは比較的新しい研究対象であるものの、この15年間、多くの学問分野の研究者がその議論に参加してきた。ところが、日本国内では、研究が少ないせいか、いまだいくつかの誤解が生じているようである。

日本におけるダイバシティ・マネジメントの解釈を混乱させている原因をあげてみると次のようになる。

1）多様性を論ずるとき、ジェンダーや人種（表層レベル）、価値観（深層レベル）ばかりを取り上げていること。これらは、ダイバシティ研究のごく一部なのである。

2）表層レベルと深層レベルを混同して扱っていること。表層と深層を分離して議論した方がパフォーマンスへの効果が明確にできる場合と、分離せずに論じる方が、実際に起こっているパフォーマンスへの影響をより正確に示す場合とがある。

3）根拠となるモデルや理論が示されず、多様性がなぜそのような結果を

導くのかがあいまいにされていること。

4）多様性をマネジメントするということは，いったいどのようなことなのかが示されておらず，具体策も乏しいこと。

　徐々にではあるが，企業がダイバシティ・マネジメントに取り組むようになり，「多様性（ダイバシティ）」という言葉を耳にするようになった。海外に進出した多国籍企業だけでなく，国内でも「多様性（ダイバシティ）」を重要課題に掲げる企業がある。

　ところが，先に述べたように日本では「多様性（ダイバシティ）」という言葉は比較的新しい概念のせいか，見解の統一がなされていないようである。

　また，女性登用の推進をダイバシティ・マネジメントと同一視するむきもある。「とにかく女性をもっと増やしたい。女性管理職を増やすにはどうすればいいか」と，真剣に話す企業の人事担当者に出会うこともある。

　女性の採用や登用が最終的なゴールになっている。何のために登用するのか，そのことが長期的にみて企業にどのようなメリットをもたらすのか，といった観点が抜けている。本質を議論せず，先行企業の登用事例を表面的に真似ても決してうまくはいかないだろう。

　ワーク・ファミリーバランス，フレックスタイム制，契約社員，人材のアウトソーシング化など働き方の多様化を「多様性（ダイバシティ）」という言葉で表現している企業も見受けられる。

　今までと違ったことを試してみる，あるいは，ほんの少しの変化を起こすことが「多様性（ダイバシティ）」だと語る人もいる。

　単に多様な人材を採用することが「多様性（ダイバシティ）」だと思っている人もいる。

　「多様性（ダイバシティ）」という言葉が，企業・人それぞれ，多種多様に用いられている。「多様性（ダイバシティ）」という言葉の定義は，後ほど第2章で述べる。

　現状からの抜本的な改革を必要とする企業が，多様性を取り込むことで組織全体の変革を実現し競争力を強化し業績をあげている。もちろん，ダイバシティ・マネジメントに取り組むことだけで業績が向上しているわけではな

い。戦略の転換や，新市場の開拓，新技術の開発など，あらゆるファクター
が集まり，業績向上につながるのである。多様性はそのファクターのひとつ
である。

　ある意味，多様性は組織を変革する際のツールになり得るのである。変革
を必要とする企業が多様性に注目するゆえんがそこにある。

　多様性を取り込むことによってパフォーマンス（チームや組織の成果）を
あげるにはどうすればよいのか，そのための組織とはどのような特徴を備え
ているべきか，組織をどのように変革すればよいのか，それが本書の中心的
テーマである。

増刷に向けて

　初版から10年余りが経過し，企業経営におけるダイバシティ（多様性）という言葉は，人事の専門用語から，広く一般的な用語となった。

　2017年現在，日本企業の多くが，統合レポートやホームページといった対外的な公開資料に多様な人材の活用を謳っている。例えば国内的には，数値目標を設定して女性社員の採用や登用に努めたり，育児・介護のための制度整備や労働時間の短縮を図るなど，それまで就労が制約されていた人々が勤続できる職場を作ろうとしている。

　また，国境をまたぐM＆Aや，サプライチェーンの国際化など，経営のグローバル化を進める企業では，外国人を雇用し，国籍や文化の異なる人材をいかすグローバルリーダー育成の取り組みが定着しつつある。

　その背景には，法整備や海外投資家の関心の拡がりがある。2015年6月から上場企業に適用されたコーポレートガバナンス・コードは，取締役会のダイバシティについてのコンプライ・オア・エクスプレインを求めている。2016年4月の女性活躍推進法制定は，女性の採用，男女別勤続年数，労働時間，管理職に占める女性の割合の「見える化」，数値目標の自主的な設定を促した。また，海外投資家の増加は，日本企業を積極的な海外M＆Aへと向かわせ，そのことが従業員の国籍や経歴のダイバシティ・マネジメントの必要性を喚起した。

　こうした取り組みは，あらゆる階層で人材の多様化を進展させ，ダイバシティは，人事担当者だけでなく，トップ，ミドル，すべての従業員が取り組む日常的な課題となってきた。

　各企業のダイバシティ施策のコンセプトも，時代とともに変化している。

ダイバシティという用語が日本で使用されるようになった1999年以降には，女性に対するポジティブ・アクション（積極的な格差是正施策）を進める企業は，「CSR としてのダイバシティ」を掲げた。本書が出版された2005年以降には，「競争戦略としてのダイバシティ」が多用され，戦略レベルのビジネス成果をもたらす変革として，トップマネジメントのコミットメントを謳う企業が出始めた。そして2017年現在，「ダイバシティ＆インクルージョン（Diversity & Inclusion）」というコンセプトを用い，人材の多様化に加えて，多様な人材の職場や組織への包括を目指す企業が出てきている。インクルージョンは，エクスクルージョン（疎外）や同化の対義語であり，多様な従業員を組織の成功にとって重要な要素とすべく組織風土改革を目指す。

筆者は，本書において，多様化に対する企業の取り組み姿勢の違いを，抵抗，同化，分離，統合のパラダイムに分けて示し，企業が何を目的としてダイバシティに取り組むのかを考察してきた。

今回の増刷では，初刷以降の知見を新たに加筆した。例えば，パラダイムに「多様性尊重」を加え，これを「同化」と「分離」の間に位置づけた。この新パラダイムでは，法令遵守といった外圧に対して防衛的にマイノリティを雇用する（「同化」）のではなく，多様な人材を多様なままに組織に内包する。しかしこれは，明確なビジネスゴールのもとで多様な人材から価値を創る，「分離」や「統合」とは異なる。この「多様性尊重」が成果尺度とする従業員の勤続年数の長期化や満足度の向上は，実は手段にすぎず，個々人が自ら職場や組織の価値創造に貢献するという本来的なゴール（ダイバシティによる価値創造）には至っていないことに留意すべきだろう。

単に組織を多様化する制度や風土を作るだけで，後は自然発生的にダイバシティから価値創造されるものと思ってはならない。筆者が初版時から繰り返し主張してきたのは，何のための人材の多様化なのか，そのゴールを見据え，取り組み（プロセス）と成果の関係性をマネジメントすることなのだ。

2017年 6 月

谷 口 真 美

謝　辞

　博士論文を提出してから本書を出版するまでの間に10年近くの歳月を要した。浅学の筆者が，これまでの研究をこのような形でまとめることができたのは，多くの方々のおかげである。

　博士論文作成の際に，吉原英樹先生（前神戸大学経済経営研究所教授・現南山大学教授）からうけた学恩ははかりしれない。女性の登用が，日本企業の組織の特徴をみるうえで重要であるというキーコンセプトを Herbert A. Simon のメタファーにつなげてご教授いただいたのは，私の研究の出発点となった。

　神戸大学経営学研究科では，加護野忠男先生から日本的経営と日本企業の強みについて，深い洞察とコメントを頂戴した。金井壽宏先生には，博士論文作成のときから現在に至るまで，さまざまな面で支えていただき，かけがえのないメンターのひとりとなっていただいている。

　博士課程終了後，マツダとフォードの研究で，神戸大学経済経営研究所の延岡健太郎先生からいただいたご助言や励ましは，私にとってはかりしれない恩恵となった。延岡先生には，研究に対する取り組み方やコンセプチャルな考え方の土台をつくっていただいた。神戸大学大学院在学中から今日まで，同輩後輩からの激励にも支えられた。

　また，ダイバシティとパフォーマンスの関係に関する調査研究は，企業の方々の協力なしにはなし得なかったであろう。製造業 A 社の女性部長と彼女を取り巻く方々には10年以上にもわたりご協力をいただいた。博士論文のフレームワークがまだ確立していない時期に，あいまいな疑問の投げかけにもひとつひとつ丁寧に答えていただいた。1998年以降，イオンの調査に関しては，同社の厚いご支援をいただいた。ヒアリングさせていただいた方々は150名以上，アンケートに協力していただいた方々は1,000名を越える。同社

viii

の調査のきっかけを作っていただいた現神戸大学大学院助教授の平野光俊先生には心から感謝申し上げたい。その後の調査にも協力してくださった人事部の近藤氏にもあわせて感謝を述べたい。加えて，フォードとマツダの調査で，ヒアリングにご協力いただいた40名あまりの方々にも感謝申し上げたい。

　早稲田大学商学部・大学院商学研究科の先生方は，若輩の私を，本当にあたたかく見守ってくださった。商学研究科の先生方には，萌芽的な研究テーマであるダイバシティ・マネジメントを，講義課目として担当する機会を与えてくださった。COE のメンバーの先生方には，異なる分野からのコメントを頂戴した。心より感謝申し上げたい。

　本書の作成段階では，商学研究科の院生・田島氏，すでに研究科を卒業した Wenny には，雑誌記事や資料の収集にあたってお世話になった。また，高橋氏は，詳細な校正作業に最後まで付き合ってくださった。

　なお，本調査研究の実施にあたり，平成15年度から平成17年度にかけて，「科学研究費補助金（若手研究Ｂ）課題番号：15370188」の交付を受けたことも記しておきたい。また，白桃書房の照井規夫氏は，私に出版の機会を与えてくださったばかりでなく，今日にいたるまでのプロセスを支えてくださった。

　最後に，本書をまとめるまでの長い年月，あたたかく見守ってくれたパートナー，健一に感謝の意を記したい。

　2005年初夏

谷　口　真　美

目　次

序文　i

増刷に向けて　v

謝辞　vii

序章　本書の目的，構成，想定する読者─────── i

1．本書の目的　i

2．本書の構成　3

3．本書の想定する読者　5

第1章　今起こりつつある変化─────────── 7

第1節　多様性（ダイバシティ）が求められる
時代────────────── 7

1．国際化とグローバル化による影響　7

2．IT化による影響　20

3．パワーの分権化による影響　21

4．倫理問題による影響　23

5．人口統計にみる多様性（ダイバシティ）　25

6．多様性（ダイバシティ）の波が日本を襲う　30

7．ダイバシティ・マネジメントの引き金：
米国労働省のリポート　34

第2節　まとめ────────────── 37

ix

第2章　ダイバシティとパフォーマンス―――――39

第1節　ダイバシティとは――――――39

1．ダイバシティのとらえ方　39

2．ダイバシティという言葉が使われ始めた経緯　45

第2節　ダイバシティとデモグラフィの理論モデルと実証結果――――――48

1．ダイバシティとパフォーマンスとの関係の理論モデル　48

2．ダイバシティとワークグループのプロセス，パフォーマンスとの関係の実証結果　59

(1)　在職期間のダイバシティ　60

(2)　経歴のダイバシティ　68

(3)　年齢のダイバシティ　71

(4)　ジェンダー・ダイバシティ　74

(5)　人種・民族のダイバシティ　81

(6)　そのほかの重要なダイバシティ　88

3．コンテクストに関する議論　89

4．何が解明され，何が解明されていないか　93

第3節　ダイバシティのメリットとデメリットをめぐる議論――――――104

1．ダイバシティがなぜ競争優位性につながるか　104

2．ダイバシティに取り組むことのメリットとデメリット　114

第4節　まとめ――――――126

第3章　ジェンダー・ダイバシティ―――――137

第1節　既存研究の分類と理論ベース――――――137

目　次　xi

1．ジェンダー・ダイバシティとは　137

2．男女の違いをめぐる4つの立場　140

3．組織をジェンダーでとらえる3つのアプローチ　148

　(1)　Kanter の組織構造変数理論（メゾアプローチ）　149

　(2)　ソーシャル・ネットワーク理論とソーシャル・
　　　アイデンティティ理論（メゾアプローチ）　158

　(3)　役割理論（ミクロアプローチ）　160

第2節　パフォーマンスによる実証結果　162

1．ジェンダー・ダイバシティとパフォーマンス　165

2．メンバーのダイバシティと財務パフォーマンス　165

3．リーダー（管理職）のダイバシティと
　　財務パフォーマンス　167

4．トップマネジメントのダイバシティと
　　財務パフォーマンス　168

5．女性のリーダーシップスタイルとパフォーマンス　172

6．パフォーマンスを向上させるための組織的介入
　　（組織文化を変える）　178

7．日本におけるジェンダー・ダイバシティ　183

8．動き出した日本でのジェンダー・ダイバシティ　188

第3節　まとめ　193

第4章　ダイバシティと企業の戦略的行動　199

第1節　ダイバシティ・マネジメントのための
　　　　　組織開発　199

1．ダイバシティに対して企業がとりうる行動と
　　その組織的特徴　199

2．組織的介入と組織開発　207

3．組織的介入の実証結果　224

4．まとめ　230

第2節　ダイバシティと企業戦略 ……………………… 231

1．ダイバシティによる組織の進化　231

2．ダイバシティと企業行動　242

3．企業の取り得る12の行動パターン　245

4．ダイバシティ・マネジメントとは　254

5．ダイバシティ・マネジメントの取り組みを
実行するには　258

第3節　まとめ ………………………………………… 276

補章　仮説のまとめ ———————————— 283

第5章　ダイバシティ・マネジメントの事例 —— 293

第1節　日本企業における事例研究：製造業A社，
イオン，マツダの事例 ………………… 293

1．事例研究の方法と背景　293

2．製造業A社の事例　299

3．イオンの事例　308

4．マツダとフォードの事例　355

第2節　まとめ ………………………………………… 368

終章 ————————————————————— 377

1．各章の要約　377

2．発見事実と考察　382

3．理論的含意と実務的含意　388

4．残された研究課題　391

(1)　短期的な課題　391

(2) 中長期的な課題　393

あとがき　397

参考文献　403

索引　443

序章　本書の目的，構成，想定する読者

1．本書の目的

　多様性（ダイバシティ）とパフォーマンス（組織やチームの成果）の両者の関係を明らかにする。このことが本書の目的であり，多様性がパフォーマンスにむすびつくプロセスを明らかにしようと試みている。既存研究の理論モデルや実証結果を検討しながら，日本企業の事例を分析していく。その際の主な視点は次のとおりである。

・多様性が高まるトリガーとなるものは何なのか
・多様性とは何なのか，その定義とは
・ダイバシティ研究はいつどこでどのような人々が何のために行ったのか
・既存研究にはどのような理論モデルがあるのか
・多様性がなぜパフォーマンスを向上させるのか，そのプロセスは
・多様性がプラスに働くのはどのようなときなのか
・多様性がマイナスに働くのはどのようなときなのか
・ポジティブ論者とネガティブ論者のそれぞれの主張とはどのようなものなのか
・多様性の次元（在職期間，経歴，年齢，性別，人種・民族）によってパフォーマンスに及ぼす影響はどのように異なるのか
・既存ダイバシティ研究で何が明らかになり，何が明らかになっていないのか
・ジェンダー・ダイバシティはどのような特徴を持つのか
・男性と女性は果たして異なるのか，さらに，その議論はどのように発展し

2

たのか

・Kanter の構造変数理論とはどのようなものなのか，またそれがジェンダー・ダイバシティの研究にどう影響を与えたのか

・「ソーシャル・アイデンティティ理論」と「役割理論」とはどのようなものなのか，また，それがどのような研究に発展したのか

・ジェンダー・ダイバシティがパフォーマンスにどう関係するのか

・ジェンダー・ダイバシティでパフォーマンスを向上させるために組織として何ができるのか

・多様性を高めるプロセスにおいて企業はどのような行動をとるのか

・同化，分離，統合のパラダイムとはどのような組織の状態をいうのか

・抵抗のパラダイムとは何か

・企業の取り得る12の行動パターンとはどのようなものか

・ダイバシティ・マネジメントのモデルにはどのようなものがあるのか

・ダイバシティ・マネジメントを可能にする組織はどのような特徴を持つのか

・どのようなステップでダイバシティ・マネジメントを実行すればよいのか

・多様性がなぜ競争優位性にむすびつくのか

・日本でダイバシティ・マネジメントに取り組んだ企業の事例はあるか

・女性リーダーの登用がパフォーマンスにむすびつくという事例はあるか

・多様性でパフォーマンスが上がるときの環境にはどのような特徴があるのか

・異なる経営モデルを持つ組織がお互いの強みをいかしながら融合するにはどうすればよいのか

　上記のようなリサーチクエスチョンを明らかにするために，本書は2つの方法を用いる。ひとつは，多様性とパフォーマンスに関する既存研究の主要な理論モデルと実証結果のサーベイである。もうひとつは，ダイバシティ・マネジメントに取り組んだ3つの日本企業の事例を取り上げ，日本におけるダイバシティ・マネジメントと，さらには異なる経営モデルの融合プロセスをみるという方法である。

序章｜本書の目的，構成，想定する読者　3

　多様性を取り込むことで組織のコアは何なのかが明らかになる。多様性は通常，倫理の観点で取り組むべきものであり，組織のパフォーマンスを下げると考えられてきた。にもかかわらずパフォーマンスが向上するということは組織に何らかの変化が生じているはずである。つまり，組織の進化のプロセスがみえてくるのである。

　繰り返すが，均質な人材が集まりマネジメントしやすかったところに多様性を取り込むことで，既存の組織の限界は何か，といった組織の持つ本質的な（コアの）特徴がみえてくるのである。

　本書は，多様性とパフォーマンスの関係を組織という切り口で議論する。組織の特徴やグループ・プロセスの成果など組織レベルの議論を中心に取り上げている。個人の多様性を扱う能力ではなく，組織が多様性を扱う能力に焦点を当てているのである。

2．本書の構成

　本書では，ダイバシティ・マネジメントの理論と実証に重点を置いて述べる。それだけにとどまらず，実際にどのようなプロセスで多様性がパフォーマンスにプラスに働くか，あるいは，ダイバシティ・マネジメントにおいて何が重要なのかを議論する。

　第1章では，現在，企業がどのような状況にさらされており，今後，企業がダイバシティ・マネジメントに取り組むためのトリガーにはどのようなものが考えられるかを明らかにする。

　第2章ではまず，多様性とは何か，広く使われているいくつかの定義を示す。さらに，ダイバシティという言葉が使われはじめた経緯について述べる。次に，多様性とパフォーマンスとの関係について既存研究にはどのようなモデルがあるのかをみる。そこでは3つのモデルを示す。さらに，この3つのモデルを発展させた統合モデルについても説明を加える。

　特に多様性とパフォーマンスとの関係において，ポジティブな関係とネガティブな関係を主張する論者の違いについて指摘する。

　既存研究の実証結果については，在職期間，経歴，年齢，ジェンダー，人種・民族の5つの多様性について示す。そこではグループ・プロセスとパフ

ォーマンスに及ぼす結果を明らかにする。

次に，多様性がもたらすメリットとデメリットについて述べる。そこでは多様性がなぜ競争優位性にむすびつくのかを明らかにする。

第3章では，特にジェンダー（性別）・ダイバシティについて論ずる。まず，ジェンダー・ダイバシティの主要な特徴を述べ，組織をジェンダーでとらえる3つのアプローチを語る。さらには，男性と女性は果たして異なるのかという長年重ねてきた議論の変遷を解説する。特にパフォーマンスとの関係での議論が可能な立場がどれなのかを示す。また，組織の中のマイノリティ，マジョリティという概念を用いながら組織のパワー関係を示すKanterの構造変数理論を説明する。これは，1970年以降，ダイバシティ議論のベースとなり，現在でも数多く引用されている理論である。

Kanterの理論以降特に1990年代，研究が積み重ねられた「ソーシャル・アイデンティティ理論」と「役割理論」についても言及する。後者の「役割理論」は，女性のリーダーが男性とは異なるリーダーシップスタイルをとるという議論に発展し，そのことが組織に及ぼす影響をみる研究につながっていった。

さらに，ジェンダー・ダイバシティとパフォーマンスについての実証結果について述べる。メンバー層，リーダー層，トップマネジメントそれぞれのジェンダー・ダイバシティと財務パフォーマンスとの関係である。

ジェンダー・ダイバシティと非財務的パフォーマンスとの関係についても述べる。また，女性のリーダーシップスタイルに関する研究とその実証結果についても解説する。

多様性を高めることがパフォーマンスにどう影響するかということだけでなく，意識的にパフォーマンスをプラスにするために組織としてどんなアクションをとることができるか，特にジェンダー・ダイバシティを高めてパフォーマンスをプラスにした例について示す。

付加的に，日本におけるジェンダー・ダイバシティと企業のパフォーマンスの調査結果も述べる。

第4章では，多様性と企業の戦略的行動について述べる。そこでは企業が多様性を高めるプロセスにおいて取り得る3つのパラダイム（同化：差別と

公平性のパラダイム，分離：市場アクセスと正当性のパラダイム，統合：学習と効率性のパラダイム）を説明する。このパラダイムは1990年代中盤以降，多様性とパフォーマンス，多様性と組織変革という意味で議論のベースとなったパラダイムである。

次に，その３つのパラダイムの前段階にある抵抗のパラダイムを説明する。そこでは企業行動を包括的に示し，外部環境からの多様性を求めるプレッシャーによって企業の行動パターンが異なることを示すモデルを説明する。特に，12のセルにわけて分析しながら，同じ北米企業の取り得る行動がわかれることを示す。そこではトップマネジメントの多様性に対する認知の重要性を指摘する。

さらに，ダイバシティ・マネジメントのモデルを示す。そこではダイバシティ・マネジメントが機能する組織の特徴などを述べる。また，どのようなステップでダイバシティ・マネジメントを実行するかという介入のプロセスについて言及する。加えて，ダイバシティ・マネジメントの，個人レベル，グループレベル，組織レベルの実証結果についても説明する。

そして，ダイバシティ・マネジメントをうまく機能させるうえで，企業ができることは何かを具体的に示す。

第５章では，ダイバシティ・マネジメントの事例を分析する。そこでは，多様性（ダイバシティ）を戦略的にいかそうとした企業事例として，製造業Ａ社と，イオンを比較する。特にイオンの事例をもとに，女性登用がパフォーマンスにむすびつくプロセスについてみていく。

ジェンダー・ダイバシティについての製造業Ａ社とイオンの事例を述べた後に，異なる経営モデルを統合したマツダとフォードの提携によるマネジメントをみる。

3．本書の想定する読者

本書は，多様性（ダイバシティ）とパフォーマンスの関係を明らかにすることを目的とし，パフォーマンスにむすびつくプロセスを明らかにしようと試みている。既存研究の理論モデルや実証結果を検討しながら，日本企業の事例を分析していく。ダイバシティがパフォーマンスにむすびつくプラスの

面だけでなく，マイナス面もあわせて両面をみていく。

　本書が第1に想定する読者層は，経営学を学ぶ人たちである。ダイバシティで組織のパフォーマンスをあげるという概念に近いものはこれまでも語られてきているが，欧米に比べて日本では，ダイバシティ研究が活発に行われてこなかったように思われる。本書では，ダイバシティ研究の中核となるダイバシティ研究の経緯や背景，代表的な理論などパフォーマンスに関する研究の概略を網羅しようと試みた。もちろん，ダイバシティ研究には解明されていない部分もたくさん存在する。大学生や大学院生も本書を契機にダイバシティ研究の議論に参加していただきたい。

　第2の読者層は，企業のトップマネジメントの方々である。特に，現行の組織をパフォーマンスをあげられる組織へ変革したいと考えるトップマネジメントを読者として想定している。大企業に限らず，中小企業の経営者にもダイバシティは常に大きな課題である。中途採用の社員をいかに活用していくか，提携や合併によって異なる組織文化を持った人々をどうマネジメントしていくか，若い社員のモチベーションを上げるにはどうすればよいのか，高齢化した組織をどう活性化すればよいのか。また，有能な技術者を世界から集めるとどのような問題が起きるのかなど，多国籍企業に限らず，国内の企業にもそうした課題がのしかかっている。

　第3に，企業の人事担当者の方々である。若手登用，高齢者活用，女性登用，現地人登用，働き方改革，勤務形態の多様化などの問題を再考することが，「戦略的人事」を企業全体の業績との関係でとらえることを可能にするのである。例えば，女性登用や外国人登用の問題は古くて新しい問題であり，なかなか出口がみつからない課題であった。そこに新しいブレイクスルーを見出したいと考える方々に読んでいただきたい。

第1章　今起こりつつある変化

第1節　多様性（ダイバシティ）が求められる時代

1．国際化とグローバル化による影響

◆生産拠点の国際化・グローバル化◆

　グローバル化は好むと好まざるとにかかわらず，われわれのもとへ必ず迫り来る津波のようなものだ。この津波は何人たりといえども止めることはできない。

　企業を襲う波のひとつに，生産部門の海外流出がある。近年，多くの日本企業が，安い労働力を求めて中国，東南アジアに工場を建設し，そのことがトレンドとなった。

　このトレンドは，主に1970年代，各国間に労働賃金の格差がある限り，発展途上国を巻き込み世界を席巻すると予想された。

　それが1980年代からは，日本から海外へ進出するという動きだけではなく，すでに進出した海外生産拠点を閉鎖し，第三国に移管するという動きに変化してきている。そのことが，国境をまたいだ人材の移動を促進している。

　例えば，イギリスやスペインにあった工場を，労働賃金の安い東ヨーロッパに移管し，既存のイギリス人管理者を東ヨーロッパへ配置換えするというケースもある。単に日本人と現地人という1対1の関係だけではなく，日本人，イギリス人，東ヨーロッパの人々が同じ組織の中で働くという事態が起こり始めている。そこでは，国籍の異なる従業員をいかにマネジメントするかという課題が生じている。

8

　実際に，2004年，松下電器はスペインとイギリスの工場を閉鎖し，チェコへ移管した。この移管作業は，日本から海外へ工場を移転する際に生じる課題よりもはるかに複雑なものを孕んでいた。UK松下の組織を構成するメンバーはイギリス人と日本人であり，そこへ閉鎖されるスペイン工場のメンバーが合流，さらに，東ヨーロッパの労働者を雇用し，東ヨーロッパに工場を移管することで，松下電器は多国籍化に乗り出し，チェコの松下工場は，まさに人種の坩堝となった。ヨーロッパにある会社をすべて統廃合し，お互いのやり方を学び合いながら新しい松下を誕生させている。そこでは，生産拠点だけでなく，販売，研究開発においても変化を迫られている。

　なお，「国際化」と「グローバル化」を今後わけて用いるが，「国際化は国内から海外へと活動舞台を拡大・進出することを指すのに対し，グローバル化は，世界規模で経済・経営活動の相互依存化が進んだ状態を意味する」（浅川，2003）。また，国際化とグローバル化は特に日本企業にとって，時期的な違いがある。国際化（国内から海外へ出ていく活動）は，1960年代から1980年代さかんに行われ，グローバル化（世界規模での経済・経営活動の相互依存化）は，2000年前後から活発になった。

企業間合併の波◆

　労働賃金を下げるための人材の国際化にともなう異文化マネジメントは，日本の製造企業の国際展開が開始された1970年頃から指摘されてきた。それは，多国籍企業にとって避けられない課題のひとつであった。しかし，こうした動きは，自ら海外子会社を閉鎖し，多国籍化の道をあきらめた日本企業にも訪れる可能性がある。それは，国内における企業間合併・買収の波である。

　日本企業同士の合併や買収だけでなく，外資系企業の関与した合併，業務提携なども，すでに頻繁に行われている。自動車業界では，日産とルノー，マツダとフォード，流通業界では，西友とウォルマートなど，今後，国際企業間合併・買収の波はますます押し寄せて来るだろう。

　それは，異質な文化を持った企業が，今後，日本国内に増えるということである。それを他人事のように考えていた日本企業にとっても，国内に異質

な文化を持った企業が増加するということは，いずれ自社の変革が迫られるということでもある。

労働力の多様化◆

　多国籍企業か否かにかかわらず，日本国内の企業においても，労働力の多様化は避けては通れない道である。自動車部品の国内生産工場でブラジル人が働いていたり，都心の飲食店の接客を東南アジア系の従業員が担当したりする。そこでは，日本人従業員とは異なる管理体制が必要とされる。

　アメリカ企業の例をみると，組織は白人男性を管理することほどには，女性や人種・民族的少数派（白人／アングロサクソンとは人種的に，または民族的に異なる）を管理することに成功していなかった。離職率と無断欠勤は白人男性に比べて，女性と人種・民族的少数派で高い。

　例えば，アメリカの被雇用者中の黒人の離職率は白人より40％高いことが，ある研究で報告された。また，コーニング・グラスは，1980年から1987年の間，専門職における女性の離職率は男性の2倍で，黒人については白人の2.5倍であると報告した。

　労働力の多様化にともなう課題は離職率・無断欠勤だけではない。価値観の違いによる対立や，意思の疎通（コミュニケーション）不能による職務遂行障害など多岐にわたる。

　国際化が進むにつれて，労働力の多様化も加速する。それは，多国籍化への道を選択した企業はもちろんのこと，多国籍化をあきらめた企業にもやってくる。

あらゆる階層で多様化の波が訪れる◆

　これまで日本企業の労働力の多様化（多国籍化）という議論は，製造現場レベルでの，海外における低賃金労働者の雇用，国内における外国人労働者の問題が中心であった。ところが，合併・買収した企業では，外国人の派遣により，役員レベルだけでなく，ミドルレベルでも労働力の多様化が進んできている。

　トップマネジメントチームや製品開発などの分野への異質な文化を持った

人材の起用が必要になっている。例えば，アメリカの自動車メーカーのデザイン部門で多国籍チームを編成し，斬新な車を開発した，あるいは，マーケティング部門や販売部門にマイノリティの人材を登用し新たなマーケットを開拓したという事例がいくつか挙げられる。

　低賃金労働者をコスト削減の目的で雇用するというやり方をローロード，教育訓練投資を行い賃金が高まっても雇用してその能力を企業にいかしていくことをハイロードという。急激な技術革新と戦略決定が必要なパラダイム変革の時代においては，ハイロードが重要視される。

　ボトム，ミドル，トップと，全階層での多様性（ダイバシティ）の波は，着実にすべての企業を飲み込もうとしている。

市場の多様化◆

　世界における，情報通信技術の発達，経済発展，自由貿易経済ブロックの誕生は，世界経済に参加する国々を増やし，今まで以上に市場の多様化をすすめた。こうした現象は，国内の企業においても重要な影響を与える。

　顧客は，全世界からやってくる。情報通信技術がそれを可能にし，発展途上国の経済発展や自由貿易ブロックの誕生がそれを加速させる。

　また，国内の既存顧客のニーズも多様化している。商品カテゴリーはより細分化し，ブランドアイテムも多数そろえなければならない。そうした市場の多様化は，顧客のニーズを精巧に分析することを必要とする。このように，労働力の多様化以上に，市場の多様化は，大きな課題となる。

プロダクトライフサイクル，開発サイクルの短期化◆

　グローバルレベルでの製品開発をみていくと，製品のライフサイクルが短命となり，開発の速度は極めて速くならざるをえない。それにともない，組織もすばやく対応する必要性がでてきた。例えば，インテルや，プロクターアンドギャンブルなどは自社の製品開発のサイクルを短期化している（Hof, 1992）。スピードが求められる技術開発は，迅速な変革に適応できる優秀な労働力を必要とするが，既存の社員を教育するにはあまりにも時間が足りないため，世界から優秀な人材を集めて雇用する。

第1章 | 今起こりつつある変化　　11

そこではさまざまなスキルやバックグラウンドを持った人々のチームワークが重要とされ、そのことが、チーム内調整、メンバーのモチベーション、評価・報酬システムの変容といった新たな問題をもたらす。マネジャーは、これらの問題に迅速に対応するとともに、それにしたがって生じる障害を取り扱う構造とプロセスを開発する必要がある。

企業間関係のグローバル化と変化◆

さらに別のグローバル化の波が押し寄せてくる。その波とは、企業間関係のグローバル化である。

外資系企業は日本国内のあらゆる業種に進出しており、外資系企業の製品はすでに市場に出回っている。国際的競争力を持った外資系企業の進出を拒み続けることは、津波の前に杭を立てて堰き止めようとしているのに似ている。津波は、ほぼ確実に日本の浜を襲うだろう。

日本企業はこれまで、同じルール、同じ文化を持った企業との取引に甘んじていた側面がある。ところが、近年、日本国内の会社は、その大小にかかわりなく、異なるルール、異なる文化を持つ外資系企業との取引を余儀なくされている。

フィンランドのノキアは、コオプションを利用し標準化戦略を掲げた。コオプションとは、競合企業もしくは、潜在的競合企業や補完的な製品やサービスのプロバイダーをパートナーにすることである。

ノキアは第2世代の携帯電話の通信規格を GSM 方式のクリティカル・マス構築に努めた。ノキアはこの GSM 方式の技術を公開することで世界各国のオペレーターやベンダーをパートナーに迎えた。携帯電話に関わる世界中の企業が協調して同じ方式を開発することのできるコミュニティをノキアは提供した。GSM 方式の開発に巻き込まれる企業が増えるほど、同方式の携帯電話の市場も大きくなり、市場が拡大すればコミュニティに参加する企業はスケールメリットを享受することになる。

一方、NTT ドコモ陣営は、PDC 方式の技術を開発し、この技術の利用を一部の日本企業に限定した。性能面では GSM 方式よりも優れているといわれる PDC 方式であるが、結果として PDC 方式の携帯電話は、日本以外

の国では採用されることはなかった。グローバルなレベルでのクリティカル・マスの構築に日本企業は失敗したのである。

ノキアは創業1865年という老舗企業で、携帯電話事業に特化する以前は、製紙事業から化学製品、ゴム事業など、複数事業を手がける典型的なコングロマリット企業だった。同社は1990年代初めに携帯電話事業の将来性に注目し、既存の低収益事業の大半を売却し経営資源を携帯電話事業に集中させた。こうした路線変更により携帯電話端末メーカーとして短期間で文字通り世界一となった（徳田，2002）。

ノキアは、1999年末時点で130カ国の市場参入を果たし、世界10カ国に生産拠点を設け、14カ国で研究開発を行うなど、ヨーロッパを代表する多国籍企業へと成長している。同社は、こうした世界展開においてM&A，合弁，提携などを多面的に使用して現地市場への参入を果たしている。

ノキアのような多国籍企業は今後ますます日本市場に進出してくるだろう。海外から多国籍企業が入ってくることで、国内の取引先企業間関係は大きく変化する。外資系企業と取引することで、日本企業同士の取引も多様化していく。

サプライヤー関係の多様化もダイバシティ・マネジメントのひとつとなっている。つまり、広義の多様性（ダイバシティ）の範疇にある。ちなみに、狭義の多様性（ダイバシティ）は人材に関連して語られるものである。

国際的な相互依存の時代◆

国際ビジネスは、NAFTAやEUといった地域貿易ブロックが拡大するにつれて、ますます相互依存を必要とし、システムも組織もすべてが複雑化している。

新しい市場開放は理解しなければならない文化の数を増大させるばかりでなく、複雑な難問を抱えることを意味する。そこでは相互依存が明白なものになってきており、ひとつの国の行動が他の国に跳ね返ってくるという現象がしばしば見受けられる。相互依存は、相互に影響し合うことであり、ベネフィットをわかち合うと同時に、コストあるいはリスクもわかち合う覚悟を必要とする。

第1章 | 今起こりつつある変化　13

　例えば，1995年のメキシコ通貨引き下げは，世界中で感知され，外国企業は迅速に戦略転換に適応せねばならなかった。あるいは，1997年7月，タイ・バーツの暴落に始まるアジア通貨危機は，国際短期資本（ホットマネー）の急速な引き揚げに端を発し，即座に近隣国にも波及するという「21世紀型」危機（カムドシュIMF専務理事）であった（金，2001）。

　こうした現象は，「全世界は今や運命共同体となり，国際的な相互依存の時代にある」ことを意味する。

国際化する日本企業◆

　1960年代に入ると，日本企業はアジアやラテンアメリカにおいて現地市場向けの生産拠点を設立した。これは，発展途上国が，輸入していた工業製品を国産化して工業化を図ろうとして設けた高い関税（輸入代替工業化政策と呼ばれる）を避けるのが目的であった。

　トヨタをはじめとする自動車メーカーは各国で現地生産を行い，電機メーカーはミニ松下タイプと呼ばれる小規模な工場を建設した。日本では専門工場で大量生産されるさまざまな製品を，小さなひとつの工場に集めて組立て生産することから松下のミニチュア版という意味でミニ松下タイプという。

　1970年代には，アメリカやヨーロッパの先進国でカラーテレビなどの電機・機械製品の生産が始まった。進出の動機は，貿易摩擦と変動相場制に移行した後の円高であった。ただし，日本企業にとって先進国での生産は初めての経験であったから，投資額のあまり大きくない最終組立工場がほとんどであった。

　一方，台湾，香港，シンガポールなどアジアNIEs（新興工業地域）においては，日本やアメリカ向けの輸出を専門に行う新しいタイプの工場がつくられた。

　1980年代になると，投資額の大きな本格的工場が先進国につくられるようになった。ひとつは日本企業が先進国における経験を積んだことによる。また，大きな投資額を必要とする産業分野で貿易摩擦が激しくなったことも要因のひとつである。ホンダ，日産，トヨタを先頭に自動車メーカーは次々とアメリカにおいて乗用車の一貫生産を開始したし，日産はイギリスにも進出

14

した。

アジアでは急速な工業化によってNIEsの賃金が上昇したことから，本格的な輸出工場はタイやマレーシアといったASEAN地域にシフトした。

1990年代には，中国への進出が本格化した。中国政府が本格的に改革・開放政策を推進する意思を明らかにしたこと，所得水準の向上による巨大マーケットの出現，低人件費に代表される格安の生産コスト，豊富な人材などが，中国での現地生産を急激に拡大させた要因である。衣料品や電子製品の分野では，日本企業は，直接投資を行わず，現地企業に技術，設備，運転資金などを供給し自社ブランドでの生産を行ってもらう委託加工工場を，華南地方

図表 1-1 日本企業の海外生産

時　代	海外生産の特色	海外生産に影響を及ぼした要因
1960年代	途上国における最終組立工場 途上国におけるミニ松下タイプの工場 繊維など労働集約的産業の合併企業 　（東レなどの大企業の他，中小企業を含む）	アジア・ラテンアメリカ諸国における輸入代替工業化政策 日本における労賃の上昇
1970年代	先進国におけるカラーテレビ・半導体・機械などの組立工場 NIEsにおける輸出専用工場（電子産業）	貿易摩擦の激化（カラーテレビの輸出自主規制） 変動相場制下における円高 日本の賃金がヨーロッパ水準に
1980年代	各社一斉にアメリカにおける自動車生産を開始 イギリスを欧州家電生産の基地に 米欧における半導体の拡散工程工場 ASEANにおける輸出専用工場 ヨーロッパにおける生産拠点の増大	貿易摩擦の深刻化（対米自動車輸出の自主規制，ヨーロッパにおける自動車・ビデオなど対日輸入制限，日米半導体協定） プラザ合意後の円高 ヨーロッパにおける経済統合の進展
1990年代以降	中国における生産の急拡大（現地市場向けおよび輸出向け） アジア生産拠点から日本への輸出増大 イギリスにおける自動車生産の拡大 東ヨーロッパにおける生産拠点の展開 アメリカにおける自動車生産拠点の増設	中国の改革・開放政策の進展 アジア現地工場の品質管理能力の向上 EU成立 東ヨーロッパの市場経済への移行 アメリカの長期大型景気

出所：板垣（2002）

第1章｜今起こりつつある変化　15

中心に多数有している（板垣，2002）。

グローバル化が意味するもの◆

　国境を越える経済活動の飛躍的増大，国際的な経済的相互依存の深化，企業活動の相互浸透などの現象は，経済のグローバル化と呼ばれている。現在，国境を持った国の集まりであった国際経済が，境界のない単一の経済領域，つまり地球経済に移行していく過程にある。

　このグローバル化は，単に経済の自然な変化として起こっているわけではない。その背後には各国政府が国境での規制を緩和し自由化してきたという政策選択が存在している。そのような選択は，当然，グローバル化がわれわれの生活を改善し将来にわたる繁栄をもたらすものであるという認識の結果として行われている。

　その一方で，グローバル化に対する反発も幅広くみることができる。グローバル化がもたらす国際競争激化は，賃金引下げやリストラ，政府の保護の撤廃を強いる要因となり，労働者の平穏な暮らしを不安定化してしまう。発展途上国では，ただでさえ弱いセーフティ・ネットが財政赤字削減のために取り払われ，貧困層に打撃を与えている（小倉，2001）。

　先に，グローバル化は津波のようなものだと比喩したが，グローバル化はわれわれに必ずしも被害をもたらすだけのものとは限らない。この波をうまく活用する者にとっては，災害どころか大きな利益をもたらすことだろう。

グローバル化は世界を新しいビジネスユニットにする◆

　世界は新しいビジネスユニットとなり，市場を形成する経済および社会の諸々の力がグローバルなものとなる。過去数十年，グローバル経済は，累進的な拡大を続けた。世界は，単に市場としてだけでなく，仕事と新しい技術の源としてのビジネスユニットとなった。

　現在，富の創造はグローバル経済によるところが大きい。この状況によって多様性が求められるように変化してきた。

　世界市場における企業活動は，日々交差する。世界のどこかで，企業間のグローバルレベルでの吸収合併が，日常的に生じている。戦略的な合併や統

合を促進するために，企業はこれまで以上に多様な人々やその多様なスキル
を必要とする。

　だが，計画の不備などにより，異文化の両立性に注意を向けることに失敗
した企業がある。今起こっている M&A の60%が労働力の多様化に対応でき
ず，不成功に終わっている。人的資源管理協会（SHRM）の研究によれば，
人的資源管理リーダーが次の数十年に直面する最も重要な問題はグローバル
化であるという。

　次の言葉がそれを的確に指摘している。

　「グローバルになるということはわれわれの顧客がより多様になるという
ことを意味する。さらに，われわれの株主が多様になる。われわれが求めに
応じられる人口，われわれの生産性，創造性，革新性，われわれに供給する
人々がより多様になる。そうした要素への深い理解と適応なしには，われわ
れがビジネスを効果的に行える方法はない」（Charles L Reid　Ⅲ　元ダイバ
シティディレクター　Kraft General Foods）。

グローバル化は国のあり方を変える◆

　国民経済と市場の古い境界は，グローバル化にとってかわられる。商品，
サービス，労働が国境を越えて交換され，経済成長の鍵として交換は増加す
る。グローバル競争の結果として，国内のなわばり制度も崩壊する。

　新市場は，多様な人種・民族からなる発展途上国が主要なプレーヤーとな
る。その主な舞台は，環太平洋地域，東アジア，東ヨーロッパと中央ヨーロ
ッパ，メキシコ，南アメリカと中央アメリカである。世界貿易に対して開放
的な国が，そのベネフィットを得ることができ，成長率と GDP が高まる。
そしてそれら新興国の労働者は，先進国の商品やサービスを買うことができ
るようになる。

グローバル化は顧客を変える◆

　グローバル経済に移行するにしたがって顧客が変化する。すなわち，顧客
の多様性が大きくなる。

　新市場におけるマーケットシェアの拡大を望むのであれば，異なる文化，

宗教から学ぶ必要性を理解しなければならない。こうした多様な市場ニーズを理解する製品開発やデザインに従事する従業員を確保できなければ，売上はあがらず，新市場において周辺的な地位に追いやられるであろう。

　グローバル市場における競争優位を獲得するために企業は，労働力を多様にし，労働力を文化的に親和するように訓練し，競合企業よりも早くそれを成し遂げる必要がある。

図表 1-2　購買力平価で測定した 1 人あたりの国民所得（2004年）

国	1人あたりの国民所得（ドル）
ヨーロッパ	
ドイツ	30,180
スペイン	25,610
ハンガリー	15,390
ポーランド	12,590
ロシア	10,510
アジア	
シンガポール	38,040
日本	29,590
韓国	21,690
中国	3,590
アフリカ	
南アフリカ	7,780
ボツワナ	10,200
エジプト	4,070
ジンバブエ	180
ガーナ	1,090
ラテンアメリカ	
チリ	10,360
アルゼンチン	9,120
メキシコ	11,480
ヴェネゼーラ	8,570
ブラジル	7,880

出所：世界銀行（2004）

多様なグローバル市場の購買力◆

　グローバルな中産階級の顧客の大部分は，北アメリカ，日本，西ヨーロッパに住んでいるが，次の数十年には，東ヨーロッパ，日本を除くアジア，ラテンアメリカが中心となるだろう。新しい中産階級は，現在18％であるが，2010年までには3分の1に増加することが予測される。そうした新市場の成長率は，既存の産業国の2％と比較して，5％であると見積もられている。

　最も著しい経済成長はアジアで観察され，ラテンアメリカでは，顧客市場は累積的に拡大する。その大きさはそれぞれの国において少なくとも2倍になるとされる。

　所得伸張の影響は，顧客製品に対する爆発的な需要に表われる。なお，世界銀行は，購買力平価という指標を開発している（図表1-2）。

世界の教育水準が変化している◆

　日本経済が世界経済において優位性を保ってきた要因には，国民的教育水準の高さがあった。だが，その優位性がいま崩れようとしている。エンジニアや理系を志向し，工学を専攻する日本人学生は減少しているのに対して，

図表1-3　工学専攻の大卒者の割合（2000年）

国	工学専攻の大卒者(%)
中国	46
ドイツ	33
ロシア	32
シンガポール	30
台湾	21
日本	20
コロンビア	20
シリア	19
メキシコ	18
キューバ	16
イギリス	9
カナダ	7
アメリカ	5

出所：National Science Foundation
Science & Engineering (2000)

第1章｜今起こりつつある変化　19

中国，ロシア，シンガポールなどでは増加している。

　2004年，経済協力開発機構（OECD）が行った国際学習到達度調査によると，日本の子どもは読解力の低下が目立ち，世界トップレベルとはいえなくなっていることがわかった。これは41の国や地域で合計約27万6,000人が受け，日本では全国の143校で学ぶ高校1年生約4,700人が受けた調査であるが，この調査は，覚えた知識や技能を日々の生活にどれだけいかせるか，という

図表 1-4　上位25カ国・地域の学力調査順位（2003年）

順位	高1読解力	中2数学	小4理科
1	フィンランド	シンガポール	シンガポール
2	韓国	韓国	台湾
3	カナダ	香港	日本
4	オーストラリア	台湾	香港
5	リヒテンシュタイン	日本	イングランド
6	ニュージーランド	ベルギー	アメリカ
7	アイルランド	オランダ	ラトビア
8	スウェーデン	エストニア	ハンガリー
9	オランダ	ハンガリー	ロシア
10	香港	マレーシア	オランダ
11	ベルギー	ラトビア	オーストラリア
12	ノルウェー	ロシア	ニュージーランド
13	スイス	スロバキア	ベルギー
14	日本	オーストラリア	イタリア
15	マカオ	アメリカ	リトアニア
16	ポーランド	リトアニア	スコットランド
17	フランス	スウェーデン	モルドバ
18	アメリカ	スコットランド	スロベニア
19	デンマーク	イスラエル	キプロス
20	アイスランド	ニュージーランド	ノルウェー
21	ドイツ	スロベニア	アルメニア
22	オーストリア	イタリア	イラン
23	ラトビア	アルメニア	フィリピン
24	チェコ	セルビア	チュニジア
25	ハンガリー	ブルガリア	モロッコ

出所：高1読解力は学習到達度調査（http://www.mext.go.jp/amenu/
　　　shotou/gakuryoku-chosa/sonota/071205/001.pd），中2数学，小4理
　　　科は国際数学・理科教育調査（http://www.nier.go.jp/kiso/timss/
　　　2003/top.htm）による。

能力を調べるのが目的で，「読解力」，「数学的応用力」，「科学的応用力」，「問題解決能力」の4つの分野にわたっていた。

　学力問題への対応策としては，今以上に教育に投資することと，世界中から優秀な人材を集めることが挙げられる。コンピュータ関連の技術者は，現在，インド，中国が世界的にトップレベルにある。そうした労働力をどう取り込むかが，企業にとって大きな課題となっている。

　現在日本で議論されていることは，国内の教育水準をどう上げていくかということである。だが，他国の教育水準がこれほど高まっているのであれば，そうした教育のインフラを持つ国々から優秀な人材を採用することを検討するべきである。例えば，インドや中国のIT技術者のレベルは世界トップクラスとなった。日本の教育水準を上げることも大事であるが，スピードを要する分野などでは，諸外国の有能な人材を採用していくことも必要である。

2．IT化による影響

バーチャル組織の出現◆

　企業は，ますますバーチャルになりつつある。複数の国々に工場や営業拠点をおく多国籍企業にとって，組織のIT化は避けては通れないものだ。現在，インターネット，ビデオ会議などを活用し，電子的に組織が成立している。チームが互いに顔を合わせることもなく仕事を進めることさえある。

　例えば，イタリアのデザイナーが車の外見のデザインをし，ドイツの技術者がエンジンを設計，組立工場は東南アジアにあり，それらを統括する本部はアメリカにある，などというように互いに離れた職場の者たちが協力してひとつの車を造り上げていくことも可能である。

　そこでは，多様な人種が携わることになる。バーチャル組織が実現することで，労働力の多様化はますます加速することが予想される。

バーチャルの商取引◆

　インターネットの出現により，商品の取引はもとより，部品の取引など，BtoBやBtoCにおいてもネット上でやり取りされるようになった。そこでは，フェイストゥフェイスの商談は省略される。

第1章｜今起こりつつある変化　　21

　従来の実店舗販売では，窓口の応対が日本語に限定されていたり，女性オペレーターや応対スキルなどパーソナルな面が重要視されていた。ところが，このネット取引が進むにつれてパーソナルな面は，必要のないものになりつつある。こうした業種では，労働力の多様性（ダイバシティ）が今後ますます浸透していくと予想される。それは，肌の色や性別に関係なく就ける業務がバーチャル商取引により拡大するからである。

3．パワーの分権化による影響

決定のスピード化◆

　アメリカの多国籍企業の多くは，意思決定の迅速化をはかるために，パワーの分権化をすすめている。

　IBMは，全世界にある8カ所の基礎研究所と20カ所の開発研究所を，共通性を軸にすることによってネットワーク化している。現在，それを支えているのは①共通の言語，②製品開発の手順の標準化，③情報伝達の支援ツール，④教育・訓練・人材開発を目的とする多国間の人材交流である。

　コミュニケーション手段としての言語はアメリカ企業の強みである英語を採用している。全世界のIBMの公式言語（フォーマル・ランゲージ）は英語であり，それがコミュニケーションネットワークとしての情報伝達を容易なものにしている。

　研究所間の情報の交換はNotes Internetと呼ばれる社内ネットワーク・システムである。これは研究員の机上におかれたターミナルから即時に行えるグローバルR&Dネットワークシステムをつくっている。

　IBMでは1週7日，24時間いつでも全世界どことでも電子メールによる連絡，情報交換，報告等が行え，データベースの活用，意思決定の支援，開発におけるガイドや社内標準，掲示ニュース，あるいは全世界29万人の社員の電話帳から図書室での新刊図書の案内等，非常に広範囲のサービスが活用できるようになっている。

　このツールによって，意思決定が早くなり，中間管理職などへの権限委譲がスムーズにすすんでいる。

人材の現地化◆

　肥大した内部組織の非効率性への対応という問題は，大なり小なり世界の多国籍企業が抱えている。こうした問題への組織対応の方策のひとつが，トップマネジメント機能を分権化する試みで，この目的のために事業部制を導入する傾向が世界的にみられたのが1960年代のことであった。

　ヨーロッパ企業で最も革新的な姿勢を示しているのがABBである。世界に先駆けてマトリックス組織を導入した同社は経営環境変化に機敏に対応する企業として世界的に有名になった。活発な買収戦略によりグループ社員が21万人を数えるまでに肥大化した際には，硬直性打破のために世界の生産・販売拠点を約1,000のプロフィット・センターにわけて管理する手法を導入した。

　すべての現地法人は対等で，従来の意味での親会社は存在せず，スイスのチューリッヒにある本社は調整機能のみを有するという斬新な改革を行った。この改革は世界の多国籍企業に衝撃を与えた。

　1998年には地域別と製品別の二重構造からなるマトリックス組織を解消し，製品別事業部制に一元化した。2001年の組織改革では新たな事業部門を導入し，従来の事業組織を再編している（花枝，2002）。

　肥大化した組織を活性化させ，顧客ニーズに迅速に対応するには現地に権限を移譲することは避けては通れないものである。そして，市場を早く把握し，意思決定の迅速な対応をするためには，現地の人材を幹部に登用する必要がある。低賃金労働者だけでなく，役員人事に至るまで，現地の人材を広く雇用する必要がある。そこでは人材の多様性（ダイバシティ）を戦略的に活用する姿勢がみられる。

海外子会社への権限委譲◆

　アメリカの多国籍企業は，巨額の資金を投じて開発した製品を，国内市場を主たる対象としつつも，同時に全世界の市場へ導入するようになった。そのためには，海外事業と国内事業とを緊密に調整できるような組織構造が必要となった。

　近年では，コアとなる技術の漏洩を防止するために生産部門を国内の1カ

所に集中させる企業が出てきている。この企業は，海外では販売子会社を設立し市場に合わせたマーケティングを行っている。この販売子会社には，人事権，および販売戦略など多くの権限が委譲されている。現地の販売子会社へ権限委譲する場合は，現地で優秀な人材を採用して企業内に留めておくことが重要となる。

ただ，多くの日本企業が苦慮しているのは，現地法人の現地による現地化である。

トヨタの2004年3月期の売上高に占める海外の比率は66.5％である。日本国内の人口減少が避けられない以上，成長を求める場は必然的に海外となる。しかしながらトヨタでは，現地による現地化は，完全にはできていない。例えば，アメリカ工場で品質問題が発生すると日本から大部隊が派遣されるのだという。グローバルに展開する多国籍企業の場合，日本人だけで経営できる規模を超えると，自前の現地化では間に合わなくなってしまう。経営理念を失わず，海外子会社への権限委譲をすすめ，どう「現地による現地化」をすすめるかが大きな課題となる。

そこで注目されるのは，多様な人材の活用だけでなく，異なる文化を持つ企業をどう融合していくかということである。

4．倫理問題による影響

訴訟リスク◆

マイノリティに配慮せず，雇用差別を放置することで裁判になるケースがある。海外では多額の賠償金の支払いが命じられた事実がある。

コカ・コーラに対し，1994年4月，4人のアフリカ系アメリカ人女性が15億ドルの損害賠償を求める訴訟を起こした。雇用差別に対する訴えに対し，具体的な条件は非公表だが，2000年6月暫定和解が成立した。

マイクロソフトでも，2001年1月ワシントン連邦地裁において，アフリカ系従業員に対する雇用差別裁判が起きている。原告側は最低50億ドルの賠償を求めた。弁護士はコカ・コーラと同じウィリー・ゲーリーが担当した。

ウォルマートでは，2004年6月，女性従業員6人が雇用差別をめぐり損害賠償を求めた。サンフランシスコ連邦地裁は女性従業員160万人全員が原告

となる集団訴訟として認めることを決定した。ウォルマート側がこの裁判で敗訴すると多額の賠償額が予想される。

　これらとは対照的に，優れたアファーマティブ・アクション・プログラムを表彰された企業は，訴訟コストを回避することができ，株価も上昇するという研究結果もある（Wright et al., 1995）。

日本における雇用差別裁判◆

　住友電工に勤める2名の女性社員が，住友電工と国を相手取り，1995年に提訴した裁判がある。原告側は，男女別雇用管理によって，能力向上と昇進の機会が奪われたことを理由に，同期・同学歴の男性社員との月額20万円あまりの給与差額と慰謝料を求めた。

　この裁判は，1985年に制定された男女雇用機会均等法が，同法施行前に雇用された労働者にも当てはまるかということと，同法の実施にあわせて同社で採用されたコース別採用は間接差別にあたるかということが争点となった。

　2000年7月の一審判決では原告側が全面敗訴となった。「1985年以前の女性差別は憲法の趣旨に反するが，当時の社会情勢から考えて，違法とまではいえない。1986年以降のコース別採用に関しては，女性に均等な機会を与えるに適当なものである」という判決である。

　その後，この事件は2003年12月の二審で和解が成立している。「会社は原告1人に対し500万円を支払う」「原告を課長・係長クラスに昇格させる」「国は差別是正のために積極的に調停を行う」というものだ。

　この裁判にあたった井垣敏生裁判長は，「過去の社会意識を前提とする差別の残滓を容認することは社会の進歩に背を向ける結果になる」と述べ，1985年以前に採用された労働者も平等に扱われるべきであることを明示した。さらに「直接的な差別のみならず，間接的な差別に対しても十分な配慮が求められる」としコース別採用が間接差別にあたる可能性を示した。

　こうした裁判は日本では珍しいことであり，アメリカと比較すると訴訟件数もさほど多くはない。だが，2003年，国連開発計画（UNDP）が，日本企業における男女間格差がまったく改善されていないことを厳しく指摘している。「国連女性差別撤廃委員会」は日本政府に対し，間接差別を法律で明確

に定義するよう勧告を出している。

　法律遵守や訴訟回避のためだけでなく，今後グローバルに展開しようとする日本企業にとって，雇用差別は無視できない問題だといえる。

すべての従業員が尊重される◆

　マイノリティに限らず，すべての従業員が同等に扱われ，すべての従業員の価値観を取り込んでいくことがこれからの企業に求められている。この同等という言葉の意味をどうとらえるかが，ダイバシティ・マネジメントの本質でもある。人間はみな平等なのであるから，みな一律に同じことを行うべきだというのが，果たして同等であろうか。

　違いを受け入れ，違いをいかす。それぞれに違ったやり方を施すことが今求められているのである。

　同等とは，すべての人に一律に同じことを施すと言う意味ではない。個人の持つさまざまな多様性をみて，能力発揮の機会を公平にすることである。この公平性の定義は，国内でも一致した見解を得るのは難しく，文化によってその定義が異なってくる。全員一律の処遇を施すことが公平なのか，それとも従業員の特性に応じて変えるのが公平なのか。例えば，従業員がみな同じであり，違いは存在しないという認識を前提にすれば，同じ指標で評価することが公平であろう。しかし，別々の能力を尊重すれば，同じ指標で測るのは公平ではないはずである。

　差別を被るマイノリティ・グループを，「違いをいかす」という見地から見直し，すべての個々人を能力発揮機会の面で均等に処遇するためのメカニズムを作る必要がある。今，企業組織には，こうした問題が突きつけられているのではないだろうか。この壁を打破するには，多様性（ダイバシティ）のメカニズムと対処法を学ばなければならない。

5．人口統計にみる多様性（ダイバシティ）

世界人口のトレンド◆

　2050年に最も人口の多い国々は図表1-5のようになると予想されている。この予測では，2050年までに世界人口は90億人になるという。特に発展途

図表 1-5　2050年の世界人口予測

国	人口（百万人）
インド	1,572
中国	1,462
アメリカ	397
パキスタン	344
インドネシア	311
ナイジェリア	279
バングラディッシュ	265
ブラジル	247
コンゴ	204

出所：国際連合・世界人口予測（2000）

上国の人口が３倍になると予測されている。上位10カ国の中で唯一の先進国はアメリカである。同時期に日本は，11番目となり，イタリア，ドイツも人口が減ると予測されている。

　また，世界的にみても，60歳以上の人々は現在の３倍になると予測されている。世界のコミュニティにとって高齢者の支援が負担になってくることは明らかである。

　国際的な人口移動は，更に著しくなると予測されており，先進国がその受け手になる。特筆すべきは，移民なしでは先進国の人口は，１年以内で減少をはじめてしまうということだ。

　このことは企業にとってどんな意味があるのか。世界人口の変化は，グローバル経済のもとで操業する企業にとって未だ経験したことのない挑戦と重要な機会を与えてくれる。挑戦としては，世界の多様性（ダイバシティ）の増加を扱う必要が出てくる。新たなプレイヤーは，潜在的なビジネスパートナー，株主，顧客，従業員である。彼ら彼女らの数と多様性（ダイバシティ）が増加し続けるのであれば，それらの国々の経済成長はもちろん，製品やサービスの購買力も増加し続けるのである。

人口構成の割合が変化する◆

　また，世界人口に占める身体障害者の割合が今後も増えていくと予想され

ている。グローバルにみて，5億人以上が身体障害を持つと見積もられている。

自己申告のデータに基づくトラッキング方法によるデータでは，以下のとおりである（Henry, 2003）。

5人に1人	アメリカ
6人に1人	オーストラリア
7人に1人	カナダ
10人に1人	ヨーロッパ

他にも，グローバルなレベルで，人口構成の重要な変化が予測されている。アフリカ，ラテンアメリカ，アジアといった最も人口成長が大きく，拡大する新市場の人口構成は，元来人種・民族といった面で多様である。

企業は，単にそうした人々に向けて製品をデザインし製造するだけではなく，ビジネスの新たなパートナーとしてともに競争優位を構築する必要がある。

彼らと新市場においてビジネスをしていくうえで，文化に関する包括的な理解を深めておく必要がある。

今後，ビジネスで成功していくためには，このように多様な労働力を引き付ける必要がある。なぜならば，ビジネスでは，顧客市場規模を拡大する必要があり，同時に納期内に品質の高い製品を届けなければならず，顧客は，自分たちの特別なニーズ（彼らの多様性（ダイバシティ）によって影響される）に見合う製品をデザインする企業を探すからである。このような顧客の多様性（ダイバシティ）にうまく対応し，異なる文化のニュアンスを理解することができるメンバーで構成されたチームによる素晴らしいカスタマーサービスによってビジネスの成功は実現される。

アメリカ企業における変化◈

人口構成が変化すると，実際の職場ではどのようなことが起こるのだろうか。人口構成が多様なアメリカの企業の例を考えてみたい。

1955年当時，マネジャーは性別，人種，教育，価値観，そしてこれまでの

経験という点で構成上ほとんど変化のない比較的均質な集団に対応していた。しかし50年後には，同様な集団を効果的にマネジメントするために，マネジャーは属性の中での大きな違いに対応できなければならなくなった。集団の成功は，集団として機能し顧客ニーズを満たす能力に依存するという点で仕事の性質は本質的に同一でありながら，2005年のマネジャーは50年前の同等なマネジャーよりも困難なタスクに直面する。

　これは，アメリカの組織において次の10年間で起こり得る人口統計の多様性（ダイバシティ）のひとつである。次の10年間のうちに，アメリカでは，女性や有色人種は2,000万人以上となると予想されている。

　加えて，組織において常に広範囲である職務背景や教育や経験といった可変要素の相違はさらに状況を複雑にするだろう。労働人口の一員となる多様な個人は，可視的な性質の点で異なるだけでなく，経験度や学歴といった，不可視的な点でも異なるかもしれない。

　一方で，組織の構造については，伝統的な階層構造から，より機動性の高い作業チームによるフラットな構造に変わってきている。そのため，仕事を調整し管理する作業チームは，より少ない管理者によるより広範囲な所掌につながる。移民の増加，企業のグローバル化，そして労働人口の高齢化に加えて，こうした変化は全て，集団や組織の成果への多様性（ダイバシティ）の影響を理解する必要性を増す。

日本国内で広がる国籍の多様化◆

　アメリカで起きていることは，いずれ日本にも起こる変化である。もちろん，まったく同じ変化が日本にやってくるというわけではないが，似たような例はすでに起きている。

　2000年の統計によると，日本に常住する外国人は131万1,000人である。総人口に占める割合は1.03％である。これは，図表1-6，1-7からもわかるとおり，1990年から急速に上昇している。1995から2000年の5年間で17万人（14.9％）の増加である。

　1950年以降の外国人人口の割合の推移をみると，1950年から1985年までは0.6％前後で，大きな変動はなかった。しかし，その割合は1990年から急増

第1章｜今起こりつつある変化　　29

図表 1-6　日本の総人口および外国人人口の推移（1950年〜2000年）

年	総人口 （人）	外国人人口 （人）	割合 （%）
1950	84,114,574	528,923	0.63
1955	90,076,594	597,438	0.66
1960	94,301,623	578,519	0.61
1965	99,209,137	594,038	0.60
1970	104,665,171	604,253	0.58
1975	111,939,643	641,931	0.57
1980	117,060,396	668,675	0.57
1985	121,048,923	720,093	0.59
1990	123,611,167	886,397	0.72
1995	125,570,246	1,140,326	0.91
2000	126,925,843	1,310,545	1.03

出所：総務省統計局（2005）

図表 1-7　日本における外国人人口および外国人人口の割合の推移（1950年〜2000年）

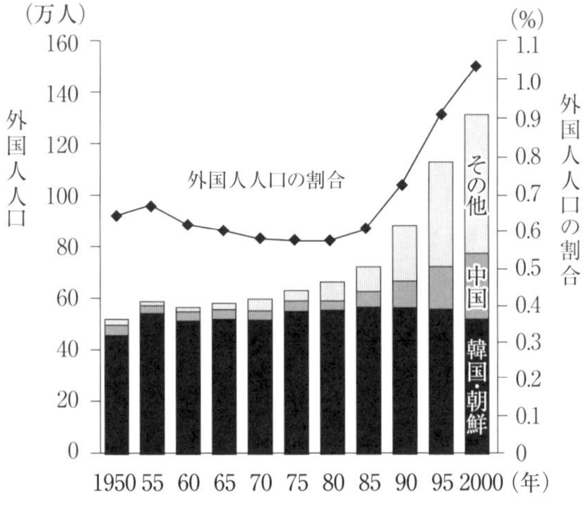

出所：総務省統計局（2005）

し，1990年に0.72％，2000年には戦後初めて１％を越えた。

さらに，2000年の外国人人口を国籍別にみると，韓国，朝鮮が52万9,000人，と最も多く，次いで中国が25万3,000人，ブラジルが18万8,000人，フィリピンが９万4,000人，アメリカが３万9,000人，となっている。なお，1,000人以上の国が37カ国あるなど，国籍の多様化が進んでいることがうかがえる。

在日外国人をターゲットにした国際電話事業が軌道に乗るなど，労働力としてだけでなく消費者としてとらえる動きもみられる。人種の多様化を戦略的に見直す時期に来ていることは間違いないだろう。

６．多様性（ダイバシティ）の波が日本を襲う

少子高齢化の影響◆

日本は世界でも類をみないほどの高齢化社会に向かって突き進んでいる。

労働力不足の解決策として考えられるのは，外国人労働者の受け入れであるが，日本企業が考えているのは，退職年齢の延長，退職者の再雇用である。そうすると，年齢格差というエイジ・ダイバシティが生まれる。20代から70代までの，幅広い世代が同じ組織で働くという年齢の多様性（ダイバシティ）への対策が今後求められることになる。

また，少子高齢化がすすむ日本国内では市場拡大が望めないと判断した企業は，世界へ進出するグローバル企業への道を模索するかもしれない。今後おとずれるであろう日本の少子高齢化というプレッシャーに対し，日本企業がどのような反応を示したとしても，そこには必ず人材の多様化という問題が現出する。

日本企業が考える解決策◆

日本の大手企業の人事担当者が考える労働人口減少の解決策は，概ね以下のように要約できる。第１は定年退職者の再雇用である。定年の延長も考えられるが，定年退職した労働者を再雇用した方がコストがおさえられる。しかも，それまで従事していた作業に就けば職場での混乱は避けられると考える。

定年退職者の再雇用の次に女性の雇用であり，その次が外国人労働者の受け入れである。日本企業の人事担当者は，このように労働力の多様化を段階を経て受け入れようと考えている。

しかしながら，第2章第2節で述べるように，年齢の多様性（ダイバシティ）は，コミュニケーションの齟齬，価値観の共有ができないことによる業務への影響，スキル格差などの問題を生じさせる可能性が大きい。それは，同じ世代の男女間や外国人間で起きる問題よりも困難であることは明らかである。

後に述べるが，多様性（ダイバシティ）の影響には，メリットとデメリットと両面が存在する。段階を経て多様な人材を受け入れていこうとするスタンスには，デメリットの少ない多様性（ダイバシティ）から始めようという考えがある。この考えのもとでは，多様性（ダイバシティ）を取り込むことでパフォーマンスをどう上げていくかという目的が見落とされていないだろうか。多様性（ダイバシティ）を消極的に受け入れるのではなく，多様性（ダイバシティ）を積極的に取り込むことで，企業の競争優位性を強化していかなければならないのである。

日本企業は多様性（ダイバシティ）のマネジメントに弱い◆

ごく最近まで，日本企業では，人事管理の多様性（ダイバシティ）の議論は，日本人男性を対象にして行われてきた。そこでは，女性の割合を増やす，さまざまな国籍の人々を国内で雇用するといった，労働力そのものの多様性（ダイバシティ）ではなく，多様な生き方を認めるといった価値観の多様性（ダイバシティ）がメインとなっている。生き方の違い，仕事と家庭のバランスのとり方，管理職ではなく専門的な能力をいかすなど，いかに現時点で雇用している男性社員を「多様化させるか」が問題となっている。

日本企業のほとんどは，多様な人々，生き方，価値観を取り入れ，経営にいかしていくのが不得手であった。不確実性が低く，掌握しやすい範囲内で，本社人事部が中心となって，まさしく「人事」を「管理」する傾向にある。日本人男性の価値観の多様化はなんとか掌握できても，それがグローバルレベルになると，とたんにうまくいかなくなる。

日本の多国籍企業においては，外国人を日本人社員と同じ管理職のキャリアパターンに組み込もうとして失敗するケースがこれまで多かった。海外進出の歴史が長く，海外従業員比率が50％を超えている企業であっても同じである。そのため，日本の多国籍企業の外国人登用比率は，アメリカやヨーロッパの多国籍企業に比べて，いまだに極めて低い。

女性の登用はダイバシティ・マネジメントのイントロダクション◈

性別の多様性（ダイバシティ）は，どこの国でも存在する。従来から多様性（ダイバシティ）のマネジメントのメインテーマのひとつであった，女性の管理職登用は，役員レベルを除けば，他の先進諸国ではほぼ克服済みである。

他方，日本企業はいまだに，国内でも女性の管理職を作るのに試行錯誤の段階である。2005年現在，ついには韓国に先を越され，女性の管理職登用比率は主要先進国の中で最低である。

多様性（ダイバシティ）のマネジメントに段階があるとすれば，女性のキャリア管理・管理職登用は，比較的簡単なもの，いわばビギナーズコースである。性別の多様性（ダイバシティ）のみがマネジメント上の課題なら，企業は，それだけに注力すればよい。法律，採用や解雇，教育システム，家庭責任を軽減する外部施設の存在などは，日本国内に限れば予測可能で，あとは，女性ひとりひとりの価値観（働き方・生き方）に対応させて，マネジメントしていけばよい。

しかしながら，人種の多様性（ダイバシティ）・国籍の多様性（ダイバシティ）になってくると，より複雑になる。人種や国籍などの違いの定義・分類も難しいし，それらがどうビジネスに影響を与えるのか，それらの違いをいかした管理をどう行うか，そしてそれらをいかした管理が行えているかどうかという指標自体も難しい。

日本では，「日本人・女性」，「日本人・男性」といった議論がこれまで中心であったが，「アジア系アメリカ人の女性，合併先のヨーロッパ系企業出身」とか，「インド系アメリカ人のシステムエンジニアの男性」といったより多様なカテゴリーの人材を，いかに企業の人材としていかしていくか，と

いった場面には直面していない。

女性をいかにマネジメントし，人材としていかしていくか。これさえでき
ない企業は，もっと高次なダイバシティ・マネジメント（グローバル環境や
新規事業に求められる多様性マネジメント）が必要になったときに対応できる
はずがない。

多国籍企業の多様性（ダイバシティ）は，国内に比べ，困難さが高まる。
グローバルレベルでの多様性（ダイバシティ）には，その次元が，極端に増
えるからである。従業員だけでなく，株主，取引先企業，顧客の多様性（ダ
イバシティ）が，文化，社会，経済システムに影響を受けて，より入り組ん
だものになる。

多様性（ダイバシティ）のマネジメントのデメリットのひとつは，この管
理の困難さにある。それは，多様性（ダイバシティ）のマネジメントの本質
でもある。

多用性から多様性の時代◆

以前は，「多様性（ダイバシティ）」ではなく「多用性」の時代であった。

多くの日本企業は人材に多用性を求めてきた。オールマイティで何でもで
きる人材が重宝がられ，海外に赴任するときには外国語を習得させ，技術者
にも営業セールスの経験をさせ，1人の従業員を多用に使ってきた。

ところが，パラダイム変革の激しい時代においては，多用性を追い求めて
いると対応しきれない局面が出てきた。国内の社員が外国語を学習するにも，
技術者が畑違いのセールスを学ぶにも，活用できるまでには時間がかかる。

しかし多様な人材を雇用すれば，それは比較的短期間に解決する。例えば，
スペイン語圏での市場に販売拠点を置く場合，トップマネジメントにスペイ
ン人を採用すればよいし，女性向けの商品開発をする際には市場動向にくわ
しい女性を開発スタッフに参画させればことたりるのである。

スピードと競争の時代にどちらの戦略を採用する企業が優位に立つか，結
論は明らかであろう。

7．ダイバシティ・マネジメントの引き金：米国労働省のリポート

　1990年代アメリカの多くの大企業がダイバシティ・マネジメントに取り組んだ。そのきっかけとなったリポートがある。米国労働省が1987年に発表した「Workforce 2000」である。この中での警鐘がアメリカ国内で大きな反響を呼び，各企業に変革をもたらした。アメリカが大きく変化し，ダイバシティを真剣に学ぶきっかけとなったものである。ひと昔前の予測データであるが，このリポートから日本の企業も何かしら学ぶことができる。なぜならば，ダイバシティの波がアメリカから10年15年遅れてやってきた日本企業にとって，当時のアメリカ企業がダイバシティ・マネジメントへと舵取りを変えたものが何かを知ることは重要であるからだ。

今後起こり得る4つのトレンド◆

　「Workforce 2000」が示した20世紀最後の数年の4つの主要なトレンドは次のようなものである。

①　アメリカ経済は，比較的健全なペースで成長する。アメリカの輸出の回復，生産性の再成長，強い世界経済が後押しとなる。

②　国際的には復活するものの，アメリカの製造業は，今日（1987年）と比べて2000年に国の経済におけるシェアが小さくなる。サービス経済が新しい仕事のすべてを形成し，この13年（2000年まで）の新たな富のほとんどを創出する。

③　労働力は，高齢化，女性化がすすみ，不利な条件を持つ人々が増えるようになる。今後13年間の労働力への新規参入者のわずか15%が白人男性で，47%が上記の人々で構成される。

④　サービス産業における新しい仕事は，今日以上にはるかに高いスキルレベルを必要とするだろう。読解能力がなく，指示に従えず，数学ができない人々のための新しい仕事はほとんどなくなる。まったくスキルのない人々の間に失業者が増え，最も教育的にアドバンテージを得ている人々の失業者が減るであろう。

　こうしたトレンドは，多くの重要な政策論争を提起する。アメリカが繁栄を続けるために，政策決定者は次のようなことをすすめる方法を見出さねば

ならない。

・バランスのとれた世界成長を奨励する

・サービス経済の生産性向上を促進させる：ヘルスケア，教育，小売，政府，そのほかのサービスにおける労働者あたりの生産高をいかに早く向上させるかが，製造業以上に，繁栄にとって重要である。

・高齢化する労働力の活力を維持する：アメリカの労働力の平均年齢が40歳に近づくにしたがって，労働力とその制度が順応性と自発的学習をけっして失ってはならない。

・女性，仕事，ファミリーの対立するニーズを両立させる：2000年には16歳以上の女性の5分の3が働き手となる。しかしながら現行の政策や制度がカバーしている賃金，福利厚生，年金，福祉などは，男性が働き，女性が家庭にいる社会を想定してつくられている。

・黒人とヒスパニックの労働者の差別を撤廃して経済圏に同等の身分で組み込む：若年労働者の減少，急進的な産業変化，新興経済はかつてないほどのスキルを必要とするので，現在（1987年）から2000年までに特に緊急に，マイノリティを有効活用しなければならない。

・すべての労働者の教育を改善する：経済がより複雑化し，人的資本に依存するようになるなら，アメリカの教育システムの水準は向上されなければならない。

2000年の労働力と仕事◆

労働力と仕事の変化は，経済の変化に，整合する。次の5つの人口統計学上の事実が最も重要である。

① 人口と労働力の伸びが，1930年代以降かつてないほど緩慢になる：1950年代には1.9％であった人口増加率が，2000年までには0.7％となる。労働力においては，1970年代には増加率が2.9％であったものが，1990年代にはわずか1％の拡大にとどまる。この低い成長は，国民経済の拡大を遅らせるであろうし，高所得者向け製品やサービス（例えば，高級品や便利なサービス）にむけて経済がシフトしてくる。労働市場が逼迫するので，雇用者には資本集約型の生産システムの構築を迫る。

② 人口と労働力の平均年齢が高まり，労働市場に参入する若年労働者が減る：労働力の平均年齢が現在36歳であったものが2000年には39歳になる。16－24歳の若年労働者は，200万人にまで減る。若年労働者の減少は，ポジティブ・ネガティブ双方の結果をもたらす。年齢の高い労働者はより経験を積み安定し，その地位は確かなものとなる。この安定性の逆の面は，順応性の低さとなる。高齢の労働者は，例えば，職業を変わること，再教育を受けることが若年労働者に比べて難しい。

③ より多くの女性が労働市場に参入する：1987年と2000年との間の労働市場の新規参入者の3分の2は，女性となる。男性よりも低い賃金の職に女性は集中するものの，高賃金の専門職や技術の分野にも急速に参入してくる。仕事の女性化の結果として，コンビニエンス産業，即席料理用の製品，宅配サービスは経済全体で一般的となる，デイケア，産休の需要は増加し，パートタイム，フレックス，在宅の仕事が好まれる。

④ マイノリティは労働市場新規参入者の大部分を占める：1987年と2000年との間の，労働市場の新規参入者の29％は，白人以外となるが，それは現在の2倍である。人口の増加が停滞することが，そうした労働者への就業機会を改善すると考えられているが，衰退する都市部中心と低成長の職業に黒人が集中していることからもこの楽観的な見解が疑わしい。

⑤ 移民が第一次世界大戦以来の人口と労働力増加の大部分を占めるようになる：新しい移民法によって，およそ60万人の合法的，または違法移民が毎年アメリカ合衆国に入ってくる。移民の3分の2以上が労働力に参入すると予測される。南部や西部にそうした労働者が集中し，地域経済を劇的に変え，経済成長と労働余剰を促進させる。

労働力構成のこうした変化にともなって，雇用の性質も大きく変わる。最も早く成長する職種は，科学者，弁護士，エンジニアなどの専門職・技術職，営業職の分野であり，それらはいずれも高いスキルレベルを必要とするようになる。

職業の序列がスキルレベルに準ずるようになり，就業に必要とされるスキル要件は劇的に厳しくなる。とくに数学，言語，論理スキルが必要とされるだろう。現行では，そのようなスキルレベルが最も高い職業は，全雇用の24

第1章｜今起こりつつある変化　37

図表 1-8　アメリカにおける労働力の変化（予測）

	1985年時点労働力	1985－2000年新規雇用予測
全　体	15,461,000人	25,000,000人(15年間累計)
ネイティブ白人男性	47%	15%
ネイティブ白人女性	36%	42%
ネイティブ白人以外男性	5 %	7 %
ネイティブ白人以外女性	5 %	13%
移民男性	4 %	13%
移民女性	3 %	9 %

出所：Hudson Institute (1987)

％を占めているが，新たに生まれる雇用に限っては41％となる。そうしたスキル要件を満足する白人男性にとっては仕事の将来が明るいが，黒人やヒスパニックはますます困難になる。

　労働市場では新規参入者のシェアが拡大する見込みであるにもかかわらず，もし現行の職業に留まるのであれば，黒人男性は全業種にわたって縮退する働き口のごくわずかの部分を維持するだけになる。他方で，黒人女性は雇用の増分のごく一部を担うこととなるが，その増加は労働力のシェア増分を相殺するまでには至らない。

　この「Workforce 2000」で指摘されたことのいくつかは，2005年の日本でもすでに起こっている現象である。日本で今後予想される変化は，労働力の割合と働き方の変化である。さらに，労働者間，企業間の格差はますます広がるだろう。サービス業はますます肥大化し，より高度な教育・技能が必要とされる。そうした変化にともない，企業はすべての制度や仕組みを変えなければ，うまく対応できないであろう。

第2節　まとめ

　第1章では，現在どのような変化が起こりつつあるのかを明らかにしながら，組織において，人材が多様化するトリガーについて述べた。

　第1に挙げられるトリガーは，ビジネスのグローバル化である。そこでは，

生産拠点のグローバル化，企業合併の増加等に伴って，労働市場，顧客市場が多様化している。

　また，第2に技術革新がそのトリガーとなる場合がある。例えば，ビジネスのIT化がすすみバーチャルな組織やバーチャルな商取引が実現するようになると，労働力の多様化や，顧客市場の多様化が高まる。このことは，後の第2章でも述べる。

　さらに，第3に意思決定のスピード化や，人材の現地化，現地法人への権限委譲などでパワーの分権化がすすむと，組織のあらゆる階層で人材は多様化すると考えられる。雇用機会均等法などの法的拘束力や倫理上の問題や，訴訟リスクを回避するために組織の人材を多様化させる場合もある。

　第1章で述べたトリガーは，いずれも外部環境からくる受身的なものであるが，企業の戦略的行動がトリガーとなると主張する研究者もいる。企業の戦略的行動については，第4章で詳しく述べる。

第2章　ダイバシティとパフォーマンス

第1節　ダイバシティとは

1．ダイバシティのとらえ方

ダイバシティのさまざまな定義◆

　ダイバシティの定義は，それぞれの立場や研究分野によって異なる。ダイバシティの伝統的な定義とされるのは，米国雇用機会均等委員会による定義で，「ダイバシティとは，ジェンダー，人種・民族，年齢における違いのことをさす」というものである。

　ダイバシティの議論が起こったのは，1960年代，アメリカで機会均等を目指す，マイノリティに関する法律が制定されたことによるものである。その頃のダイバシティ・マネジメントの議論は，差別や区別をされていたマイノリティの人々のみが対象となっていた。

　当時，ダイバシティ研究の出発点では，マイノリティの人々の地位を向上することに重きをおいていたが，その後，そのことが組織にとってどのようなメリットをもたらすのかをもっと明確にする必要があると考えられるようになった。これはダイバシティ研究とデモグラフィ研究の融合によるといえる。

　元来，デモグラフィ研究とは，人口の変化・増減，人の出生や死亡，地域・国家間の移動など人口に関する統計学的研究であり，人の属性（例えば，ジェンダー，年齢，人種・民族，勤続年数，バックグラウンドなど）によってグループわけし，それぞれの持つグループの特性を論ずるが，属性とそのグル

39

ープの特性の因果関係は明らかにしていなかった。

　デモグラフィ研究はダイバシティ研究とは元々異なる分野であったが，後にダイバシティ研究と融合する（デモグラフィック・ダイバシティ研究）。初期のダイバシティ研究は，ジェンダー，人種・民族，年齢が主な対象であったが，後にデモグラフィ研究が加わることにより，それ以外の属性である，勤続年数，バックグラウンド，階層などのカテゴリーもダイバシティ研究の範疇とされるようになった。

　一方，初期のデモグラフィ研究は，単なる属性と結果との関連からその属性の特徴を示すことが主な目的であったが，その後に，後述の Hambrick（1984）らの研究をきっかけにして，ある属性が組織のパフォーマンスを変えるという因果関係があることに着目するようになった。デモグラフィ研究とは別に，ソーシャル・カテゴリー理論をはじめとする社会心理学においても，異なる人々が加わることで，組織やグループに何らかの影響が与えられるという議論が現れたことにより，さまざまな研究分野がダイバシティ研究に参加するようになった。

　このような動きにともない，ダイバシティの定義も次第に変化することとなる。ここでは，2つの代表的な定義を示す。

　ひとつは Cox らの提唱するカルチャラル・ダイバシティの定義で，そもそものダイバシティ研究の出発点であるマイノリティの地位向上を目的としており，マイノリティを規定する多様性の次元にダイバシティの定義を限定しているものである。

　「人種・民族，ジェンダー，社会階級，宗教，国籍，性的傾向といったカルチャラル・アイデンティティを構成するようなものをダイバシティの範疇とする」（Ely & D. Thomas, 2001）。

　もうひとつの対照的な定義はデモグラフィ研究側から発生した定義であり，社会的なグループの属性を指すものである。

　「ダイバシティとは，ワークユニットの中で相互関係を持つメンバーの間の個人的な属性の分類のことを指す。その属性とは，たやすく目につく年齢，ジェンダー，人種・民族という特徴だけでなく，よりその人を知ったうえで明らかになる属性，個性，知識，価値観，さらには教育や勤続年数，さらに

は職歴といった仕事に直接関連のあるものなどもその属性に含まれる」
（Jackson et al., 2003）。

　後者のデモグラフィ研究側から発生した定義は個人やグループや組織のダイバシティを対象とするものであるが，グループの中での優位劣位という区分をするものではない。そこでは異質性という尺度が用いられ，人口統計学上の変化を分析する方法が開発されていった。

　デモグラフィック・ダイバシティ研究は，グループダイナミックスの立場からの議論であり，異質なものを混合させることによって組織に何らかの変化が起こるというものである。また，初期ダイバシティ研究は異質な人材のパワーを高めることで組織に変化を起こすものである。本書では双方の立場からの研究結果を取り上げる。

　このように定義されるダイバシティは，人をグループ分けする際の基準として用いられるものである。

ダイバシティのカテゴリー◆

　ダイバシティは表層的あるいは深層的かどうかによって，2つのカテゴリーに大別される。

　表層的なレベル（Jackson et al., 1995）は，文字通り目にみえて識別可能なもの（Pelled, 1996）であるため，人口統計学上の区分による特性が容易に観察され，測定することができる。

　表層的なダイバシティとは，ソーシャル・カテゴリーのダイバシティ（Jehn et al., 1999）や人口統計学上の区分によるダイバシティ（例えば，O'Reilly et al., 1989）だとされる。例えば，それらは，性別，人種・民族，年齢などである。

　一方，深層的なダイバシティ（Harrison et al., 1998）は，外観的に判別可能なものではなく（Riordan, 2000），外部からは識別しにくいものである。その形態には，パーソナリティ（Barsade et al., 2000），価値（Jehn et al., 1997），態度，嗜好，信条（Harrison et al., 1998）などといった心理的な特性も含まれる。

　ダイバシティのカテゴリーが，ジェンダー，人種・民族だけだと勘違いさ

42

図表 2-1　ダイバシティの次元

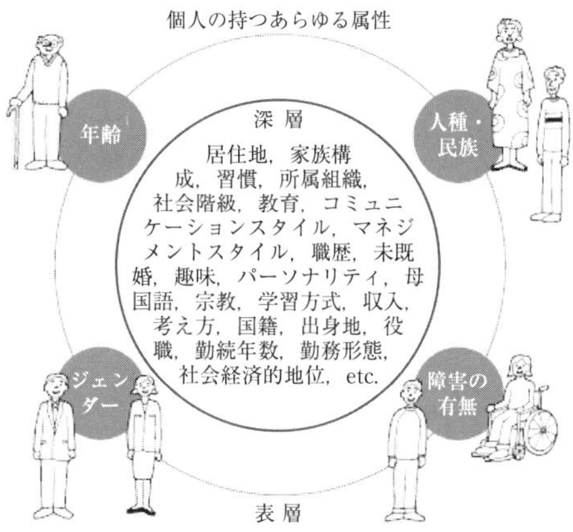

個人の持つあらゆる属性

年齢

人種・民族

深層
居住地，家族構成，習慣，所属組織，社会階級，教育，コミュニケーションスタイル，マネジメントスタイル，職歴，未既婚，趣味，パーソナリティ，母国語，宗教，学習方式，収入，考え方，国籍，出身地，役職，勤続年数，勤務形態，社会経済的地位，etc.

ジェンダー

障害の有無

表層

れることがよくある。しかし先にも述べたように，ダイバシティ・マネジメントの研究対象は多岐にわたっている。居住地，支持政党，家族構成，習慣，所属組織，社会階級，教育，長男／女，次男／女，コミュニケーションスタイル，性的傾向，部門職歴，年齢・世代，未／既婚，趣味，パーソナリティ，母国語，肌の色，宗教，学習方式，外見，収入，考え方，国籍，出身地，役職，身長，体格，ジェンダー，勤続年数，勤務形態（正社員／アルバイト），服装，社会経済的地位，身体的能力などすべてが研究対象となる。

　これらのダイバシティのカテゴリーは，表層的なダイバシティと，深層的なダイバシティに大別することができる。

カルチャラル・ダイバシティという概念◆

　表層的・深層的という区別以外に，ダイバシティのカテゴリーをカルチャラル・ダイバシティという概念で統合した研究もなされてきた。

　例えば，ジェンダーや人種・民族は表層的ダイバシティのカテゴリーだった。宗教や社会階級，国籍などは深層的ダイバシティのカテゴリーだった。これら２つのカテゴリーを，カルチャラル・ダイバシティという概念でくくるようになった。

Ely & D. Thomas（2001）は，人種・民族，ジェンダー，社会階級，宗教，国籍，性的指向などは，人口統計学上の区分であり，それらはすべてカルチャラル・アイデンティティだと定義づけている。

カルチャラル・アイデンティティとは，社会文化的にはっきりと識別される集団のメンバーシップからきている。それは，肌の色や生物学的なスタイル，服など身体的特徴にむすびつけられ，人々の選択が他の人々とどう顕著に異なっているかで識別される。こうした目にみえるような違いは，グループ間の偏見やネガティブなコンフリクト（対立）を生む。

このカルチャラル・アイデンティティは，社会的に形成されるものであり，複雑で常に変化するため，パワー関係の格差も常に変化する（Ely & D. Thomas, 2001）。

ダイバシティへのアプローチ◆

研究者の目的や意図によって，どのダイバシティを重要とするかが異なっている。すなわち，ダイバシティとパフォーマンスとのかかわりをみる研究では，何がパフォーマンスにとって重要なのか，どんな理論を用いているのかによってダイバシティの焦点のおき方が異なる。

ダイバシティの既存研究には，次の3つの主要な焦点がある（Merill-Sands et al., 2000）。

① 社会的な相違：際立ったソーシャル・カテゴリーを反映した相違，アイデンティティグループ間の相違に焦点を当てる
② 文化的な相違：多様な国籍や民族の文化的な違いに焦点を当てる
③ 認知・職能の相違：職務に関連した知識，スキル，経験だけでなく，情報入手法や知識の獲得の仕方に焦点を当てる

これらのアプローチはいずれも，違いが，職場慣行，経営システム，組織文化，さらには社会的関係に，影響を与えるか，また，個々人の行動，仕事，キャリアの成果（例えば昇進）への影響についても明らかにする。

ダイバシティをみていくうえで重要なこと◆

パフォーマンスとの関係で，ダイバシティを考えていくうえで，重要な点

は，次の3つである。

　第1に，ダイバシティの次元はひとりの人間について複数存在する点である。人は多くの属性を持つ。一個人にも，さまざまな属性が内在している。しかし，実際には研究手法の関係から，パフォーマンスとの関係ではひとつの属性のみを取りあげて議論する傾向にあった。どの属性で区分するかは，研究者の目的によって決まる。そこでは，どの属性がパフォーマンスに影響を及ぼしているかで判断される。

　こうした問題を解決すべく近年，個人に内在する属性のうち，どの属性でその人が区分されるのが最も適当かを分析する手法が開発されようとしている。

　第2に，ダイバシティは，時間とともに変化する点である。これは，深層的なダイバシティにおいて特にいえることである。価値観，考え方は，時とともに変化するものであるし，どんな経験を重ねるかによっても，スキルや情報，認知枠組みも変わってくる。他方，表層的なダイバシティのほとんどは変化しない。性別や肌の色といった生物学的な差や身体的な特徴は，成人であれば，変化しにくいものである。表層的なダイバシティで，唯一，時間とともに変化するものは，年齢だけである。

　第3に，本人と他者ではダイバシティの受け取り方が異なる点である。他者からみたダイバシティが，本人のそれと異なることがあるのは，多くの場合表層的なダイバシティに左右されるためである。本人とじかに接する頻度や程度によって深層的なものからの影響がでてくるものの，そうでない外部の人々は表層的なダイバシティに大きく影響される。

　例えば，若い女性であったとしても，本人に備わっている仕事上の情報や判断力は個々人によって異なっているが，はじめて会う側は若い女性というステレオタイプで判断してしまう。とくに，社会文化的背景の影響を受けやすい，ジェンダー，人種・民族といった，カルチャラル・ダイバシティの範疇に含まれるものに関して，表層的ダイバシティと深層的ダイバシティが分離できないものという誤解が頻繁に生じる。

2．ダイバシティという言葉が使われ始めた経緯

ダイバシティ研究の変遷◆

　アメリカにおけるダイバシティ研究は，3つの段階を経て発展してきた。第1段階は，1960年代の公民権運動・女性運動，第2段階は，これまでダイバシティを否定してきた（例えば，女性や少数民族を締め出してきた）組織がダイバシティを受け入れる段階，ここではいかにそれによるマイナスを減らすかが焦点だった。ダイバシティを取り入れることはコストだと考えられた時期が第2段階だといえる。

　第1段階と第2段階においては，異質な人は同質化することが求められていた。米国雇用機会均等法（EEO）やアファーマティブ・アクション（AA：少数派に対する積極的雇用促進政策）の要求にこたえるために，企業は多様な人材に対して扉を開いた。1970年代までは，既成の欧米の男性の企業文化に適応していくメルティングポットアプローチ（後述）が，期待されていたのである。

　第3段階は，ダイバシティを消極的に（例えば，女性や少数民族を受け入れなければならなくなったから仕方なく受け入れるというように）とらえるのではなく，ダイバシティを受け入れることが組織にとってもプラスになるのだと考えるようになった時期である。これは，ダイバシティをベネフィットとして考える時期である。

　この第3段階の，多様性に価値をおくという議論が現れたのは，1980年代である。それまでの，「われわれはすべて同等である」という信念や価値観から，「われわれは，ひとりひとりが個性を持ち，だからこそわれわれは素晴らしいのだ」という価値観に変化する。

メルティングポットからサラダボールへ◆

　既存のマジョリティの文化に溶け込ませるメルティングポットアプローチとは異なり，「違いに価値をおく」アプローチは，より行動志向のアプローチである。それは，「包括的」あるいは「多文化」のアプローチとも呼ばれる。多様なものを多様なまま包括的にとらえる時代である。

　違いに価値をおきながら，企業の組織文化そのものを変容させていく方法

をみつけ，価値を取り込み，さらには組織を多文化にしていく。そのゴールは，すべての従業員を支援し，育成するような企業文化をつくることだとの主張が主流になってきたのである。

違いに価値をおくということは，従業員それぞれの個性を尊重し，それらの価値観，ライフスタイル，文化的伝統を取り込むことである。

「坩堝（るつぼ）」とはもともと金属を高温で熱して溶かすときなどに使ったりする耐熱性の容器のことをいう。この中で複数の金属を一度に溶かして使うこともあるために，転じてさまざまな物が混ざっていることも意味するようになった。英語では「坩堝」の事を「メルティングポット」といい，偶然にもさまざまな人種や文化が溶け合っている状態や社会などを表現する言葉として使用されている。

メルティングポットは，多様な人種が混ざり合う，すなわち同化することを意味するが，『同化している』というのは実は幻想なのであり，それは表面的に異種の人が既存のグループに『やむをえず同化させられる』という意味で，メルティングポットの神話とも呼ばれた。

個性のある人間は，とうてい同化できるものではない。同化を目指したメルティングポットから，個性の違いをいかしたサラダボール（多文化主義のたとえのひとつ）への変革が，1980年代後半以降求められてきた。現在のダイバシティ・マネジメントはこのサラダボールの考え方が根底にある。

パラダイムチェンジが必要だった時期◆

1987年，アメリカで "Workforce 2000" が発表され，ダイバシティのマネジメントに着目しなければならないという議論が活性化してきた時期は，アメリカ企業にとって戦略的なパラダイムチェンジが必要とされた時期でもある。その時はまさに1980年代日本企業が優位にあった時期でもある。日本企業がアメリカにとって衝撃的であったのは，彼らがニッチマーケットに対して多様な製品を提供した点にある。これまでアメリカ企業は，均一なマネジメントのもと標準化した商品を大量に市場に送り出すことにより規模の経済を働かせて収益をあげていた。アメリカ企業に欠けていた点が，まさにこの製品のダイバシティであり市場への柔軟な対応であった。そこで，アメリ

カ企業は今後多様化する労働力が，アメリカ企業の弱点であった製品のダイバシティ，市場のダイバシティに対応するために重要であると考えた。

　加えて，この時期アメリカ企業に必要とされていたのは，サービス産業へのシフトである。それまでの製造業中心であった雇用システム，人事管理，福利厚生，そうした社会的なシステムが，新しい形態には合わなくなった。組織の仕組み自体を大きく変革する時期であり，大きなパラダイムシフトが必要であったからこそ，多様な人材を雇用し組織に取り込むことで突破口を見出そうとしたのである。ダイバシティ・マネジメントが必要なのは，戦略的パラダイム変革を迫られている企業なのである。

　ダイバシティ研究は，まさにこの時期に盛んに行われるようになった。実務面でのダイバシティの重要性が主張されるだけでなく，ダイバシティを取り込み，それをベネフィットに変えていく理論的裏づけを明らかにする研究が行われるようになってきた。

労働力のダイバシティがその他のダイバシティにむすびつく◆

　前述のようにアメリカ企業は，戦略的なパラダイム変革が必要であり，製品の多様化を進めていくことと，市場のダイバシティへの対応を成し遂げるために，労働力のダイバシティがその鍵を握っていると考えていた。そこでは，労働力と市場と技術の３者は密接にむすびつくものとされていた（図表2-2）。

　市場の多様化に伴う，多様なニーズは，多様な商品を必要とし，そのための技術開発が求められるようになる。それまでとは異なる技術が必要になると，従来とは違う能力が評価されることになり，労働力も多様化する。このように３者は互いにリンクしているのだと考えられていた。

　労働力の多様化と市場の多様化にダイレクトな関係が認められた事例がある。例えば，エイボンでは，有色人種の女性が商品開発部門のリーダーとして雇用され，当時１色しかなかった有色女性向けのファンデーションを多色展開することによって新規市場での利益を大きく伸ばした。また，IBMでは，営業部門に身体障害者を雇用し，身体障害者の顧客に対応した営業を行うことで，利益を向上させた。これらは市場が多様化したことに対して労働

図表 2-2　労働力のダイバシティ・市場のダイバシティ・技術のダイバシティの関係

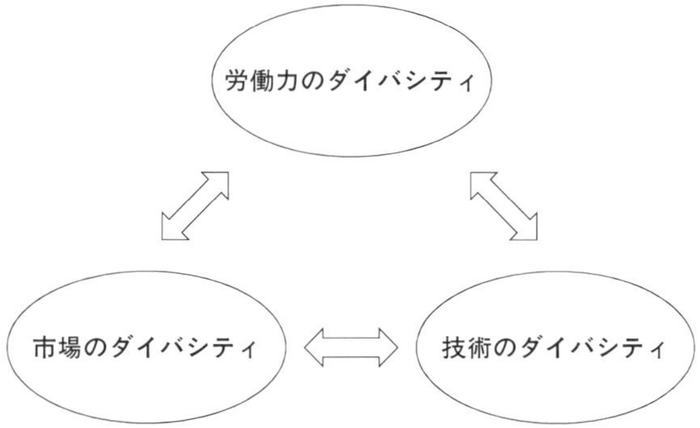

労働力のダイバシティ

市場のダイバシティ　　技術のダイバシティ

力を多様化させた事例である。

　この労働力，市場，技術の３者の関係は，ダイバシティがパフォーマンスをいかに効果的に上げるかという議論の中で必ず取り上げられる。

　ただし，例外もまた存在することをここで述べておきたい。例えば，市場がグローバルに展開したとしても，必ずしも技術の多様化を必要としないケースがある。すなわち，グローバル化により市場の同質化が進むという議論である。OS のウィンドウズは，同質の製品をグローバルな市場に提供することで利益を高めていった。標準化されたオペレーションで，多様な市場に参入するファーストフード業界も同様である。市場が多様化しても，技術が多様化とは逆に均質化するケースである。アメリカ企業はこの戦略による市場拡大が得意である反面，多くの日本企業は多様な市場に多様な製品を投入することで優位性を保ってきた。

第２節　ダイバシティとデモグラフィの理論モデルと実証結果

１．ダイバシティとパフォーマンスとの関係の理論モデル
ダイバシティとパフォーマンスとの関係◆

　ダイバシティとパフォーマンスとの関係には２つのフローが存在する。すなわち，ダイバシティを変化させることでパフォーマンスが変化するフロー

第2章｜ダイバシティとパフォーマンス　49

図表 2-3　ダイバシティとパフォー
　　　　　マンスとの関係 1

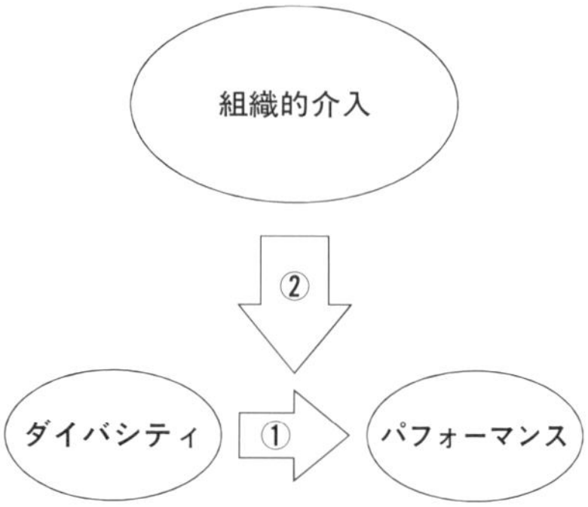

図表 2-4　ダイバシティとパフォー
　　　　　マンスとの関係 2

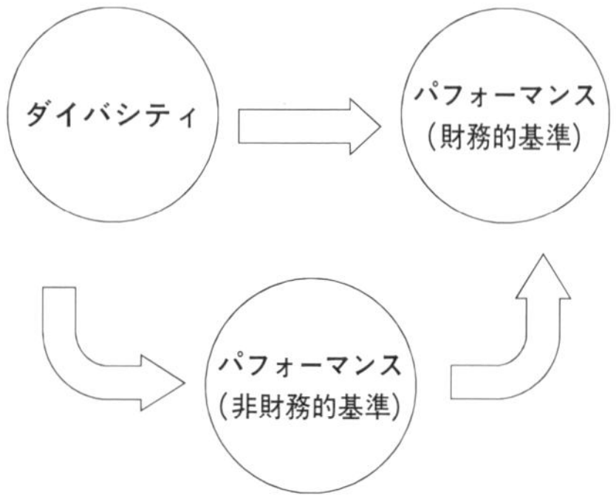

（図表2-3, 矢印①）と, ダイバシティによってパフォーマンスが高まるよう
に意図的に組織的介入を行うフロー（図表2-3, 矢印②）である。

　ここではメンバーやリーダーのダイバシティが, それぞれパフォーマンス
にどのように影響を及ぼすかをみていく。組織的介入に関する議論は第4章
で詳しく述べる。

パフォーマンスとは◆

　ダイバシティとパフォーマンスとの関係の理論モデルをみていくにあたり,
まず, パフォーマンスとは何かをここで明らかにしておきたい。

　パフォーマンスには財務的基準と非財務的基準（中間的なパフォーマンス）
とがある。財務的基準とは, 売上高, 業績, 最終的な利益であり, 株価や
ROE など財務データの向上を意味する。それに対し, 非財務的基準には,
従業員のモチベーション, 職務満足度, 勤続年数, 離職率, コミットメント
（情緒的コミットメント, 継続的コミットメント, 規範的コミットメント）などが
ある。

　このうち, 非財務的基準に関して, ハーバード大学のチーム研究（組織心
理学）で有名な Hackman（1987）は, グループパフォーマンス（非財務的基
準）を次の3つの基準によって定義した。①顧客に対するパフォーマンス基
準を満たすか上回ること, ②チームの仕事をともに行っていくためにメンバ

ーの能力を強化したり維持したりする社会的プロセスであること，③メンバーの個人的欲求を妨げるよりむしろ満足させること，である。

この定義はグループパフォーマンスを考える時，グループの成果のみならずメンバーに与える影響とその後に高まるグループの能力もまた考慮しなければならないということに注意を促す。グループパフォーマンス（非財務的基準）はグループが長期にわたって機能すると想定しており，この定義はダイバシティの研究を検証する際に重要である。

しかし，実際のダイバシティのマネジメントが必要とされる場面ではメンバーに与える影響とその結果として高まる組織能力の相互依存関係が継続しており，グループの存続が長期にわたっているため，実験室研究のような研究の結果は既存の理論を検証するのには役立っても，実務レベルでの解決策を提示するのは困難である。情報活用や意思決定の理論の実証のために，実験的につくられたグループでその成果を測定することは適切かもしれないが，コンフリクト（対立）や結束といった，通常グループプロセス（パフォーマンスにむすびつくまでの過程）で生じる事象の長期的な測定はできない。

だからこそ，調査はメンバーが長期にわたり相互依存関係を持つ，現実の作業チームに着目する必要があるという主張があり，実験室研究とフィールド研究に基づく，グループプロセスとパフォーマンスへのダイバシティの影響についての結論が異なることが強調されている（Williams & O'Reilly, 1998）。

前述のとおり，パフォーマンスのうち，売上高，利益率，TRS，ROE といった財務的基準は，企業の数的な目標値であり，最終的パフォーマンスだといえる。それに対し，非財務的基準とされる企業に対するコミットメントやモチベーションの向上，優秀な人材確保といった指標は中間的なパフォーマンスだといえる。ダイバシティがいかにパフォーマンスに影響するかを論ずるにあたり，この中間的パフォーマンスに関する議論を明らかにする必要がある。

Ely らは，この中間的パフォーマンスを測る指標を，「情動的結果」，「集団間関係の質向上」，「自分に価値があり評価されていると感じる度合い」などで示した。

ダイバシティとパフォーマンスに関する統合型モデル◆

　あらかじめ断っておくが，ダイバシティが利益に直結した財務的基準を向上させる理論モデルは未だに開発されてはいない。唯一あるのは，訴訟費用に関するモデルである（Wright et al., 1995）。

　ダイバシティ（多様性の度合）を高めることにより，結果的に財務的基準が向上した事例は枚挙にいとまがないが，それは相関を示すだけであって，それを裏づける理論が構築されているわけではない。ダイバシティと財務的基準向上の関連を導き出すには枝葉末節が多く，複雑な課題をはらんでいるといわれる（Cox,1993）。

　これから説明するパラダイムは，非財務的基準に関する統合型モデルである。これこそが，ダイバシティがどんなプロセスでパフォーマンスにむすびつくかを説明するものである。

　図表2-5で示す通り，既存の理論ベースとしては次の3つに集約される。これは，集団のデモグラフィ（人口統計学上の）構成のダイバシティが高まるとどのようなプロセスを経てパフォーマンスに影響を与えるかを説明している。

情報・意思決定理論◆

　ひとつは「情報・意思決定（information and decision-making）理論」である。

　この情報・意思決定理論は，グループのデモグラフィ構成が多様である場合，組織のプロセスに起こることとは無関係に，ダイバシティがもたらすスキル，情報，知識の増加により，直接的ポジティブな影響をもたらすと主張する。例えば，人には自分と似通った人とコミュニケーションをとるという傾向があると仮定すると，ダイバシティのある属性グループにいる人は組織の外にいる同じ属性グループの情報ネットワークへのアクセスができる可能性が大きくなる。組織のメンバーが多様化すると問題解決の考え方が増加し，利用できる情報も増加する。異質な人間が集まることで，互いに未知なる情報を分かち合うことになるからである。この理論を根拠とすると，問題解決能力が高まり，独創性も発揮され，グループプロセスにプラスの影響を与え

図表 2-5　グループプロセスとパフォーマンスへのデモグラフィックな
　　　　　影響を示す統合型モデル

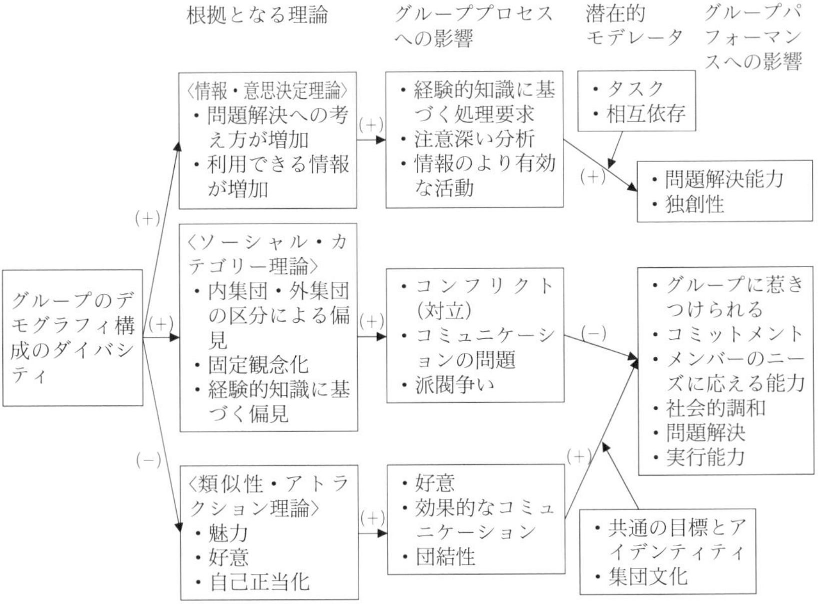

	根拠となる理論	グループプロセスへの影響	潜在的モデレータ	グループパフォーマンスへの影響

〈情報・意思決定理論〉
・問題解決への考え方が増加
・利用できる情報が増加

(+)→

・経験的知識に基づく処理要求
・注意深い分析
・情報のより有効な活動

・タスク
・相互依存

(+)→

・問題解決能力
・独創性

〈ソーシャル・カテゴリー理論〉
・内集団・外集団の区分による偏見
・固定観念化
・経験的知識に基づく偏見

(+)→

・コンフリクト（対立）
・コミュニケーションの問題
・派閥争い

(−)→

・グループに惹きつけられる
・コミットメント
・メンバーのニーズに応える能力
・社会的調和
・問題解決
・実行能力

グループのデモグラフィ構成のダイバシティ

(+) / (+) / (−)

〈類似性・アトラクション理論〉
・魅力
・好意
・自己正当化

(+)→

・好意
・効果的なコミュニケーション
・団結性

(+)→

・共通の目標とアイデンティティ
・集団文化

出所：Williams & O'Reilly（1998）を加筆修正。

る。ルーティンワークなどの作業においては多様な考え方が入るとかえって
効率が下がるかもしれないが，イノベーティブな製品開発，戦略やトップマ
ネジメントの意思決定など，複雑性の高いタスクほどダイバシティはプラス
に働く。なお，その時，各メンバー間の相互依存がある程度存在することが
条件となる。まったく離れていてはうまく機能しない。ある程度業務が重な
り合う依存関係を持った組織が望ましいとされている。

ソーシャル・カテゴリー理論◆

　2つめは「ソーシャル・カテゴリー（社会的カテゴリー：social categoriza-
tion）理論」である。個人個人には，自尊心を高く保ちたいという欲求があ
る。その行動は，他者と社会的な比較を行うプロセスでしばしば表われる。
自己カテゴリー化プロセスにおいて，ポジティブな自己認識が行われる限り，

人はグループ内での，もしくは他のグループとの区別を最大化させ，他者を
より魅力がないものだと理解しようとする。これにより，固定観念的・自己
満足的な期待を持つことになる。つまり，人は，年齢・性別・所属する組
織・地位・宗教などの目立った特徴を用いて，自己および他者を社会的に分
類（social categorizes）する。

　この理論は，ダイバシティが高まることで浮き彫りにされる，異質な価値
観を持ったグループは対立するという点に焦点をおいた理論である。「ウチ」
と「ソト」にメンバーを分断し，ソト集団に対する偏見によるコミュニケー
ション障害を引き起こし，派閥抗争へと発展する。このパラダイムだとダイ
バシティはマイナスに働くことになる。特に実行能力が低下する。逆に，目
的・戦略がすでに決定していて，あとは実行するだけという組織においては
ダイバシティを採用しない，同質なメンバーで構成された組織形態のほうが
うまく機能することを示す。

類似性・アトラクション理論◆

　3つめは，「類似性・アトラクション（similarity-attraction）理論」であ
る。態度・価値観からデモグラフィ（人口統計学上の）変数に至るあらゆる
属性における類似性は，個人間で魅力や好意を増大させる。属性が類似した
人々は，共通の人生経験や価値観を持っている可能性があり，それは相互の
交流を容易にし，互いを良い意味で強化するもの，好ましいものととらえる
可能性がある。このため異種混合状態ではコミュニケーションの頻度が減り，
メッセージの歪曲が起き，コミュニケーションの食い違いが生じることにな
る。

　同質なメンバーが集まった組織は，その類似性・アトラクションが魅力，
好意，自己正当性にむすびついていくと考えられ，効果的なコミュニケーシ
ョンを生み，団結性の高い組織が構築される。このようにパフォーマンスを
高めるためには，企業が共通の目標とアイデンティティを示し，企業文化を
育み類似性を作ることが重要だとされる。

　この3つのパラダイムは，ダイバシティが高まると，こうしたプロセスを
経て，パフォーマンスに影響するということを明らかにしている。

3つの理論の総括◆

組織におけるダイバシティとデモグラフィ研究の理論的基礎はおよそこれら3つの理論に基づいている。ところが，これらの理論は矛盾した予測を導く可能性がある。

ソーシャル・カテゴリー理論と類似性・アトラクション理論の両方ともグループプロセスには均質性の方が効率的だとしている。多数のグループ研究者が，もしグループパフォーマンスを高めるために有効なグループプロセスを作ろうとしたとき，ダイバシティはグループプロセスとパフォーマンスの両方にマイナスの影響を及ぼすはずだと論じている。

その一方で，情報・意思決定理論は豊富なスキルと情報からもたらされるダイバシティのプラスの影響が期待できる一方で，類似性・アトラクションやソーシャル・カテゴリー理論がせっかく利用可能な情報の取得と利用を阻害しグループパフォーマンスを損ねてしまうと予測する。要するに，ダイバシティの増大が，グループが有効に機能するうえで比較的小さなマイナスの影響を持つとともにグループの問題解決能力に非常に大きなプラスの影響を持つ。

ただし，メンバーのダイバシティが増大し過ぎると，情報による付加価値を得ることができず，メンバー間の結束とグループの有効な機能を困難にするかもしれない。

統合型モデルの発展◆

この3つの理論を発展させたのがHarrisonら（2002）である。彼らは時間という概念を組み込むことによって，別個に論じられていたこれらの理論を統合させた。彼らの議論にしたがえば，表層的，深層的ダイバシティの効果は，時間とともに変化するということがいえる。これまでは，ダイバシティがマイナスであるとの主張は，表層的なダイバシティを前提としており，プラスであるとの主張は，深層的なダイバシティに焦点を当てる傾向にあった。

Harrisonらのモデルは，時間の経過とともにチームメンバーの協働が促されることで，個人情報，特有の情報を交換する機会が増え，互いに観察可

能な行動のサンプルも多くなってくるとしており（Gruenfeld et al., 1996），
結果として，性別，人種，年齢といった表層的なダイバシティよりも，パー
ソナリティ，価値，態度，信条といった深層的なダイバシティの方がチーム
の社会的な統合を促進するうえでより重要となる（Harrison et al., 2002）。つ
まり，チームが編成された初期段階では表層的なダイバシティの効果が影響
を与え，その後，時間の経過とともに深層的なダイバシティが影響を与え始
めるということである。

　近年の研究は，この統合型モデルを支持している。Pelled ら（1999）は，
チームの継続年数（チームの寿命）が長いほど，表層的なダイバシティが感
情的なコンフリクト（対立）に与える影響が小さくなってくることを示して
いる。Jehn ら（1999）は，ソーシャル・カテゴリー（表層的なダイバシティ）

**図表 2-6　グループのダイバシティが時間の経過と共に凝集性およびグループの
パフォーマンスへとむすびつくプロセス**

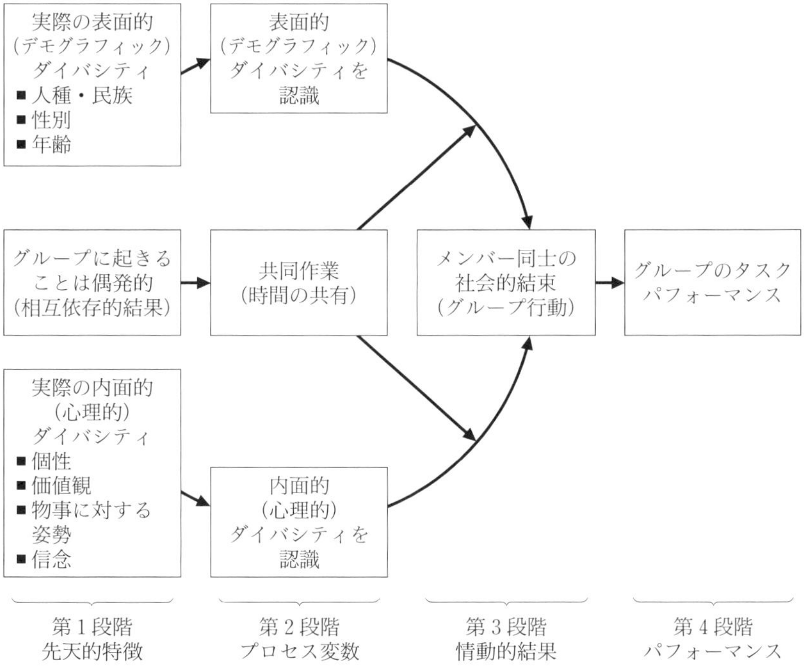

出所：Harrison et al.（2002）を加筆修正。

が時間の経過とともにあまり重要ではなくなり，逆に価値観（深層的なダイバシティ）が，チームの士気にとってより顕著な決定要因になるとしている。

実際のダイバシティと知覚されたダイバシティを区別する必要性◆

Harrison ら（2002）は，時間経過の重要性と同様，実際の（Actual）ダイバシティと認識された（Perceived）ダイバシティを区別する必要があると主張する。ダイバシティがパフォーマンスに与える影響について，既存の研究結果はプラスとマイナス双方に及んでいたが，その原因は，ダイバシティが周囲からどう認識されるかによって影響が異なるためである（Lawrence, 1997）。しかしながら，認識は，ダイバシティ研究においてほとんど調査されてこなかった（Riordan, 2000）。Harrison らは，この認識されたダイバシティが心理的に重要であり，チームの社会的な統合に実質的な影響をもたらすことを示した（Harrison et al., 2002）。

ポジティブな主張とネガティブな主張◆

ここまで，3つの理論「情報・意思決定理論」，「ソーシャル・カテゴリー理論」，「類似性・アトラクション理論」について，それぞれパフォーマンスにむすびつくモデルを紹介したが，ここでは，ダイバシティとパフォーマンスとの関係をマイナスにとらえるものとプラスにとらえるものとの間に決定的な違いが生じていることを指摘する。後に企業全体としてのメリットとデメリットについて言及するが，ここではあくまで小集団レベルでのパフォーマンスに関する議論として両者の主張を整理する。

マイナスの結果を主張するものとして，ソーシャル・カテゴリー理論がある。これは，ダイバシティの高い組織に属するメンバーはステレオタイプの行動を取り，集団間の差別や区別を行うが，これによって，メンバーの満足度の低下，離職率の増加，集団凝集性の低下，コミュニケーションの減少，コンフリクトの発生などが引き起こされると主張する。さらに，類似性・アトラクション理論もマイナスの結果を主張する。類似性によって，人はひきつけ合い，社会的統合や結束を生み，共通の価値やゴールを見出しやすくなる。それゆえ，逆にダイバシティの高い組織はマイナスの結果を生むという

第2章｜ダイバシティとパフォーマンス　57

図表 2-7　ダイバシティを価値へと変化させるグループダイナミクス

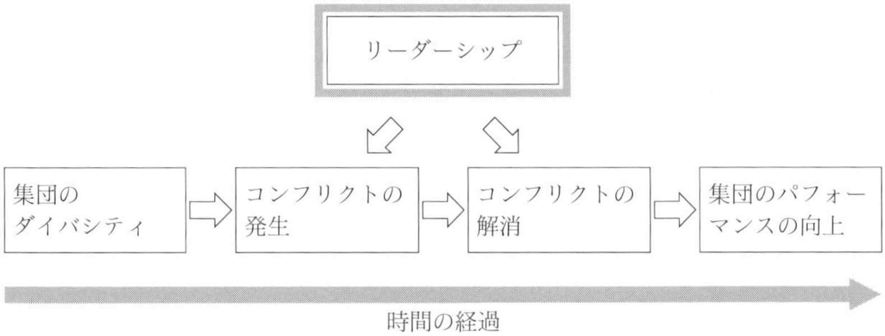

リーダーシップ

集団の
ダイバシティ → コンフリクトの
発生 → コンフリクトの
解消 → 集団のパフォー
マンスの向上

時間の経過

主張である。

　こうしたマイナスの結果を生むとした主張をまとめると，①社会的統合の阻害，②コミュニケーションの齟齬，③コンフリクトの発生，の３つにまとめられる。

　一方，プラスの影響を指摘するものは，情報・意思決定理論である。メンバーの多様化が進むことで，アイデアや選択肢，解決策，スキル，教育訓練の経験，能力が増加する。これによって，変化に柔軟に対応して，パフォーマンスを向上させることができると主張する。

　この結果のマイナスの影響とプラスの影響をわけるものは何か。

　先にも述べたが，コンフリクト要因ではタスクの種類によって結果が異なる。複雑性の高いタスク（業務内容）の場合はプラスとなるが，単純作業ではマイナスとなる。相互依存関係の有無によってもパフォーマンスは異なる。

　ダイバシティがパフォーマンスにプラスに効くか，マイナスに効くかは，関与するコンフリクトの種類により異なっている。

　ダイバシティがパフォーマンスにマイナスに働くと主張する人たちは，タスクコンフリクト（職務上の使命の違いに基づくコンフリクト）ではなく，アフェクティブコンフリクト（感情的コンフリクト）を意識している。アフェクティブコンフリクトとは，文化，価値観，生き方，ルール，態度の違いなどから派生したものであり，こうしたネガティブな主張をする立場は主に社

会心理学に理論ベースをおいている。この議論の中心は，コミットメント・満足度の低下，離職率の上昇であり，それらがコンフリクトの結果として生じるとされる。このコンフリクトのマネジメントいかんで，パフォーマンスは大きく変わる。

それに対し，ダイバシティがプラスに働くと主張する人たちは，タスクコンフリクトを意識している。タスクコンフリクトはそれを積極的に利用しプラスに転ずることが可能である。例えば，製品開発において，原価企画部門とデザイン部門はしばしば対立関係に立つ。デザイン部門は新商品の開発に向けてより斬新なデザインの製品を目指すが，それはコストの面で原価を管理する部門からの反発にあう。ところが両者はより良い製品を開発するという同じ目標に意思を向けることで最適化された製品開発につながる。このようにダイバシティのプラス面を主張する立場は，コンフリクト（タスクコンフリクト）を否定的にとらえるのではなく，それをうまく活用し，原価を抑えつつも，斬新なデザインの製品を開発することが可能だと主張する。

このように，プラス面支持者，マイナス面支持者は，それぞれ異なる理論ベースで議論をしているということと，異なる尺度を用いているということを見落としてはならない。マイナス面を主張する人たちは，グループに対するコミットメントや，社会的調和，実行能力などのパフォーマンスを求めているが，プラス面を主張する人たちは，イノベーションや独創性などをパフォーマンスの変数においている。

こうした理論ベースが異なるために，パフォーマンスに対する影響の見方も異なる結論となるのである。

後にこれらの理論モデルに関連しての実証結果をみていくが，メンバー・ダイバシティの研究は，ほとんどが実験室で行われており，現実のビジネスを対象とするものが少ないことを記憶にとどめておいてもらいたい。また，それぞれの理論は，実際上の問題を解決するに至っておらずトートロジカルな議論に終始しているとの批判もある。

発展段階にあるリーダー・ダイバシティの理論モデル◆
マイノリティ・グループに属する人をリーダーに登用する事例は多数ある

が，リーダーがマイノリティであることで，グループ全体のパフォーマンスに与える影響に関する研究は少ない。それゆえ，ベースとなる理論モデルは発展段階にある。異質な（＝マイノリティ）リーダー自身の個人の業績に関する調査はあるが，それらは本人の業績そのものが他のリーダーと異なるかどうかを分析するものである。換言すると，リーダー個人レベルでのパフォーマンス研究はあるが，それが組織全体のパフォーマンスにどのような影響を与えるかの研究は少ない。

　その理由としてあげられるのは，第1に，グループ全体のパフォーマンスに対する影響が測定しにくいということである。リーダーが異質（＝マイノリティ）かどうかは，グループ全体にとって間接的な要素だとされるからである。

　リーダーがマイノリティ・グループに属する人物であることで，パフォーマンスに与える影響は4つある。それは，「組織変革の実行しやすさ（社会資本・人的資本の違い）」，「役割モデル（模範となる行動をとる人々）」，「メンバーのモチベーション」，「組織文化」である。例えば，組織変革の実行のしやすさについて，日産のカルロス・ゴーン氏は，社内では何のしがらみのないリーダーとして就任し，マジョリティリーダーよりも容易に変革を進めることができた。役割モデルやメンバーのモチベーションについては，同じマイノリティのメンバーに限らず従来のメンバーにとっても新たな自己の役割と目標を見出すことにつながる。そしてそれが新たな組織文化の生成へと発展していく。こうしたプラスの影響が指摘されている。

　ただしこれらは，マイノリティリーダーの行為による影響というよりも，チェンジリーダー（変革リーダー）の存在による影響であり，部下を介して行われる間接的な影響だといえる。繰り返すが，こうした影響を説明する理論モデルや実証結果はいまだ少なく，ケーススタディが中心で，理論化できるサンプルがそろわないのが現状である。

2．ダイバシティとワークグループのプロセス，パフォーマンスとの関係の実証結果

　ここでは既存のダイバシティ研究の実証結果をみていく。特に，ダイバシ

ティがどのようなプロセスでパフォーマンスに影響を与えているのかを，5
つのダイバシティの変数（次元），すなわち，在職期間（tenure），経歴
（background），年齢（age），性別（gender），人種・民族（racial & ethnic）
にわけて述べる。

　ここでの記述は，Wiliams & O'Reily が行った過去40年のグループプロセ
スとパフォーマンスへの影響の研究をまとめたものである。つまり，ダイバ
シティが，ワークグループ（作業グループ，業務を遂行するメンバーからなる
集団のことを指す）のプロセスとパフォーマンスにどのような影響を与える
かについての実証結果である。

（1）　在職期間のダイバシティ（Tenure Diversity）

異なる理論ベースが異なる結果を説明する◆

　グループや組織での在職期間のダイバシティへの関心は組織人口統計に関
する Pfeffer（1985）の論文によって喚起された。初期の人口統計調査を利
用して，Pfeffer は，グループの人口統計構成のダイバシティがプロセスと
パフォーマンスの重要な決定要因である可能性があることを提起した。

　入社時期が近いと，互いに類似するようになり，統合と結束が促進される
可能性があり，コミュニケーションが増すと Pfeffer は主張した。

　Pfeffer 以来，在職期間がグループや組織に与える影響を調査する30以上
の研究とともに，組織人口統計研究者のほとんどがこの変数を検証してきた。
在職期間の均質性のプラス影響に関する議論は，ソーシャル・カテゴリー理
論や類似性・アトラクション理論でも説明できる。

　個人は，グループや組織に同時期に入った他のメンバーと一体感を持つ。
在職期間が近いメンバーとの一体感は，グループプロセスと同様にグループ
パフォーマンスにプラスの影響を及ぼす可能性がある。

　在職期間のダイバシティに関する全ての調査は，現実の作業チームとマネ
ジメントチームのフィールド研究を用いて実施されてきたが，総じていえば，
既存の調査結果は，在職期間の不均質性は，統合やコミュニケーションやコ
ンフリクトといった指標によって表わされるようなグループプロセスにとっ
ては非効率であることを示している。グループパフォーマンスへの影響に関

しては，不均質性，すなわちダイバシティがプラスに働く場合とマイナスに働く場合との双方の実証結果がある。在職期間のダイバシティによるプラスの影響は，異なる仲間がグループにもたらす視点や情報の多様性に起因する可能性がある。つまり，情報・意思決定理論に基づく説明である。一方，在職期間の均質性は，コミュニケーション頻度と社会的統合を増大し，不利益なコンフリクトを低減することによってグループの利益を拡大するというプラスの影響も予想される。

　研究成果の違いは，どのグループを調査しているかということと，環境をコントロールしているかどうかによって変化するがゆえに，実証結果の説明は部分的なものとされている。

在職期間のダイバシティが組織に与える影響に関する実証結果◆

　在職期間のダイバシティがグループプロセスに対してマイナスの影響を持つという実証結果には次のようなものがある。

　O'Reilly ら（1989）は，20の作業チームの研究において，グループでの在職期間のダイバシティが，彼らが「チームにおいて個人が他人と心理的にむすびつき合った度合い」，すなわち，社会的統合の低さと関連していることを発見した。

　Smith ら（1994）は53のトップマネジメントチームの研究において，その産業での経験とその企業での経験のダイバシティがグループにおけるインフォーマルなコミュニケーションの量を低下させることを発見した。Smith らは，経験におけるダイバシティの社会的統合への直接的影響を全く発見していないものの，間接的影響を見出した。経験のダイバシティはインフォーマルなコミュニケーションにマイナスな影響を与え社会的統合にマイナスの影響を及ぼした。

　Zenger & Lawrence（1989）は電気機器会社の研究部門における19のプロジェクトグループの技術的なコミュニケーションへの，在職期間と年齢のダイバシティの影響を調査した。在職期間の均質性は技術的なコミュニケーションとプラスに関連していた。年齢のダイバシティにおける均質性はプロジェクトグループ外のコミュニケーションとプラスにむすびついていた。これ

らの発見は個人が同じプロジェクトグループでなくとも年齢が似通った人を捜し出し，その人と情報交換をする傾向にあることを示す。

O'Reilly ら（1993）は，24のトップマネジメントチームの2年間の研究から，在職期間が比較的均質なチームは，ダイバシティに富んだチームよりも多くのオープンなコミュニケーションを保持することを示した。それは均質なグループがより多くのオープンなコミュニケーションを保ち，メッセージの歪曲が生じにくいという通説を支持していた。トップマネジメントチームにおいては，在職期間のダイバシティが最も顕著に現れる変数であるために，ソーシャル・カテゴリー化が発生しやすい。

対照的に，Ancona & Caldwell（1992）は多様化したグループの方が均質なグループよりも良好に機能することを発見した。Ancona & Caldwell は，これらの発見を調査の前段階では予期していなかったが，複雑な目標が設定され優先順位を見極めることが必要な場合に彼らが多様な経験や視点（すなわち，視点におけるダイバシティからの直接ベネフィット）を持っていることで，グループはよりうまく機能する可能性があるとした。

Eisenhardt ら（1997）は，12のトップマネジメントチームに基づく研究において，経歴と年齢のダイバシティが，良い意味でのコンフリクト（対立）をもたらすことを主張した。彼らは均質なチームが，よりコンフリクトが少ないものの，より決定の質が低いことを指摘した。

いくつかの研究では在職期間のダイバシティとコンフリクトの間の強い相関について報告された。

例えば O'Reilly ら（1993）は在職期間の多様なチームは均質なチームより，コンフリクトが増えることを発見した。コンフリクトがグループパフォーマンスに対して有効である可能性があるという議論が長い間なされてきたとはいえ，実験に基づく実証は，つい最近まで明らかではなかった。

在職期間と離職との関係に関する実証結果◆

在職期間に関する初期研究の多くは，在職期間のダイバシティと離職との関係がコンフリクトを通じて変化すると仮定した。例えば，McCain ら（1983）は32の大学の学部への新しいメンバーの入学時期のギャップを研究

した。彼らは学部での在籍期間のダイバシティにおける乖離が自発的または不本意な学部の移動と関連があることを発見した。これらの乖離がコンフリクトを増加させ，コミュニケーションを低減させ，そしてあまり中心的でないメンバーが退出する可能性を増大させることを主張した。

　Wanger ら（1984）のフォーチュン50社の31のトップマネジメントチームの研究と，Jackson ら（1991）の銀行の93のトップマネジメントチームの研究は，在職期間のダイバシティが離職に関連していることを発見した。同様の結果は多数の他の研究においてもみられる。

　これらの研究結果から，グループにおける在職期間のダイバシティは，特に最も異なる人々により高い離職率をもたらすことがわかる。一方でこの結果がなぜ起こるのかはあまり明らかでなかった。

　これらの発見事実の因果関係を解明するため，O'Reilly ら（1989）は社会的統合と離職への，在職期間のダイバシティの直接的・間接的影響を調査した。在職期間のダイバシティが社会的統合に影響し，離職に間接的影響を与えることを彼らは発見した。ダイバシティが大きいとき，社会的に統合されない人々の離職率がより高くなる。最も特異で，最も疎外されている個人はグループから去る可能性が非常に高い。これまでのところ，在職期間のダイバシティが離職率を引き下げるという研究結果は皆無である。

在職期間が均質なグループの方がパフォーマンスが高いという実証結果◆

　初期の予測は，多様化したグループの方がより創造性に富んだ成果を生み出すであろうというものであった。しかし，Ancona & Caldwell（1992）が指摘したように，「多様化したグループは問題解決に創造的な能力を発揮するが，均質なグループに比べてチームワークの柔軟性や能力が劣るため実行能力に欠ける」というこの単純な論理が示す以上に状況はより複雑である。疑問なのは，チームはダイバシティのプラス面を享受することとダイバシティのマイナス面を回避することの二兎を追うことが可能なのかということである。

　多数の研究は均質なグループが多様なグループよりも革新的でうまく機能するということを示した（Michel & Hambrick 1992; O'Reilly et al., 1993）。例

えば，O'Reilly & Flatt（1989）はトップマネジメントチームの在職期間の均質性とチームの革新性の間にポジティブな関連性があることを発見した。

Goodman & Garber（1988）は，地下採掘クルーの研究において，どのくらい長くクルーが共に働いてきたか，などの親密性が，高い生産性と低い事故率にプラスに働いていることを発見した。

以上が，在職期間が均質なグループの方がよりうまく機能するという実証結果である。

在職期間が多様なグループの方がパフォーマンスが高いという実証結果

一方，他の研究者は，在職期間のダイバシティが増大するとパフォーマンスにプラスの影響を与えることを報告した（例えば，Eisenhardt et al., 1997; Eisenhardt & Schoonhoven, 1990; Keck & Tushman, 1993; Murray, 1989; Virany et al., 1992）。消費財メーカーにおける223の部署の研究において，Kizilos ら（1996）は在職期間のダイバシティが販売員の間でより顧客志向のプロフェッショナルな社会的行動と積極的にむすびついていることを発見した。

Murmann & Tushman（1997）は，104のセメント企業の長期的な研究において，トップマネジメントチームの中での在職期間のダイバシティが，環境の変動に対してよりスピーディに対応することを発見した。

32の航空会社のトップマネジメントチームの研究において，Hambrick ら（1996）は在職期間のダイバシティが，業界での競争優位性を保つ傾向があることを報告した。その一方で，他の研究と同様に，多様なチームは均質なチームよりもその実行力において緩慢であることを彼らは発見した。このことに関連して，均質なトップマネジメントチームが競合企業の先行に追撃することが多いことを発見した。「その均質なチームは，内的に類似していることと，ボキャブラリーを共有していることと，資産を比較的流動化しやすい特性があるので，競合企業の動きを解釈し，対抗的な動きをするという決定を下す能力がある」と Hambrick らは結論づけている。

Ancona & Caldwell（1992）は，在職期間が多様であると，予算と実行計画への執着が減少することを発見したが，総体的にダイバシティの影響はプラスなものであった。

Flatt（1996）は，グループレベルでトップマネジメントチームが実は2つの別々のグループであることを示すことによってこれらの矛盾を調整しようと試みた。2つのグループとは，CEOと直属の部下から成る在職期間が比較的均質な「経営幹部チーム」と，副社長とそれ以下で構成される在職期間が比較的不均質な「シニアマネジメント（部門長あるいは部長）チーム」である。

また，11の製造業に渡る47の企業の研究において，経営幹部の在職期間が比較的均質で，かつシニアマネジメントの在職期間が比較的不均質な企業が，より革新的である（革新性の測定尺度は，毎年企業に授与される特許の数）ことをFlattは発見した。シニアマネジメントのダイバシティがより大きな創造性をもたらすと同時に，経営幹部チームの均質性が企業の実行を助けるとFlattは主張した。この実証結果では，トップ直属の不均質なシニアマネジメントチームが，最終的な決定を下す経営幹部チームに創造性に富んだ選択肢を提供した。すなわち，トップ直属のシニアマネジメントチームが多様であると創造性が増し，トップマネジメントチームが均質であると実行力が高まる。

近年の研究でも，同様の結果を示している。Jehnら（1997）は，108のワークグループのフィールド研究から，人口統計学上の区分によるダイバシティと価値観のダイバシティが，リレーショナルコンフリクト（関係性のコンフリクト）を増し，グループ機能を低下させることを示した。一方，情報のダイバシティはタスクコンフリクト（職務上の使命の違いに基づくコンフリクト）を増やし，グループのパフォーマンスを高めた。同様に45のチーム研究において，Pelledら（1997）は，在職期間と人種のダイバシティが，アフェクティブコンフリクト（感情的コンフリクト）あるいはリレーショナルコンフリクト（関係性のコンフリクト）を増大させることを発見した。職能のダイバシティは，保有する情報や視点がばらつくことから，それはタスクコンフリクトを通じてパフォーマンスに影響を及ぼすとされる。また，双方の研究はともに，リレーショナルコンフリクトがパフォーマンスにはむすびつかないことを示している。

O'Reillyら（1993）は，在職期間のダイバシティが増すと，グループの機

能があまり効果的でなくなり，変化への適応能力を減退させることを示した。

Williams & Barsade（1997）は，どのようにこの適応能力減退が起こるのかを示した。在職期間のダイバシティが，意思決定においてグループの能力を減じてしまうことが，32のプロジェクトチームの研究から明らかになった。200以上の実際のワークグループを用いた研究も，在職期間のダイバシティが，グループプロセスにマイナスの結果を与えることを示している。しかしながら，在職期間のダイバシティがあることにより，グループプロセスに直接関連のある情報が提供できたり，アフェクティブコンフリクトのマイナスの効果を避けることができるならば，タスクコンフリクトが，グループのパフォーマンスを改善する。諸研究を総覧しても在職期間のダイバシティとパフォーマンスとの関係がないとする研究はわずかしかない（Bantel & Jackson, 1989; Johnson et al., 1993; Wiersema & Bantel, 1992）。

在職期間のダイバシティのまとめ◆

一般に，在職期間が多様であることは，社会的統合を低下させ，コミュニケーションを不十分なものにし，離職率を高めるという有力な証拠がある。特定の状況では離職がプラスの影響をもたらすこともあるが（Staw, 1980），およそ在職期間のダイバシティの効果は，マイナスだと考えられている。つまり，在職期間が最も異なるものが，組織から退出する可能性が高いということである。このことは，社会的統合理論——グループへ新しく入ってきた者は，内集団・外集団間の偏見に影響を受けるであろうことを示す——と一貫する（Moreland, 1985）。このパターンは，集団のマジョリティとは異なっている人たち，異なる考え方をする人たちが，疎外され，排除されがちであるということを示している。こうして，新メンバー，あるいは逆に価値のある企業特異的知識を持つ最も在職期間の長いメンバーが，グループや組織を去る可能性があるということである。

情報・意思決定理論は，この現象を考慮に入れて研究していない。在職期間のダイバシティに起因する社会的統合の欠如が，効果的な情報の利用可能性や効果的な意思決定を減退させることに気づくべきであると Williams & O'Reilly（1998）は語っている。彼らは，情報・意思決定理論に対抗する立

場を取っており，特に社会的統合が重要性を増す，ソーシャル・カテゴリー理論や類似性・アトラクション理論に重きを置いている研究者ゆえの発言である。

在職期間のダイバシティがパフォーマンスにおよぼす効果は，一般的に，間接的なものだとされており，コミュニケーション，コンフリクト，社会的統合といったグループプロセスが与える影響を通じてパフォーマンスに作用する。しかしながら，グループプロセスを制御したうえで，在職期間のダイバシティがパフォーマンスに及ぼす直接的な効果を報告する研究者もいる（Ancona & Caldwell, 1992; Smith et al., 1995; O'Reilly et al., 1997）。こうした発見事実は，ダイバシティとパフォーマンスの間に介在するプロセス変数が，ダイバシティの効果のすべてをとらえるものではないということを示す。

在職期間のダイバシティがあるとグループプロセスに与える（例えば，アフェクティブコンフリクト）情動的影響に対しては一貫してマイナスの結果を示すが，経験的事実認識に基づくパフォーマンス（例えば，創造性，問題解決）に対しては，プラスとマイナスの混合した結果となっている。Flatt（1996）は，在職期間のプラスの効果も，マイナスの効果も両方正しいとしている。彼女は，そもそもグループの関心事がどのように定義されるかによるとしている。

ただし，こうした発見事実に対していくつかの批判がなされてきている。ひとつ目の批判は，例えば Lawrence（1997）であるが，彼女は，発見事実の因果関係に問いを投げかけている。デモグラフィが与える効果は，社会心理学のメカニズムが十分に解明されていないので，そのロジックがブラックボックスのままになっているというのが彼女の主張である。これに対して，Williams & O'Reilly は，多くの研究結果があることからこの批判はこじつけであると反論している。実験室研究は，人口統計学上の区分によるダイバシティがグループプロセスとパフォーマンスにマイナスの結果をもたらすことを示しており，それは，多くのフィールド研究により外的妥当性が実証されているという。

在職期間の研究に対する2つ目の批判は，それらの研究で用いられた在職期間の尺度が統計学上人工的に作られたうえでの発見事実だということであ

る。例えば，完全に均質なグループは，同時期に全員がそのグループに入ったメンバーで構成されるものである。この同質性を維持するためにグループはまったく離職がないものでなければならない。いったん離職が起こってしまえば，そのグループは多様なものとなってしまう。「離職」という結果が，「多様」という原因を導いているということで，このことは因果関係が逆になってしまう。根拠の確実な結果は限定されているものの，この逆の因果関係を論破するために，他のメンバーとは異なる人々こそが離職しがちであることを示す研究成果がある（例えば，O'Reilly et al., 1989）。このことは，短い在職期間と長い在職期間のグループのメンバーが他のメンバーよりも在職期間が大きく異なっているとき，離職しがちであるということを意味する。

(2) 経歴のダイバシティ（Background Diversity）

情報・意思決定理論に基づく経歴のダイバシティの実証結果◆

　経歴には，どのような仕事を経験してきたかの職歴と，現在どのような職務上の役割を果たしているかの職能，さらにはどのような教育を受けてきたかの教育歴の3種類がある。

　機能横断的なチームの効率性を語るときには，同じ知識を持つグループよりも多様な情報をもつグループが行う意思決定の方がより質が高いと暗黙のうちに考えられている（Jackson, 1992）。

　多様化したグループは均質なグループよりも，関連性のある専門知識を豊富に持っているものと想定される。情報と視点のダイバシティは，教育または職能の専門性のバラツキの程度が反映される。この視点から，経歴のダイバシティのバラツキの程度は理論予測が可能となる。経歴のダイバシティはグループパフォーマンスとプラスにむすびついているはずである。教育歴の差はさほどパフォーマンスに影響するとは考えにくい。一方で，異なる職歴を持つ人々は異なる視点，知識，そしてスキルを持つよう育成されてきていると考えられる。

　しかし，経歴のダイバシティによって得られた情報の豊富さはいつもプラスの影響を持つとはいえない。より良い決定にむすびつく一方で，グループの活動をより複雑にする可能性がある。このように，情報量が増える可能性

があるというプラスの影響は，グループプロセスが混乱させられてしまった場合はそれが損なわれてしまう可能性がある。例えば，グループにおける情報活用についての実験室研究で，メンバーの経歴が分散していると，個人が独自の情報を共有したがらないことが示された（Wittenbaum & Stasser, 1996）。このように，メンバー間の経歴が異なるグループは，他のメンバーが保有する独自の情報を互いに無視または過小評価することによってグループ自体のパフォーマンスを低下させる可能性がある。

実験室研究では，メンバーが，お互いに親密である時にはグループがその情報をより活用することができることを示した。これが事実であるなら，グループがより類似している（例えば，在職期間が均質である）か，もしくはダイバシティによるいかなるプロセス上の障害をも克服するようなグループを構築できてはじめて，経歴のダイバシティは情報活用についてプラスの影響を導きうる。これらの議論と同様に，Stasser ら（1995）は専門家としての役割を割り当てること（経歴の相違の代わりになり得る）で独自の情報の共有を促進し，パフォーマンスを向上させることを発見した。そして Pelled ら（1997）は，アフェクティブコンフリクト（感情的コンフリクト）が長い間経歴を共にしてきたグループにおいてはより低いことを報告した。

経歴のダイバシティがグループプロセスに与える影響◆

Smith ら（1994）は，トップマネジメントチームの経歴のダイバシティの影響を調査し，社会的統合とコミュニケーションに対して影響が皆無であることを発見した。141人の若年マネジャーの長期的な研究において，Kirch-meyer（1995）は教育歴やライフスタイルの最も異質な人々が入社後仕事への挑戦が少なく，社会的な統合がうまくいかなかったことを示した。

Ancona & Caldwell（1992）は経歴のダイバシティがグループ外の人とのコミュニケーション頻度を増加させ，より高いパフォーマンスをもたらすことを発見した。Glick & Huber（1993）は経歴のダイバシティが79の戦略的ビジネスユニットのトップマネジメントチームの中でのコミュニケーション頻度に対してプラスの影響を持つことを発見した。

コンフリクトに関して，Pelled（1993）は経歴のダイバシティとタスクコ

ンフリクトとの関連性を発見した。最近では，Jehn ら（1997）は経歴のダイバシティがタスクコンフリクトに関係し，結果として経験的事実認識に基づいたタスクにおけるパフォーマンスを改善することを示した。

彼らは，ソーシャル・カテゴリー理論と類似性・アトラクション理論と同様に，経歴のダイバシティがリレーショナルコンフリクトを増す可能性があることを発見したが，実質的なパフォーマンスとは無関係であった。

経歴のダイバシティに関する他の研究はソーシャル・カテゴリー理論と同様の結果を示した。この分野の研究はどのように，あるいは，どんなときに機能横断的なチームがうまく機能するかということと，どんなときに職能的な相違がグループプロセスとパフォーマンスに対してマイナスの影響を及ぼすのかということを明らかにするために重要であろう。

経歴のダイバシティがパフォーマンスに及ぼす影響に関する実証結果

一般的に，研究は経歴のダイバシティがグループパフォーマンスにプラスの影響を与えることを示している。いくつかの実験室研究は学生の専攻のダイバシティがパフォーマンスとプラスにむすびついていることを実証した。この影響のより説得力のある証拠はフィールド研究でも明らかにされている。

Bantel & Jackson（1989）は銀行のトップマネジメントチームを調査し，経歴のダイバシティがその銀行による経営革新の数にプラスにむすびついていることを発見した。

Kizilos ら（1996）は経歴のダイバシティが，グループでの実質的なコンフリクトにより顧客指向の向社会的組織行動をもたらすと主張した。

Korn ら（1992）は家具とソフトウェア産業のトップマネジメントチームの研究において ROA（総資本利益率）増加をパフォーマンスとして測定した。家具産業においては経歴のダイバシティがパフォーマンスとプラスにむすびつくが，ソフトウェア産業においてはそうなっていないことを彼らは発見した。

Smith ら（1994）はトップマネジメントチームの経歴のダイバシティのパフォーマンスへの影響を調査したが，パフォーマンスへの影響は全く発見できなかった。Simons & Pelled（1996）はグループがよりオープンな議論が

できるのであれば経歴に関するダイバシティが有効であることを発見した。いくつかのトップマネジメントチームの研究は，職歴と教育歴のダイバシティが増すと企業の成長が促され，戦略的取り組みが増えると報告した。例えば，Tushman & Romaneill（1985）はトップマネジメントチームにおける経歴のダイバシティが，環境変化に対処する能力の優劣の重要な決定要因である証拠を示した。Hambick ら（1996）の研究において，多様なチームは均質なチームよりも実現こそ緩慢であるが，総体的に，よりパフォーマンスが優れていた。これらの研究者が結論づけているのは「トップマネジメントチームの経歴によるダイバシティというのは，実行能力は劣るが，他のベネフィットがそれを上回る」ということである。

経歴のダイバシティのまとめ◆

経歴は個人がグループにもたらす情報や知識やスキルや専門知識の代用として機能する可能性がある。職能（経歴のダイバシティの1つ）的に多様な個人がグループにもたらす情報のダイバシティが創造性の観点からパフォーマンスを向上させるが，それは必ず実行されるものではない。例えば，経歴が多様なグループは均質なグループよりも実行力が緩慢で，結束度も低い。しかし，総体的には経歴のダイバシティがタスクコンフリクトを活性化させてパフォーマンスを向上させることを示した。もし経歴がグループや組織において社会的統合の基盤を形作るのなら，経歴のダイバシティが果たしてパフォーマンスの改善をもたらすのか，あるいはグループプロセスの不全の原因となるのかを慎重に検討する必要がある。この検討が無ければ，経歴のダイバシティのベネフィットは損なわれる可能性がある。

（3）　年齢のダイバシティ（Age Diversity）

年齢のダイバシティに関する研究◆

Pfeffer（1983）は組織における在職期間のダイバシティを研究することと年齢のそれを研究することとは著しく異なると主張した。年齢と在職期間の分布に完全に相関性があるわけではなく，「コンセプト上では年齢と在職期間は別のものであり，理論的分析と実証的分析の両方において別のものとし

て扱われるべきである」と彼は指摘した。

　年齢は，目にみえる人口統計学的区分上の特徴であり，ソーシャル・カテゴリー理論の観点からいうと，グループプロセスに影響を及ぼしやすいといえる。例えば，似たような時期に生まれた個人同士は，似たような人生観と経験を共有している可能性がある。これらの類似により，人が互いにひきつけ合う可能性が増し，価値観の共有も進むはずである。この点で，年齢の均質性は組織プロセスを向上させるはずである。

　それに対して，年齢が多様なグループは逆にコミュニケーションがより困難であること，コンフリクトの可能性がより高く社会的統合が困難となる可能性がある。しかし，年齢のダイバシティは，グループ内の創造性とパフォーマンスへプラスの影響を及ぼす可能性がある。もし年齢のダイバシティによって情報と視点が拡大するならば，グループの意思決定を高める可能性がある。

年齢のダイバシティがグループプロセスに与える影響

　在職期間のダイバシティとともに，O'Reilly ら（1989）は年齢のダイバシティを調査したが，社会的統合との関連はまったくみつからなかった。一方，Zenger & Lawrence（1989）はアメリカの電子機器企業における技術的なコミュニケーションに関する年齢のダイバシティの影響を調査し，プロジェクトグループにおける年齢のダイバシティがコミュニケーションの頻度を減退させることを発見した。加えて，年齢の点で互いに類似した従業員がそうではない従業員よりも技術的な問題についてグループ外部と頻繁に情報交換し合うことを彼らは発見した。

　Pelled（1993）は年齢のダイバシティが，タスクコンフリクトよりもアフェクティブコンフリクト（感情的なコンフリクト）に強い関連があり，そしてアフェクティブコンフリクトへの影響が在職期間のダイバシティの影響よりも多大であると仮説を立てたが，予想に反して，年齢のダイバシティがアフェクティブコンフリクトを減らし，コンフリクトにあまりつながらないということを発見した。この研究結果は，サンプルのなかでの年齢と在職期間の間にもともとネガティブな相関関係があったからであると彼女は主張した。

すなわち，在職期間が大きく隔たるということは年齢も少なからず隔たることになり，その逆も然りであった。換言すれば，年齢が大きく異なるものの，偶然にも同時期に組織に入った個人からなるグループは，在職期間が共通であることに親近感を持ち年齢の相違に目をつぶることができた。

　O'Reilly ら（1997）は，アフェクティブコンフリクトやタスクコンフリクトへの年齢のダイバシティの影響を全く発見できなかった。他の研究を総合しても，年齢のダイバシティが，時々グループプロセスへのマイナスの影響を持つものの，在職期間のダイバシティに比べてあまり重要でないようにみえることを示した。また次に述べるように，年齢のダイバシティは離職と欠勤といったグループパフォーマンスに著しい影響を及ぼすことが明らかにされてきたが，それに至るグループプロセスへの影響はいまだ発見されていない。

年齢のダイバシティがグループパフォーマンスに与える影響に関する実証結果◆

　年齢のダイバシティがパフォーマンスに及ぼす影響に関して，実証結果として有力なものはいまだ存在しない（特にイノベーションに関して）。O'Reilly & Flatt（1989）は年齢のダイバシティとイノベーションとの関連性をまったく発見できなかった。Bantel & Jackson（1989）も，Wiersema & Bantel（1992）も同様である。そして，O'Reilly ら（1993）はまたトップマネジメントチームの研究において年齢のダイバシティが組織イノベーションにとってさほど重要な決定要因ではないと結論を下した。O'Reilly ら（1997）の研究結果はこの見方を追認した。Zajac ら（1991）による研究だけが，年齢のダイバシティがイノベーションにマイナスの影響を与えていることを示した。

　グループパフォーマンスに対する年齢のダイバシティの重要な影響が全く発見されていないとはいえ，年齢のダイバシティは離職と欠勤に関して確かな予測指標としてみなされてきた。トップマネジメントチームの３つのサンプルと作業グループのひとつにおいて，年齢に関するダイバシティが離職水準の高さと関連していることが発見された。加えて，O'Reilly ら（1989）は在職期間のダイバシティと同様に，作業グループの中で年齢が最も離れてい

る者が最も離職する可能性が高いことを発見した。Wagner ら（1984）の研究と Cummings ら（1993）の研究の結果はこの発見と一致している。更に，Cummings らは欠勤を調査し，グループ内で最も年齢が離れている者が最も頻繁に欠勤し，上司からもより低い評価を受けている傾向があることを発見した。

Judge & Ferris（1993）は上司と部下の年齢差について調査を行い，年齢の相違があると，上司が部下に対してポジティブな感情をあまり持たず，結果として部下に対する評価を低めてしまう可能性があることを発見した。同じように，Tsui & O'Reilly（1989）は上司と部下との年齢差があると役割（タスク）のあいまいさが生じがちだが，しかし年齢の類似性と，効率性，役割葛藤，または部下に対する上司の感情の関連性は全く発見できなかった。Tsui ら（1992）は彼らが研究した151の部署において，コミットメントと欠勤率に対する年齢のダイバシティの影響を全く発見できなかったが，組織に留まろうとする意思をより低めていることがわかった。

年齢のダイバシティのまとめ

総じて，年齢のダイバシティに関する諸研究は，年齢構成がより変化に富んだグループの方が均質なグループよりも，グループプロセスがやや非効率になることを示している。情報・意思決定理論にしたがえば，グループ内の年齢のダイバシティが経験的事実認識に基づいたパフォーマンスに対して有益であるとの視点や価値観の相違を代表している場合があるという仮説は既存研究では支持されていない。代わりに，既存研究は年齢のダイバシティが，特に，最も異なる個人の離職傾向とむすびついていることを示す。

（4） ジェンダー・ダイバシティ（Gender Diversity）

ジェンダー・ダイバシティに関する研究

デモグラフィ研究者は，ジェンダーのダイバシティの影響に対して長い間関心を持ってきた。初期の実験室研究のいくつかは小グループのパフォーマンスに対するジェンダー比率の影響を調査している。これらの初期の調査は類似性・アトラクション理論に基づくものであった。しかし，Kanter の構

造変数理論の影響で，研究者はグループパフォーマンスへのジェンダー・ダイバシティの影響に注目するようになった。

これらの最近の取り組みは，ソーシャル・カテゴリー理論または情報・意思決定理論のフレームワークのどちらかを取り入れている。組織デモグラフィのほとんどの研究において，ジェンダーは人口統計学的変数のひとつとして盛り込まれているが，とくに一部の研究者はダイバシティに関する自身の研究の中でジェンダーに注目している。これらの研究はグループプロセスとグループパフォーマンスへのジェンダーのダイバシティによる影響についてのよりきめ細かな調査を行っている。

ジェンダー・ダイバシティがグループプロセスに及ぼす影響に関する実証結果◈

ソーシャル・カテゴリー理論と類似性・アトラクション理論はジェンダー・ダイバシティがグループプロセスに対するマイナスの影響を持つ可能性があることを示している。「異なる」他人の存在は，内集団／外集団という煩雑な社会区分とそれに伴う偏見をもたらす可能性がある（Kramer, 1991）。類似性・アトラクション理論の視点から，多様化したグループでは個人が互いに均質性をベースにひきつけあうということができない。この通説に一貫する実証結果はかなり多く存在する。例えば，Alagna ら（1982）は全員男性の医学部生グループ対両性混合の医学部生グループを研究し，両性混合のチームがより深刻なコンフリクト，個人間の緊張，一方より低い親密度を示すことを発見した。他の研究もまた，ジェンダーが多様化したグループがプロセス上の非効率を招くことを報告した。

しかし，ジェンダーに関するこれらの発見はしばしば他の影響と混同される。例えば，Kanter によって明らかにされたように，ジェンダー・ダイバシティとグループプロセスの関係は，単にそのグループのメンバーのダイバシティだけではなく，そのグループが含まれる部署に存在している男女の比率に依存している可能性がある（本書では「割合効果」と呼ぶ）。この見地は，グループにおいてある特定の特性（例えば，ジェンダー）を持つ個人の割合が少なくなるにつれて，この特性を持つ者がますます強く社会的アイデンティティを意識するようになることを明らかにした研究に基づいている。更に，

ジェンダーの差は，男性と女性に対して異なる影響を及ぼすことを示した。ジェンダー・ダイバシティを示す指標が周辺環境における比率による影響をあいまいにしているために，組織デモグラフィ研究の成果を少なからず解釈困難にしている。

　例えば，O'Farrell & Harlan（1982）は大部分が男性で占められた組織の中で，女性が男性の同僚から敵意をもって扱われることを発見した一方で，Schreiber（1979）は大部分が女性で占められた仕事またはグループの中での男性が，女性の同僚からまったくといっていいほど敵意を感じてないことを発見した。同様に，男性が多数派を占める作業グループに女性があまり溶け込まないとみなされる（例えばKanter, 1997; Ibarra, 1992）。一方で，Fairhurst & Snavely（1983）は，男性が少数派である時には作業グループはまとまっていくことを発見した。Konradら（1992）は，性差別的な固定概念が女性支配的なグループにおいてほとんど見られない一方で，男性支配的なグループにおいてそれが強いことを発見した。実際に，多数を占めている女性は男性に対してきわめて平等主義的な姿勢を示した。これらの発見は少数派の男性が溶け込んで，グループの他のメンバーから平等に扱われることを示すものの，一部の研究は少数派の男性が実際にはあまり満足しておらず，少数派の女性よりもネガティブな心理的反応を示すことを示した。

　Pelled（1996）はジェンダー・ダイバシティがアフェクティブコンフリクトを増大させることによってグループにマイナス影響を与えるだろうという仮説を立てたが，これについての有力な証拠を全く発見することができなかった。O'Reillyら（1997）は，ジェンダー・ダイバシティとコンフリクトの関連を全く発見できなかった。一方，Pelledは1997年の研究において，ジェンダーの相違がアフェクティブコンフリクトの増大と正の相関があることを発見した。

　男女の割合が性差をきわだたせ，強める上で大いに影響を与える。割合効果がサンプルに影響を与え，女性が多数を占めるグループにおいてはソーシャル・カテゴリーが顕著にならない。Pelled（1997）の研究結果はまた，女性支配的なグループがマイノリティの男性を社会的に孤立させる可能性が低いという研究結果と一致する。

このように，組織におけるジェンダーのダイバシティの影響に関する研究は，ソーシャル・カテゴリー理論と類似性・アトラクション理論の予測に反して，作業グループにおけるプロセス損失が大きいことをほとんど実証できていない。例えば，大手サービス企業4社の63人のミドルマネジャーの研究において，Ibarra（1997）は，男性以上に女性が異種親和性のつながりを持つにもかかわらず，高い潜在能力を持った女性は，アドバイスや心理的サポートのために同性のつながりに頼ることを発見した。しかしこの研究結果は，多数の研究が組織における男女比を適切に明らかにするのに失敗したことを考慮に入れて理解する必要がある。他の研究ではある状況下で女性が男性のコミュニケーションネットワークから排除される可能性があることが発見されている（Ibarra, 1992）。

ジェンダー・ダイバシティがグループパフォーマンスに及ぼす影響に関する実証結果◆

業績評価のようなパフォーマンス尺度に対するグループのジェンダーの影響を調査した研究が多数ある。偏見の対象となるとはいえ，行動に影響を及ぼし得ることで理解しておかなければならない重要なことがある。例えば，Linville & Jones（1980）は80人の大学生に対する実験室研究を行い，ロースクールへの入学願書の評価へのジェンダーの影響を測定した。そして，外集団のメンバーが，評価者が属する内集団のメンバーよりも良くも悪くも極端に評価されることを発見した。ある企業での研究では，Tsui & O'Reilly（1989）はジェンダーで上司と異なる属性の部下（例えば，Linville & Jones の視点でいう外集団のメンバー）があまり好ましくない評価を受け，逆に上司が同性の部下に対して好意的な感情を抱く傾向があることを発見した。

男性が支配的なグループにおいては，最終的に有能であるとの実績を示すまでは，そのグループにおける男性よりも女性は劣る評価を受けることを明らかにした研究もある。男性が多数を占める中での女性は，研究分野へのコミットメントを疑問視され，男子学生に開かれた研究分野から排除され，彼らほどは重視もされていない（Holahan, 1979）。Sackett ら（1991）は，女性比率が20%に満たないグループにおいて女性は男性よりも低い業績評価を受けるが，50%を超えているときは男性よりもより一層高い業績評価を受ける

ことを発見した。しかし，これらの割合効果は男性の場合には見出されなか
った。

　実験室研究においてグループパフォーマンス（経験的事実認識に基づいたタ
スクや創造的なタスク）に対するジェンダー・ダイバシティの影響はプラス
とマイナス双方の実証結果が混在している。Clement & Schiereck（1973）
は，信号検出工程において同性のみのグループが男女が混在するグループよ
りも効率的に作業を遂行できることを発見した。この作業はほとんど創造性
をともなわないので，ダイバシティがグループパフォーマンスに対して有益
でなくとも驚くべきことではない。この研究結果と同様に，Kent &
McGrath（1969）は均質なグループが多様なグループに比べてより独創的な
製品を生み出すことを発見した。Hoffman ら（1962）は，96のグループを対
象とした研究において，男女混合のグループは「新たな解決策が少ない」
か，または「最もまとまりがない」ことを報告した。これはダイバシティで
はなく均質性の方が創造性を形成する可能性があることを示唆する。これに
対して，Hoffman & Maier（1961）は，41の学生４人グループの研究にお
いて，ジェンダー・ダイバシティが半期の講義期間中に５つの経験的事実認
識に基づいたタスクに関してグループの課題解決の質を高めることを発見し
た。

　フィールド研究では，グループパフォーマンスに対するジェンダー・ダイ
バシティの影響を調査し，サンプルが男性支配的な場合にマイナス影響であ
ること，さらに女性支配的な場合に影響が皆無であることを発見した。
Pelled（1997）は42の作業チームの研究において，グループ・パフォーマン
ス（ここでは生産性）に対してジェンダー・ダイバシティが間接的にマイナ
ス影響を与えることを発見した。ジェンダー・ダイバシティはアフェクティ
ブコンフリクトを増加させ，パフォーマンス（ここでは生産性）を低下させ
るという結果を招いたのである。Kizilos ら（1996）は，女性比率が10％に
満たないサンプルを用いて，向社会的行動へのジェンダー・ダイバシティの
影響を調査した。向社会的組織行動とは職務に当然求められるものを超えた
行動であることを思い起こして欲しい。彼らはジェンダー・ダイバシティと，
顧客に対する向社会的行動の間のネガティブな関係を発見した。ジェンダー

は極めて可視的であり，仕事との関連性が低いので，（タスクコンフリクトというよりむしろ）アフェクティブコンフリクトや同社会的行動を阻害する行動をもたらすということを彼らは示した。女性が50%を超えるサンプルを用いた研究において，O'Reilly ら（1997）は，ジェンダー・ダイバシティとグループパフォーマンスの間に直接的にせよ間接的にせよ関連を全く見出せなかった。

　個人の満足，コミットメント，そして離職に与えるジェンダー比率の影響は，研究者が注目してきたテーマである。Wharton & Baron（1987）は，1973年の「雇用の質の調査」から得られる男性被雇用者のサンプルを研究した。彼らは，男女混合の職場（20-70%が女性）において，男性または女性支配的な職場（女性が0～20%または70%～100%）における場合よりも男性の仕事への満足度と自尊心が低下し，より著しく仕事に関連した鬱（ウツ）を招くことを発見した。

　同一のサンプルを用いた1991年の研究において，女性支配的な職場における女性よりも，男女比のバランスが取れた職場における女性の方が満足度が高いことを Wharton & Baron は発見したが，更に最も満足度が高いのは男性支配的な職場における女性であった。これらの発見と一致して，Tsui ら（1992）は作業グループの中でマイノリティであることが，女性よりも男性にマイナス影響を与えることを発見した。マイノリティである時，男性は，心理的な愛着を低め，欠勤率を増加させ，そして組織に留まろうとする意向が低下することを明らかにした。女性は，ジェンダーのダイバシティが高いほど，組織へのより高い愛着を示した。こうした男女非対称の結果を招くことについては，いくつかの理論的解釈がなされてきている。例えば，男性支配的な職場において女性が存在していることは，以前は彼女たちに排除されていた高い地位を獲得しているということであり，高い地位を達成したという意味を持つ。つまり，マイノリティであることのネガティブな効果は，より高い地位と賃金によって相殺されている可能性がある。しかしこれらの説明は推論のままであり，これらの発見を説明する決定的な研究結果は未だ存在していない。ジェンダー・ダイバシティと男女の割合が同時にパフォーマンスにどのように影響を与えるのかについては，男性に対する影響と，女性

に対する影響を個々に分析したうえでグループパフォーマンスを検討する研究が必要である。

Ely（1994）は法律事務所の上層部での男女の分布が，役職の低い女性の社会的アイデンティティに及ぼす影響を調査した。彼女はパートナー（シニアマネジメント）レベルでジェンダーにかたよりのない法律事務所では，女性社員は女性パートナーをより好意的に考え，そして仲間に対して協力的であることを発見した。女性であるという自らのアイデンティティに対して，ポジティブな認識を持つだけでなく，他の女性と自己のアイデンティティ化のポジティブなベースとしてジェンダーをとらえ，組織における昇進の見込みに対して希望的な観測が高まるようになるというのである。

Cohen ら（1996）は，上級職を占める女性の割合が高いとき，女性が上級管理職へ昇進する可能性が増えることを発見した。これらの研究はジェンダー・ダイバシティがどのように組織と個人に影響を及ぼすのかを理解しようとする時，改めて男女の割合の重要性に注意を促す。

ジェンダー・ダイバシティのまとめ◆

ジェンダー・ダイバシティに関する研究結果では，サンプル中の男女の割合が結果の予測の重要な要因となる。一般的に，ジェンダー・ダイバシティはグループに，特に，男性に対してマイナスの影響を与え，高い離職率とむすびついている。

いくつかの研究は，多様化した集団においてマイノリティに属した場合，女性と男性は異なる反応を示すことを指摘している。例えば，自分自身がマイノリティであることに対し，男性は満足度やコミットメントを低めるというマイナスの心理的反応を示すが，女性はそのような反応はあまり示さない。また，女性がマジョリティとなっている集団では，マイノリティである男性が敵意を持って扱われ，男性がステレオタイプ化されることはほとんどないという事実にもかかわらず，当事者の男性は満足度とコミットメントが低下する。このような両性間で非対称となる発見事実から，今後の研究において，集団における男女の割合という観点により注意を向ける必要がある。

(5) 人種・民族のダイバシティ（Racial and Ethnic Diversity）

人種・民族のダイバシティ◆

アメリカで国内の人種・民族の関係に関する研究は心理学者や社会学者や教育者から多数の注目を受けているが（例えば，Blau, 1997; Hallinan & Smith, 1985; Phinney, 1996），組織内の人種・民族のダイバシティに関する研究は比較的少ない（Alderfer & Thomas, 1988; Nkomo, 1992; Cox & Nkomo, 1990）。組織デモグラフィ研究は，グループの人種・民族構成よりもむしろ在職期間や経歴といった変数に焦点をあててきた。フィールド研究の中には人種に着目したものがあるが（D. Thomas, 1993），グループプロセスまたはグループパフォーマンスというよりも，むしろ人種をまたがるメンター関係を扱っている。組織内の人種関係に関する研究が少ない理由のひとつは，人種・民族のダイバシティの研究対象となった組織の多く，特にトップマネジメントチームにおいて，そもそも人種・民族のダイバシティがほとんど存在しないことである。もちろん例外はあるが，グループプロセスとグループパフォーマンスへの人種・民族のダイバシティの影響に正面から取り組む研究はやはり少ない（O'Reilly et al., 1997; Pelled, 1997; Pelled et al., 1997; Riordan & Shore, 1997）。

そのような中でも，既存研究から教訓が得られている。将来は組織研究者が，労働者の人種構成が変化するにつれて人種関係がどのように変化し，グループプロセスとパフォーマンスが人種・民族のダイバシティによってどのように影響を受けるのかを理解する機会やニーズが増えることになるだろう。フィールド研究の多くは今のところこの人種・民族のダイバシティがグループや個人の成果へのマイナス影響を持つことを示すが，実験室研究は人種・民族のダイバシティから得られる実質的なベネフィットが存在する可能性があることを暗示している。

人種・民族のダイバシティがグループプロセスに及ぼす影響に関する実証結果◆

約40年間に渡る実験室研究において，Katz ら（1958）は白人と黒人の関係に注目しつづけてきた。彼らは18の男子学生４人グループ（白人２人，黒人２人）を研究し，白人よりも黒人の方が会話を始める可能性が低いことを

発見した。白人が互いに話をするのに対して，黒人は黒人同士よりも白人とのコミュニケーションをとろうとする。こうしたコミュニケーションのパターンが当時の身分階層構造を反映することを Katz らは示唆した。これらの初期研究は，参考にはなるものの，当時の社会規範を反映する可能性があり，現在のグループや組織への人種・民族のダイバシティの影響については反映していない可能性がある。それゆえに，人種・民族のダイバシティの影響を検討する場合，研究が実施された時代の社会的背景に敏感であることが重要であり，過去の実証結果を用いて，現在に一般化することはできない。

例えば，保険会社の最近の研究において，Riordan & Shore（1997）は1,584人の被験者からなる98の作業グループのサンプルを用いて人種・民族のダイバシティの影響を調査した。多数の非白人被験者（サンプル全体の35％以上）によって，アフリカ系アメリカ人，ヒスパニック系，白人がそれぞれ支配的なグループをそれぞれ含みながらグループの人種・民族構成の影響を調査したところ，いくつかの興味深い結論が浮き彫りになった。例えば，グループがほぼマイノリティで構成される場合，全ての被験者は作業グループに対し著しく低いコミットメントを示した。同様の結果は昇進機会をどうみるかについても表われた。この調査において彼らは，人種・民族のダイバシティがどんな場合にプラスまたはマイナスの影響を及ぼすのかを理解するために，グループプロセスとグループパフォーマンスに及ぼす，人種・民族のダイバシティの一部の非対称的影響の根底にある原因を探る必要性を主張した。

いくつかの研究は，ダイバシティがグループプロセスにプラスの影響を及ぼすという「情報・意思決定理論」から得られる考えを探ってきた。例えば，Cox ら（1991）は「囚人のジレンマ」の作業を用いて協働行動におけるアジア系，ヒスパニック系，黒人アメリカ人，そしてアングロサクソン系アメリカ人の差異を調査した。被験者は136人の大学生と大学院生で，そのうちわけは男性95人，女性41人であり，多人種グループか全員アングロサクソン系アメリカ人のグループかのいずれかに割り当てられた。協力的な反応についての1つの分析からマイノリティ・グループのメンバーがアングロサクソン系アメリカ人よりも協力的であることが明らかになったが，それはこれらの

グループがより集団主義的であるという主張を支持するものだった。加えて，（4つの人種グループのそれぞれからの1人で構成される）多人種グループは全員アングロサクソン系の均質なグループより著しく協力的であった。Coxらは，研究結果から得られる重要な示唆を次のように述べる。非アングロサクソン系の文化が，組織行動に潜在的にプラスの影響や有効性を持ち得るので，学者や実務家の双方は，その可能性を探ることに着目すべきである。

　Coxらによって支持される楽観的な視点は，Espinoza & Garza（1985）によって実施された実験室での同様の研究によって抑制された。彼らはアングロサクソン系とヒスパニック系アメリカ人の学生を調査し，「自分自身のグループが数的多数派である場合，どちらの人種も同様に協力的である」ということを発見した。自身がマイノリティであることに気付く場合，アングロサクソン系はあまり競争的でないのに対して，ヒスパニック系がマイノリティである場合，著しく競争的であった。追跡研究において，Garza & Santos（1991）は，ヒスパニック系の行動がソーシャル・カテゴリー理論の視点と一致するが，アングロサクソン系の行動はこのソーシャル・カテゴリー理論では説明できないことを発見した。主にアングロサクソン系が，できる限りの最高点を稼ぎたいという欲求に駆られるのに対して，ヒスパニック系は自身のグループのためになるように行動した。Riordan & Shore（1997）と同様に，この研究は，ジェンダー・ダイバシティのように人種・民族のダイバシティにとって構成比率が重要である（割合効果）ことを示唆する。

　類似性・アトラクション理論とソーシャル・カテゴリー理論は，人種・民族のダイバシティによって個々人がひきつけ合わないようになり，認知的偏見を強めて，オープンなコミュニケーションを減らし，コンフリクトを増やすことによってグループプロセスにマイナスの影響を与えると予測している。この理論を用いて，Pelled（1993），Pelledら（1997）は人種・民族のダイバシティによってアフェクティブコンフリクトが強まることを主張した。しかし，その後の研究では，Pelledは人種・民族のダイバシティとコンフリクトの関係を全く発見することができず，「作業グループが互いに異質すぎるほどのメンバーで構成されていたため作業グループメンバーの間では『異

なっていること』が当たり前であった」と主張した。これと同様に，O'Reilly ら（1997）は，高い割合のマイノリティを含むサンプルを用いたが，コンフリクトに及ぼす人種・民族のダイバシティの影響を全く発見できなかった。しかし，自分のグループにおいてマイノリティである個人は，マジョリティと比べて「就職後9カ月経ってもあまり馴染んでいない」と考える者が多かったと Kirchmeyer（1995）は報告した。Burt & Reagans（1997）は，似たものがひきつけあうことへの割合効果を強調し，マイノリティの比率が減少するにしたがってプラスの効果が減ることを示した。換言すれば，ジェンダーのダイバシティについての発見事実と同様に，メンバーに占める割合が重要である。

コミュニケーションに対する人種・民族のダイバシティの影響に関して，Hoffman（1985）は96の連邦施設の監督幹部において黒人の割合が増すと個人間コミュニケーションの頻度が減ることを発見した（部下または上司との1対1のコミュニケーション）。

他方では，黒人の数が増えると公式なグループレベルのコミュニケーションが増える。これらの結果は，人種の上で多様なグループ内でのコミュニケーションの中に障壁が存在する可能性があるが，それはコミュニケーションの種類に左右されることを示唆する。例えば，Mehra ら（1996）は159人のMBA の学生のネットワーク研究において，マイノリティが同じ人種の友人を選ぶ傾向があることを発見した。類似性の概念と一致して，Ibarra（1995）は，マイノリティが職場以外のマイノリティとの結びつきを強めるために，コミュニケーションネットワークをより広げると報告した。オランダのある研究において，Verkuyten ら（1993）は，同じ民族の人たちと過ごすと個人はより満足することを発見した。

人種・民族のダイバシティがグループパフォーマンスに及ぼす影響に関する実証結果◆
2つの重要な実験室研究は人種・民族のダイバシティがパフォーマンスにプラスの影響を与える可能性があることを発見した。まず，McLeod & Lobel（1992）は137人の大学生と大学院生を，ブレインストーミングの課題を用いて研究した。彼らは民族的に多様なグループが必ずしも数多くの独自

のアイデアを生み出すわけではないが，均質なグループより質の高いアイデアを生み出すことを発見した。これはダイバシティのプラス影響の裏付けとして解釈された。

次に，Watson ら（1993）は経営コースに登録された36の学生作業グループからデータを収集した。それぞれのグループは17週間ある１学期の間に，１時間のケース評価を４つ行わなければならなかった。グループプロセスは，全参加者によって記入されたアンケートを用いて評価された。彼らは最終的に多様なチームがパフォーマンスの４つの評価側面のうち２つ（考え出した視点の多さと選択肢の幅）についてより高得点をおさめるが，総体的なパフォーマンスは両タイプのグループで差がないことを発見した。最初の作業期間においては，均質なグループは全てのパフォーマンス基準で多様なグループより高得点を記録したが彼らは，「最初の作業期間にわたって均質なグループが多様なグループよりも著しく効率的なプロセスだったと認められるが，最終作業期間までに差がなくなった」ということを発見した。多様なグループはダイバシティによるグループプロセスに対するマイナスの影響を克服するのに時間を必要とするが，一定の水準まで親和するとグループがダイバシティのベネフィットである創造性を享受できる可能性があると結論を下した。

ここまでみてきた実験室研究で発見された人種・民族のダイバシティのプラス効果は，労働力の人口統計学上の区分の変化が組織にとって何かしらベネフィットがあるという楽観的な見方を提供する。フィールド研究から得られた一部の実証結果も，同じように楽観的な見方を提供する。例えば，O'Reilly ら（1997）は，人種・民族のダイバシティと，グループにおける創造性および実行能力にプラスの関係を発見した。なお，この結果はコンフリクトの影響を抑えるようにした後に表れたものである。

アジア人と白人から成るグループが，全員白人のグループや他の人種構成のグループより，創造的で新しいアイデアを生み出す可能性が高いことが示されている。グループの結束力に関する既存研究から，Mullen & Copper（1994）は「メンバー個々人がそれぞれひきつけ合うことだけでパフォーマンスはあがらないが，仕事に対するアイデンティティ化を促進することでパフォーマンスはあがるのである」と結論を下した。このことは，タスクに関

係のない次元で複数の内集団を作らないように共通のタスクにグループ全体が着目することで，メンバーが自分たちの関わり方を再カテゴリー化するのを促すことと同義である。

彼らはまた，Gaertner & Dovidio（1986）の「回避的人種差別主義」がこの結果を説明できるかも知れないことを示唆した。回避的人種差別主義とは，ネガティブで偏見のある態度が顕著になる恐れがある状況に直面したとき，個々人が極端に平等主義になるということである。個人はダイバシティがはっきりと確認されるようなとき，「差別的」であるとみなされないように，いかなる偏見のある態度や行動を覆す可能性がある。そのことによって効率的な組織機能やパフォーマンス向上という結果にむすびつく可能性がある。

Pelled らによる他の研究では，人種・民族のダイバシティによるパフォーマンスに対してマイナスの影響が小さいということすら発見できなかった。例えば，Kizilos ら（1996）は人種・民族のダイバシティの影響がほとんど無いことを発見し，多様なグループが均質なグループほどは向社会的組織行動を示さないことを示唆した。Tsui ら（1992）はジェンダー・ダイバシティで発見したものと人種・民族のダイバシティの影響の共通のパターンを発見した。勤務部署において人種・民族が他人と異なる個人は，自分の組織に心理的にあまりコミットせず，グループに留まろうとする気があまりなく，欠勤しがちな傾向があった。この非対称の結果が白人とマイノリティにも発見された。白人は勤務部署においてマイノリティである時，非白人よりも強くマイナスの影響を示した。

ジェンダー・ダイバシティに関する研究と同様に，人種・民族のダイバシティに関する研究のほとんどは，個人レベルの成果をより重点的に取り扱い，グループレベルの成果をあまり重点的に取り扱わなかった。研究の多くは，個人の上司による評価を用いてパフォーマンスを判断しており，それらの研究結果は黒人が白人よりも上司から低く評価されるという見解をおおむね支持する。例えば，Greenhaus ら（1990）は，3 社828人の従業員についての研究において，昇進の可能性がより低いと考えるのと同様に，業績評価と人間関係面での評価において黒人は白人よりも低く評価されることを発見した。彼らはまた，黒人が同じ組織にいる白人ほど自分のキャリアに満足しておら

ず，組織に受け入れられていると感じず，そしてあまり権限を与えられていないと感じていることを発見した。マイノリティであるマネジャーが不相応なプラス評価をすること，マイノリティが多数になるにつれて偏見が減少することを明らかにすることで，Burt & Reagans（1997）はこの研究をさらに深めた。

しかし，全ての研究がマイナス影響を発見したわけではない（例えば，Tsui & O'Reilly, 1989）。もしかすると地位のバラツキとコミュニケーション不具合がダイバシティと混同されたかもしれない。これと同様に，Linville & Jones（1980）は，外集団のメンバーまたは評価者と異なる属性の者が内集団のメンバーよりも正負の両方向で極端に評価されることを発見した。しかし，すべての評価者が白人で被評価者が黒人であったなど十分に横断的な前提条件が用いられなかった。

人種・民族のダイバシティにおける実証結果のまとめ◆

人種・民族のダイバシティの問題が社会と組織にとって重要であるにもかかわらず，その影響に関しての研究は結論に到達しないままである。楽観主義者は，情報・意思決定理論に基づき，人種・民族のダイバシティが創造性を促進し，意思決定を向上させる可能性があると主張する。フィールド研究で得られたこの主張を支持するいくつかの証拠があるが，こうした結果はいずれも情報・意思決定理論の予測に反して，グループプロセスに関係なく生じるとする。すなわち，ダイバシティはグループプロセスに何ら影響を与えずにグループパフォーマンスを向上させるとされている。

悲観主義者は，類似性・アトラクション理論とソーシャル・カテゴリー理論を用いて，人種・民族のダイバシティがうまく処理されなければ，グループプロセスにマイナス影響を与える可能性があると指摘する。グループにおいて多数派人種と最も異なる個人があまり満足せずグループへの心理的なコミットメントも低く，より低いパフォーマンス評価を受けて離職する可能性があるということに関しては実証結果が一貫している。興味深いことに，いくつかの研究はこれらの結果が，マイノリティよりも白人においてみとめられることを発見している（Riordan & Shore, 1997; Tsui et al., 1992）。

全体としてみると，人種・民族のダイバシティの実証結果は，情報・意思決定理論よりも，類似性・アトラクション理論やソーシャル・カテゴリー理論の推測に則した結果を示している。

現行の研究の限界は，黒人と白人，あるいは白人とその他といった区分で検討してきたにすぎないことである。しかし，比較文化心理学が示してきたように，民族グループ内やグループ間にも重要な違いが存在する（例えば，Kim et al., 1990; Phinney, 1996）。

例えば，イギリス系アメリカ人がマジョリティである組織におけるアフリカ系アメリカ人の経験と同じものを，アジア系アメリカ人が持つかどうかは不明である。さらに，ジェンダー・ダイバシティにおいて重要であったように，人種・民族のダイバシティにとってもメンバー構成比率（割合）は重要であるかもしれない（例えば，Espinoza & Garza, 1985; Garza & Santos, 1991; Tsui et al., 1992）。

(6) そのほかの重要なダイバシティ

在職期間，経歴，年齢，ジェンダー，人種・民族以外の個々人の違いの変数についても研究されてきており，その違いがグループのプロセスとパフォーマンスに与える重要な効果が見出されてきている。初期の実験室研究は，パーソナリティ，態度，価値観といった特性を概念化し，それらのプラスの効果を明らかにしてきた（例えば，Torrance, 1957）。

Hoffman（1959）は，実験室で30の小グループを調査し，パーソナリティの特性がより多様なグループは質の高いアウトプットを生み出し，より創意に富む解決策を生み出す傾向があることを証明した。Hoffman & Maier（1961）は，パーソナリティのダイバシティのプラスの効果を支持している。

Triandis ら（1965）は，能力のダイバシティではなく，態度のダイバシティが創造性の増大とむすびついていることを示した。

Bochner & Hesketh（1994）は，オーストラリア人のサンプルを用いて，ワークグループの中でマイノリティの人々が権力格差と集団主義に関して頻繁に自分たちが差別されてると感じているにもかかわらず，彼らの相違が高く評価されていることを示した。この発見事実は文化的価値観に関するダイ

バシティが個々人の成果に重要な影響を与えるということを示している。例えば、オランダ人の研究者は、オランダ人でない人がオランダ人の同僚に比べて自分たちの仕事にあまり満足していない傾向にあることを示した（Ver-kuyten et al., 1993）。

文化的価値観のダイバシティの実証結果は興味をそそられるものであるが、組織デモグラフィの研究者たちは、組織デモグラフィという研究分野があるため、このタイプのダイバシティがどのようにグループプロセスとパフォーマンスに影響を与えるかについてほとんど焦点を当ててこなかった。

その他、ダイバシティの直接的に関連する影響を理解する研究の一派として、意思決定におけるマイノリティの影響の研究がある。

Nemeth らは、マジョリティとは異なる強く一貫した意見を持つ人々は、マイノリティでありながらも意思決定に影響を及ぼしうることを示している（例えば、Nemeth, 1986; Nemeth & Kwan, 1987）。

このように人口統計学的区分上の違いが情報の違いを表わす指標になるならば、グループにおいてマイノリティは、グループの意思決定に影響を与えうることになる。

3．コンテクストに関する議論

◆**コンテクストの役割について**◆

フィールド研究では、研究者が注意している、していないにかかわらず、コンテクストは不可避である。ワークチーム、部署、組織全体にとって、コンテクストはその目的、資源、社会的な手がかり、規範、行動を形作る意味を提供する（Hackman, 1999）。

コンテクストとはあいまいな言葉である。調査中の現象の輪郭を形作るコンティンジェンシー（付随事態）のあらゆるものを含むとされるからである。いずれの研究でもコンテクストが含む多くの側面が検討される（Rousseau & Fried, 2001）。チームが焦点となるユニットであると、チームの大きさとチームのタスクが、チームを包含する組織をとりまくさまざまな状況と同様に、コンテクストの一部となる。

組織のコンテクストは、競争戦略、社会的統合のパターン、組織風土や文

化，ダイバシティの歴史（例えば，差別訴訟），ダイバシティ・マネジメントの特定の慣行の存在（例えば，アファーマティブ・アクションの政策，ダイバシティ・トレーニング・プログラム）などを含む。社会のコンテクストとしては，法律，条令に関連する現行の論争，政策的なイベント，社会の中でのグループ間のコンフリクト，経済状況などを含む。

　コンテクストは一時的な要素も含む。初対面の人々の中でのダイバシティの力学と，長期間の協働者の中でのそれとは異なる。

　近年の研究では，タスクの特徴（task characteristics），組織文化（organizational culture），チームの風土とチーム内での相互作用のプロセス（team climate and team processes），戦略コンテクスト（strategic context），時間要因（temporal factors）などが組織的コンテクストとして取り扱われている。

　コンテクスト要因は，パフォーマンスに与える影響が重要となる。中でも，意図的にコンテクストを変えてパフォーマンスにむすびつけることを本書では「組織的介入」と呼ぶ。組織的介入の詳細については，第4章で述べる。ここでは，以下の5つのコンテクストについて簡単にまとめておきたい。それは「タスク」，「組織文化」，「チームの風土とチームプロセス」，「戦略」，「時間」である。

タスクについて◆

　ダイバシティのモデレータ効果（ダイバシティとパフォーマンスの関係性の強さや方向性に影響を与える交互作用）として，タスク特性の重要性が主張されてきた（Jackson, 1992）。タスクのルーティン性（決まりきった仕事内容かどうか）と複雑性に焦点を当て，Pelled ら（1999）は，2つの対立するパターンを示した。ルーティンのタスクでは，ダイバシティはあまりコンフリクトをもたらさない，なぜなら議論や交換を必要としないからである。他方，ルーティンのタスクではより多くのコンフリクトがもたらされるという逆の結果もある。後者の効果の論理的説明は，ルーティンのタスクは退屈なのでより多くの刺激を必要とするチームにとってダイバシティが刺激源となるというものである。彼らの45のワークチームの調査では，タスクのルーティン性は重要なモデレータ効果があったが，結果のパターンは複雑であった。経

歴のダイバシティは，ルーティンなタスクに携わるチームにとってタスクコンフリクトと強くむすびついていたが，人種・民族のダイバシティと在職期間のダイバシティは，ルーティンなタスクに携わるチームにとってアフェクティブコンフリクトにはむすびついていなかった。年齢とジェンダーのダイバシティは，タスクのルーティン性がまったくモデレータ効果を持たなかった。つまり，どのダイバシティがどのコンフリクトにむすびつくかは，複雑である。

　トップマネジメントチームの研究では，ダイバシティの影響に対してタスクの特徴がモデレータ効果を及ぼすという議論のとおり，トップマネジメントチームのダイバシティは，彼ら・彼女らが業績の悪化を改善する必要に迫られている場合には戦略的な変革にむすびつく傾向がある（Boeker, 1997）。

組織文化について◆

　組織文化がダイバシティの力学を形成するとする研究もある。Cox（1993）と Cox & Tung（1997）は，ダイバシティの影響の程度が，組織の中の構造的統合とインフォーマルな統合の度合によるとしている。Ely & D. Thomas（2001）は，彼らのいうところの「学習と効率性」のパラダイム（パラダイムの詳細は4章で述べる）を強調する組織文化が存在すると，ダイバシティがプラスの結果にむすびつく傾向があるとしている。リレーショナル・デモグラフィの効果がこの一般的な論拠を支持している（Chatman et al., 1998; Dass & Parker, 1999; Gilbert & Ivancevich, 2000）。しかしながら，情報処理企業の数百の作業チームを研究して，組織のサブカルチャーのモデレータ効果が限定的だとする見解もある（Jehn & Bezrukova, 2003）。

　ダイバシティのベネフィットが得られるかどうかは，組織文化のネゴシエーション・プロセスにかかっているという研究がある。Polzer ら（2002）は，メンバーのアイデンティティ形成過程が，コンフリクトあるいは協調の基盤となるとした。個々人が他のメンバーの評価によって，自分自身のアイデンティティを確認できたときに，チームはダイバシティのベネフィットを得ることができるという。

チームの風土とチームプロセスについて◆

　組織文化が組織のダイバシティのモデレータ効果を持つのと同様に，チームの風土やチームプロセスも，チームのダイバシティのモデレータ効果を持つ。West（2002）は，自分たちの知識を効果的に使って創造性を高めるためにチームの風土のいくつかの側面が必要であるとしている。West によれば，チームの目的が共有され，また安心だと感じられるような効果的なコンフリクト・マネジメントが好ましいとしている。

　Clark ら（2000）は，メンバーの参画の程度が，ダイバシティの効果に影響を与えるとしている。それは，コンフリクトの解決にチームのコミュニケーションプロセスが必要とされることに係わっている。

戦略について◆

　20年以上にわたって，トップマネジメントチームのダイバシティがパフォーマンスにとって障害であるという実証結果が重ねられてきた。それらの中には，企業の戦略がダイバシティとパフォーマンスの関係のモデレータ効果を持つからというものがある（Priem et al., 1999; West & Schwenk, 1996）。

　この説明は論理的であるが，戦略の特別な役割が不明確なままである。認知の見地からは，複雑な戦略のもとでは，トップマネジメントチームのダイバシティがベネフィットにむすびつくとしている。なぜなら，ダイバシティは，多くの複雑な要請にうまく対応することができるからである（例えば，Jehn & Bezrukova, 2003; Richard, 2000）。

　反対に，行動（戦略の実践）の見地からは，トップマネジメントチームのダイバシティが好ましくない結果を招くとしている。なぜならばダイバシティは，メンバーに必要とされる協調行動を困難にするからである（例えば，Carpenter, 2002）。

　このことは，先に述べた情報・意思決定理論のもとでは，ダイバシティはプラスに働くが，実行能力を低下させるという既存のモデルでもいわれていることである。

第2章 | ダイバシティとパフォーマンス　93

時間について◆

　時間の要素については，先述の Harrison ら（2002）のモデルの部分でも解説しているが，ダイバシティの効果が時間によって変化するといういくつかの研究がある。ジェンダー・ダイバシティに関して，チームの初期の段階では，結束に対してマイナスの結果をもたらすが，その効果はメンバーがともにする時間が長くなるほど減退する。

　表層的なダイバシティは，チームにとって初めの短い間しか効果をもたらさないが，深層的なダイバシティの効果は，時間が長くなるにつれて重要な効果をもたらすようになる。これは Harrison ら（2002）のモデルでも示したとおりである。

　トップマネジメントチームでも同様の結果が明らかになっている。そこでの指標はメンバーの在職期間である（Carpenter, 2002）。

　同様に，作業チームの編成期間が長いほど人種・民族，経歴，在職期間のダイバシティのネガティブな効果が減少することが明らかになっている（Pelled et al., 1999）。

　リレーショナル・デモグラフィの研究でも同様に時間の効果が明らかになっている（例えば，Chatman & Flynn, 2001）。

　Earley & Mosakowski（2000）は，多様なチームにおける時間の効果について検討した。5つの作業チームの観察にもとづき，カルチャラル・ダイバシティの均質性は，短期間にはプラスの結果を出すが，長期間ではより一層ベネフィットがあると仮説を立てた。最終的に独自のチームカルチャーを形成するので，長い期間だとよりいっそうベネフィットがあると仮定している。臨時に編成したチームへのフォローアップ研究でこの仮説が支持されている。

4．何が解明され，何が解明されていないか

　Williams & O'Reilly の40年間にわたる研究によれば，既存研究の大半は次の3つの理論に集約される。

　　・情報・意思決定理論
　　・ソーシャル・カテゴリー理論

・類似性・アトラクション理論

3つの理論はそれぞれ，ダイバシティが，社会的統合やコミュニケーションやコンフリクトといったグループプロセスに影響を及ぼす可能性があると主張する。ダイバシティ研究は，デモグラフィ変数とグループあるいは組織とのパフォーマンスとの関連を調査することによって始まった。両者に重要な関係があることを実証し，その両者を結ぶ「ブラックボックス」を開いて，ダイバシティがグループパフォーマンスに影響を及ぼすプロセスを明確に説明しようと試みてきた。

これまでの研究から明らかにされたことが2つある。

ひとつは，メンバー構成が影響を与える可能性があるということである。特に年齢，在職期間，人種・民族の点でダイバシティが高まると，概して社会的統合，コミュニケーション，コンフリクトの面でマイナス影響を及ぼすことが明らかになっている。多様化したグループはまとまりにくく，コミュニケーションが希薄で，より多くのコンフリクトを抱える可能性がある。このパターンの例外は経歴（職歴と教育歴）のダイバシティに関するものである。この変数では，ダイバシティが高まるとコミュニケーションが増すと考えられている。

社会的統合，コミュニケーション，コンフリクトへの影響に加えて，既存研究はダイバシティを内集団／外集団の偏見，固定概念，その他の認知的偏見といったグループプロセスにマイナスの影響を与えることに言及している。

グループプロセスの全部が互いに独立して働くわけではないことも明らかになっている。例えばSmithら（1994）は社会的統合とインフォーマルなコミュニケーションが関係していることを発見した。Chatmanら（1998）は，集団主義の文化がベースにあると，いくらコンフリクトがあっても，ダイバシティがプラスに働くことを発見した。

ダイバシティの影響をみていくうえでコンテクストを考慮することは重要である。

人口統計学上の区分による特性の影響が，文化，技術，タスクの特徴によって緩和されうるという実証もある。

もうひとつの結論はミクロレベルの研究で，ダイバシティが高まるとメン

バーのニーズを満足させたり，グループを効果的に機能させる可能性にマイナスの結果をもたらすということである。

　既存研究は，個人が自分の作業グループのデモグラフィック構成比率に影響を受けることをはっきりと示している。ダイバシティが高まるとメンバーの満足度やコミットメントが低下し，異なる人々に対して低い業績評価が行なわれ，欠勤率や離職率が高くなることをほとんどの研究が支持している。一般に，性別や人種・民族といった目にみえる人口統計学上の特性は，外観では識別しにくい特性よりも大きなマイナスの影響を持つ。

　Williams & O'Reilly は，研究で明らかになっていないのは，どのように，いつマイノリティの存在がマイナスの結果に至らしめるのかだと述べている。例えば，ジェンダーに関する研究では，マイノリティの立場にある男性が女性よりもネガティブに反応する可能性があることを示唆する。このあいまいさを解決するために，将来の研究は，メンバー構成のばらつきの尺度を調査するだけでなく，割合についても検討しなければならないだろう。割合を測定する尺度を用いることはわれわれが特定のマイノリティ被験者がどのような影響を受けるのかを明らかにするかもしれない。

　マクロレベルになってくると，パフォーマンスの証明はあまり明確でなくなる。企業レベルでトップマネジメントのダイバシティが企業パフォーマンスに対してプラスにむすびついているようだ。しかし，他の研究ではトップマネジメントの均質性がプロセスに関してはプラスに働くことが発見されている。

　Triandis ら（1965）は，グループにおけるダイバシティによって，より創造的な課題解決の可能性が高まる一方で，グループが機能不全になりかねないことを示した。ダイバシティのベネフィットを享受するためには，メンバーが自らの差異による不協和音を解決できることが必要であると彼らは結論づけた。40年以上経過した現在においてもこの結論は有効である。パフォーマンスの重要な決定要因はダイバシティがプロセスに建設的または破壊的な影響を及ぼしているかどうかということである。ダイバシティがポジティブかネガティブかという主張違いが生まれてくるのは次のような理由のためである。ひとつは，ダイバシティ，プロセス，パフォーマンスの3つの連鎖の

複雑性にある。もうひとつは情報が増すことに価値をおくか，あるいは，ダイバシティによってコミュニケーションや問題解決が困難になるということに目を向けるかで焦点の当て方がまったく異なるからである。

マクロレベルになると，測定不能な変数が増大するので，トップマネジメントのダイバシティと企業パフォーマンスとの因果関係を実証するのが難しくなってくるのである。

明らかにされていない 3 つの疑問

もしもダイバシティがグループプロセスとパフォーマンスに正負両方の影響を与える可能性があるとするならば，少なくとも 3 つの主要な疑問が生じる。この疑問はいまだに明らかにされていないと Williams & O'Reilly が指摘している。

第 1 に，ダイバシティのタイプの違いによってどのようにグループプロセスとパフォーマンスに影響を及ぼすのかについて，より詳しく理解する必要がある。可視的な特性（例えば，人種・民族やジェンダー）のばらつきが，可視的でない特性よりも大きな影響を与えるようだという証拠が存在するものの，なぜこれらの影響が発生するのかの詳細はいまだに解明されていない。

その解明されていないものをあげると次のようになる。

- 経歴のダイバシティがタスクコンフリクトを増大させることでパフォーマンスにむすびついているという根本的なメカニズムが，人種のダイバシティとアフェクティブコンフリクトとの関係と異なるのか。同じようにコンフリクトに焦点をおくものの，そのコンフリクトの種類は互いに異なり，しかもパフォーマンスに与える影響が異なるという仮説をそれぞれが持っているのである。
- ダイバシティが増すと情報や視点が増すものと自動的に判断されているが本当にそうなのかが解明されていない。一見したところでは，この仮説は妥当であると思われる。しかし，より詳細な調査が必要である。
- ある程度専門知識を深く共有したグループに，まったく異質な個人が入ってくることで果たして本当に新たな情報や視点を付加することが

可能なのであろうか。

この疑問を解明するためには，人口統計学上の区分によるダイバシティが違った形でパフォーマンスとむすびつくという理論をより明確に検証しなければならない。

例えば，ある点では同様であるものの，類似性・アトラクション理論とソーシャル・カテゴリー理論ではグループプロセスへのダイバシティの影響に関していささか異なる仮説が構築されている。類似性・アトラクション理論は，内集団と外集団の間の類似性は個人がますますひきつけ合い，コンフリクトを減少させるはずであると予測する。しかし，ソーシャル・カテゴリー理論は，2つのグループのメンバーが互いに似通っていると認める時，自身が属する内集団の社会的地位を通じて自尊心を保とうとするだけでなく，お互いに非難し合ってしまう可能性があることを示唆する。

研究対象となる組織の人口統計学上の区分による属性構成のばらつきは複雑であり，そのダイバシティのタイプが相互作用を及ぼすのか，あるいは，情報がどのように影響するのか，またおかれた状況によってそれらがどれだけ促進されるのかについてより深い洞察が必要である。例えば，Chatmanら（1997）は組織文化の効果からデモグラフィの効果を分離し始めた。他の研究はタスクの特性がどのようにダイバシティやコンフリクトと相互に作用してパフォーマンスに影響を及ぼす可能性があるかを示した。これらの研究はダイバシティがグループにプラスまたはマイナスの影響を与える状況を理解するのに役立つだろう。

第2に重要な疑問は，ダイバシティによって生まれるコンフリクトの性質に関するものである。先にも述べたように，コンフリクトがグループプロセスやパフォーマンスにプラスの影響を及ぼすのかマイナスの影響を及ぼすのかということはコンフリクトの種類に依存する。コンフリクトのタイプ——アフェクティブコンフリクトとタスクコンフリクト——はダイバシティをパフォーマンスに変換するとされる理論上のモデレータである。しかしタスクコンフリクトとアフェクティブコンフリクトの本当の違いは一体どんなものであろうか。さらに，Jehnら（1997）とPelledら（1997）はタスクコンフリクトとアフェクティブコンフリクトの間のかなりの多重共線性を明らかに

した（r＝0.57，r＝0.48）。もしもダイバシティのプラスとマイナスの影響を
区別するこれらの構成概念が顕著であるなら，これらの先行指標を詳細に理
解することは重要である。アフェクティブコンフリクトの項目は，「怒り」，
「パーソナリティの不調和」，「摩擦」，「緊張」といった言葉によって特色づ
けられる。タスクコンフリクトの項目は，「食い違い」，「意見の相違」，「ア
イデアの対立」のような言葉によって表現される。タスクコンフリクトとア
フェクティブコンフリクトを区別するというより，むしろ項目はグループ中
のコンフリクトの量を示している可能性がある。例えば，高いコンフリクト
環境において2因子構造が浮かび上がるのに対して，単因子構造は比較的低
いコンフリクト環境において姿を現すだろう。目下，ダイバシティがグルー
プにとって，いつ生産的でありいつ破壊的であるのかをもわれわれが正確に
理解しようとするならば，相反する実証結果の矛盾を解明する必要がある。

　第3に重要な疑問は，グループがどの程度うまくダイバシティを活用する
ことができるかに関係している。ソーシャルカテゴリー化のプロセスにおい
て潜在的に明らかなマイナス効果があるものの，グループがこれらの障害を
どの程度うまく克服できるのかは不明瞭なままである。一部の実証結果は，
コンフリクトをうまくマネジメントすることがそのようなメカニズムのひと
つであることを示す。他の実証結果は親密性と集団主義的規範が役立つこと
を示唆する。Murnighan ＆ Conlon（1991）によれば，コンフリクトが破壊
的なものにならないように巧みに制御したグループが最も成功したという。
Wall ＆ Nolan（1986）はコンフリクトの少なさがグループメンバー間のよ
り大きな満足と公平性にむすびついていることを発見した。しかしこれらの
影響の理論的基礎となっているものは一体何であろうか。もしソーシャル・
カテゴリー理論と類似性・アトラクション理論がダイバシティのマイナス影
響の原動力になっているとするならば，これらに対処するためにとられる行
動とは一体何であろうか。

　Mullen ＆ Copper（1994），O'Reilly ら（1997），そして Gaertner ら
（1989）の調査結果から人口統計学上の区分による差異を強調するより，む
しろ共通の目標やアイデンティティを強調し，障害となるコンフリクトを抑
制する社会的統合プロセスがグループプロセスとパフォーマンスを向上させ

る可能性があることを示した。

例えば，協働が偏見を少なくし，内集団か外集団かの区別を際立たせないようにすることを示す研究もある。さらに，より大きなグループとの一体感を醸成しサブグループへの帰属意識を極小化するような試みがなされる時，グループ間の偏見はさらに低減され得る。これは外集団が特定されることによって，人々がソーシャル・カテゴリー化をしてしまうという自然な傾向を覆すのに役立つ集団主義的文化を醸成することで可能となる。これらのプロセスは集団主義的文化がダイバシティのマイナス効果を緩和することを見出したChatmanら（1997）の調査結果と一致する。また，Tushman & O'Reilly（1996）は長期的な成功のために組織やグループは「際立って器用」でなければならないと強調している。すなわち，多様な構造と文化を許容すべきということである。彼らは視点の相違に直面したとしても共通のアイデンティティを醸成する強力で包括的な文化によってなしうると主張した。つまり，強い組織文化を醸成することがダイバシティをパフォーマンスにつなげるために重要なのである。

コンフリクトが減り，協力関係が増す原因として，Gaertner & Dovidio（1997）の「回避的人種差別主義」の概念も挙げられる。ソーシャル・カテゴリーを絶対に容認しないような好ましくない規範に直面した場合，グループメンバーは内集団と外集団の区別を意識的に抑制し，自らの実行能力を高め得る。O'Reillyら（1997）が示したように，マネジメントの重要な機能は従業員がジェンダーや人種・民族のようなパフォーマンスに関係ない特性に基づいた内集団とではなく，包括的な文化と一体感を持つのに役立つ自己カテゴリー化の心理を活用することである。これらのことを理論的に明確に裏づけしなければ，ダイバシティに価値をおくという考え方をいかす取り組みを構じることは困難であろう。

解明されていない疑問の中でも重要なものは，グループ内のダイバシティを促進するメカニズムに関連している。Pfeffer（1983, 1985）は，多様化が進むメカニズムとして，採用，均質性が社会的に再生産されてしまうこと，法的圧力などの影響を与える経済状況と，特定のスキルに対する需要に影響を与える技術体制など多数の要因を示した。ダイバシティに関する組織研究

は，この疑問に明確に答えるものがわずかにあるものの，まだ希少である。Haveman（1995）は，例えば，組織のデモグラフィの環境モデルを構築して実験し，組織の設立・解散・合併が組織メンバーの在職期間分布に大きな影響を与えることを発見した。彼女は，組織の規模と経過年数が外部環境の変動による影響を緩和することを発見した。断続均衡の概念（急進的な変革のこと。従来のものとはまったく異なる新しいものが生まれるという意味で「断続均衡」という）を利用して，Tushman は技術革新への適応力にトップマネジメントチームのデモグラフィが直接影響を与えることを発見した。しかし，これらの無視できない例外と同一の社会的に再生産される均質性に関する一部の初期の研究とともに，グループにおけるダイバシティの環境条件はほとんど注目されてこなかった。

今後の課題◆

　グループにおけるダイバシティに関しては多くの質の高い実験室研究とフィールド研究がある。総体的に，この分野の研究は，グループのデモグラフィのばらつきがグループプロセスとパフォーマンスに直接的・間接的影響を与えるという議論に，説得力のある裏付けを示している。理想的な状況下では，ダイバシティは情報・意思決定理論によってプラス影響を与える可能性がある。

　しかし，ソーシャル・カテゴリー理論と類似性・アトラクション理論がいうように，ダイバシティがかなりグループプロセスを妨げる可能性があることを示唆する実証結果が多い。もしこれへの対策がとられない限り，ダイバシティはグループパフォーマンスに対してマイナスの影響を及ぼすはずだという実証結果がある。グループにおいて，多くのダイバシティが内在することは，グループがより良い決定を下し，より効率的に機能することを保証するわけではない。単にダイバシティを高めるだけでは駄目なのだ。パフォーマンスを高めるためには，慎重かつ十分な配慮を必要とする。

　Williams & O'Reilly は，ダイバシティのプラス影響が立証困難であった理由のひとつが，研究の進め方にあると指摘する。なぜパフォーマンスの定義に相違が生じるか，それはアイデアの創出と，アイデアの実現の区別がで

きていないからである。グループがうまく機能するためには，創造性に富んだソリューションを創出する能力と，これらのアイデアを実現する能力の両方を備えていてなければならない。何より，ダイバシティとコンフリクトのタイプのばらつきは，創出と実現に別々に影響を及ぼす可能性がある。これらの区別が無視されたり混同されたりすると，誤った結論が導かれる可能性がある。このように，多様なグループが高水準のタスクコンフリクトによってより良い決定を下せる可能性があるとする研究がある一方で，異なる視点を提供すると同時にアフェクティブコンフリクトをもたらし，職務の遂行（実行）を困難にする可能性があるともされる。

　Williams & O'Reilly は40年間の調査研究から，ダイバシティがグループプロセスとパフォーマンスに対してマイナスの影響を与えると結論づけ，社会心理学の研究が特にマイナスの影響を強調していると指摘している。今後の研究の可能性として Williams & O'Reilly は 2 つあげている。ひとつはダイバシティを認知するプロセスに着目する研究の必要性，もうひとつは，マイナスの影響を放置するのではなく理解し，悪影響への対策を導き出す研究の必要性である。

　既存研究に欠けている点をまとめると次のようになる。ひとつ目は，ほとんどが実験室研究であり，ビジネスフィールドを対象とするものが少ない点である。2 つ目は，ダイバシティがパフォーマンスに与える影響についての研究は，社会心理学をベースにしたものが多かったために，個人レベルでの心理的な効果，それもマイナスの面が強調されがちであった点である。組織や企業といったマクロレベルでの研究，マクロレベルのプラスの影響を対象にした実証研究が少ない。3 つ目は，リーダー・ダイバシティとパフォーマンスに関しても実証結果が少ない。4 つ目は，一体どのようなプロセスを経てダイバシティがパフォーマンスにむすびついていくのかの具体的な事例が少ない点である。

近年の研究に欠けている点◆

　Jackson ら（2003）は，1997年から2002年までの19のジャーナルから63の実証研究を調査した。Williams & O'Reilly とは異なり，実験室研究を除き，

実際の組織を対象にした研究のみを分析・検討した。

その結果，これら近年の研究に欠けている点が明らかになった。それは，次のようなものである。

〈ダイバシティの次元に関する議論において欠けている点〉

・ソーシャル・カテゴリー理論と類似性・アトラクション理論を除けば，ほとんどの研究では，表層的ダイバシティは深層的ダイバシティとむすびつけられている。さらにそれが行動を引き起こすものであるという暗黙の前提が認められるが，この点に関しては，明確なメカニズムがいまだに示されていない。

・個々人のアイデンティティや地位を測定し概念化するダイバシティを特定する基準が示されていない。また，多次元的なダイバシティを研究したものは少ない。

〈パフォーマンス議論において欠けている点〉

・多くの研究で重要性が指摘されているにもかかわらず，「地位」と「パワー」がほとんどの研究において無視されている。地位とパワーがダイバシティの効果を説明するものとして引き合いに出されるが，チームの中での地位の違いの程度を測定しようとした研究はなかった。

・パフォーマンスを決定する際に関連するスキルや能力の重要性を無視している。既存のフィールド研究は，メンバーの個人的な経歴と現在の仕事に必要とされることとの整合性を評価するものは少なかった。また，いくらメンバーが多様であっても，メンバーのスキルレベルが低ければパフォーマンスにマイナスの影響を与えるであろうし，メンバーのスキルレベルが高ければパフォーマンスにプラスに影響するはずである。

・さまざまな経歴を持つ個々人のパフォーマンス，報酬，昇進，離職の決定にダイバシティがどのような効果を及ぼすかという研究が不足している。

〈コンテクストに関連して欠けている点〉

・コンテクストのモデレータ効果がほとんど検討されていない。研究の対象となったコンテクストについて情報が少ない。特定のコンテクストについては，情報があってもそれ以外については情報がない。

第2章｜ダイバシティとパフォーマンス **103**

・いかにダイバシティとパフォーマンスにコンテクストがモデレータ効果を及ぼすのかが理論的に明らかにされていない。さらには，Jackson ら（2003）は多次元レベルでの研究，すなわち上司，部下，同僚などのメンバー構成別に測定する研究が少なく外的妥当性や一般化の面でも問題があるとしている。

既存理論ではなぜ実際の問題が解決できないのか◆

コンテクスト要因としてパワー関係をみていくことの重要性や，個々人の違いを実際の組織にあてはめて考えることの困難さを Konrad（2003）も指摘している。

① 既存理論ではパワー支配を軽視している。コンテクスト要因としてパワー関係をみていくことが重要である。

パワー支配をみることが職場におけるダイバシティをみる鍵である。Williams & O'Reilly がダイバシティにはネガティブな影響しかない，あるいは，社会的統合にとってマイナスだとするのは，パワー支配をみていないからではないかと Konrad は指摘する。既存理論では，非主流のグループは，評価を低められ，能力を否定され，ハラスメントや社会的な排斥を経験しており，メンバー同士でのみ相互関係を持つとされてきた。社会的，職業的な否定を回避しようとして，非主流のグループは主流のグループとの相互作用を避けるものとされてきた。しかしながら，非主流グループの立場が引き上げられることでグループを越えた相互作用が発生する可能性がある。つまり組織におけるグループ間のパワーバランスを理解することが，職場のダイバシティ現象の包括的な理解を可能にする。

② 個々人レベルの違いにまで目を向けると，職場のダイバシティという概念を希薄にする。厳密にはすべての人は異なるのだから，職場のダイバシティについて語ることの意味がなくなってしまうと Konrad はいう。

厳密には Konrad の指摘するとおりであるが，ダイバシティの程度は組織やグループによってさまざまであり，研究に必要なのは，ダイバシティの度合いをどのような尺度で測定するかである。さらに，たとえグ

ループのメンバーが本質的に多様であったとしても，実際にはごく一部の均質な部分しかいかされていなければ，グループはダイバシティを用いてパフォーマンスにつなげたということにはならないのである。ここにもダイバシティ・マネジメントの本質がある。ダイバシティが存在することと，実際に用いることとは別問題である。

③　個々人がすべての違いを表現しようとすれば，さまざまなダイバシティを永遠に追跡しつづけることになる。それらはほとんど意味をもたず，グループの相互関係の実りのある議論から脇にそれてしまうと Konrad は指摘する。

多様なグループは，メンバーがパーソナリティ，価値観，知識，信条，態度，行為において現実に異なっているというだけで，異なって機能するものと考える特性モデルに Konrad は疑問を投げかけている。特性モデルは，デモグラフィ研究の分野からダイバシティ研究に参加したグループの主張である。個々人が異なれば，機能も異なり，結果も異なるはずであるという考え方で，実際の職場のプロセスを表わすには限界がある。

第3節　ダイバシティのメリットとデメリットをめぐる議論

1. ダイバシティがなぜ競争優位性につながるか

ダイバシティが企業の競争優位性にむすびつく**6つの領域**

1990年代初頭，アメリカの景気が急速に回復しはじめた頃，ミシガン大学で人種・民族のダイバシティを研究していた Cox & Blake（1991）は，ダイバシティ・マネジメントがなぜ競争優位にむすびつくのかという論拠を示した。

当時，アメリカ企業は多様な人材に着目しており，第2次産業から第3次産業へ雇用が移行している時期でもあった。ダイバシティ・マネジメントの先進事例も出始め，パフォーマンスをめぐる議論がいかに人材を戦略的にいかすかということが注目を集めていた。

そこで，なぜダイバシティをうまく取り込む企業がパフォーマンスを上げ

ているのかという根拠を示すために，理論と実務のギャップを埋めようとする研究が出始める。

　Cox & Blake が焦点を当てたのは，カルチャラル・ダイバシティというもので，ジェンダーと人種・民族など表層的なダイバシティに限定していた。前述したように，カルチャラル・ダイバシティとは，パワーを持っている人とパワーを持っていない人という格差を生むカテゴリーのことである。具体的にはジェンダー，人種・民族，国籍，宗教，社会階級などであるが，Cox & Blake は，ジェンダーと人種・民族に限定して説明している。もちろん，部分的にはそれ以外のダイバシティの次元もパフォーマンスにむすびつくプロセスを説明するうえでも有効である。

　Cox & Blake は，ダイバシティが企業の競争優位性を生み出す領域として次の6つに焦点を当てて論じている。

① コスト削減
② 人的資源獲得
③ マーケティング
④ 創造性
⑤ 問題解決
⑥ システムのフレキシビリティ

ダイバシティがコスト削減にどうむすびつくか

　1990年代当時，アメリカの多くの企業は，白人男性に対する管理に比べて，女性や人種・民族的マイノリティの管理には成功していなかった。白人男性に比べて，女性と人種・民族的マイノリティは離職率と欠勤率が高かった。

　例えば，アメリカの被雇用者の中で黒人の離職率は白人より40％高いことがある研究で報告された。また，コーニング・グラスは，1980年から1987年の間，専門職における女性の離職率は男性の2倍で，黒人については白人の2.5倍であると報告した。

　職務満足度は人種・民族的マイノリティのほうが低く，MBA 資格者の黒人と白人の間の職務満足度を測定した研究では，黒人が白人よりもはるかにキャリア全体と昇進に満足していないことが明らかにされた。

キャリアに関する不満や白人男性が支配的な文化に対する不満が，職務満足度を左右する主な要因だとされている。

アメリカ大企業における男性と女性のマネジャーについての調査では，男性に比べて女性が会社を離職する可能性が高いことが明らかになった。その主な理由は，キャリア開発機会が無いこと，または昇進速度が遅いことへの不満であることがわかった。女性が単に出産期と育児期だけでなく，全ての年齢で高い離職率を示すことを明らかにした調査もある。

ダイバシティ・マネジメントによる実際のコスト削減効果を割り出すのは困難であるが，離職に関するコスト削減効果を見積もることは可能である。

例えば，10,000人の従業員を抱えるある企業が，その35％が女性か人種・民族的マイノリティであり，白人男性の離職率が10％であると仮定する。もし白人男性の約2倍に当たる女性と人種・民族的マイノリティの離職率データを用いるならば，白人男性だけを雇用していた場合より350人の余計な欠員が想定できる。

さらに，もし離職率格差の半分がマネジメントの改善によって解消され，総離職コストが1人の従業員につき平均20,000ドルであると仮定するならば，潜在的年間コスト削減額は350万ドルである。この例は離職だけに限ったものであるので，コスト削減効果が高い生産性レベルの他の改善によって相殺されるかもしれない。

ダイバシティ・マネジメントによる企業の正確なコスト削減額はほとんど公表されていないが，オルソ製薬は1990年代前半までの削減額を500,000ドルと見積もり，それは主に女性や人種・民族マイノリティの離職率が低下したことに起因するものだった。

ただ，Cox & Blake (1991) は，ここで女性や人種・民族的マイノリティ自身の離職率を述べているに過ぎず，多様な人材が新しく雇用されることが原因で離職する既存のマジョリティ・グループ，つまりは白人男性の数は考慮されていない点を見落としてはならない。離職率の低減によるコスト削減額を見積もるのならば，マイノリティのそれだけではなく，マジョリティをも考慮に入れる必要がある。

さらに，他の研究では，保育への企業投資が人材コストに及ぼす影響を調

査した。ひとつ目の研究では，企業が支援する保育施設を利用している働く母親の離職率と欠勤率は，子供を持たない人々や会社の支援を必要としない人々並みであるという結果をもたらした。保育施設利用者の欠勤率はその他のグループのそれに対して38%低く，離職率は恩恵を受けないグループの6%と比較して2%未満であった。

こうした企業内保育施設を設けることで，女性社員の離職率を下げようという試みはここ数年日本企業でも取り組まれている。

2つ目の研究では，企業内保育施設を開設した企業において，従業員の反応は，組織コミットメントと職務満足度など6つの基準において向上した。さらに，離職率は63%減少した。

また，フレックスタイム制を活用することは，ダイバシティへの対応のもうひとつの形である。フレックスタイム制を活用することによる欠勤率と作業効率の変化を測定するフィールド研究では，短期・長期の欠勤が著しく減少したことを発見された。これは，まさに作業効率が著しく向上したことになる。

ただし，この結果をみて，すぐにダイバシティがコストを下げると考えるのは早計である。マイノリティの労働者のベネフィットを高めるための設備投資との費用対効果を検討する必要がある。

コスト削減が，収益とワークスケジュールの変化以外のいくつかの側面に関連しているということを示す研究がある。UCLAの文化的に多様な作業チームと文化的に均質な作業チームの生産性についての研究で，多様なチームは，均質なチームと比較して，より生産的なものもあればそうでないものもあったという。この研究は，もし組織がうまくダイバシティをマネジメントすればパフォーマンスにプラスとなるようにダイバシティをいかすことができることを示唆している。

異なる経歴を持つ従業員を組織内に留めてうまく活用することに失敗した企業は，それができた企業に比べて重大な競争優位上の不利に苦しむことになる（Cox & Blake, 1991）。あるいはあらゆる人材が成功できる環境を迅速に構築する企業は，それができない，あるいは遅れる企業に対してコスト優位性を獲得できるだろう。

ダイバシティがなぜ優れた人的資源の獲得にむすびつくのか◆

　優れた従業員を採用して組織内に留めておくことも，競争優位性を語るうえで重要な事項である。アメリカでは，労働人口の中で女性と人種・民族的マイノリティが増えてきたので，企業はこれらの人々から採用し，自社に留めるべく競争しなければならなかった。

　採用に関する広報がパフォーマンスを左右することになる。メルク，ゼロックス，シンテックス，ホフマンラローチェやヒューレットパッカードなどの企業は，女性や人種・民族的マイノリティを採用するために効果的な広報を積極的に用いてきた。それらの企業の代表者曰く，「そうした広報活動によって対外的な評判が改善されたことが，実際に女性や人種・民族的マイノリティの採用の追い風となった」という。例えば，メルクは，働く母親にとって最良の会社トップ10のうちの1社という評価が，人材募集に対する応募増加に役に立っていると述べている。さらにアメリカでは労働市場での白人男性労働力の供給が縮小すると予想されており，組織の競争優位性にとって人的資源獲得の重要性は高まるとされた。

　ダイバシティ・マネジメントを効果的に活用する企業は，女性や人種・民族的マイノリティを積極的に雇用し，組織変革のリーダーであることを対外的に示していた。このことは，もちろん日本においても当てはまる。女性が働きやすい企業や女性の登用に力を入れているということを対外的に公表する企業は，女子学生の就職希望ランキングでも上位に位置づけられる。女性を活用している企業という外部評価がより優秀な女性の入社を促すのである。

ダイバシティがなぜマーケティングにプラスに働くのか◆

　顧客市場は従業員と同じように多様化している。商品やサービスの販売は労働力のダイバシティによって促進される。まず，多様な労働力を持つ企業は好意的な広告効果を得ることになる。特に女性や人種・民族的マイノリティといった属性の消費者は，ダイバシティに価値があるものと考える経営者のもとで働くことを望むのと同様に，そうした企業から商品やサービスを買いたがるのである。

　また，文化が消費者行動に大きな影響を及ぼすという実証結果がある。例

えば，中国文化における倹約の伝統や，若者が購売決定時に親の意向に従うというような価値観が消費者行動に影響を与えると考えられてきた。消費者行動における異文化の影響に関するほとんどの研究が国際間比較に焦点を当ててきた中で，この研究は国内での民族の違いに焦点を当てた。

特にアメリカでダイバシティがマーケットに及ぼす影響が強調されたのは，ラテンアメリカやアジアからの移民が1990年代に引き続き増加するだろうと予測されたためである。

アジア系アメリカ人とヒスパニック系アメリカ人の根源的文化のアイデンティティはアメリカ市民となってからも３世代以上にわたって残る。これは企業が購買決定における文化の影響を理解し，それらに対応する戦略を描くために多様な従業員の見識を用いることが企業にとって競争優位を獲得することになるかもしれないことを示している。

『USA Today』誌によれば，ガーネットニューズメディアの社長であるNancy Woodhull は，新聞のマーケティングの成功は，日々のニュース編集会議にさまざまな文化的経歴を持つ人々が幅広く参加しているかどうかが大きく関わっていると主張する。異なるジェンダーや人種・民族，経歴を持つ人々はそれぞれのアイデンティティによって異なる経験を持つので，グループのダイバシティが保たれ，多様な視点が提供できる。

エイボンは，都市部での低収益を好転させるためにカルチャラル・ダイバシティを活用した。エイボンは黒人やヒスパニック系のマネジャーに，これらの市場に対する大幅な権限を与える人事改革を行った。その結果，かつての不採算部門が現在ではエイボンのアメリカ市場で最も生産的な部門になるまでになった。エイボンの社長の Jim Preston は，特定の文化グループのメンバーは同じ属性グループの人の価値観を理解するのに最も適していると述べた。

日本のある銀行が女性だけの営業所を開設し，女性個人顧客に特化したサービスを行った例や，あるコンビニエンスストアの商品開発に女性のアイデアを取り込み，売上を向上できた事例もある。ある自動車会社が，ママプロジェクト（子どもを持つ女性あるいは既婚女性が商品開発に参画したプロジェクト）で，女性向けの新車を開発した。このように製品開発やマーケティング

において労働力のダイバシティが市場に直接的に影響を及ぼす例が日本でも出始めている。

一部のケースでは，マイノリティ出身の人々は自身と同じグループをひいきする傾向が強い。少なくとも一部の製品やサービスに関して，マイノリティ文化出身の販売スタッフは，マイノリティ文化に属する人々への販売を促進するかもしれない。

市場が，文化的に多様になってきていることはアメリカ企業だけに限られるものではない。グローバル化によって，多国籍企業は，消費者間の文化的な相違の影響を重視せざるを得なくなっている。アメリカが世界の中でもっとも多様な人々を有する国のひとつであることは，潜在的に国家レベルの競争優位を持っていることを意味する。しかしダイバシティを維持するだけではベネフィットを生み出すのには十分ではない。それをうまくマネジしなければならないのである。

ダイバシティがなぜ創造性にプラスに働くか

ダイバシティには価値があるという仮説の支持者は，作業チームのダイバシティが創造性とイノベーションを促進すると主張する。ダイバシティと創造性，イノベーションの両者の因果関係を裏付ける研究がある。Kanterによる組織のイノベーションの研究は，最も革新的な企業が，新しい市場を作り出すために，意図的に多様なチームを作ることを明らかにした。そこでは，課題に関連する多数の視点が得られるものと考えられている。Kanterはまた，極めて革新的な企業が，非革新的な企業よりも，人種差別や性差別や階級差別の根絶に対してうまく対応し，より多くの女性と人種・民族的マイノリティを雇用する傾向があることを指摘した。

Nemeth（1986）による研究は，マイノリティの視点が，タスクグループにおいて明らかに疑う余地のないもの以外の選択肢を考慮し，暫新なアイディアを創造することを発見した。一連の実験において，被験者は可能な限り多数の10文字の単語をつくるように求められた。タスクに対して個々人が手法を決めるとき多数派（複数によって提唱されたひとつの手法に同意した個人の集まり）と少数派（それぞれ異なる手法を提唱する個人の集まり）のグループが

できた。Nemethは少数派が多数派より，より多くの手法を採用し，そして
より多くの解決策を出すことを発見した。彼女は少数派の視点にさらされた
グループは，均質な多数派よりも創造的であったと結論を下した。彼女は，
さらに少数派の視点に常にさらされていることが，プロセスを通して創造性
を刺激すると結論づけた。

多様な態度をとるチームと，態度が均質なチームとの創造性を比較した別
の実験がある。創造性は，独創性と実用性の面から評価された。結果はチー
ムメンバーが同じ能力レベルである限り，均質なチームより多様なチームの
ほうがより創造的であった。もし異なるジェンダーや国籍や人種・民族から
成る人々がある課題について異なる態度や視点を持つならば，ダイバシティ
はチームの創造性やイノベーションを増大するはずである。

態度と認知と信念は人々の中でランダムに分布しているわけではなく，年
齢や人種やジェンダーといったデモグラフィック変数に連動して変化する傾
向がある。このように，組織におけるカルチャラル・ダイバシティが増すと，
問題解決や意思決定や創造的タスクに対する多様な視点をもたらすと予測さ
れる。

しかしベネフィットを得るまでには特定のステップをふまなければならな
い。パフォーマンスのベネフィットを得るためには，多様なチームメンバー
が他のメンバーの態度の違いを認知する必要がある。またダイバシティは，
文化相違についての情報を与えることによってうまくマネジされる必要があ
る。カルチャラル・アウェアネス・トレーニングは，ダイバシティをマネジ
することに焦点を当てる組織変革プロジェクトの標準的なツールのひとつで
ある。

ダイバシティがなぜ問題解決にプラスに働くか

ダイバシティの高いグループは，問題解決に取り組むためのより幅広くて
豊富な経験知基盤をもつ。つまり，ダイバシティには，問題解決と意思決定
を向上させる可能性がある。

1960年代に，ミシガン大学のいくつかの研究で，均質なグループよりも多
様なグループの方が課題に対してより質の高い解決策を生み出すことが発見

された。グループのダイバシティにはパーソナリティやジェンダーの尺度を含んでいた。ある研究では，均質なグループが21％であるのに比べて，多様なグループの65％が質の高い解決策（新たなアプローチ，または改良を加えたアプローチ，または統合的なアプローチをもたらす解決策）を生み出した。この差は統計的にも有意なものであった。研究者たちはジェンダーとパーソナリティを混在させることによって解決策の限界を越えることができたのではないかと述べた。

その後の研究でも，グループの意思決定の質がダイバシティに影響されることを確認した。集団思考に関する調査結果が間接的ではあるが，同一の結論を示している。集団凝集性を保持することが大切だと思われすぎてしまうと，集団内に批判的思考がなくなってしまうのである。

既存研究で引用される集団思考の例のほとんどは破滅的な結果を生み出す意思決定プロセスとして描写される。例えば1961年のキューバ危機におけるケネディ政権の決定のようなものである。なぜなら集団凝集性は直接的に均質性と関連し，そして結束しすぎると集団思考が現れるが，ダイバシティはその可能性を低減するはずであるからである。

意思決定の質は，過度のカルチャラル・ダイバシティも過度の均質性も存在しない時に最良のものとなる。この点はSheppard（1964）によってうまく要約されている。「均質性は結束を高め，結束もまた組織を成功に導く。しかし均質性が，まったく刺激のない状況を招くのであれば有害となりうる。もし全員が均質であれば，互いにほとんど会話しないか，競争するかまたは同じ過ちを全員で犯すことになるかもしれない。根元的な部分で均質が保たれている限りにおいては，グループにおけるダイバシティはまさにスパイスである」。

グループにおいて根元的な部分が類似していることは望ましい。このテーマは組織文化研究で提唱されたコアバリューのコンセプトに近い。組織目標に向かって整合の取れた行動を促進するためには，すべてのメンバーがいくらかの共通の価値観や規範を共有しなければならない。

問題解決とイノベーションを促進するためのダイバシティに対するニーズは，組織的な結束と行動の統一性のニーズとバランスのとれたものでなけれ

ばならない。組織が多様すぎると，結束や実行能力が低下するからである。

先に述べた Nemeth の研究は，ダイバシティを持つ作業グループがより優れた問題解決を行うということを支持している。一連の研究で，彼女は決定事項や選択肢の批判的分析の程度が，マイノリティの視点に従ったグループはそうでないグループよりも高いことを発見した。マイノリティの視点の存在は，それが最終的に優位かどうかに関係なく，意思決定プロセスの質を高める。代替的なシナリオを示唆したり，仮説を検討することによって，より多くの選択肢が生まれるからである。

つまり，文化的に多様な労働力はより良質な決定を通じて競争優位を生み出すことができる。課題に対して提起されるさまざまな視点が，マイノリティの影響を通じて代替案による批判的分析の質を高め，集団思考に陥いる可能性を低めると考えられる。

ダイバシティがなぜシステムのフレキシビリティにプラスに働くか◆

ダイバシティをマネジすることはシステムのフレキシビリティを強化することになる。この主張には2つの主要な論拠がある。まず，女性と人種・民族的マイノリティが，特にフレキシブルな認知構造を持つ傾向があるという実証結果である。例えば，女性は男性よりもあいまいさに対する許容性が高いということが研究で明らかになっている。あいまいさに対する許容性は，認知複雑性といった柔軟性に関する要素やあいまいなタスク遂行において卓越した能力にむすびついているとされる。

また，いくつかの国々の1カ国語使用者に対する2カ国語使用者についての研究は，1カ国語使用者に比べて2カ国語使用者が認知的なフレキシビリティと多次元の思考のレベルが高いことを示した。

白人アングロサクソングループは1カ国語しか話せないが，マイノリティの文化グループ（例えばヒスパニック系やアジア系）は2カ国語使用の人々の割合が多いため，アングロサクソン労働者の中にこうしたグループを組み込んでいくことによって認知的なフレキシビリティが高められるという考え方を支持する実証研究がかなりある。

カルチャラル・ダイバシティをマネジすることで，システムのフレキシビ

リティを高められるかもしれない。システムをより流動的でフレキシブルにするには，制度や手続きを緩和し対象範囲を拡大し，さらには制度の運用方法をより画一的でないものにすることである。異なる文化的視点を許容することは，一般に新しいアイデアに対してよりオープンになるはずである。最も重要なのは，組織がダイバシティを受容するように変革できるくらいなら，その他のどんな変革の抵抗にも対処できるといえるほどに，それは難しいということである。

Cox & Blake の議論で見落とされていること◈

このように，Cox & Blake（1991）の主張する競争優位性に関する根拠は，主にプラスの面に焦点が当てられている。Cox & Blake の議論にはマイナスの面はほとんど述べられていない。実際のダイバシティ・マネジメントの現場では，プラスの結果だけでなく，マイナスの結果を招くこともある。

ダイバシティのプラス・マイナス，両方の側面について次に論じていきたい。

2．ダイバシティに取り組むことのメリットとデメリット

メリットとデメリットの議論◈

ダイバシティが，パフォーマンスにプラスに働くかマイナスに働くかという議論を本章で紹介したが，そこでポジティブ論者の中心となっているのはグループダイナミクスや組織戦略論であり，ネガティブ論者は社会心理学の研究が支配的であった。

ポジティブ論者のひとりである Jackson は，異なる視点やアイデアをもたらすことがチームの創造性や意思決定にプラスの影響を与えることを示している。

他方ネガティブ論者である，社会心理学をベースにする Williams & O'Reilly（1998）は，ジェンダー・ダイバシティはとくに男性にとってマイナスの効果をもたらすと結論づけている。それは男性の高い離職率にむすびつき，とくに最もダイバシティの著しいグループで顕著であると Williams らは述べている。

第2章｜ダイバシティとパフォーマンス　**115**

さらに，両論者の橋渡しとなる論者も出てきている。例えば，組織進化との関連で取り上げた Ely & D. Thomas（2001）は，社会心理学の範疇であるソーシャル・アイデンティティ論（人がいかに個性を形成するかを示す理論でソーシャル・カテゴリー理論もこの１つ）から出発しているものの，そこにグループのパフォーマンスという概念を組み込むことで，プラスに転じる方法を示した。

このように，さまざまな各論者がダイバシティのメリット，デメリットを述べている。ここでは，そうした議論を整理して説明するが，その前に実際にアメリカの企業がどのように取り組んでいるかを示すデータを紹介する。

フォーチュン1000およびフォーチュン100の企業に対する調査◆

人的資源管理協会（Society for Human Resource Management）が実施した調査を紹介する。

これは，フォーチュン1000社のうち839社の HR（人的資源管理）担当者，および2001年３月時点でのフォーチュン100社に質問票を送付し，121社のHR 担当者から回答を得たものである。回収率は14％であった。

フォーチュン1000社にダイバシティがどの程度影響を与えたのか，あるいは，フォーチュン100社が，どれぐらいダイバシティに力を入れているのかを調査したものである。

取り組んでいるダイバシティのカテゴリー◆

この調査で，アメリカの大企業が，どのダイバシティに取り組んでいるかが明らかになった。それは，人種，ジェンダー，民族が多く，ダイバシティの３大カテゴリーとなっている。その後，年齢，身体障害，性的指向，宗教が続いている。

- ・人種　　　　　　　　96％
- ・ジェンダー　　　　　88％
- ・民族　　　　　　　　85％
- ・年齢　　　　　　　　65％

・身体障害	64%
・性的指向	57%
・宗教	54%
・言語	38%
・その他	11%

なぜダイバシティに取り組まないのか◆

この調査では，ダイバシティ・トレーニングなどに取り組んでいない理由についてもたずねている。

フォーチュン1000にランクづけされている企業であっても121の回答企業のうち，44の企業がダイバシティに取り組んでいないとしている。

その理由として一番にあげられているのは，忙しすぎる，であった。その他とするものが52%あり，これに関して記述形式でたずねたところ，概ね次の3点であった。それらは，①資源，サポート，コミットメントが不足しているというもの，②将来的に取り組みたいとするもの，③すでに労働力が多様になっており取り組む必要がないとするもの，であった。

・忙しすぎる	41%
・コストがかかりすぎる	18%
・連邦や地域から義務付けられていない	16%
・倫理に反する	9%
・その他	52%

ダイバシティのメリット◆

回答企業のうち91%が，ダイバシティの取り組みが，企業の競争優位性を高めると回答している。その理由は次の通りである。

・企業文化の改善	83%
・従業員のモラールの改善	79%
・従業員の継続勤務	76%

・新規採用の円滑化	75%
・従業員の不満や訴訟の減少	68%
・創造性の増加	59%
・従業員同士のコンフリクトの減少	58%
・新規市場への参入可能性の拡大	57%
・顧客関係の改善	55%
・生産性の改善	52%
・組織のボトムラインの改善	49%
・ブランドアイデンティティの最大化	34%
・教育訓練コストの低減	13%

　企業文化の改善と，従業員のモラールの改善が多い。興味深いのは，従業員の継続勤務が促されるとする企業が76％を占めるのに対し，継続勤務が減退してしまうとこたえている企業も4割あることである。新規採用者を増やすことで，既存の従業員が離職してしまうのか，新規採用者は離職しやすいという結果からなのか，この調査からは判断できないが，企業の競争優位性にプラスとするのが大半である一方で，こうした結果が出てきたことは重要である。

　ここであげたメリットは，第4章で示す，「抵抗」，「同化」，「分離」，「統合」のパラダイムでも読み替えることができる。「従業員の不満や訴訟の減少」は，「同化」の効果だと考えられる。「新規採用の円滑化」，「新規市場への参入可能性の拡大」は，「分離」の効果だといえる。「企業文化の改善」は「統合」パラダイムの効果と位置づけることができる。

ダイバシティのデメリット◆

　メリットを指摘する企業が多いものの，期待通りの成果が上がらないと3分の2の企業が答えている。

・ダイバシティのアクションが期待通りの成果にむすびつかない	57%
・コストがかかる	38%

・スタッフの時間がとられてしまう 30%

・ねたみの増加 25%

・トレーニングが提供されても効果がない 24%

・従業員間のコンフリクトが増加する 10%

ダイバシティの取り組みのコスト◆

ダイバシティの取り組みのうち，何に費用がかかるのかについてたずねている。

最も高いのは，ダイバシティ・トレーニング費用であり，その後，スタッフ費用，コンサルティング費用と続く。

・ダイバシティ・トレーニング費用 63%

・ダイバシティ問題にかかるスタッフ費用 53%

・コンサルティング費用 40%

・追加的な採用にかかる費用 16%

・その他 9%

ダイバシティの取り組みの成功の尺度◆

この調査では，社内の労働力の構成比率が変わるという直接的な効果がダイバシティの効果だとしている点が興味深い。

社内の成果尺度として従業員サーベイや不満の調査，訴訟などの次に，社外の成果尺度として公的機関からの評価が，ランクされている。

その他の評価では，離職の際のインタビュー，フォーカスグループ，離職率の定期調査などがあげられている。

・組織の労働力構成の変化 88%

・従業員サーベイ 79%

・不満の調査，訴訟 55%

・公的機関からの評価 42%

（例えば，フォーチュン100社のワークフォアリストに掲載されることなど）

・その他の評価　　　　　　　　　　　　　　　　　　　　　11％

　このように人的資源管理協会が実施した調査では，デメリットよりもメリットを強調する割合が多く，競争優位性にむすびついているとしている。特にデメリットというよりも，むしろダイバシティの取り組みを実践していくうえでのコストが課題だとされている。

既存の調査研究にみるメリットとデメリット◆

　先に述べた企業の回答から得たメリット・デメリットだけでなく，既存の調査研究からのメリットとデメリットをここで列挙してみたい。まず，次のようなメリットが指摘されている（Brickson, 2000; Milliken & Martin, 1996; Robbins, 1998; Schenider & Northcarft, 1999）。
- 考えうる選択肢と視点の数の増加
- 欠陥をみつけ，重要な情報を見出す機会の増加
- 適切な解決策が提案される可能性の増大
- イノベーションの増加
- さまざまな外部のネットワークに接触し，情報へのアクセスの増加
- 社内の保有スキルの幅が拡大
- 専門的な分業の進展
- 常にマイノリティからの批判にさらされることによる論拠の質の向上
- 創造的で，個性があり，より高い質の解決策を見つける可能性の増加
- 問題を議論する時間が増え，説得力のない選択肢が選ばれるリスクの抑制

このように作業グループレベルでは，問題解決や意思決定の職務においてダイバシティのメリットが得られるとされている。多様な人材が新しい視点，スキル，解決策，ネットワークなどをグループにもたらすからである。これは本章で取り上げた情報・意思決定理論モデルと整合している。また同様にCox & Blake が指摘する創造性と問題解決，システムのフレキシビリティで示されたこととも関連する。

　McEnrue（1993）は新製品開発や創造性の増大といった，上に列挙したこ

とと同様のこともあげているが，それ以外に次のようなメリットを指摘している。

① 労働賃金，採用，離職，訓練費用を抑えることができる

② 従業員を組織内に留める

③ 広く労働市場から人材を集めることができる

④ 従業員同士の関係を良好にする

⑤ 顧客のニーズに対する理解を進める

⑥ 対外的イメージをよくする

⑦ 管理職の人材マネジメント能力を強化する

⑧ 管理職のフラストレーションの軽減，対立の減少，不必要な対処行動を減らす

①と②は，Cox & Blake が言うところのコスト削減，③は人的資源獲得，⑤はマーケティングにあてはまる。④，⑥，⑦，⑧は企業のダイバシティを高めるプロセスで副次的に得られる効果であり，ダイバシティ・マネジメントがうまく機能したときにのみ可能なメリットである。

Kandola & Fullerton（1994）はダイバシティを高めることで得られるメリットを，証明されているものと，データをとることができるものと，間接的なものとの以下3つにわけた。

① 証明されているメリット

〈優秀な人材の採用〉

・貴重な労働力をたやすく採用できる

・過度の離職率，欠勤率によるコストを減らす

〈フレキシビリティ〉

・組織のフレキシビリティを高める

② データをとることができるメリット

〈チーム〉

・チームの創造性やイノベーションを促進

・問題解決の改善

・よりよい意思決定

〈顧客〉

・カスタマーサービスの改善
　・マイノリティの属するカルチャーグループに対するメンバーの売上の
　　増加
〈品質〉
　・品質の向上
③　間接的なメリット
　・仕事環境に対する満足
　・モラール（集団の士気）や仕事満足の改善
　・異なる従業員グループの関係の改善
　・高い生産性
　・競争上の活力
　・より良い対外的イメージ
　①の証明されているメリットは，組織がダイバシティに取り組んだことで最も早い段階で得られる効果であると筆者は考える。つまり，直接的にすぐに得られる効果である。しかし，欠勤率が下がるとか離職率が下がるというのは，ある一定レベルに達するとそれ以上の進展は考えられない。つまり，初期は効果的であるが，ある程度になると天井に達してしまうのである。
　また，②のデータをとることができるメリットは中長期的に効果が現れてくるものである。それが可能となる環境条件を組織内部に作り，別に発生するであろうマイナス面をクリアしたうえで可能となるものである。組織にとって，データを取ることができるメリットの目標値を定め，定期的に進歩の度合いを測定していくことは，ダイバシティの取り組みに対する組織メンバーのコミットメントを維持していくうえで重要である。開始時点でどんなメリットを目指しているのか，さらにはそのメリットが得られるだろうというロジックを組織メンバーに示していかなければ彼らの賛同は得られないであろう。また，データをとることができるメリットは組織として目標としやすいものでもある。
　そして究極的には，仕事環境の満足やモラール，仕事満足の改善といった③の間接的なメリットにつながっていくことが考えられる。しかしながら，こうした間接的なメリットの正確な実証結果を収集することは困難である。

結論を先取りすれば，これらはダイバシティにうまく取り組んだ結果生じるものであり，メンバーを多様化したことで自然発生的に生じるものではない。人材の多様化は，メリットをもたらす可能性は高まるが，マネジメントをしっかり行わないとデメリットに転じてしまう。

　もちろんダイバシティに反対する議論（アンチ・ダイバシティ）もなされてきている。次に，ダイバシティに取り組むうえでのデメリットをあげる（Brickson, 2000; Milliken & Martin, 1996; Robbins, 1998）。

・高い離職率
・個々人の不満足
・互いに仕事をするうえでの学習の難しさ，問題解決の困難さ
・集団をまとめたり，合意に達することの難しさ
・集団の統合や結束の減少
・コミットメント・組織への愛着の減少
・欠勤率の高まり
・あいまいさの増加
・ミスコミュニケーション
・顧客のロイヤリティの低下
・差別告発・政府のコンプライアンス制裁のリスク
・コミュニティのイメージや国民の評価を低下させる
・株主や投資家からの肯定的評価の低下
・訴訟関係のリスクの増加

アンチ・ダイバシティの議論の象徴的なものを紹介しよう。

　D'Souza（1995）は，ダイバシティ支持者たちが，企業が変わりつつある状況にあわせてコンテクストを変えるべきだと主張していることを批判している。ダイバシティの活動家の提案の多くは，意図とは逆の結果を招く危険性があり，ダイバシティ・マネジメントを無批判にかつ安易に取り組む企業の多くは，より多くのコンフリクトに直面することになるであろう。

　多くのアンチ・ダイバシティの議論は，特に人種・民族のダイバシティは，従業員の対人関係にマイナスの影響を及ぼし，生産性を低下させると考えており，職場の生産性に寄与する能力が有色従業員には欠けているという信念

に基づいている。

　Hacker（1995）は，異なる人種を混合させるとコンフリクトの発生が避けがたいので，組織は従業員や顧客を快適な状態におくためにあえてダイバシティを避けるべきとしている。これは本章で述べたソーシャル・カテゴリー理論が示す通り，ダイバシティがコンフリクトを招き，その結果マイナスの影響をもたらすとすることと整合している。

　さらに，アンチ・ダイバシティの議論には，多様な人々にはコミットメントが欠けているという主張がある。たとえば，女性は出産や育児で離職すると思われており，女性雇用にはコストがかかると考えられている。また身体障害者を雇うことはかえって雇用コストがかかる，年齢の高い従業員を雇うことは見返りがほとんどない，といったデメリットも指摘されている。

　社会心理学者の中にはダイバシティへの取り組みに対して危惧する者もいる。ダイバシティへの取り組みが逆差別を生み，既存メンバーがダイバシティに対してかえって悪い感情を持ってしまう可能性があるとの指摘である。こうしたコンフリクトの存在は，企業にとって公平性とは何かの再定義を行う必要性を提起する。

　これまでの議論をふまえ，ここで今一度，既存研究が主張するダイバシティのメリットを整理すると次のようになる。

〈ダイバシティのメリット〉

・考えうる選択肢と視点の数の増加

・欠陥を見つけ，重要な情報を見出す機会の増加

・適切な解決策が提案される可能性の増大

・イノベーションの増加

・さまざまな外部のネットワークに接触し，情報へのアクセスの増加

・社内の保有スキルの幅が拡大

・専門的な分業の進展

・常にマイノリティからの批判にさらされることによる論拠の質の向上

・創造的で，個性があり，より高い質の解決策を見つける可能性の増加

・問題を議論する時間が増え，説得力のない選択肢が選ばれるリスクの抑

制
- 労働賃金，採用，離職，訓練費用を抑えることができる
- 従業員を組織内に留める
- 広く労働市場から人材を集めることができる
- 従業員同士の関係を良好にする
- 顧客のニーズに対する理解を進める
- 対外的イメージをよくする
- 管理職の人材マネジメント能力を強化する
- 管理職のフラストレーションの軽減，対立の減少，不必要な対処行動を抑制
- 組織の価値観や文化の変容
- 新規市場における売上やシェアの拡大
- 品質の向上
- 仕事環境に対する満足
- 高い生産性
- 環境変化に迅速に対応する能力，そのためのシステムの変容

一方，デメリットを整理すると次のようになる。

〈ダイバシティのデメリット〉

- 高い離職率
- 個々人の不満足
- 互いに仕事をするうえでの学習の難しさ，問題解決の困難さ
- 集団をまとめたり，合意に達することの難しさ
- 集団の統合や結束の減少
- コミットメント・組織への愛着の減少
- 欠勤率の高まり
- あいまいさの増加
- ミスコミュニケーション・顧客のロイヤリティの低下
- 差別告発・政府のコンプライアンス制裁のリスク
- コミュニティのイメージや国民の評価を低下させる
- 株主や投資家からの肯定的評価の低下

・訴訟関係のリスクの増加

　ダイバシティのメリットとデメリットを明確にしておくことは重要なことである。企業がダイバシティ・マネジメントに取り組み、パフォーマンスを上げていくプロセスでは、ダイバシティのメリットを最大化する必要がある。その際、既存研究で実証されているメリットにどのようなものがあるのかを知ることで、組織変革をすすめる目的がより明確になり、目指すべき方向を示すことができる。

　一方、ダイバシティのデメリットを知ることは、企業が抱える課題や現状を把握することに役立つ。取り組むべきダイバシティは何か、その優先順位が見えてくるだけでなく、そのまま放置することによるリスクを認識することができる。

　ダイバシティのデメリットを最小限に止め、メリットを最大限に引き出すことがパフォーマンスを高めることにもむすびつくのである。どのようにパフォーマンスを高めるかという理論構築には、さらなる調査事例と研究が必要である。

メリットとデメリットの総論◆

　ここまでみてきたメリットとデメリットの議論の相違は、次のような点に要約される。ひとつは「パフォーマンスの対象」の違いであり、新規に取り込もうとするものか既存のものかである。例えば、コミットメントや組織への愛着が減退するというのは、既存の組織メンバーに主にみられる現象であり、反対に新規の組織メンバーはダイバシティが高まることによって、よりそれが増強されという結果になる。同様に新規顧客の獲得や新規市場への参入は、組織が多様になることによってその可能性が高まるが、逆に既存顧客や既存市場ではブランドイメージや顧客の信頼を損なう可能性がある。

　またメリットとデメリットでは、「パフォーマンスの尺度」が異なるという点に目を向けてほしい。メリットを指摘する論者は問題解決の質の改善や意思決定の質の向上、創造性といった結果に焦点をあてているが、デメリットを指摘する論者はそこにいたるまでのプロセスの困難さに焦点をあててい

る。

　さらに，ダイバシティが組織にもたらす影響は，メリットを主張する者と
デメリットを主張するものとでは特定の事象に対して異なる見解を示す場合
がある。例えば，ダイバシティが高まることであいまいさが増加するという
ことは，メリット論者は組織の柔軟性と解釈するが，デメリット論者には複
雑性の増加と映るようだ。

　繰り返すが，メリットとデメリットを列挙して眺めてみると，本章でみて
きた3つの理論との整合性を見出すことができる。創造性の増加は，情報・
意思決定理論によるプラスの効果，従業員のモラールの減退，従業員同士の
コンフリクトの増加は，ソーシャル・カテゴリー理論や類似性・アトラクシ
ョン理論によるマイナスの効果といえる。

第4節　まとめ

ダイバシティとパフォーマンス研究にみる3つの重要点

　ダイバシティの伝統的な定義は，「ダイバシティとは，ジェンダー，人
種・民族，年齢における違いのことをさす」（米国雇用機会均等委員会：
EEOC）というものである。それぞれの立場や研究分野によって，ダイバシ
ティの定義は異なるが，いずれにしても，ダイバシティは人を区分する際の
切り口として用いられるものである。

　ダイバシティのカテゴリーは表層的か深層的かの2つに分けることができ
る。表層的なダイバシティとは可視的なダイバシティであり，代表的なもの
としてジェンダー，人種，年齢などがある。これらは，初期のダイバシティ
研究における社会階級間のパワーバランスによって説明されることがある。
一方，深層的なダイバシティは不可視的であり，パーソナリティ，価値，態
度，嗜好，信条などの心理的な特性が含まれる。

　ダイバシティとパフォーマンスとの関係をみる研究では，何がパフォーマ
ンスにとって重要なのか，どんな理論を用いているのかによってダイバシテ
ィの焦点のおき方が異なるのである。パフォーマンスとの関係で，ダイバシ
ティをみていくうえで重要なことは次の3点である。

① ダイバシティの次元はひとりに対して複数が存在する。

② 時間とともに変化するダイバシティがある。

③ 本人と本人以外の者とではダイバシティの受け取り方が異なる。

例えば，ひとりの人間には，ジェンダーというダイバシティもあれば，経歴や人種・民族，国籍，あるいは，価値観，宗教といった複数のダイバシティが存在する。

また，深層的ダイバシティのほとんどは時間とともに変化するし，表層的ダイバシティの中でも年齢は時間とともに変化する。さらには，人種・民族，性別，社会階級，宗教，国籍，性的指向などグループ間の偏見やネガティブなコンフリクトを生みやすいとされるカルチャラル・ダイバシティは，本人と本人以外の者の受け取り方によってパフォーマンスへの影響は大きく左右されるのである。

ダイバシティ研究はパワーを持っていない人々の地位を引き上げることで何かしら組織にメリットがあるのではないかという議論から始まっている。後にダイバシティ研究に参入したデモグラフィ研究者は，そもそもダイバシティの次元，すなわち属性間のパワーバランスには着目せず，異種混合の人々がぶつかり合うことでダイナミックな変化がおきると考えてきた。よって，後者はパワー関係というものを当初の研究では対象としてこなかったのである。そのため，グループプロセス（パフォーマンスにつながるまでの過程）はあまり分析されてこなかった。

3つの段階を経て発展したダイバシティ研究◆

アメリカにおけるダイバシティ研究は，3つの段階を経て発展してきた。

第1段階は，1960年代の公民権運動・女性運動である。

第2段階は，これまでダイバシティを否定してきた組織が，ダイバシティを受け入れる段階で，ダイバシティに対応することはコストだと考えられた時期である。

第3段階は，ダイバシティを消極的にとらえるのではなく，ダイバシティを受け入れ，違いに価値をおくことが組織にとってもプラスになるのだと考えられるようになった時期である。

この第3段階の「違いに価値をおく」という議論が現れたのは1980年代である。それまでの「われわれはすべて同等である」という価値観から、「われわれは、ひとりひとりが個性を持ち、だからこそわれわれは素晴らしいのだ」という価値観に変化する。

パフォーマンスにむすびつく3つの理論モデルとコンフリクト要因◆

ダイバシティがパフォーマンスにむすびつく過程を示す理論モデルは次の3つの理論に集約される。

① 情報・意思決定理論：ダイバシティのあるグループはより多様な情報ネットワークを組織外に持つことができる。得られた新しい情報は、革新や問題解決、意思決定、製品設計において有効となる。

② ソーシャル・カテゴリー理論：人は、自己及び他者を社会的に分類する。それゆえ内集団、外集団を形成し、外集団に対する偏見や固定観念、コミュニケーション障害などを生む。

③ 類似性・アトラクション理論：属性における類似性は、個人間の好意を増大させ、引きつけ合わせる。それゆえ、異なる属性の個人間では、コミュニケーションが減少し、意図の歪曲や欠落が生じる。

「ソーシャル・カテゴリー理論」と「類似性・アトラクション理論」の両方ともグループプロセス（パフォーマンスにむすびつくまでの過程）には均質性の方が良いとしている。一方、「情報・意思決定理論」は、ダイバシティのある組織のほうが、革新（イノベーション）や問題解決、意思決定、製品設計において有効であるとしている。

「ソーシャル・カテゴリー理論」と「類似性・アトラクション理論」は、ダイバシティとパフォーマンスとの関係ではネガティブな主張をし、「情報・意思決定理論」はポジティブな主張をしている。

ただし、コンテクスト要因によってその結果は異なる。例えば、タスクの性質が複雑性の高い業務の場合、ダイバシティはプラスに働くが、単純作業ではマイナスとなる。

また、コンフリクトの種類によっても結果は異なる。タスクコンフリクト（職務上の使命の違いに基づくコンフリクト）は創造性の高い仕事においてプラ

第2章｜ダイバシティとパフォーマンス　129

スの影響を与えるが，文化，価値観，生き方，ルール，態度の違いなどから
生じるアフェクティブコンフリクト（感情的コンフリクト）はパフォーマン
スにマイナスの影響を与える。

　つまり，アフェクティブコンフリクトの発生を最小限にし，タスクコンフ
リクトを活性化させることでダイバシティをパフォーマンスにむすびつける
ことは可能なのである。

5つのダイバシティのパフォーマンスへの影響に関する実証結果◈

　ダイバシティの，グループプロセスとパフォーマンスへの影響を，「在職
期間」,「経歴」,「年齢」,「ジェンダー」,「人種・民族」の5つのダイバシテ
ィにわけて述べる。

〈在職期間〉

　在職期間が多様な場合，一般的に社会的統合を妨げ，コミュニケーション
を不十分なものにし，グループの離職率を高めるとされており，多くの研究
がそのことを実証している。

　また，在職期間が均質なグループの方が，パフォーマンスが高いという実
証結果と，多様な方が高いとする相反する実証結果がある。例えば，多数の
研究は在職期間が均質なグループが多様なグループよりも革新的でうまく機
能するということを示した。一方，他の研究は，在職期間のダイバシティが
高まるとパフォーマンスにプラスの影響を与えることを報告した。

〈経歴〉

　経歴の多様なグループは均質なグループよりも，関連性のある専門知識を
豊富に持っているものと考えられている。

　トップマネジメントチームに関するいくつかの研究は，経歴（職歴・職能
と教育歴）のダイバシティが増すと，企業の成長を促し，戦略的取り組みが
増すと報告した。

　出身の部署が異なり（例えば，マーケティング，原価企画，人事などといった
機能部門），経歴の多様なメンバーがグループにもたらす情報の多様さが，
創造性の観点からパフォーマンスを向上させるが，実行能力の点では障害と
なる。つまり，経歴が多様なグループは均質なグループよりもゆるやかで，

結束度も低いのである。

〈年齢〉

　年齢の多様なグループはコミュニケーションが困難であり，コンフリクトが生じる可能性が高く，社会的統合が困難である可能性がある。しかし，年齢のダイバシティはグループ内の創造性をはじめとするパフォーマンスへのプラス影響を持つ可能性がある。しかし，そのことを示す有力な実証結果はいまだ存在していない。ただ，離職と欠勤に関しては，信頼性のある実証結果があり，年齢の点で，グループ内で最も乖離した者が，離職あるいは欠勤するというマイナスの影響を示した。

〈ジェンダー〉

　ジェンダー・ダイバシティに関する研究結果は，サンプル中に存在する男女の割合が重要となる。一般的に，ジェンダー・ダイバシティはグループにマイナスの影響を与え，特に男性に対してマイナスの影響を与えるものであるが，それは高い離職率とむすびついている。

〈人種・民族〉

　楽観主義者は，情報・意思決定理論に基づき，人種・民族のダイバシティが創造性を促進し，意思決定の質を向上させる可能性があると主張する。

　悲観主義者は，類似性・アトラクション理論とソーシャル・カテゴリー理論を用いて，人種・民族のダイバシティがうまく対処されなければ，グループプロセスにマイナスの影響を与える可能性があると指摘する。

　いずれの研究も結論には到達していないが，総じて人種・民族のダイバシティの実証結果は，情報・意思決定の理論よりも，類似性・アトラクションやソーシャル・カテゴリー理論の予測に沿った結果，すなわちマイナスの影響を与える可能性を示している。

5つのコンテクスト要因

　フィールド研究においては，コンテクストは無視できない。そのコンテクストを「タスク」，「組織文化」，「チームの風土とチームプロセス」，「戦略」，「時間」に分類する。

〈タスク〉

ルーティンのタスクでは，ダイバシティはあまりコンフリクトをもたらさない。なぜなら議論や情報交換を必要としないからである。他方，ルーティン以外の複雑なタスクではより多くのコンフリクトがもたらされる。

〈組織文化〉

統合と学習のパラダイムが根強い組織文化である場合，ダイバシティがプラスの結果にむすびつく傾向がある。

〈チームの風土とチームプロセス〉

チームの風土やチームプロセスは，ダイバシティがパフォーマンスに与える影響を変化させる。

〈戦略〉

複雑な戦略のもとでは，社会認知的見地では，トップマネジメントチームのダイバシティがメリットにむすびつくとされ，反対に，行動の見地からはトップマネジメントチームのダイバシティが好ましくない結果を招くとされる。

〈時間〉

表層的なダイバシティは初期の短期間しか影響しないが，深層的なダイバシティは期間が経過するにつれて徐々に表われ重要なものとなる。

◆ダイバシティが競争優位を生み出す6つの領域◆

Cox & Blake（1991）は，ダイバシティが企業の競争優位を生み出す領域として6つに焦点を当てている。それは，「コスト」，「人的資源獲得」，「マーケティング」，「創造性」，「問題解決」，「システムのフレキシビリティ」である。

〈コスト〉

ダイバシティ・マネジメントによる具体的なコスト削減効果を算定するのは困難であるが，離職抑制によるコスト削減効果として見積もることは可能である。なぜならば，ダイバシティ・マネジメントによって，離職率を下げられる可能性があるからである。

〈人的資源獲得〉

ダイバシティ・マネジメントを効果的に実践する企業は，女性や多様な国

籍の人たちなどを積極的に雇用し，組織変革のリーダーであることを対外的に示している。外部評価が高まることで，優れた従業員が採用でき，組織内に確保できる。

〈マーケティング〉

　多様な労働力を持つ企業は，結果として好意的な広告効果が得られる。また，製品開発やマーケティングにおいても労働力のダイバシティが市場にダイレクトに好影響を及ぼす。

〈創造性〉

　ダイバシティと創造性・イノベーションの両者に因果関係があるとする研究がある。多様な人材からなる組織では，課題に関連する多数の視点がもたらされる。組織が，異なる態度や視点を持っていれば，創造性やイノベーションは増大するはずである。

〈問題解決〉

　ダイバシティを持つ組織は，課題に取り組むためのより幅広く豊富な経験基盤をもつことから，ダイバシティは課題解決と意思決定の質を向上させる可能性がある。

〈システムのフレキシビリティ〉

　女性は男性よりもあいまいさに対する許容性を持つということが研究で明らかになっている。あいまいさに対する許容性は，フレキシビリティにむすびついており，また，いくつかの研究は，1カ国語使用者に比べて2カ国語使用者が認知的柔軟性と多次元の思考のレベルが高いことを示した。つまり，ダイバシティをマネジすることで，システムのフレキシビリティを強化することができる。

ダイバシティ研究で解明されていること・解明されていないこと◆

　Williams & O'Reilly（1998）らは，これまでの研究から明らかにされたことが2つあるという。

　ひとつは，メンバー構成のバラツキがグループに影響を与える可能性があるということである。特に年齢，在職期間，人種・民族の点で，ダイバシティが概して社会的統合，コミュニケーション，コンフリクトにマイナス影響

を及ぼすことが明らかになっている。

　もうひとつは，ミクロレベルの研究では，ダイバシティが増すとメンバーのニーズを満足させグループを効率的に機能させる点でマイナス影響をもたらすということである。

　一方，明らかにされていないものをあげると次の3点になるという。

　第1に，経歴のダイバシティがタスクコンフリクトを増大させてパフォーマンスにつながる根本的なメカニズムは，人種・民族のダイバシティとアフェクティブコンフリクトの関係と異なるのか，ということである。コンフリクトに焦点をおくものの，そのコンフリクトの種類が異なり，かつパフォーマンスに与える影響も異なるという仮説をそれぞれがおいているのである。第2に，ダイバシティが増すと情報と視点が増すものと機械的に判断されているが，本当にそうなのかという点が解明されていない。一見したところ，この仮説は妥当であると思われるが，より詳細な調査が必要である。

　第3に，専門知識をある程度深く共有したグループにまったく異質なメンバーが入ってくることで，果たして本当に新たな情報を付加することが可能なのか，という点である。

　Jacksonら（2003）は，1997年から2002年に発表された実証研究の中から，解明されていない点をまとめた。

　まず，ダイバシティの次元に関する議論における欠けている点は，次の2点である。

　第1に，ソーシャル・カテゴリー理論と類似性・アトラクション理論を除けば，ほとんどの研究において表層的ダイバシティは深層的ダイバシティと一体化されている。さらにそれが行動につながるという暗黙の前提が認められるが，この点に関しては，明確な論理的つながりが示されていない。

　第2に，個々人のアイデンティティや地位（グループ内での立場）をいかに測定し概念化するか，なぜ他のダイバシティが除外され，あるダイバシティが研究の対象となるのかがほとんどの研究で示されていない。多次元的なダイバシティを研究したものは少ない。

　次に，コンテクストに関する議論における欠けている点は，次の2点である。

第1に，コンテクストのモデレータ効果がほとんど検討されておらず，コンテクストに関する情報も不足している。

第2に，いかにダイバシティとパフォーマンスとの関係にコンテクストがモデレータ効果を及ぼすのかが理論的に明らかにされていない。さらに，多次元レベルでの研究，すなわち上司，部下，同僚などのチームの構成別に測定する研究は少ない。

パフォーマンスに関する研究で解明されていないこと

Cox & Blake（1991）は，ダイバシティが，「コスト」，「人的資源獲得」，「マーケティング」，「創造性」，「問題解決」，「システムのフレキシビリティ」にむすびつく根拠を示した。だが，プラスの面にばかり焦点が当てられており，マイナスの面はほとんど述べられていない。実際のダイバシティ・マネジメントでは，マイナスの結果を招くこともあるため，ダイバシティのプラスとマイナスの両面を論ずる必要がある。

ダイバシティ・マネジメントがパフォーマンスに与えるメリットとデメリットは，その影響の対象がその組織にとって新規に取り込もうとするものか既存かによってわけることができる。例えば，コミットメントや組織への愛着が減退するというのは，主に既存の組織メンバーにみられる現象であり，反対に新規の組織メンバーは，ダイバシティが高まることによってそれらが増強される。同様に，新規顧客の獲得や新規市場への参入は，組織が多様になることによってその可能性が高まるが，逆に既存顧客の既存市場ではブランドイメージや顧客の信頼を損なう可能性がある。

さらに，パフォーマンスの尺度が異なるという点にも目を向ける必要がある。メリットを主張する論者は課題解決の質や意思決定の質，創造性といった結果に焦点を当てているが，デメリットを指摘する論者はそこにいたるまでのプロセスの困難さに焦点を当てている。

また，Jackson は，パフォーマンスに関する議論に欠けている点として次の3点をあげている。

ひとつ目は，多くの研究でその重要性が指摘されているにもかかわらず，「地位（チームの中でメンバーが置かれている立場）」と「特定のスキル」とい

う2つのダイバシティがほとんどの研究において無視されていることである。

　2つ目は，パフォーマンスの決定に関連するメンバースキルや能力の高低を無視していることである。

　3つ目は，さまざまな経歴を持つ個々人のパフォーマンス，報酬，昇進，離職の決定にダイバシティがどのような効果を及ぼすかという研究が不足していることである。

今後の研究課題◈

　Williams & O'Reilly は40年間の研究結果から，ダイバシティが，グループプロセス（パフォーマンスにむすびつく過程）とパフォーマンスそのものに対してマイナスの影響を与えると結論づけた。社会心理学の研究は，マイナスの影響を強調している。今後の研究への期待として，ひとつはダイバシティを認知するプロセスに着目する研究であり，もうひとつは，マイナスの影響を無視するのではなくそれを分析し，影響拡大への解決策を提供する研究である。

　既存研究に欠けている点をまとめると次のようになる。

① 　メンバー・ダイバシティについてもほとんどが実験室実験であり，現実のビジネスを対象とするものが少ない。

② 　ダイバシティがパフォーマンスに与える効果についての研究は，社会心理学をベースにしたものが多かったために，個人レベルでの心理的な効果，それもマイナスの面が強調されがちであった。組織や企業といったマクロレベルでの研究，それらにもたらすプラスの効果を対象にした実証研究が少ない。

③ 　リーダー・ダイバシティとパフォーマンスに関しても実証結果が少ない。

④ 　いったいどのようなプロセスを経てダイバシティがパフォーマンスにむすびついていくのかの具体的な事例が少ない。

第3章　ジェンダー・ダイバシティ

第1節　既存研究の分類と理論ベース

1．ジェンダー・ダイバシティとは

ジェンダー・ダイバシティの特徴◆

　性別は生物学的な差であり，外的要因によって変化するものではない。ジェンダー・ダイバシティは，全世界に均しく存在する。地球上のどこの国においても，人口のほぼ半数は女性である。そのため，国際比較が頻繁に行われ，ジェンダーに偏りがあるかどうかが，分析の対象とされてきた。他のダイバシティと比べて，取り組みやすく，かつ，データとしても取りやすいために，まずはじめに着手する企業も多い。そこで，本章では，ジェンダー・ダイバシティを取り上げ考察する。

　一方，女性の役割はその時代の価値観によって変化する。家庭を守る存在から社会進出する存在へと，社会的通念の変化によって女性観は変化する。

　こうした特徴があるために，ジェンダー・ダイバシティをマネジメントしていくうえでは次のような問題が生じる。

　例えば女性管理職は，初めて会う顧客や取引先には，「女性」というカテゴリーで判断されやすい。同様に，たとえ社内であっても直に接する機会の少ない従業員には，「管理職」というカテゴリーよりも「女性」というカテゴリーで認識されやすい。このように，ダイバシティをマネジメントする際は，第三者の認知を意識することが必要である。

　ジェンダー・ダイバシティは，表層的なダイバシティであるため，受け手

137

側の価値感に大きく影響を受け，ステレオタイプによる認識が頻繁になされる。

　さらに，結婚・出産・育児・介護などといった家庭責任がでてきたときなど，生物学的な差が顕著になる際に次のような問題が表れる。ジェンダー・ダイバシティが企業にとって障害になるのは，家庭役割が仕事役割を圧迫するときである。長期的な勤続，日々の勤務時間の制限といった時間軸，地理的な異動の困難さや転勤・長期出張の制限といった空間軸が企業組織のフレキシビリティを低下させる。

　人種・民族などの他のダイバシティにおいても，離職率の高さや勤労意欲の低さが指摘されるが，これはコンフリクト（対立）やキャリア・モチベーションの問題からいわれることであり，特にジェンダー・ダイバシティでは，家庭役割の面から離職率の高さや勤労意欲の低さが指摘される。

　ジェンダー・ダイバシティの主な特徴は次の4点である。

・生物学的な差であり，個人には選択できないダイバシティである

・外部から見て認識可能なダイバシティである

・全世界に均しく存在する

・社会的文化的背景に影響を受ける（例えば，性別役割分業観など）

　ジェンダー・ダイバシティが他のダイバシティと異なる論理で論じられると述べたが，それは仕事役割と家庭役割が性別によって分けられてきたという社会文化的背景があることによる。その経緯を次に述べたい。

労働の概念と女性

　産業革命以前は女性も男性も，家族や日常生活に必要とされるものを生産し，労働は私的な生活と分離されたものとはみなされておらず，賃金労働はまれであった。しかしながら，産業革命が労働そのものを変容させたのである。例えばものづくりの仕事は，男性の仕事であったが，それは工業化され，生産力は資本家によって統制されるものとなった。自営の職人や農夫は，自らの労働力を市場で売らざるを得なくなった。女性がそれまで家庭生活で行っていた職務（例えば服飾）も，部分的には労働市場で売られるようになったが，食事や育児は，工業化されず家事として残った。こうして，産業化し

た国々では，男性が商品を生産する労働力の大半を占めるようになり，他方，女性の中心的な役割は家庭を守ることとなる。

「労働とは職務の合理的な分業であり，異なる人々が決められた任務を行うために，異なる業務を与えられる」（Weber, 1964；Taylor, 1911）と労働の概念が定義されている。労働には，統制の階級があり，指揮命令系統があり，明確なルールと手続きがあり，それらは統一した作業の実践，あるいは標準的なパフォーマンスを担保する。だからこそ，専門的な能力をベースとした採用と昇進プロセスが作られ，標準化されたコミュニケーション手法が開発された。

この概念をベースとして労働の基本的概念が形成されていった。そこでは公的分野の概念と私的分野の概念に区分され，特に公圏では，産業化と資本主義の要請によって，人々は労働を賃金のために売るようになり，そのことが統制の手法などを発展させ，組織は効率をあげるために前述のようなシステムを作っていった。このようにして組織が労働力をコントロールするようになっていき，労働者は家庭を仕事からの逃避だと考えるようになった。

図表3-1 に示すように，女性が家庭，すなわち私圏にむすびつけられ，男性は仕事，すなわち公圏にむすびつけられてきた。

図表 3-1　公圏・私圏

公圏	私圏
仕事はしなければならないことである	仕事はしたいことである
お金がモチベーションの源である	愛情がモチベーションの源である
仕事は賃金を支払われるものである	仕事は賃金を支払われないものである
合理性を具体化して考える	感情を具体化して考える
抽象的	具体的
タイムスパンが定義される	タイムスパンがあいまい
アウトプット：市場価値のある商品，サービス，金銭	アウトプット：人，社会的関係，コミュニティの創造，態度，価値，均衡のマネジメント
個人に焦点を当てた差別化した報酬につながるコンテクスト	コミュニティに焦点を当てた集団的な先導を作り出すコンテクスト
スキルは教えられるものであり，仕事は複雑なものだと考えられている	スキルは先天的なものだと考えられ，仕事は複雑だとは考えられていない

出所：Fletcher（1999）

140

　公圏と私圏は，まったく異なる社会的ニーズを満たすものである。両者は
まったく違う概念なのだが，この両者があるからこそよき社会を建設できる
のだといわれるようになった。

2．男女の違いをめぐる4つの立場

男女の能力差に関わる議論の変遷 ◆

　男性と女性の能力は果たして異なるのか，という問いは長い間議論されて
きた。女性と男性の能力はまったく同じであるとする主張と，まったく違う
とする主張とがあるが，そのことについてここで4つの立場に分けて概説す
る。

男女の違いはあるとする立場（女性の劣位性）◆

　第1の立場は伝統的に支持されてきた考え方で，女性は男性よりも劣ると
いうものである。この根底には，ジェンダーによる違いは男女の生物学的な
差によって特徴づけられるという考えがある。ビジネスの世界で競ううえで
のスキルが，女性は男性より劣っていると思われていたゆえんである。これ
は1980年代前半まで，中心的な考え方であった。

　この立場の主張は次のようなものである。女性と男性では社会化のプロセ
スが異なる。会社に入る前の育てられ方や躾けられ方，および会社に入って
からの処遇など，男女はまったく違っている。行動パターンであれ，思考，
態度であれ，生まれてから成長するまで，男女は異なる過程で学習する。そ
れが，職場での男女格差を生むものである。

　結果，女性はビジネス上必要とされるスキルを男性よりも後発的に身につ
けることによって，男性に匹敵することができるといわれてきた。

　特に管理職においては，女性はリーダーとしてのスキルを身につけてこな
かったので特別かつ適切なリーダー教育・訓練が必要であると思われていた。
だからこそ，教育・訓練システムが女性の昇進にとって重要であると考えら
れた。これがまず，第1の立場である。

男女の違いはあるとする立場（女性の優位性） ◆

　第2の立場は，女性が男性に比べて優れている点に焦点をおく。男女格差が社会化のプロセスによって生まれるものとする考え方は第1の立場と同じであるが，その違いはけっして否定されるべきものではないとする。第1の立場では，女性的特性は劣っており，隠さなければ職場ではうまくいかないといわれたが，第2の立場は，女性のこの特性がむしろ価値あるものだとする。この立場の論者は優位に働く女性らしさを「女性の関係志向」だと主張する。これは仕事志向の職場には不適切なものだとされていたが，1980年代後半，「女性の関係志向」が，今後より必要とされるマネジメント・スタイルだといわれるようになった。

　これまで，女性の行動やスタイルは男性と対比されてきた。労働の公圏が女性的な私圏をないがしろにし，私圏は価値の無いものだとされていた。そのため女性たちは不利な立場におかれていたが，この第2の立場によって逆転することになった。

　その流れで「女性の声を拾いなさい」という提案がなされるようになった。

　第1の主張のように，女性を男性化しようとしても確かに限界がある。女性は男性の不完全なコピーを目指すのではなく，女性の良さを前面に押し出すべき時代の扉が開かれ，男性との違いに気づき，自己を発見する教育プログラムなどが多く実施された。

　そこで重要視されたのは，女性の能力の中の「リスニング（みんなの声を聞く）」「コラボレーティング（協力する）」「ニューチャリング（育む）」「BEHIND THE SCENES PEACE MAKING（舞台裏での調整）」などの特徴である。

　女性の特徴が優位に働くようになった時代の変化を Peters（1990）は次のように述べている。

・これからのビジネスではあらゆる階層がなくなりフラットになり，ネットワーク型の組織になる
・企業は外部環境との関係の観点からとらえられる
・スタープレーヤー（社員）よりもチームが大切になる。日常業務をこなすのは作業チームである

- 新しい仕事は完結型のものではない。継続的な改善と絶え間ない変化は勝者に不可欠である
- プロセスが結果と同様に重要視される。それは顧客とメーカーとの関係性，製造過程での倫理性などである
- スキルを向上させ，変化を厭わない価値観を増強することが新しい勝者を決定づける
- リーダーの役割は，従業員に自発的なコミットメントを明確にして改善に取り組むよう誘導することだ
- 従業員への権限委譲が経営の成功を決定づける。信頼，ケア，情報共有が経営上不可欠となる
- あいまいさにうまく対処できる人が頭角を表す

経営学者のRosener（1995）は「女性の優位性に投資することが企業の競争優位性になる。これはとくにグローバルマーケットで顕著である」と主張する。女性のこうした能力を活用できることがアメリカ企業の強みだとさえ述べている。

また，Adler（2002）によれば，「グローバルマネジメントのうえでは女性のスキルが非常に求められている。これまでは海外に進出した場合，現地に対して本国で決められたことを指示しコントロールすることが中心だったが，これからは現地スタッフから学び，システムをより現地化し意見を聞くことが求められる。それゆえ，グローバルリーダーは女性の方が優れている」という。

Peters（1990）のいうような新しい組織構造は階層的というよりもネットワーク的である。ネットワーク組織では毎年リーダーが交代したとしても上位も下位もないため降格したという感覚を与えない。

女性たちは肩書きや規則のような階層社会を際立たせる象徴には興味を抱かないで上司や同僚の男性たちを第三者的立場で客観視する。女性の方が長期的な視点で物事を考えるし，交渉が上手である。なぜならば，男性は勝ち負けにこだわるのに対して女性は関係性を維持していくつもりで交渉するからである。

また女性はチームにおいて，より親密になることを望み，男性よりも積極

的に情報共有しようとする。女性は仕事と生活に境界線を設けず，成長し育む価値観をビジネスに適用する。このように男性と女性は異なるアプローチをとるが，それを互いに学びあうことができることにわれわれは気づくべきである。

第2の立場は女性のステレオタイプ化をもとに，それが新しいタイプの組織にとって重要な価値をもたらすものだと考えているのである。

男女の違いはないとする立場（組織の構造要因への着目）◆

第3の立場は，男性と女性はビジネス上の能力の違いはないとするものである。違いがあるようにみえる現象は，組織の構造にその原因があると考える。『Men and Women of the Corporation（邦題：企業の中の男と女）』の著者Kanter（1977）は，「人がおかれた状況の特徴が行動を作る」と述べている。人は同じ状況に置かれれば男性も女性も同じ行動や態度を示すというのである。細かいところに口を出す上司も，仕事を任せてくれる上司も，仕事が命という人間も，自分の趣味のことで頭が一杯という人間も，その置かれた状況が変われば異なる行動を起こすかもしれないし，男女でも状況が同じであれば同じような行動をとるのだという。

その状況を規定するものが「機会」，「パワー（権力）」，「数（割合）」である。

「機会」は，期待や将来への見通しを意味する。異動や昇進につながる機会は，昇進率や職階とそこから開かれるキャリアパスの拡がりと将来性，挑戦の機会や報奨の増加，同年齢の他者との比較における将来性や年功などによって決定される。

そして，機会が少ないとき，人は次のような特徴を示すと考えられる。やる気を抑え，自尊心が低く，自分の能力を過小評価する。仕事以外の活動に満足を求め，逃避を夢みることが多く，自分のキャリアをあきらめる。パワーを持つ人間，経営管理者に対して批判的である。しかし，直接的に抗議をしたり変化を求めたりすることが少なく，むしろ不満を並べ，他の人を巻き込もうとする。仲間には忠誠心を強く求め，仲間集団を守らせて，仲間意識を強める。仕事の業績よりも個人的な人間関係や付き合いを通して能力を示

す方法を見出す。

一方,「機会」の多い人間は,やる気があり,自尊心が高く,仕事を人生の中心的関心事とみなす。組織に忠誠を誓い,そのために犠牲を払い,組織目標の価値を認める,などがあげられる。

「パワー(権力)」とは,資源を動員する力のことである。パワーは,広範な組織の枠の中で効果的に行動する力のことだが,それは公式の職務と非公式の連携によって規定される。その要素としては,職務に伴う規則化の裁量とその可視性,組織の当面の問題への関連性,上職者からの承認,部下の異動の可能性,スポンサーや仲間との好ましい連携などがあげられる。

「数(割合)」とは,ほぼ同じ状況にいる人間の社会的な構成(割合)のことである。組織においてある社会的なカテゴリーに属する人間が何人いるかという単純な数的問題である。例えば,何人の女性がいるか,男性は何人か,黒人は,少数民族が何人いるかという問題である。人と「違う」ということは,職場には他に同じような人が何人ぐらいいるかということでもある。そのカテゴリーに属する人の割合が少ないグループの人は,目立つことが多く「見せ物になる」,あるいは,同調が求められたり違ったことをしないよう求められる。信用を得るのが困難で,孤立した存在になる,同僚間の非公式なネットワークから除外される傾向が強く,それゆえ連携によって得られる裁量に限界がある。その他,能力発揮が限定されて,より多くのストレスを感じるといった特徴が考えられる。

Kanter によれば,「機会」,「パワー(権力)」,「数(割合)」の要因によって能力の差ができるのであって,けっして性差に起因するものではないというのだ。この理論は,企業が組織変革やシステム変革をする際に広く用いられた。この理論をもとに,研究も活発になされるようになった。アメリカ企業がこの理論を積極的に取り入れて組織変革を成し遂げていった事実は注目に値する。

その他にも,男女の能力差が性差にはよらないものとする意見がある。それは非公式な社会構造によるものだとする考え方だ。社会的なネットワークが男性と女性とでは異なるために行動や態度が違ってくるのであり,決して性差によるものではないとする。

さらに，男女に関するステレオタイプや偏見が社会に存在することでさまざまな障害が生まれているとの主張がある。

Calas & Smircich（1993）は，女性たちが企業の要職に登用されたとしてもそれは非常に限定的だったことを指摘し，「女性たちは変革のシンボルとして利用されているに過ぎない」と警告した。1990年代前半に盛んであった，女性が新しい組織に適しているという主張は，1930年代のアメリカにおける女性の職場進出の再現であると Calas は指摘する。

1930年代，アメリカではタイプライターが開発され，女性の仕事がオフィスにあふれ多くの女性たちが働きはじめたが，やがて流行が去ると誰も女性の労働力を求めなくなった。Calas はそれと同じことが現在起きているのではないかという。製造業からサービス業中心の産業構造に変わり，より低い賃金が求められるようになった。そこで，女性を低い賃金で雇用しようとする傾向が出てきた。そのため，たとえその女性が昇進をして職位を上げていったとしても賃金は低いままという状況が発生している。つまり男女間のパワー関係は維持されたままになっている。

Powell & Graves（2003）は男女が異なるとする理論には限界があるということを指摘した。まず，その主張自体が偏見や差別の根源になるという。女性の方が男性よりも劣るにせよ優るにせよ，そこには偏見が生まれてしまう。その偏見は差別となり，深刻な社会問題を引き起こす結果になる恐れがある。

また，仮に女性の特性を規定したとしても，それは平均的なものでしかないのである。先に女性は人の話をよく聞き入れるという第2の立場を紹介したが，もちろん男性にもそういう特性を持った人物は存在する。つまり平均は示せても集団全体を説明したことにはならないと Powell は主張する。そして，こうした論者は，女性が低い位置に置かれてしまうことを何よりも危惧するのである。

男女の違いはないとする立場（組織文化への着目）◆

第4の立場の，男性と女性には能力の違いはなく，特性に違いがあるとするものである。男女の違いとされるのは，たまたまそれぞれの性に現段階で

特徴的に現れている姿であり，けっして相容れないものではなく，男性，女性が互いに優れた点を学びあうことができるという立場である（例えばAdler, 2002）。

この立場は，さらにその特性の違いによって現行の組織文化やしくみを進化させることを提案する。

男女の違いとして顕著に現れる現象は，後発効果と考えることができる。先んじて労働市場に参入した男性が，組織のしくみを形成する。後発である女性は，男性と対称的な特徴を有する。そのため，女性の参入は既存の組織で評価されてきた行動パターン，成果尺度では測ることができないもの，現行のしくみのもとで見逃されていたスキル・行動を取り込み，従来の慣行を変容させる。企業にとって成功した組織，よき労働者とは何かを見つめなおす機会になる（Rapoport et al., 2002）。

第3の立場では，ジェンダーの均衡を図る，すなわち，女性の比率を高くすることがそもそもの目的であるために，均衡状態になった後に組織がどうなるのかは議論されていなかったが，この第4の立場では，パワー関係がジェンダー議論の中心的なテーマだとする点で同じである。

しかし，ジェンダー均衡を図りながら，さらに組織の効率性を高めようとする点，ジェンダーがカテゴリー化や差別のもととなる個人的な特徴と主張していない点で，第3の立場と異なっている。

この立場は，ジェンダーは，社会制度的な慣行の複雑な社会関係の結果とみなす。この立場の研究者は，次のような考えに象徴される。

Acker（1990）は，著書のなかで次のように語る，「組織の慣行が，ジェンダー・ニュートラル（性別において中立的）であるようにみえるようで，（実は）労働，労働者，成功のイメージをかたちづくり，ジェンダーによる区分，ジェンダーによる不均衡をつくっている」。

ジェンダーによって規定された業務慣行，労働者のあるべき姿の追求は，組織をジェンダーの視点でみることで，女性だけの問題に閉じず，より広い視野で組織をみつめなおすことを可能にするとAckerは主張する。

4つの立場とパフォーマンス議論との関係◆

　男女の違いをめぐる4つの立場から企業のパフォーマンスを向上させるための議論が行われてきた。それぞれの立場の議論の根幹をなすのは次の点である。

① 　第1の立場は，女性がパフォーマンスにマイナスに働くと主張する。ゆえに，女性への適切な教育・訓練によってマイナスを減らすことが必要である。

② 　第2の立場は，女性のスキル・特性がパフォーマンスを高めると主張する。

③ 　第3の立場は，男女にビジネス上の能力の違いはなく，男女に分けたパフォーマンスの違いを議論すること自体がナンセンスであるとする研究が大半である。

④ 　第4の立場は，男女に能力の違いはないが特性に違いがあるとし，従業員が相互に特性の違いを学び合うことが組織学習の促進や組織文化の変容につながり，結果としてパフォーマンスが向上すると主張する。

　男女の違いがまったくないものとしてしまうとパフォーマンスとの関係での議論がむずかしくなる。部分的に異なるといったほうが，現実の世界を反映した議論になりやすいだろう。例えば，男性と女性は能力の差はないが，顕著にみられる特性が異なる。または，仕事上の能力は同じであっても，組織との関わり方が異なる。男女の違いは，第三者が持つ規範や価値観に大きく影響されるがゆえに，シグナリング効果が得られる。シグナリング効果とは，例えば，女性役員が登用されることにより，企業に対する顧客の期待度が変わり，一方で女性従業員のモチベーションが上がるといった効果のことである。

　男女が同じだとするのでもなく，男性と女性のやり方が違うと認めたうえで，両者を評価し，それぞれのよい点をいかし，組み合わせていこうとするアプローチは比較的新しい視点である。このアプローチのもとでは，第1の立場でみられたような，女性が男性のビジネススタイルを真似るということもなく，男性は男性らしく，女性は女性らしく，それぞれ独自の考え方によって課題に対処したうえで，さらには互いの良い面を学び合うのである。

3. 組織をジェンダーでとらえる3つのアプローチ

　次に，ジェンダーで組織をとらえる理論を紹介する前に，それらの理論が既存研究のどのアプローチに属するかを説明する。

3つのアプローチ◆

　組織をジェンダーの視点でみる既存研究は，次の3つに大別される。「マクロアプローチ」，「メゾアプローチ」，「ミクロアプローチ」である（Alvesson & Billing, 1997）。

　「マクロアプローチ」は，社会構造に焦点を当て，資本主義におけるジェンダー構造の解明を目的とする。女性の抑圧・疎外を指摘し，女性の解放を推進しながらも，差別や抑圧がいまだ解消されていないと主張する。社会における分業関係，水平的な分業（例えば看護師や秘書には女性が多く，医者には男性が多いといった職務上の性別の偏りがあるなど），垂直的な分業（役職が高くなるにしたがって男性の割合が大きくなるなど）の存在を示し，社会的な分離が「再生産」されている状態を示そうとする。この立場は，たとえ女性が男性と同様に管理職に昇進したとしても，それは男性社会で必要とされる能力に女性が適応した結果にすぎないものとみなす。

　このアプローチは，とくに政策策定においては効力を発揮する。女性の最低賃金を引き上げたり，不当な差別を減らす法規制が整えられたりしたのも，こうしたイデオロギーにもとづく労働運動が引き金となることが多い。

　しかし，このアプローチは，社会を大きなフレームワークでみるにはよいが，組織の現状を把握するうえで限界がある。ひとつは，企業の進化の過程をみのがしてしまうことである。企業の変化の過程を研究対象にしてしまうと，分業関係や差別の「再生産」を主張することができなくなってしまうからである。もうひとつは，社会構造に焦点を当てており，企業間の差に関心が払われないことである。これらを可能にするのが，次のメゾアプローチである。

　2つ目の「メゾアプローチ」は，組織に焦点を当て，職場の構造や変化を分析対象とする。例えば，Kanter の組織構造を変数とする説明は，組織の中での職位と男女比率が，どのように女性のキャリアパターンや仕事志向に

影響を与えるかを理解するのに重要である。また，このアプローチには組織制度や組織文化に焦点を当てるものもある。

3つ目の「ミクロアプローチ」は，個人に焦点をあて，個人の認知，態度，特性を分析対象とし，ほとんどが社会心理学に理論ベースをおいている。例えば役割理論では，役割に基づいて業務内容が規定され，その役割が社会化によって学習されるものだとする。

ジェンダー・ダイバシティとそのマネジメントをめぐる議論の現在の主流は，2つ目のメゾアプローチ，特に Kanter の組織構造変数による理論とソーシャル・ネットワーク理論，ソーシャル・アイデンティティ理論，3つ目のミクロアプローチの役割理論である。

（1） Kanter の組織構造変数理論（メゾアプローチ）

Kanter の組織構造変数理論の意義◆

メゾアプローチの代表とされる Kanter の著書『Men and Women of the Corporation（邦題：企業の中の男と女）』は，1977年に出版され，社会学分野での貢献に与えられるライト・ミルズ賞を受賞し，社会学の「古典」のひとつになるだろうといわれてきた。さらに1989年に出版した『When Giants Learn to Dance（邦題：巨大企業は復活できるか）』で，ジョンソン・スミス・ナイズリー賞を受賞，1994年にはアメリカ経営学会がその年の優れた業績を残した者に与える組織及び管理理論賞を受賞した。

Kanter は『Men and Women of the Corporation』の序章で次のように述べている。「近代資本主義を擁護する者も批判する者も，職務が人を創るという1点では一致している。Adam Smith も，Karl Marx も，仕事での経験が人間の態度や行動を形作っていることを認識している。もしも，職務が人を〈創り出す〉ならば，企業は現代における人間生産者である」。

Kanter は，人々の行動と仕事上の経験をひとつの理論にむすびつけようとした。その理論の中心となるものは「人が置かれた状況の特徴が行動を作る」というものだった。

Kanter の著書が出版された1977年は，アメリカがアファーマティブ・アクション（少数派に対する積極的雇用促進政策）を制定して約10年が経過して

いた。当初は，人種間の不平等を是正するためであったこの政策は女性にも適用が拡大され，それまで男性の職場と考えられていた管理職や多くの専門職，ブルーカラー的職業に女性を積極的に雇用することが，政府機関や政府と契約している企業で義務化され，その他の機関でも奨励された。その結果，広い分野に女性が現れ始めていたが，まだ「女性初の」という冠が常につくような存在だった。特に高給をともなう職務では，なかなか女性の進出が進まない状況であった。そこで，職場における女性の問題への議論が高まった。まずは，女性自身に問題があるとするものである。女性が変わることでこの問題を解決しようとする議論の代表著書，『Games Mother Never Taught You（邦題：ビジネスゲーム）』がベストセラーとなった。女性は職場でどう行動すればいいか，どのような態度を身につければよいかなど，女性の変化を期待するものであった。これが前述の男女の違いを論ずる第1の立場であった。

　前述したように，Kanter は，真っ向からこの議論に挑んだ。Kanter は仕事において個人が経験することは，その個人に原因があるのではなく，構造に原因があり，組織において男女に特徴的とされる行動も，生まれつきの性の違いやその後の教育の違いによるものではなく，その人間が置かれた状況によるものだと主張した。

　Kanter の主張は，2つの点で大きな意味を持つ。

　ひとつは，職場において，男性に特有とされる態度や行動，あるいは女性に特有とされる態度や行動が，実は機会やパワーの有無や数の不均衡から生じるとしたことである。もうひとつは，トークニズムという概念を発展させ，男女比率の不均衡は，多くの圧力を少数派のトークンに与え（トークン，トークニズムについては次項で説明），ジェンダーにかかわらず少数派に属する方に不利益を与えるので，外部からの介入によって積極的に人数の平等を図らねばならないとしたことである。

　この理論モデルは，1970年代から欧米の研究で有力となり，現在でも，組織における女性問題を分析するうえで欠かせないものとなっている。事実，Kanter のモデルを機に多くの研究者が，組織の中での構成比率に関する研究を始めた。

トークニズムとアファーマティブ・アクション◆

トークンは本来，目につきやすいもの，象徴という意味である。組織の中で珍しい存在であるトークンたちは，人数が少ないためにさまざまな圧力を受け，それに対抗しようとしてある特定の態度や行動をとる。トークニズムとは，このような現象をさしている。「他人と違う自分」の存在に不安や緊張を覚えるという経験，逆に自分たちだけの集団だと思っていたものに他者が入ってきたときの対応など，Kanter は企業の中の多数派（男性）と少数派やトークン（女性）の組織行動の中にみられるこれらの現象を理論化した。

Kanter は，トークンはトークニズムの圧力のお陰で，いつまでも真の力を発揮できず，たとえ発揮したとしても例外扱いしかされず，社会の固定観念を変化させるような力を持たないと考えた。そしてこれが，例えば「女性初の」が現れてもその後になかなか続かない理由のひとつであると述べ，トークンのグループに属する人の数を増やすには外部からの力に頼らなければならないとした。組織の構成比率そのものが，そこに属するメンバーに不平等をもたらすのであるから，人数を増やすことは「平等を測るための指数なのではなく，平等へのゴール」であるという。Kanter の理論がアファーマティブ・アクションを擁護する理由はここにある。Kanter のトークニズム理論は大きな反響を呼ぶと同時に，現在に至るまで多くの論文に引用されている。

アファーマティブ・アクションは，アメリカの公民権運動の中で発展した。1961年，ケネディ政権下で雇用差別をなくすための行政令が成立し，同時に雇用機会平等委員会が設置された。1964年，ケネディ後に就任したジョンソンによって雇用の平等を目指した公民権法が成立し，性別による差別の禁止も加えられた。しかしこれらの措置では，たとえ罰則規程が含まれていようとも，単に機会を均等に与えるのみでは不十分であったことから，1965年の行政令でいわゆるアファーマティブ・アクションと呼ばれる積極的な雇用促進政策が採用されることとなった。

少数派と多数派について◆

Kanter が事例研究の対象にした，企業の上層部にいる女性が置かれてい

る状況の中で最も重要な要素は，彼女たちの希少性であった。女性は人数が少ないために，最も目立つ位置に置かれていた。その会社の専門職・管理職レベルはほとんど男性の組織であり，年俸職にいる女性の数は数年前に比べると50％増加していたが，それでも全体の10％以下であり，役員に報告義務のある職位に女性はいなかった。

　年俸職の女性がいない部署では，女性と同席する機会がごく稀にしかないことから，男性は職場におけるあらゆる場面で自分の存在に違和感や疑問を感じることなく行動する。一方，女性は，男性の中で紅一点という場合が多かった。営業部では300人中20人が女性だが，彼女たちは14のオフィスに配置されており，同僚，マネジャー，顧客のほとんどが男性であった。

　企業の中での女性の経験は，その部署での女性の比率によるところが大きかった。少数派あるいは紅一点の女性は，全女性を代表する役割，すなわちトークンになっていた。アウトサイダーとしての孤独と，多数派のカルチャーに同化する過程での自己疎外を招くことにもなる。どの部門でも女性の離職率は就職時または初任段階で男性よりも多いことが判明した。彼女たちの経験は，人種や国籍などにおける少数派と共通していた。ある特性を持つ集団の人数が極端に少ない場合には，常に同様の問題が生じ，同じ過程をたどるのである。男性が圧倒的な多数を占めるこの会社で，女性を取り巻く状況を決定する要因は，女性の特性そのものというよりもむしろその希少性にあった（Kanter, 1977）。

　ゆえに，この会社の男性と女性の状況は，ある社会的特性を備えた2つのグループの数的配分が組織内の人々の行動においていかに重要な意味を持つかを示唆している。構成メンバーの数的配分が変化すると，そこでの人々の体験にも変化が現れるのである（Kanter, 1977）。

　これまでの研究で論じられてきた男女間の役割には，男女の比率が重要な要因となるかもしれないとKanterは考えた。女性としての伝統的役割を果たしてきたのは，彼女たちが少数派であったからであり，男性は数的に優位であったために，女性に比べて優勢となったのであるとKanterはいう。

　そこで，これから論じる多数と少数の割合の効果を理解するために，最初に，必要な語彙を説明しよう。それらは割合によって分類される集団のタイ

図表 3-2　構成メンバーの社会的カテゴリー上の割合によって分類される集団のタイプ

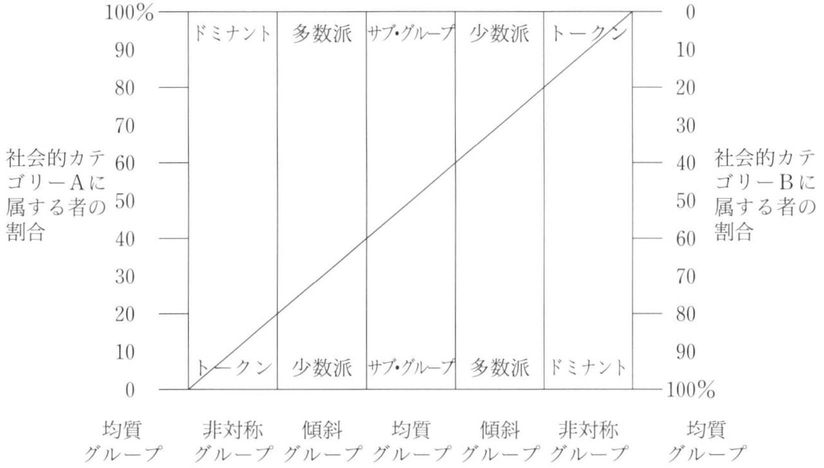

出所：Kanter（1977）

プを示すものと，トークンの特徴を示す「可視性」，「対照性」，「同化性」である。

　まず，図表 3-2 のようなグループが考えられる。これらのグループは，独自の特徴を持つ。ひとつは，同種のメンバーで構成される「均質（uniform）グループ」である。このグループは，ジェンダー，人種・民族というような，マスター・ステイタス（各個人が，自分にとって最も重要でしかも普遍性を持つと考える属性）が同類であり，集団類型的には，100対 0 の比率で構成される。次の「非対称（skewed）グループ」は，85対15の比率を上限としてあるグループが多数派となり，他のグループが少数派となる。

　多数派グループは，数のうえではもちろんのこと，その少数派グループの特性までも支配する。ここではその多数派グループをドミナント（支配グループ）と呼ぶ。一方，少数派は個人として扱われず，むしろそのグループの代表として扱われることから Kanter はトークン（象徴）と名づけた。次の「傾斜（tilted）グループ」では，数的にも，またその影響においても，均等なバランスに近い状態となる。このグループでは，65対35ぐらいの比率で，多数派は単に数が多いというだけでドミナントのような力は持たない。少数

派はトークンとして扱われることもないし，連携してグループに影響を及ぼすことも可能である。少数派が，集団としても，また個人としても存在することが可能となる比率である。そして，その比率が60対40から50対50となると，グループのバランスは均衡する。グループの雰囲気や人間関係はこの均衡関係を反映して，多数派も少数派もなくサブ・グループのひとつとなり，そのグループの類型的特徴を発揮するか否かは，一定ではない。このようなグループでは，各人の実績は，さらにサブ・グループ内の構成とか個人の能力などのレベルに帰され，メンバーの類型分類上の特徴が要因とされることはない（Kanter, 1977）。

　トークンの視覚的特徴である「可視性」，「対称性」，「同化性」の３点を説明しよう。「可視性」とは，トークンが注目の的になるということである。「対称性」とは，つまり両極化と誇張化である。多数派のメンバーは自分たち同士の共通点やトークンとの相違点を意識するようになり，共通点を維持し，トークンを疎外するようになる。またトークンとの相違点を誇張する傾向を示す。「同化性」とは，ある人間に社会一般のステレオタイプを当てはめることである。トークンの特徴はこの一般化のために誤って伝えられる。ステレオタイプ化は多数派よりもトークンに対して頻繁に起こる。トークンは他との違いが誇張される一方で，ステレオタイプに当てはまらない個人としての特徴の方は無視されるようになる（Kanter, 1977）。

　さらに「可視性」はトークンの行動に影響を与え（パフォーマンス・プレッシャー），「対称性」は多数派との境界線を際立たせ（境界線の明示），トークンを孤立させる。「同化性」はトークンをそのステレオタイプ的な役割の中に閉じ込める（カプセル化）。Kanter が事例として取り上げた企業の年俸職の女性はこれらの過程を経ていたのである。

　この企業の上級職，特に営業部門の女性は，非常に目につく存在で，男性の同僚よりも多くの注目を集めていた。自分はあまり目立たないとか無視されていると感じている女性でも，直属の部署では知れわたっており，何か変わったことをするとすぐに知られてしまう。彼女たちは職場の話題であり，ゴシップの的，興味の対象だった。上司の中には，男性よりも気をつけてみているからと女性に告げる者もいた。時には好意からいっているつもりの男

性もいるが，結果としては「可視性」現象と同様の影響をもたらしていた。トークンは多数派とは異なり，多くの目にさらされて仕事をしているのである。また，注目の中にいるということは，どんな私生活に関する情報もすぐに広まるということで，私生活のことでもつまずくわけにはいかないのだ（Kanter, 1977）。

　女性はその社会的な類型に従って，あくまでそのメンバーとして注目される。このため女性の行動には象徴的な意味づけがなされ，彼女たちは自分自身ではなく，カテゴリーを代表するという重荷を負うことになる。中には，他の女性の将来は彼女たちの業績にかかっていると言い切る者もいた。

　女性はその専門知識や関心の所在にかかわらず，女性を代表しての意見を求められたり，管理者から女性部下に関する問題について意見をたずねられたりする。個人としての意見ではなく，女性としての意見が求められ，自分でも全女性の代弁者でなければならないと感じている者もいる。その企業でのインタビューでも，女性たちは「自分は全女性を代表するわけでなく，個人として意見を述べる」と必ず前置きをして質問に応じた。これは，多数派である男性にはみられないことである（Kanter, 1977）。

プレッシャーに対するトークンの反応◈

　トークンの女性は注目を集めるが，それは彼女が現在の境遇と相反する特徴（例えば，Kanter が調査した企業の年俸職にいる女性の場合，高い職位にいながら女性であることによる低い地位を備えていること），つまり，トークンとしての地位がもたらす付随的な特徴を備えているからである。トークンは，その存在は容易に認められるが，その業績を認めさせるのには労力がともなう。営業部では，女性はその能力が外見のお陰で見過ごされてしまいがちなために仕事に対する大きなプレッシャーがかかり，その能力を証明するために倍の努力が求められるようだった。

　さらに，女性たちは別のプレッシャーも意識していた。男性に嫌な思いをさせてはならないということだ。トークニズムの力学のために，トークンは会議，仕事での目立ち過ぎを恐れる。トークンがドミナントよりも良い仕事をすると，それは必ず周知のものとなり，しばしばドミナントに屈辱を与え

る結果となる。矛盾するようだが，トークンの女性はその能力を認めさせ，生き残るためには努力せざるを得ないのに，その成功は報いられず1人胸にしまっておかなければいけない。女性たちは，そこそこの出来栄えと出来過ぎとの間の，微妙な中間線にとどまらねばならないのである（Kanter, 1977）。

　Kanter が調査した会社の男性の多くは，女性に先を越されることに不安を感じ，その不愉快さを隠さない。成功者に対する同僚からの報復は，女性が問題を抱えた時に支援をしないという形で現れていた。

　また，「同化性」のために，トークンは常にありのままにみてもらえず，ステレオタイプ的見方と戦っていると Kanter は指摘する。この傾向のために，個人としてのトークンの特徴は，その属するグループについてのステレオタイプによって歪められる。トークンに対する固定観念，誤解，偏見のために，トークンが演じる役割は自ずと限られこっけいなものになる。トークンとっては制約となるこの現象も，ドミナントには有効な手段である。ドミナントは，新参者の得体の知れない部分をステレオタイプに当てはめることで解消し，男性が女性を伝統的なやり方で扱うときのように，既存の知識と行動様式で対応することができるからである（Kanter, 1977）。

　この企業では，女性には特定の役職を与えてカプセル化しながら，一般化している体裁を保とうとする傾向があった。これは専門職・管理職のレベルでも起きており，彼女たちは同僚から微妙に距離をおかれていた。この現象も女性が少数であるから生じるのであって，多数になるとそのような役職からはみ出す女性が増えるので起こりにくくなる（Kanter, 1977）。

　ドミナントはトークンを組織に内包しながら，両者の既存の関係を維持するようなステレオタイプ的役割を演じさせる。この企業のトークンの女性がカプセル化される役割は4つあった。「母」，「誘惑者」，「ペット」，「鉄の女」である。どの役割も男性にとって対応可能で理解の範囲内にある役割である。これらは，トークンの女性の行動傾向に合わせて作り上げられ，グループ内の彼女の役割像となり，彼女の行動がそのとおりになるよう強制する力を持っていた（Kanter, 1977）。

　こうしたプレッシャーに対するトークン女性の反応は次の3つに集約され

る（Kanter, 1977）。

① 男性文化への同化行動：これは，比較的年長の女性たちに受け入れられるもので，女性のもつ特質をドミナントである男性文化の中で最小化しようとする傾向である。つまり気づかれないように努力するということだ。Kanter の調査した企業の営業部門の男性たちは，自分の存在をアピールするためのどんな機会でも摑み取ろうとするのに対し，彼女たちは控え目でいようと努め，男性たちとの対立や議論を避けようとしていた。

② 向社会的行動：トークンであることを利用して取引する行為が少数の女性たちに見受けられた。自分たちの持つ，通常のパワー構造を飛び越したハイレベルなコネクションを見せびらかしたり，あえて遅刻欠勤をしてしまうような行動をとるのである。

③ 男性文化と女性文化の統合行動：トークンであることを上手く利用し，スキルを向上させる行動である。これは常にズルく振舞いながらも同僚の嫉妬を招かない繊細なバランスを保つことでもある。この統合行動は困難であり，能力と政治的敏感さを必要とする。

既存の学派と Kanter の理論との違い◆

「認知学派」と名づけられる学派は，概ね仕事の動機づけや報奨の性格についての研究で成果をあげてきた。この学派が最も関心を持っているのは，人と職務の直接の関係で，職務の内容が，報奨（時には物質的報奨），あるいは労働意欲をそぐ要因として作用する側面を見つけようとしてきた。彼らは職務設計が，直接的に労働者の行動を変え，人間性を回復し，組織の変化をもたらすと主張する。

もうひとつの流れは「社会学派」で，人と組織は職務を介して関連づけられるのではなく，集団を介してむすびつくととらえる。この学説から提示される政策としては，チーム作りや従業員の声をいかに反映するか，あるいは労働組合の役割など，組織の目的に関与することを促すメカニズムに焦点が当てられてきた。より民主的で参加主義の，チーム中心の組織が職業生活の質の向上になるとしていた。

しかし，この2つのアプローチの人と組織との見方には限界があり，近年多くの研究者がシステム全体を考慮に入れることを主張している。しかし，システム全体のいったい何が個人の成果に重要なのかという点についての概念は必ずしも進展をみていない。

職務の拡大や広い意味での体系的な職務設計において考慮されねばならないのは，職務自体や実際の管理の側面のみではない。機会とパワーの構造に注目する必要があるのだ。職務を設計し直しても効果は現れないとの指摘が多いが，その理由として考えられるのは，職務が広がっても組織の構造に限界が設けられていて，従業員の期待が高まっても構造上の問題からそれが裏切られることや，もともと機会の少ない立場に置かれていたため従業員の意欲や職務へのコミットメントが既に低く，効果につながらないということであろう。

さらにパワー構造も検討する必要がある。上層の経営に手をつけなければ，最も弱い立場にいる下級管理職をさらに無力化することになるかもしれないからだ。同様に，参加ということについても，機会と構造の観点から精緻化する必要がある。社会構造の数的影響についても検討に入れられる必要がある。しかしながら，組織の構造が個人に影響を及ぼす過程については，より深い検討を要する。官僚制組織の作り方の理論や科学的管理法は，従業員から技能や統率力や向上心を奪うだけではない。それは異動の機会やキャリアパスの格差を生み，序列化を進める。序列の影響は職務の規則化と同様に重要である。

マルクス主義の理論家たちは，昇進を新たな職務への任用として注目しても，人間と組織との関係における決定要因として機会構造の格差についてはあまり重視しない。Kanter の理論は組織での女性の位置づけについて重要な意味と示唆をもたらした。

(2) ソーシャル・ネットワーク理論とソーシャル・アイデンティティ理論（メゾアプローチ）

次に，ダイバシティを語るうえで重要な理論であるソーシャル・ネットワーク理論とソーシャル・アイデンティティ理論について述べる。

現在までに，Kanterの構造要因（機会・パワー・数）が男女間の相互作用のパターンにおいて観察される違いを説明するという実証結果が積み重ねられてきている。組織デモグラフィ研究学派は，1980年代の重要な組織研究・理論のひとつであるが，Kanter理論の考えを発展させたものである。それは人口統計学上の区分による変数と組織や個人の成果との間の直接的な関係性に焦点を当てており，現在は，両者がむすびつくプロセスを探索する研究につながってきている。このことは第2章でもみてきたとおりである。

ソーシャル・ネットワーク理論◆

その理論のひとつが，ソーシャル・ネットワーク理論である。これは1990年代以降に組織研究の中心のひとつとなった。女性など数的にマイノリティである人々が非公式の人脈に入ることができないという問題を指摘したものである。ネットワークがいかに個人の職務効率や昇進に影響を与えるかは，デモグラフィが機会，選択，ネットワーク構築とのトレードオフにいかに影響しているかを問うことを意味する。この考えは，Kanterの構造変数からきており，社会資本（social capital）の経験的な見地を発展させた（例えばIbarra, 1993）。

ソーシャル・アイデンティティ理論◆

ソーシャル・アイデンティティ理論は，個人の成果や組織の成果にデモグラフィが与える影響を説明するメカニズムである。これもKanterの理論に影響を受け，特に1990年代以降に研究が積み重ねられた。そこでの議論は，人々が自己概念，すなわちアイデンティティが，彼らの行動，他人との相互作用に重要な影響を持つというものである。アイデンティティは社会的である（例えば，機会，パワー，数によって形作られる）とともに，個人的なものでもある。また，それは変容可能である。ソーシャル・アイデンティティ理論は，いつ，いかに，同質性と異質性の両面が行動をかたちづくるかだけでなく，逆に多数の社会グループのひとつとして何がわれわれを分類するかに焦点を当てる。自己概念は，どんな社会的な相互作用を人々が求めるかだけでなく，いかに彼ら，彼女らのネットワークやキャリアの構築における境界

線を定めるかという点にも影響を与えている。

(3)　役割理論（ミクロアプローチ）

ソーシャル・ネットワーク理論やソーシャル・アイデンティティ理論は，集団における構成比や数に着目して研究が積み重ねられてきたが，前述のミクロレベルのアプローチのひとつである役割理論は，集団の中での構成比が，個人の行動を形成するとは考えない。

役割は，理想的な行動として期待されるものという意味で規範的なものであるとする。ジェンダー役割を期待されることによって，われわれが何者であるか，われわれがいかに行動し，他人をどのようにみるかが変化してくるのだという。多くの仕事は，女性か男性かによってむすびつけられる役割によって特徴づけられてきた。このジェンダーの役割は，女の子，男の子として何が適切で何が自然なのかを学ぶプロセス，すなわち社会化を通じて学習される。ほとんどの論者は，幼年期や青年期といった「企業組織に入る以前」の社会化に焦点をあてている。社会的役割理論（social role theory）によれば，女性の適性はより支援的な行動が必要な職にあり（看護，世話），男性はより影響力の強い支配的な行動を必要とする職にある（先導，指揮）。よって男女は異なるスキルを開発し，ジェンダー役割にあわせるべく行動を修正していくものとする。

女性のリーダーが男性と異なるリーダーシップをとるという議論は，この役割理論が発展したものである。男女はそれぞれ与えられた社会的な役割が異なり，女性のリーダーシップは，協調性，協働，直感や共感による問題解決に特徴があるとする。

この役割理論のもとでは，男性と女性との違いを強調すればするほど，両者の分離を解消しえないものにしてしまうという点で限界があった。それを克服したのが，1990年代中半に現れた関係性アプローチをさらに発展させた（例えば Fletcher, 1999)，カルチャラルシナジー（例えば Adler, 2002）である。

Fletcher（1999）は，チームの中でのメンバー間の関係に焦点を当て，チームプロセスを調査対象とした。Fletcher は，6企業7人の女性デザイン・エンジニアが，いかにチームの中で関係性スキルを発揮し，それがチー

第3章｜ジェンダー・ダイバシティ　　**161**

図表 3-3　消失する行為：仕事におけるジェンダーとパワー

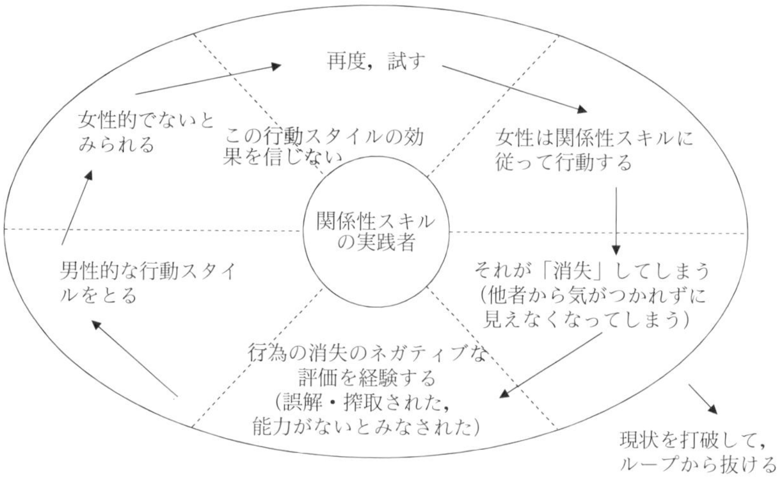

再度，試す

女性的でないと
みられる

この行動スタイルの効
果を信じない

女性は関係性スキルに
従って行動する

関係性スキル
の実践者

男性的な行動スタイ
ルをとる

それが「消失」してしまう
（他者から気がつかれずに
見えなくなってしまう）

行為の消失のネガティブな
評価を経験する
（誤解・搾取された，
能力がないとみなされた）

現状を打破して，
ループから抜ける

出所：Fletcher（1999）

ムプロセスを円滑にしていく上で重要な役割を果たしていることを示した。
しかしながら，結局はそれが評価されず，「消失して（disappearing）しま
う」という。この関係性スキルは，女性に顕著にみられる特徴であるが，男
性も例外ではなく，男性でも習得可能であるという。図表 3-3 は，関係性ス
キルを用いた行動が組織の中で目立つようになり，消失していく過程を示し
ている。Fletcher（1999）は，男女の違いを強調するほど両者の分離が際立
つという役割理論の限界を解決しただけでなく，先に述べた男女は違うか違
わないかという意見の対立から生じる出口のないトンネルの解明となった。

　このようにソーシャル・ネットワーク理論，ソーシャル・アイデンティテ
ィ理論，役割理論，Kanter の構造変数理論はいずれもどうして組織の中で
女性がそのような行動をとるかの理論的根拠を提供している。

第2節 パフォーマンスによる実証結果

1. ジェンダー・ダイバシティとパフォーマンス

ダイバシティとパフォーマンスの関係性 ◆

ダイバシティ・マネジメントに積極的に取り組んでいる企業は，果たして業績があがっているのだろうか。企業の利益や売上向上に寄与するのだろうか。どんな業種，どんな特徴を有する企業であれば，ダイバシティを利益をはじめとするパフォーマンス向上にむすびつけることが可能なのだろうか。こうした問いに答えるために，ダイバシティと企業の利益・企業の特徴との関係を，さらには既存の理論モデルをもとにした中間的な結果に対するダイバシティの影響をみていきたい。

メンバーのダイバシティと利益との関係では，Frink らが行った研究をもとに説明し，リーダーのダイバシティと利益との関係では，Richard らがアメリカの銀行に対して行った調査，トップマネジメントのダイバシティでは，Catalyst がそれぞれ行った調査結果を示す。

日本企業のケースでは，21世紀職業財団が行った調査結果，経済産業省が行った調査をもとにまとめた調査結果を示す。

あらかじめ，明確にしておきたいのは，これらの調査はすべてダイバシティと利益との因果関係ではなく，相関を示したものに過ぎない点である。つまり，ダイバシティに積極的に取り組んだ結果，利益が上がったことを示しているわけではない。ダイバシティに積極的に取り組んでいる企業が他の企業と比較して，利益が上がっている傾向があるかどうかをみているのである。

パフォーマンスとの因果関係に関する議論 ◆

第2章でも述べたが，残念ながら，ダイバシティをすすめればどの程度利益向上に貢献するかは，いまだ明らかになっていない。ダイバシティによる利益への影響は，ほとんどが間接的なものであることが，その理由のひとつである。唯一の例外として直接的な因果関係が示せるのは，裁判費用の削減効果だといわれている。

２つ目の理由は，利益に関係する要因が多すぎて，モデル化が不可能だからである。多すぎる要因を減らすため，社会科学の研究では外部環境をコントロール，すなわち研究者が見極めようとする因果に直接関連しない要因を除いたうえで，実証研究が行われる。しかし，企業の利益は，例えば原油価格，為替相場の変動，株価の変動などさまざまな外部要因によって，大きく上下するものである。企業がダイバシティの努力を積み重ねていっても，利益効果は一瞬のうちに変動してしまうことがあることを加えておきたい。

　なお，この点を，Cox（1993）は，次のように語っている。「企業収益に対するダイバシティの影響を測定するのは多くの問題がある。利益のような結果に対する特定の要因を切り出すことは難しいし，ダイバシティは比較的枝葉末節な要因でありがちだからだ」

　そこで，理論やモデル化を重視する研究のほとんどは，利益という最終結果前の「中間の結果」を摘出しようとする。例えば，達成感やその他の感情的な影響などが，パフォーマンスの尺度として用いられる。

時間の前後関係◆

　同様に，因果関係を示すうえで重要な，時間の前後関係については，あまり検討されていない。因果を示すためには，要因となる具体的施策と利益向上との時間軸上のズレを見なければならない。ダイバシティに取り組んだ後に，利益があがってくるかどうかを検証するわけである。しかし，企業行動による利益への影響範囲を何年後で区切るかは判断しにくい。ある業種や企業は数年で影響がでてくるかもしれないし，他の業種の場合は，それがさらに長期にわたるかもしれないからである。

ジェンダー・ダイバシティの有効性◆

　ジェンダー・ダイバシティはチームや組織の成果にとってよい面と悪い面の２つの側面を持っている。

　ジェンダー・ダイバシティが集団のパフォーマンスを低下させる理由としてソーシャル・カテゴリー理論と，類似性・アトラクション理論が用いられる。前者は「ジェンダーの違いが従業員に違いについて意識させるため」で

図表 3-4　女性の参加比率と組織効率との関係（調査１）

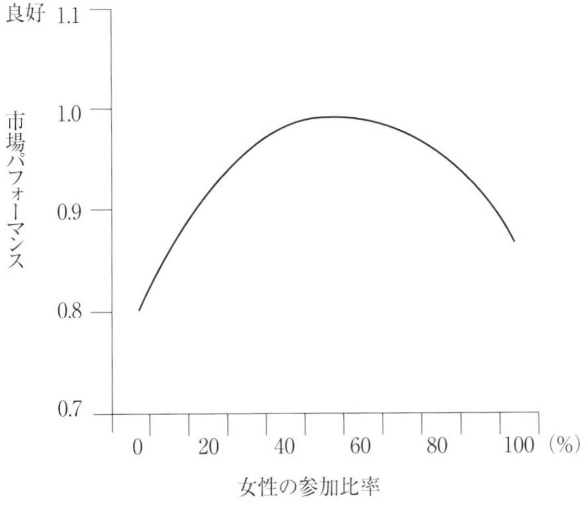

良好 1.1

市場パフォーマンス

1.0

0.9

0.8

0.7

0　　　20　　　40　　　60　　　80　　　100（%）

女性の参加比率

出所：Frink et al.（2003）

あり，後者は「メンバーが自分と似た人同士だけでうまくやっていく傾向が
あるため」である。こうして，ジェンダー・ダイバシティは集団の結束を阻
害するとされる。

　反対にジェンダー・ダイバシティのよいところは，情報・意思決定理論に
基づき，均質的な組織よりもある問題に対する視点が幅広くなったり，創造
的な決断を下せるようになったりするということである。これは，創造的ア
イデアを出したり，複雑な問題を解決しようとしたときに役立つ。

　Frink ら（2003）は，ジェンダー・ダイバシティは，企業のパフォーマン
スに対するプラスの影響力を持っているはずだと予測した。さらに，女性が
企業の従業員のおよそ半分を占めたとき，パフォーマンスが最大になると予
測し，実証した。男女の比率は丁度半々のとき最もパフォーマンスが向上す
るということが，実際の調査でも示されている。男女比率のバランスが崩れ
た場合に市場パフォーマンスは下がり，両者の関係を示す曲線は逆 U 字の
形をとる（図表3-4）。

　その他，ジェンダー・ダイバシティの利点が職種によって変わることは相
関関係からも明らかにされている。ジェンダー・ダイバシティは，集団が生

第3章｜ジェンダー・ダイバシティ　165

産現場のような身体的能力を必要とする職種についてはあまり有用ではないが，サービス，卸売，小売業などの職場では有用だという結果が出ている。さらに，ジェンダー・ダイバシティがパフォーマンス向上に貢献できる部門は，人事，マーケティング，トップマネジメントだとの主張もある（例えばKravitz, 2003）。

2．メンバーのダイバシティと財務パフォーマンス

　メンバーのダイバシティ（従業員のダイバシティ）の，組織の財務パフォーマンスへの影響を，Frink ら（2003）は，Value-In-Diversity（多様性に価値をおく）とソーシャル・カテゴリー理論（異なるグループは対立し合う），類似性・アトラクション理論（同じアイデンティティを持つものが互いにひきつけ合う）に基づいて調査し実証した。

　分析は次の2つの調査に基づき実施された。

〈調査1〉

　アメリカの全国データ調査（NOS1991年実施）のサンプル727社から，非営利組織および公共企業を除き，さらにデータの欠損のないものを選定し，最終的なサンプル数は，291社となった。

　結果変数として測定した市場パフォーマンスは，売上高や市場シェアが競合企業と比べて良好かを各企業の管理職が回答した結果である。値は，0から3までとなっており，0が「昨年より悪い」，3が「昨年よりかなり良好」を示している。その他，説明変数として，従業員の男女別構成比，企業規模，産業セクターを測定している。対象企業の79%がサービス産業に属し，女性従業員比率の平均は49%であった。

〈調査2〉

　サンプルデータはアメリカの上場企業からランダムにセレクトした500社から集めた。期間は1978年から1992年の15年間で，431企業に限定された。これはいくつかの企業は他社に買収されてしまい，財務情報にアクセスできなくなってしまったからだ。また，データの欠損のために最終的なサンプル数は合計410社となった。

　総収入を従業員数で割った値を，組織の生産性とした。また，純利益を収

益性とした。さらに，従業員の構成比率を調査1と同様に測定した。調査1では，各企業の管理者が自社の市場パフォーマンスをどのように判断するかという認知データが用いられており，一方，調査2は，客観的なデータを用いて生産性と収益性を測定している点で異なっている。産業分類は，重工業，軽工業，金融，サービス業，卸売，小売業，公益事業を意味する。対象企業の17％がサービス業であり，女性従業員比率の平均は，36.2％であった。

調査1においては，市場のパフォーマンスはジェンダー・ダイバシティが50％の時点で最高値を示し，さらにダイバシティが上昇し続けると，低下している（図表3-4）。この結果は，産業間による差はみられなかった。

調査2においては，生産性に関しては，組織の中の女性の割合と関係しないということを発見した。これとは反対に収益性に関しては，組織の中の女性の割合と曲線的（逆U字型）な関係を示した。収益性における逆U字の効果は唯一サービス・卸売・小売業にのみ当てはまった。この効果は，重工業，軽工業，公益事業，金融業には当てはまらなかった。つまり，これによると，サービス産業（サービス業，卸売・小売業）だけが，市場パフォーマンスが，ジェンダーのダイバシティに比例して伸びていき，一定のポイントを超えて，多様性が増加すると，組織のパフォーマンスは減少するという結果が導き出された。

調査1および調査2の結果は，ジェンダー・ダイバシティと企業パフォーマンスの非直線的な関係を示しており，Frinkらの仮説を裏付けた。この発見はジェンダーのダイバシティと組織パフォーマンスの曲線的な関係に示唆を与える。この逆U字の関係は男性と女性のバランスが中立であるべきだということを示している。

また，調査2において逆U字の関係がサービス業に顕著に見られるという発見からこの産業では，他の産業セクターに比べて，差別の撤廃が十分に行われていたことを指摘した。

Frinkらは「よりバランスの整ったデモグラフィー構造は，偏った場合よりも，高い組織パフォーマンスにつながる」と述べている。

3．リーダー（管理職）のダイバシティと財務パフォーマンス

　管理職におけるダイバシティとパフォーマンスとの関係は，経歴や在職期間といった深層的なダイバシティを中心に研究がなされてきており，ジェンダー，人種・民族といった表層的なダイバシティとの関係では，あまり調査が行われてこなかった。

　そうした中で，Richard ら（2004）は，Blau（1977）の異質性理論によるValue-In-Diversity（多様性に価値をおく）とソーシャル・カテゴリー（異なるグループは対立し合う），類似性・アトラクション理論（同じアイデンティティを持つものが互いにひきつけ合う），の3つのフレームワークを用い，管理職のダイバシティとパフォーマンスとの関係を調査し，アメリカの銀行135行の人事担当役員から回答を得た。

　その結果，ダイバシティとパフォーマンス（従業員ひとり当たりの収益）との関係が，次のような特徴を持つことが明らかとなった。ひとつは，パフォーマンスはある一定の閾値までダイバシティが増加したときに最高になり，逆に，ダイバシティに対する企業の許容度を超えてしまうとパフォーマンスを損ねるという逆U字カーブを描く。もうひとつは，そのことにより，これまでの相反する理論を両立させる可能性を示した。

　具体的には，Value-In-Diversity は，ダイバシティがパフォーマンスにプラスに働くとし，逆に，類似性・アトラクション論やソーシャル・カテゴリー理論は，ダイバシティがパフォーマンスにマイナスの影響を与えるという研究結果を示してきた。しかしながら，Richard ら（2004）は，パフォーマンスは，企業の特徴，すなわちリスクに対する姿勢（risk taking）や革新性（innovativeness）に影響されるとする。ジェンダー・ダイバシティにおいては，ハイリスクをとる企業で逆U字曲線となる。管理職におけるジェンダー・ダイバシティでは中庸の企業でパフォーマンスが高くなる。

　図表3-5のグラフは，リスクの高い環境下では同質すぎても異質すぎてもうまく機能しない，中間がちょうど良いということを表している。これは特にジェンダー・ダイバシティにおいて顕著に見られる現象であった。

　値が0.5のとき，最も異質な状態を意味しており，0は同質を意味する。破線で示したリスク環境の場合は，パフォーマンスにさほどの変化は見られ

図表 3-5　ジェンダー・ダイバシティとリスクテイクの相互作用

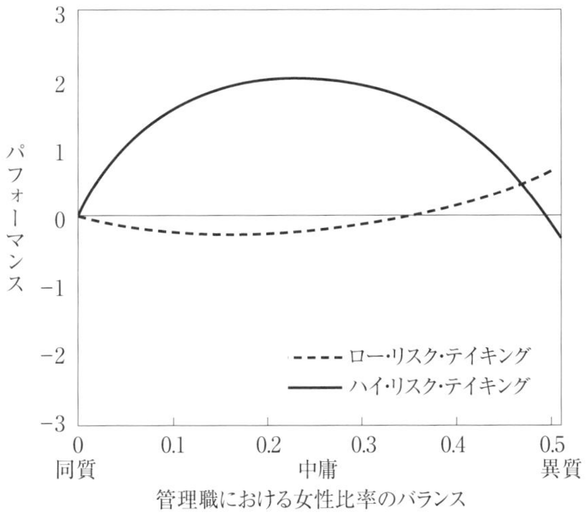

縦軸：パフォーマンス（3, 2, 1, 0, −1, −2, −3）
横軸：管理職における女性比率のバランス（0 同質, 0.1, 0.2 中庸, 0.3, 0.4, 0.5 異質）

凡例：
- - - - ロー・リスク・テイキング
───── ハイ・リスク・テイキング

出所：Richard et al.（2004）

なかった。例えば，大きな戦略的組織変革を必要とする状況下では，複雑性およびリスクをともなうので，中間的なダイバシティの程度であることが望ましいということが導きだされる。

　すなわち，集団が同質すぎると，意思決定のスピードと積極的な競争行動を必要とする環境下では生きのびることができない。また管理職の異質性が中庸のレベルであると，戦略行動を必要とする環境下で高いパフォーマンスを達成する。さらに，異質性が大きくなりすぎると今度はかえって，偏見，コミュニケーションの問題が発生し，協調行動が減り，コンフリクトが増え，まとまりがつかなくなり，意思決定のスピードを減退させ，積極性を要求する環境下で企業の能力を損なってしまう（Hambrick et al., 1996）。

4．トップマネジメントのダイバシティと財務パフォーマンス

トップマネジメントに女性が多い業種◆

　Catalyst（企業で働く女性の昇進を推進する非営利団体）は，1996年から2000年にかけて，フォーチュン500にランクインした353社を対象に，トップマネジメント（役員）のダイバシティと財務パフォーマンスとの関係性に関

第3章｜ジェンダー・ダイバシティ　169

する調査を行った。まず，すべてのサンプルを女性トップマネジメントの登
用比率で4つのグループに分類した。次に，4つのグループのうち，女性ト
ップマネジメントの割合が最も高いグループと最も低いグループとを比較し
た。前者の平均は20.3％であるのに対し，後者の平均は1.9％であった。

　ちなみに，Catalystはこれまで，女性が上級管理職に昇進するために効果
的な職場環境，人事政策，雇用習慣について研究してきた。女性が昇進する
うえでの条件や障害をつきとめ，男女雇用の均等を目指す企業にそのノウハ
ウを提供している。Catalystの会員企業は，女性が極めて重要な力を持って
いることを認識しており，女性の昇進は企業イメージの向上だけでなく，会
社が生き残るための戦略として位置づけている。

　Catalystの調査によれば，トップマネジメントについている女性の割合
が最も高い職種は，ヘルスケア（医療），公益事業，非生活必需品，製薬，
生活必需品，金融である。具体的には，ユナイテッド・ヘルスグループ（ヘ
ルスケア（医療）），センターポイント・エネルギー（公益事業），マクドナル
ド（非生活必需品），ファーマシアコープ（製薬），フィリップモリス（生活必

図表3-6　業種別にみるトップマネジメントの女性比率

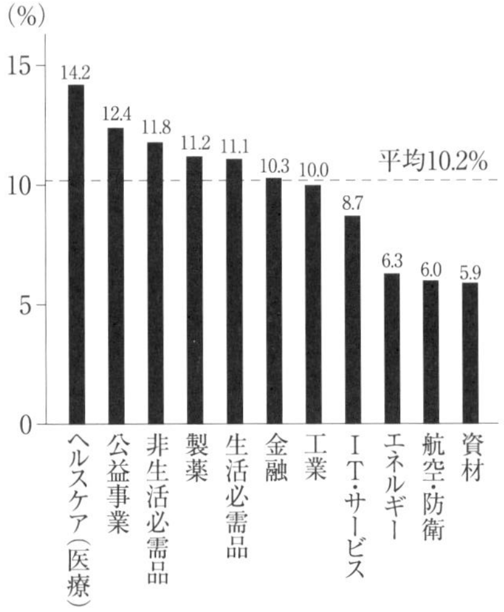

出所：Catalyst（2004）

需品），コカ・コーラやエイボン（生活必需品），モルガン（金融），アメリカン・エキスプレス（金融）などである。

一方，割合の最も低い職種は，工業，IT・サービス，エネルギー，航空・防衛，資材であった。具体的にはマンパワー（工業），デル（IT・サービス）などである。

パフォーマンスの実証結果◆

財務パフォーマンスは TRS（株主総資産）と ROE（自己資本利益率）で計測されている。最も高いグループと最も低いグループとの差が，TRS では32.4％，ROE では4.6％であった。業種別の実証結果では，非生活必需品と生活必需品，金融において，TRS，ROE ともに，女性のトップマネジメント比率の高いグループの方が高いパフォーマンスを示した。逆に，IT・サービスでは女性のトップマネジメント比率が低いグループの方が高い値を示した。

トップマネジメントにおける女性比率と財務パフォーマンスの間に明らかな関連性があるということを述べるのも重要だが，なぜ関連性があるのかについても言及しなければならない。

Catalyst は女性を雇用することがビジネスにおいて有益であるというこ

図表 3-7　財務パフォーマンス（ROE，TRS）とトップマネジメントの女性比率

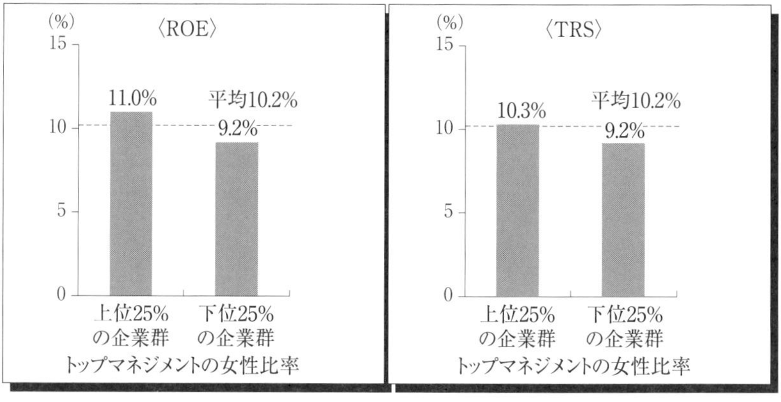

出所：Catalyst（2004）をもとに作成

第3章｜ジェンダー・ダイバシティ　171

図表 3-8　トップマネジメントの女性比率とパフォーマンスの実証結果（ROE）

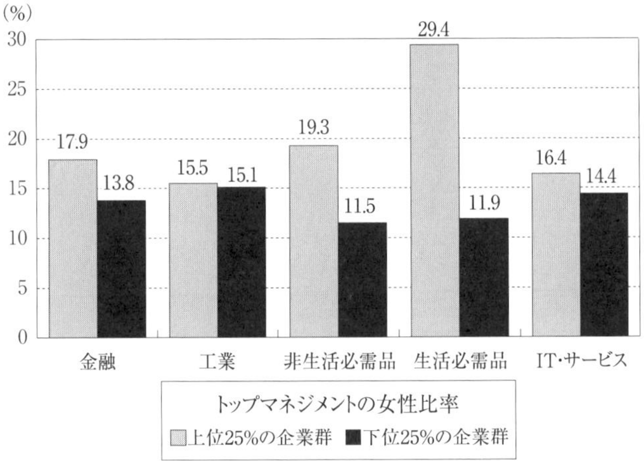

(%)

	金融	工業	非生活必需品	生活必需品	IT・サービス
上位25%の企業群	17.9	15.5	19.3	29.4	16.4
下位25%の企業群	13.8	15.1	11.5	11.9	14.4

トップマネジメントの女性比率
■上位25%の企業群　■下位25%の企業群

出所：Catalyst（2004）をもとに作成

図表 3-9　トップマネジメントの女性比率とパフォーマンスの実証結果（TRS）

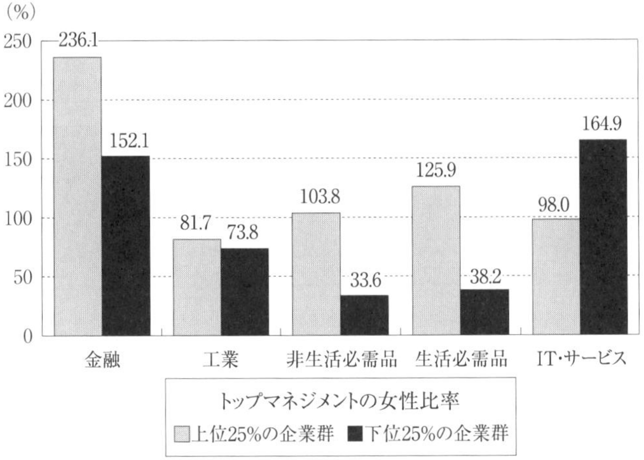

(%)

	金融	工業	非生活必需品	生活必需品	IT・サービス
上位25%の企業群	236.1	81.7	103.8	125.9	98.0
下位25%の企業群	152.1	73.8	33.6	38.2	164.9

トップマネジメントの女性比率
■上位25%の企業群　■下位25%の企業群

出所：Catalyst（2004）をもとに作成

との理由を次のように述べている。まず，女性が企業のトップマネジメントに登用されるケースが増加しており，それにつれ企業の収益もあがっているという事実である。女性の経済的パワーは拡大し購買力を持つようになる。結果として会社は女性の才能をいかすことによって，より良い製品やサービスを開発できたり，新しい顧客を開拓できると考えるようになったという。

　また，ダイバシティのある集団のほうがより創造的な決定ができるということも理由のひとひとつである。

　特に Catalyst 賞を受賞した企業とそうでない企業を比較すると，財務パフォーマンスが大きく異なっていたため，Catalyst は次のように主張した。

　　・女性を雇用し，ダイバシティをマネジメントすることによって，よりよい製品やサービスの提供，意思決定が行えるようになり，ダイバシティがある企業の方が均質な企業よりも有利になる。

　　・女性をトップマネジメントに多くおくことの効用は，責任，リーダーシップ，コミュニケーションの面でも表れ，女性を人材として活用している企業は競争優位性を得ている。

　これらの調査結果が，因果関係でなく相関を報告しているということを理解しておくことは重要である。ジェンダー以外のあらゆる要因が複合して優れたパフォーマンスに影響をおよぼしていると考えられるからである。

　Catalyst は，競争や世界市場の拡大により，最も機知に富み革新的な企業は，ジェンダー・ダイバシティをマネジすることによる競争優位性の構築のために投資することが求められていると主張する。Catalyst はこうした調査結果から，ジェンダー・ダイバシティは実際に優れたパフォーマンスを持つ企業の特色にもなっていると結論づけているのである。

5．女性のリーダーシップスタイルとパフォーマンス
女性のリーダーシップスタイルに関する研究◆

　女性のリーダーシップスタイルに関する実証研究は，「男性のそれと違うか違わないか」に焦点を当て，違いそのものの議論を行ってきた。女性のリーダーが，いわゆる女性のリーダーシップスタイルをとったことで集団のパフォーマンスがどのように変化したかという研究は少なく，そのほとんどが

ケーススタディ中心である。また，デモグラフィ上のダイバシティがもたらす，人的ネットワーク，物の見方，スタイル，知識，洞察といったものが，複雑な問題を解決するという立場で結果を予測しており，それらは，女性や有色の人々が作業集団にもたらしうる（潜在的な）貢献に焦点を当て，そうした新たな資源がどんなものであるかを探索する研究者もいる。

さらに，ダイバシティのある集団がもたらすものが，より同質な集団に比べて（潜在的な）貢献度が高いことに焦点を当て，集団のダイバシティとそのパフォーマンスの関係を実証しようとする研究もある。

これらの論者は，従来から少数に制限されてきた女性グループによる貢献に関心を持つ。女性のスタイルや物の見方が，これまで無視され価値のないものだと思われ，また，関係性志向が強く，仕事志向においてこれまで不適切だとされてきた。ところが実際には，作業集団にとって価値のある資産であり，効果的なマネジメントスタイルであると論者はいう。結果として，管理職のジェンダー・ダイバシティが，男性が数的に支配的であるような現行の集団より効果的に機能するものと主張する（Helgesen, 1990; Rosener, 1990）。

しかしながら，既存研究では，女性や人種の違いがどんな状況でどんな結果をもたらすかがまだ実証されていない。

そもそもダイバシティのある集団のメンバーがそれぞれ異なる考え方を持つという立場に基づいてダイバシティの議論がなされているが，何が異質なのか，誰がそれを持っているのかを示さなければ，何が重要なのかがわからないはずである（Ely & D. Thomas, 2001）。

多様なグループが，職務に対して様々な見方を持ち問題に対して多様な解決策を多く生み出し，このことが，組織内の効果的な討議を促進し，その結果，質の高い決定を導くとしている点で多くの学者の意見が一致している（Wanous & Youtz, 1986）。

Ely & D. Thomas は，ジェンダーが混在している集団が，よりよいパフォーマンスをもたらし（Hoffman & Maier, 1961; Ruhe, 1978; Wood, 1987），均質な集団がそれより低いパフォーマンスをもたらすとの仮説を示し（Ziller & Exline, 1958; Kent & McGrath, 1969; Clement & Schiereck, 1973; Murnighan

& Conlon, 1991), それを実証する (Ely & D. Thomas, 2001)。特にそこでは，目標の共有や価値の共有が，学習と効率性のパラダイム（このパラダイムは第4章で説明する）のもとで行われ，ダイバシティと効率性の関係を高めることを示した (Chatman et al., 1998; Jehn, 1999)。

Gilligan らは，女性の持つ違いを質的に説明しようとした (Gilligan, 1982; Belenky et al., 1986)。しかしながら，女性のリーダーシップスタイルに関しては，Eagly & Johnson (1990) が，既存の質的調査をメタ分析（これまでの調査結果を比較分析して組み合わせて判断する方法）し，リーダーシップスタイルにおける性別の違いはごくわずかであると結論付けた。

女性のリーダーシップスタイルの研究は，女性のリーダーシップスキルを強調したものが多く，女性のリーダーや専門職がいかにパフォーマンスに影響を与えるかの研究は少ない。それを，Tsui らは組織の構成によって変化すると主張した。つまり上司と部下の関係性が重要であるという。例えば，女性上司と男性部下の関係性の場合はうまく機能するが，女性上司と女性部下の関係性の場合は部下への要求が男性部下のときよりも高くなるなど，女性のリーダーシップスタイルをパフォーマンスで考えるときに，部下との性別関係がパフォーマンスに大きく影響を与えるという研究もある。

女性リーダーが部下に与えるパフォーマンスを実証したのは現在のところ Ely (1994) のみである。Ely は，法律事務所において，より高い職位に女性リーダーがいることによって，低い職位の女性弁護士パートナーがキャリアに対するモチベーションを持つようになったことを発見した。この調査で，女性リーダーの存在が部下女性のモチベーションにポジティブな影響を与えることが明らかになった。

果たして男性のリーダーと女性リーダーは異なるのか◆

そもそも，男性と女性は異なるのかという議論を再びこのリーダーのダイバシティの側面で取り上げたい。先に男性と女性が異なるかという議論を紹介したが，ここでは男性リーダーと女性リーダーが異なるかということに言及する。

男女に関する伝統的なステレオタイプでは，男性は独立独行型で押しが強

く，競争的で決断力があるとされ，女性は同情的でやさしくためらいがちで，他者の要求に敏感だとされてきた。このステレオタイプに対して3つの見解がある。①男女間に違いはない，②ステレオタイプ的な違いがある，③ステレオタイプ的ではない違いがある。だが，この見解をさらに幅広くとらえ，行動，モチベーション，（組織や仕事への）コミットメント，部下の反応という4つの潜在的な違いを考える必要がある（Powell, 1990）。

リーダーシップスタイルは2つの行動に大別することができる。ひとつは「タスク志向行動」で，部下のパフォーマンスに関して，仕事を組織し，納期や品質目標を設ける行動である。もうひとつは「人間志向行動」で，部下を支援し，部下の抱える問題解決に関与する行動である。ステレオタイプ的

図表 3-10　マネジメント上の男女差

次元	実証結果
〈行動〉	
仕事志向	違いなし
人間志向	違いなし
効果性評価	実験室実験のマネジャー評価のステレオタイプの違い：男性が好まれる 現実のマネジャーの評価は違いがない
業績の低い部下に対する反応	ステレオタイプの違い：男性は公平性の規範を用い，女性は平等性の規範を用いる
影響力戦略	ステレオタイプの違い：男性はより広範でポジティブな戦略を用いる。女性に自信があるとこの違いがなくなる
〈モチベーション〉	違いがないという研究もある ステレオタイプでない違いを指摘する研究もある：女性のモチベーションの内容が成功したマネジャーに結びつくものに近い
〈コミットメント〉	男女差に関して一貫した実証結果がない
〈部下の反応〉	実験室実験ではマネジャーに対する反応はステレオタイプな違い：性別役割につりあうスタイルをとる 現実のマネジャーに対する反応は違いがない

出所：Powell（1990）

にいえば前者が男性的で，後者が女性的である。

Grant（1998）と Schwartz（1989）の実証結果によれば，実験室研究では限定された項目でステレオタイプ的な結果が導き出された。

Grant は，「組織がもっと人道的で従業員に対して敏感になろうとするのならば，生産性だけでなく，そのプロセスを評価することを学ぶべきである。それには，女性特有の広範な関わりを持つような対人スキルが不可欠である。生産性にばかり関心があって，従業員のニーズに無関心な企業は今後伸びないだろう」という。

Schwartz は「男女いずれについても職務経験の不足を埋めるには，現在のトップマネジメントがトップマネジメント候補者のメンターになることが重要である。そこで問題になるのが，現在の経営陣には圧倒的に男性が多いということだ。男性経営陣にとっては同性の候補者の方が指導しやすく，女性候補者はメンターをみつけにくくなってしまう。そこで，組織内に公式のメンター制度を設け，男性候補者にも女性候補者にも同様のメンターを割り当てることが有効である」と主張する。

しかしながら，フィールド研究では男女のマネジャーにそれほどの違いは発見できなかった。

男女のマネジャー間の基本的な違いが本当に存在しているのかを調べる研究方法は実際にフィールド研究を行う方法と実験室研究があるが，実験室研究はステレオタイプを補強するという結果になりやすく，フィールド研究はステレオタイプとは異なった結論を導きだすこともある。これは実験室研究は要因をうまくコントロールできるという面では分析として優れているが，実験室で得られる情報は，フィールドよりも少なく，偏った情報をもとに判断しがちであるからである。

ステレオタイプ的な考えによれば，男性は力強いのでタスクを達成することに向いていて，女性は女性的なので人間志向の仕事に向いているとされている。しかしながらステレオタイプ的な考え方が必ずしも正しいというわけではなく，ステレオタイプとは異なった結果もある。

メタ分析（これまでの調査結果を比較分析して組み合わせて判断する方法）によると男性のマネジャーも女性のマネジャーもタスク志向の仕事にも人間志

向の仕事にも同じような傾向を示すという結果がでており，ステレオタイプの考え方とは一致していない。またこのようなメタ分析的な考えは男女のマネジャーには違いは無いという立場を補強している。

こうしたことから，Powell（1990）は次のように主張している。組織は同じ能力を持った男女を同等に扱うべきであり，組織は個人の能力レベルで男女に違いがあると仮定すべきではない。実際に男性にも女性にも優れたマネジャーがいるし，あまり優秀でないマネジャーもおり，男女がマネジメントにおいて異なっているという証拠もそう多くはない。今後企業として成功していくには，男女に関係なく登用することが重要なのである。

さらに，Fagenson（1990）は，女性と男性のリーダーシップスタイルが異なるかどうかということをミクロレベルとメゾレベルで論じた。ミクロレベルでは個人単位で男女の違いを実験室研究で検証できたが，メゾレベルの組織単位での調査では大きく異なることを指摘した。組織の特徴を環境要因としてみる必要がある。男女の差を測るときに，職場の同じ場所に同じ人が配置されるわけではなく，まったく同じ環境をつくることはできない。つまり，その組織の特徴をみずして男女の違いを発見したとしても，それは男女の違いを証明したことにはならないのである。

男女が異なるのかという実証結果を得るには，体系的アプローチが重要である（Fagenson, 1990）。ジェンダーの違いと，その効果，組織の環境とのそれぞれの関係性をみなければいけない。

男女リーダーの差をみる研究の限界としては，サンプルが少ないこと，ランダムサンプルでないこと，インタビュアの偏見を取り除くことができないことなどがある。

Jackson（2003）らのいう「環境要因がもともと男女間では違うので，それによって左右される」ということであれば，環境設定を男女同等にする必要がある。男女の環境をまったく同じにして比較することなど現実世界では不可能なことなどが，この議論を困難なものにしている。

男女が違うという意見と，男女は違わないという意見は，先にみた男女の違いの4つの立場と同様にしばしば対立する。男女は違わないとする論者は平等を主張し，女性と男性との区別が差別と偏見を生むと述べている。だか

ら，仕事の能力の違わない男女を区別すること自体がおかしいとする。

一方，女性が登用されることで組織へプラスに働く効果があるなどといった女性の持つ特性をポジティブにとらえようとする考え方があるが，この場合は，女性を女性としての役割に閉じ込めてしまい必要以上の分業にしてしまう。そうした問題に直面すると，男性と女性はやはり同じなのだという論に戻ってしまう。

結局，この2つの議論をぐるぐる回っていて，出口のないトンネルに迷い込んでいるようにみえる。これはどちらにも無理があるためであり，どちらかに偏ることのほうがむしろ危険であるようだ。

6．パフォーマンスを向上させるための組織的介入（組織文化を変える）

目的は組織としてのパフォーマンスを高めること◆

これまで論じてきたことは，ダイバシティを高めることがパフォーマンスにどう影響するかということであった。

ここでは，パフォーマンスを向上させるため，意図的に組織に介入するという考え方を明らかにする。詳細は第4章で語るが，ここではパフォーマンスを高めるために，ジェンダー・ダイバシティにおいてどのような組織的介入の例があるかを紹介する。

あらかじめ強調しておきたいのは，女性を登用することやジェンダー・ダイバシティを高めること自体を最終的な目的にしてはいけないということ，そして経営合理性としてのパフォーマンスを高めることが究極の目的であるということだ。

ここで紹介する事例は，組織文化を変容させつつジェンダー・イクイティ（公平性）をすすめたことで，職場のパフォーマンスを向上させようとした事例である。既存の組織慣行を変容させ，組織効率（organizational effectiveness）を高めることが主目的であり，ジェンダー・イクイティを高めることは付随的なものである。

マイノリティに対する公平性を高めつつ，男女の相互の学習を促し，組織文化の変容を主張するこの立場は，本章のはじめに紹介した，男女の違いを

めぐる４つの立場の４番目にあたり，マイノリティの割合を高め，マイノリティリーダーの登用自体を目的とする３番目の立場とは異なっている。

Bailyn らの文化変革アプローチ◆

Bailyn らはゼロックスを始めとする企業を調査した結果，次のようなことを発見した。「労働力が多様化しているにもかかわらず，組織は，均一的な扱い方しかしていないことで，多様な考えや経験をいかせていない。それは，人はみな同じであるという考え方が人々を管理するための最も公正な方法であると考える組織的な慣習が原因である。」Bailyn らは，この不一致を，ワーク（公圏）とファミリー（私圏）の視点を持ち，デュアルアジェンダ（公平性と効率性の両者を達成する計画策定）を取り入れて実証した。

まず，すべての人が公平で，従業員が自分の能力を最大限発揮できる効率的な組織をつくるためには，既存の公平性と効率性の関係を再構築しなければならないと Bailyn らは指摘する。特に，多様な従業員のニーズがどう満たされるかを考えた時に，個人ごとの対応ではなく，体系的な方法で，不公平な職場の原因となっている組織の規範や価値や構造を再考する必要性を説いた。

ワークとファミリーの領域を分離するより，むしろ統合する方が仕事の仕方の基準を変えることに有効である。Bailyn らは，理想的な仕事，理想的な従業員，仕事と家庭の分離について前提に根付いている仕事のやり方には性別による違いはないようだと主張している。

ワークとファミリーが分離され，労働における分業関係がジェンダーによって左右されるようになってきていた。そのため，今の標準的な仕事のやり方はジェンダーをどのように捉えるかと関連してくる。また，それは，どのように仕事がなされるかについての信念や前提に深く埋め込まれている。

変革を目指すデュアルアジェンダの目的◆

変革を目指すデュアルアジェンダは，①公平性と効率性に影響する仕事慣行を特定すること，②そのコストと効果をみえる形にすること，③仕事をするワーカー（労働者）と仕事そのものの双方に益する「小さな成功」のレバ

レッジポイントをみつけること，④組織のそうした変革の実行性を促すことを目的とする。この方法をCIAR（コラボレイト・インタラクティブ・アクション・リサーチ）と呼ぶ。

デュアルアジェンダアプローチの有効性

　本当に評価される仕事とは何か，どのようなスキルが役立つか。調査の結果，ワークとファミリーの統合においてジェンダー・イクイティを妨げる前提としてBailynらが見つけた事例を紹介する。

　そのひとつは「能力とは新しいアイデアのことだ」という職場の価値観である。新しい考えを紹介するために現地へ出張することや，新しい知識の創造は賞賛された。だが，ジェンダー意識による前提はネガティブな結果を予測させる。例えば，女性のように子育てをする者は出張が困難であり，また，他人をケアすることなど女性の持つ重要なスキルは過小評価される傾向にあった。

　Bailynは，ワーク，ファミリー，ジェンダー・イクイティに影響があること，根元的深層的な規範（新しい能力，新しいアイデアなどに価値をおくこと）を変えることが，組織，人，仕事そのものに利益をもたらすこと，ワークとファミリーの問題を，個別の便宜を必要とする個人的な問題としてとらえるのではなく，体系的な解決策が必要な問題だとみなすことが重要であるとする。

　Bailynが，ワーク・ファミリー法の施行を受けて1990年代にこの研究を始めたときには，ジェンダーの問題はさほどには出てこなかった。ジェンダー・イクイティは，その後徐々に関心が向けられるようになっていったのである。

　複数の事象を組み合わせ融合させることを怠ると，今現在，行われていることから学び，将来につなげていくという可能性が抑制される。同様に，仕事とそれ以外の領域を峻別するのではなく統合的にみることが必要であり，そのことが組織の効率性の向上にもつながるのである。

　このデュアルアジェンダアプローチを支持する理論的なフレームワークは，職務内容の設計に関する新しいビジネスケースを提供する。この新しいビジ

ネスケースは，仕事それ自体の質に関係し，ワークとファミリーを統合することで，仕事の効率性を高める新たな方法を提示した。この方法は，職場の不公平を是正することで道徳的に進歩するだけでなく，より効率を高めるのである。

　仕事の効率性を高めるという問題から入るべきで，ジェンダー・イクイティはそのあと自然に追いついてくるものだとBailynは語る。

デュアルアジェンダの手法◆

　その手段として用いられるのが，従業員，介入者（介入を行う第三者）の相互インタビューである。その中で要となる要素は，ワークとファミリーの両方の領域がつながり続けるようにすることである。どちらか一方に偏るのではなく，常に両方に注意を払わなければならない。データが集まれば，介入者はワークカルチャーを明確に診断する。分析のために，聞きとり，現場調査，議事録，介入者が実際にその文化を経験するなどする。そして，日常業務の根底にある規範を特定するために，次のような質問が考えられる。

- ・ここでの理想的な従業員像とはどのようなものか
- ・何が能力として認識されているか
- ・「本当の」仕事とは何か
- ・時間はどのように使われているか
- ・コミットメントはどのように測られているか
- ・上記の規範が，男性と女性とでは，どんな異なる影響を与えるか

ところが，Bailynは組織へ介入するときの初期段階でこのような質問をするべきではないと警告する。従業員が最初にするべきことは，今の姿に気づくことであるからだ。

　また，ジェンダー・イクイティは従業員にとって敏感な問題なので，介入着手の時点で性別の公平性を前面に出すことは得策ではないとBailynは主張するのである。

組織的介入の実施プロセス◆

Bailynは初期段階から組織全体に介入するのではなく，組織の中の小さ

な職場単位から始めることをすすめる。職場単位はタスクの共通性によって決まる。その大きさは，およそ20人から300人が適当である。そこで，自由回答形式の個別インタビューを実施し，次のような，気軽な個人別および一般的な質問をする。

- ・生活の中で仕事とそのほかの役割についてどう感じているか
- ・それらの役割の間に心理的葛藤を感じているか
- ・仕事にどれぐらいの時間が使われているか
- ・個人生活にどのぐらいの時間が使われているか
- ・この職場で特徴的な規範は何か

　このインタビューは，人々を仕事役割と社会的な役割（個人生活）とをむすびつけて考えさせるきっかけをつくるものでもある。さらに，インタビューの目的は，データを集め，ある特定の職場の一般的な雰囲気について考えさせるためにある。このプロセスを通じて，その単位の根元的な規範の理解の共有が進む。さらに，ワークとファミリー問題の根元的なテーマや前提を明らかにさせる。Bailyn によると，こうした作業が，現行の前提・志向・ルールの間接的でかつネガティブな影響を浮き彫りにするのに役立つのである。

　外部者が職場の根元的な前提を明示し，わかりやすい診断を行うことが重要である。その診断がより深い分析とより高い次元の気づきを喚起するのであれば，すべての従業員に多くのフィードバックを与えることとなり，前提・規範・ルールによってひきおこされる非効率性を自ら認めることを可能にする。

　女性が働きにくい職場は男性も働きにくく，ひいては，仕事を非効率にするという考え方から公平性をすすめるのであれば，職場のジェンダーに対する根元的な前提や信念は何かという質問をすべきだろう。

　また，この組織的な介入には，仲裁者，連絡担当者，橋渡しのできる人たちとして，ワークとファミリーを十分に理解している人を引き込むことが重要である。現場でそうした人物が，介入が適切に行われているかを確認することも重要である。

　インタビューの第２段階として，先に述べたワークとファミリーに関する

より詳細な質問を行う。

　組織文化の変容に要する介入期間は，ケースによって，3カ月から数年にわたる。そして，対象組織の大きさにかかわらず，調査メンバーは，5人以下の少数であるほうがより効果的な分析ができる。また，対象組織のメンバー全員にインタビューするのではなく，20人程度のインタビューで組織の非効率性は十分に明らかになる。インタビュー対象者を選抜する際には企業の人事データを入手し，候補となる職場単位を見極め，インタビュー対象者の特徴をつかむべきである。

　Bailyn が実際に行った介入の結果，次のような変化がみられた。①あるケースでは，時間をよりコントロールできるようになり，従業員の，仕事のストレスが減った。②ワークとファミリーを考えることにより，間接的に女性にとっても良い影響がもたらされた。③それまであいまいだった，組織内での重要な役割を明文化し職務記述書に加えた。④女性が貢献する「みえない仕事（チームプロセスを円滑にするための行動）」を認知するためにピアエバリュエーション（同僚からの評価）を実施した。

　組織のパフォーマンスの向上を目的とするならば，メンバーが学習しあうようになる介入が重要である。また，多くのケースでは介入が継続して行われないと，効果が消えてしまう。Bailyn らが行った介入は，制度や仕組みを変えるものではなく，組織文化を変えるものであった。こうした文化や考え方を変える介入はすぐに元の状態に戻りやすいので，さらに職場慣行・制度など形式的な部分を変える必要がある。その他，明らかに欠勤率の低下，満足度の向上といった測定可能なデータを適宜示していくことも，メンバーが変革に対するコミットメントを維持するうえで重要である。

7．日本におけるジェンダー・ダイバシティ
職場の雇用均等実現に努力する企業のパフォーマンス◆

　男女雇用機会均等法が施行されて以降，過去の女性労働者に対する取り扱いなどが原因で生じている男女労働者間の事実上の格差を解消するための積極的かつ具体的な取り組み（ポジティブ・アクション）を実施する企業が日本でも増えている。

2000（平成12）年度の「男女雇用管理基本調査」によれば，26.3％の企業がポジティブ・アクションを実施しており，特に1,000人以上5,000人未満の規模の企業では，57.9％，5,000人以上の規模では67.7％と，規模が大きい企業の過半数が実施している。

㈶21世紀職業財団が2003年に実施した「企業の女性活用と経営業績との関係に関する調査」によれば，ポジティブ・アクションへの取り組みや女性の管理職登用がすすんでいる企業ほど，企業の経営業績や売上は良好という相関がみられる。ポジティブ・アクションが「すすんでいる」または「ある程度，すすんでいる」と自己評価している企業において自社の業績を「良い」または「やや良い」と評価する企業割合がいずれも３割を超えている。それに対し，ポジティブ・アクションが「すすんでいない」または「あまりすすんでいない」企業においては，自社の経営業績を「良い」または「やや良い」と評価する企業がともに約２割と少なくなっている。

また，５年前の売上高を100として数値化した指数（以下「売上指数」という）でみると，ポジティブ・アクションが「すすんでいる」または「ある程度すすんでいる」企業においては，売上指数はそれぞれ111.5，112.9と売上高の増加率は１割以上となっているのに対し，「すすんでいない」または「あまりすすんでいない」企業においては，売上指数はそれぞれ106.8，97.7と，増加率は１割未満またはマイナスとなっている。

同様の傾向は，女性管理職比率の変化と経営業績との関係でより顕著にみられる。すなわち，５年前と比較して女性管理職が「大幅に増えた」または「やや増えた」企業においては，経営業績を「良い」または「やや良い」と評価する企業割合はそれぞれ39.3％，27.9％となっているのに対し，「大幅に減った」または「減った」企業においてはそれぞれ20.0％，16.7％にとどまっており，売上指数についても前者は，それぞれ173.7，110.9であるのに対し，後者はそれぞれ93.1，83.5と，売上高は５年前と比べ減少している。

経済産業省の調査◆

経済産業省が，2004年４月に上場企業約300社を対象に調べた結果，調査企業のうち女性管理職の比率が平均以上の企業の総資産利益率は，平均以下

の２つのグループの利益率を大きく上回った。管理職に多くの女性を登用する企業は，利益率が高くなっていることがわかる。

　また，女性が長く働ける企業の方が，利益率が高かった。その半面，「法定以上の育児休業制度がある」，「残業時間が短い」，「女性の転勤の可能性がない」といったいわゆる女性に優しい企業の利益率は，そうでない企業のそれと差が出なかった。

　調査を担当した経済産業省大臣官房政策企画室の児玉直美・企画主任は「単に女性にとって居心地がいいのではなく，男女を問わず人材を公正に評価し，適材適所で処遇する企業風土があることが業績に好影響を与えている」と指摘する（日経ビジネス，2004年5月17日号，p.32）。

女性登用における日本の現状◆

　図表3-11のデータから，日本では，女性の就業者割合は各国と同じであっても女性が管理職についていないことがいえる。なお，女性の管理職的職業従事者割合は，アメリカ，フィリピン，スウェーデンなどが増加幅が大きく，とくにアメリカが目立って大きい。これに対し，日本はほとんど変化がない。

　日本企業で女性の管理職登用がすすまないことは，日本の男女賃金格差の

図表 3-11　女性の就業者割合と管理的職業従事者の割合の国際比較（2001年，韓国のみ2000年）

国	女性の就業者(%)	管理的職業従事者(%)
日本	41.0	8.9
韓国	41.3	4.9
フィリピン	39.1	58.1
アメリカ	46.6	46.0
スウェーデン	48.0	30.5
ドイツ	44.0	26.9
イギリス	44.9	33.0

出所：内閣府『男女共同参画白書平成15年版』（2003），ILO "Year of labour Statistics"（2002）
　注：管理的職業従事者の割合は，管理監督的業務従事者の割合であり，公的機関等営利企業以外も含む。

違いにも影響している。女性の就業者割合と管理的職業従事者の割合が，ほぼ同率にまで達しているアメリカでは，1960年代から人種別・性別等の構成の不均衡を是正するためにマイノリティや女性のための積極的改善措置を求めるアファーマティブ・アクション施策が実施されてきた。

1967年の大統領令11375号により，連邦政府と年間1万ドル以上の契約締結を行う企業に対するアファーマティブ・アクション実施の義務に女性が適用対象として付加された。日本において，このアファーマティブ・アクションに該当するポジティブ・アクションが開始されたのは，30年以上後のことである。

また，日本では高学歴女性，それも有配偶の高学歴女性の中高年層で有業率が相対的に低水準となっていることは，わが国の女性の働き方のひとつの特徴となっている。

女性の学歴別労働力率を25歳から64歳の層で国際比較してみると，どの国も学歴が高まるにつれ労働力率が高くなるが，日本の場合高卒以上の労働力率は各国より低水準にあり，大学・大学院卒では格差が非常に大きくなっていることも特徴的である。

コース別雇用管理制度について◆

2001（平成13）年度厚生労働省「女性雇用管理基本調査」によれば，管理職等に占める女性の割合は7.8％となっている。これを年齢階級別に見ると，30歳未満では21.3％と管理職全体の5分の1を占めるまでになっているが，30歳以上になるとその割合は7〜8％と低く，特にコース別雇用管理制度を導入している事業所では，年齢が上昇するに伴い管理職等の割合が低下していく。年齢計の数字をみても，コース別雇用管理制度を導入している事業所では4.6％，導入していない事業所では8.7％であり，導入している事業所の方が女性の管理職比率が4.1％低い。

〈事業所の管理職等に占める女性の割合〉

	①事業所計	②コース別管理制度あり	③コース別管理制度なし
全年齢	7.8％	4.6％	8.7％
30歳未満	21.3％	21.3％	21.3％

30-39歳	7.9%	4.9%	8.9%
40-49歳	7.8%	5.1%	8.7%
50-59歳	6.8%	3.3%	7.7%
60歳	8.8%	2.8%	9.4%

女性労働者の能力発揮のためのポジティブ・アクション◆

　日本政府は，企業における実質的な男女均等取扱いを確保するため，男女労働者間に事実上生じている格差を解消するための企業の積極的取り組み（ポジティブ・アクション）を推進している。ポジティブ・アクションの取り組みを広く普及させていくためには，経営トップが理解し，企業自らが主体的にポジティブ・アクションに取り組むことが必要であることから，2001（平成13）年7月より，経営者団体と連携し，「女性の活躍推進協議会」を開催している。

　2002（平成14）年4月には，ポジティブ・アクションに取り組むメリットや経営者・人事担当者等がそれぞれ何に取り組むべきかを示した「ポジティブ・アクションのための提言」をとりまとめ公表した。さらに，ポジティブ・アクションの取り組みを全国的に普及させるため，都道府県ごとに先の「女性の活躍推進協議会」を開催しているところである。

　また，各都道府県労働局の雇用均等室では，企業のポジティブ・アクションを行う機会均等推進責任者の選任推奨を行い，ポジティブ・アクションの重要性，手法などについての情報提供を行っている。

日本企業の女性管理職の登用は未だ低い水準◆

　近年，女性の管理職は増加しつつあるものの，2000（平成12）年度の厚生労働省「女性雇用管理基本調査」により管理職等に占める女性の割合をみると，係長相当職で7.7%，課長相当職2.6%，部長相当職1.6%と，女性の管理職の割合は未だ低い水準にとどまっている。

　しかし，女性登用の状況は企業の区分により多少異なっている。1998（平成10）年度に当時の労働省の委託を受けて日本労働研究機構が実施した「高学歴女性と仕事に関するアンケート調査」によれば，企業を国内大企業，国

内中小企業，外資系企業，非営利の別にみると，外資系や国内中小企業では大卒正社員の女性のうち役職についている者の割合はそれぞれ35.8％，20.2％と，国内大企業の18.9％や非営利の17.7％に比べて高い割合となっている。

8．動き出した日本でのジェンダー・ダイバシティ

日産自動車㈱CEO カルロス・ゴーン氏の発言◆

ゴーン氏は「顧客の価値観が多様化する現代において，多様性のある社員を持つことは企業にとって大変な強みとなる。特に女性を活用することは非常に重要だ」と語る。

その理由のひとつに，ゴーン氏は車購入意思決定への女性の関与を挙げている。日本のマーケットは30％が女性自身による購入，30％が意思決定への参加による購入であり，購入の60％に女性がなんらかの関与をしていることが明らかにされている。

これまで日産は女性をあまり重要視していなかった。女性のための車作りをしてこなかったことを反省し，ダイバシティ・マネジメントの導入を競争優位性確保のために不可欠であるとし，特に緊急度の高い「女性の能力活用の推進」をテーマに掲げている。2005年現在，日産の女性管理職比率は1.6％。自動車業界全体では1％にも満たないので，それに比べると高いほうだいえる。だが，北米日産ではその比率は20％であり，日本での低さが際立っている。

「変化に適応していくのか，変化をひき起こしていくのか。日産は変化をひき起こしていくことを選択した」とゴーン氏は述べている。

日産では，キャリアアドバイザーを設置するなど，女性のキャリア開発の支援を行っている。さらに「ダイバシティマインド」の定着を促進するためのセミナーや各種のイベントやダイバシティ・ネットワーク（マネジャーと女性代表によるネットワーク）を実施している。

さらに，「ワーク（仕事）とライフ（プライベート）を両立させることは，今後の日本社会における課題のひとつであり，日産においても女性の活躍を一層加速するためにも不可欠な要素だ」ととらえており，ワークライフバランスの推進に力を入れている。「1日8時間勤務と決めるよりも，自分にと

ってのいいバランスというものがあるはずだ。それを明確にすることが大事だ。」とゴーン氏は時間ではなく貢献度にフォーカスするべきだと強調する。

日本IBM㈱北城恪太郎社長の発言◆

北城氏は女性が活躍する職場環境についてこう語った。「多様性（ダイバシティ）をいかす経営は今後ますます重要とされていきます。そこで，女性は，男性に負けないように無理して必死に働くというのではなく，自然体でチャンスに常に挑戦することを考えていくことが大事ではないでしょうか。そのためにも，日頃から自分は何がしたいのか，どのような能力や適性があるのか，社会にどのように貢献するのか，などについて考えておく必要があります」。

日本IBMは1998年から女性の活躍を企業戦略の中に位置づけ，諮問機関として Japan Women's Council（女性活用委員会）を設置した。そのミッションは「女性の能力活用の阻害要因の発見と解決策の検討」，「女性のビジネス貢献を目指した能力開発・育成計画と提言」，「経営管理者の多様性（ダイバシティ）を推進するための目標設定と状況把握」である。主な活動は，女性フォーラムの開催，ワークライフバランスの推進，次世代育成・メンタリングプログラムの実施，経営層・管理職・新入社員へのダイバシティに対する理解促進などである。

成果としては，全社員に占める女性の割合が，1998年が13％であったのに対し，2003年は17％と4ポイント上昇した。管理職に占める女性比率は3倍，ライン専門職の女性比率は6倍に伸びた。1999年には，均等推進企業として労働大臣努力賞を，2003年には厚生労働大臣最優秀賞を受賞した。また，日本経済新聞社の「働きやすい会社2004」で1位を獲得している。

女性活用を広めていくためには，ジェンダー・ダイバシティの問題意識のある人材を，人事権を握る職位に任命することも大事だとしている。また，「社員は社長が本気かどうかを見ている。トップがコミットメント（直接に関与）することが重要だ」と北城氏はいう。

優秀な人材を登用することが会社の競争優位になることは間違いない。「女性の戦力を日本IBMの競争力にして市場で勝とうということからスタ

ートした。これは福利厚生ではなく，ビジネス戦略なのだ」。

　日産にしても，日本IBMにしても，低賃金の労働力として女性をとらえているわけではない。女性の力を競争優位獲得のための戦略として考えている。このような，女性の登用を組織の活力源としていこうとする企業が今後ますます増加することが予想される。

トヨタ自動車㈱の女性活用の取り組み◆

　トヨタは，2002年に人事部門を中心とする専任チームを組織し「ダイバシティプロジェクト」という組織風土改革に取り組んでいる。このプロジェクトの第1弾は女性の活用である。全社員約67,000人のうち約5,000人が女性社員であり，トヨタ内ではマイノリティである。男性社員と比べて，女性のキャリア形成は真剣に議論されていなかった。張富士夫社長は，「多様な人々が持つ価値観を尊重してこそ，本当の生産性向上が実現する」と述べている。張社長がアメリカの製造拠点の社長を経験した際，複数の人種が集まり多くの女性が働く姿を目の当たりにしてきたことが，プロジェクト発足のきっかけとなったようである。

　「ダイバシティプロジェクト」の専任チームは1年間かけて調査を実施し，女性社員から意見や要望を聞いた。さらに女性活用で先進的だといわれる企業の実態調査を行った。こうした調査結果を踏まえ，国内の全社員に小冊子を配布し，全事業所に合計2,000本のビデオを配備し，プロジェクトの必要性と新制度の概要を伝えた。

　2002年11月に導入したその新制度とは，「仕事と育児の両立支援」，「女性のキャリア形成支援」，「風土・意識改革」からなる。具体的には，休職期間の延長，フレックスタイム制のコアタイムの廃止，部分的在宅勤務の実施，託児施設の設置，キャリア相談窓口の設置，ホームページを使った情報交換などである（日経ビジネス，2003年1月13日号，p.18）。

松下電器産業㈱の人材多様化戦略◆

　ダイバシティを戦略的にすすめる理由を松下電器の福島伸一取締役（人事担当）は次のように語る。「経営環境の激変に対応するためだ。グローバル

化，少子高齢化で顧客ニーズは多様化しているのに，会社は20世紀の規格大量生産型から変わり切れていない。日本人，男性，ベテランをそろえることが最強の組織運営だった時代には松下も超優良企業でいられたが，これからは単一指向型のビジネスモデルは成り立たない。国籍，人種，年齢，ジェンダーに関係なく，優秀な人材を登用し，異なる価値観を共有しながら新しい価値を生み出す組織に変える必要がある」（毎日新聞，2005年6月12日）。

松下電器は，ダイバシティ戦略を具体的にすすめるため，2001年に社長直轄の「女性かがやき本部」という女性のキャリア育成と社内の風土改革に取り組む組織を結成した。2004年には「女性躍進本部」と改称し活動をさらに発展させている。40代の女性管理職を毎年12人ずつ「アドバイザー」に認定し，社内ネットで女性社員がそのアドバイザーに相談できるという仕組みを作った。プラズマテレビに搭載する半導体など，デジタル家電の心臓部の開発を女性が先導する例も出始めた。同時に「ビジネススキルを磨きたいという女性が増えた」と同本部の事務局長は語る（日経産業新聞，2005年4月7日）。

さらに，管理職への若手登用，海外のグループ企業のトップに現地国の人材を登用することなどをすすめている。

2005年には，課長クラス以上の女性役職者が2倍になり，同年4月には社員として最高ランクの女性理事が3名誕生している。「競争力強化につながっているのかを数字で立証するのは難しいが，女性が使うケースが多い（洗濯機，冷蔵庫などの）白物商品などの企画では顧客の要望に迅速に応えられるようになった。組織の活性化，風土改革にもつながっている」という（毎日新聞，2005年6月12日）。

日本におけるジェンダー・ダイバシティの今後◆

現在，日本企業の課長相当職以上の管理職に占める女性の比率は，製造業に限れば1.9％と極めて低い数字が表われている。これまで日本企業のジェンダー・ダイバシティは遅々として進んでいないと思われてきたが，ここ最近，ダイバシティを高めることでパフォーマンスを向上させた企業がいくつか出現してきた。グローバル企業が全社的にジェンダー・ダイバシティを展

開しようと数値目標を掲げたり，女性社員専用の役職を作って登用したり，男性と女性が区別なく働ける環境作りなどもすすんでいる。ようやく取り組み始めたという感が否めないものの，女性の離職率が低くなったり，新商品開発で成果を出したり，ある程度の成功を収めていることは注目に値する。これらの企業の成功はマスコミの眼をダイバシティに向けさせ，他の企業へも影響を及ぼすようになった。

日本でも，社外取締役に女性を迎え入れる企業が現れてきた。2005年5月に，経営再建中のダイエーの会長兼最高経営責任者に林文子氏が就任した。東洋経済の上場企業役員動向調査（2004年12月3日発表）によれば，1995年の女性役員が62人であったのが，1997年83人，1999年99人，2003年204人，2004年260人と近年増加している。これは全役員の0.735％である。現状は，女性役員を社外取締役・社外監査役として選任するケースが増えており，製造業，通信，サービス業などで多くなっている。女性役員の平均年齢は，全役員平均よりも7歳若いことも特徴である。

またシャープでは，2005年5月に，女性管理職数を2007年度までに現在の約3倍の60人に増やすという人材育成策を発表した。女性社員が活躍できる機会を拡大し，各職場に女性社員の育成を義務付けている。まず，一般女性社員を職場のグループリーダーに積極的に登用するなど女性社員の25％を準管理職とし，職場の重要職務を任せる。女性専用の育成プログラムも用意し，一般社員や準管理職の段階から管理職昇格に向けて計画的に研修を行っていく。女性管理職の拡充で「営業やサービス部門に女性の視点を積極的に活用したい」（人事本部）としている（日本経済新聞，2005年5月28日）。

日本企業におけるジェンダー・ダイバシティへの取り組み◆

日本企業のジェンダー・ダイバシティへの取り組みを，前述の男女の違いをめぐる4つの立場にそってみてみると，次のようになる。

女性を集め，育成プログラムを設け，教育訓練を行うのは第1の立場（男女の違いはあるとする立場［女性の劣位性］）をとる。第2の立場（男女の違いはあるとする立場［女性の優位性］）は，女性を製品開発チームに配属したり，顧客サービス部門に女性特有の価値観を導入したりする。女性管理職の登用

に関する数値目標を打ち出す手法は，第3の立場（男女の違いはないとする立場［組織の構造要因への着目］）をとっている。女性の視点を通じて組織文化を変えようとするのが第4の立場（男女の違いはないとする立場［組織のプロセス要因への着目］）である。ここで重要なのは，どの企業がどの立場にあてはまるかではなく，各企業でいくつかの立場を同時に並存させているということであり，そのうちどこに重点が置かれているかの違いである。

第3節　まとめ

　ジェンダー・ダイバシティとパフォーマンスとの関係は他のダイバシティと同様に3つの理論で説明されてきた。それは，「ソーシャル・カテゴリー理論」と，「類似性・アトラクション理論」，「情報・意思決定理論」である。

　「ソーシャル・カテゴリー理論」では，ジェンダーの違いが，従業員にその違いについて意識させ内集団と外集団を形成させる。「類似性・アトラクション理論」では，自分と似た人々同士がひきつけあうという傾向があるため，男女が混在する組織では凝集性が低くなる。「ソーシャル・カテゴリー理論」と「類似性・アトラクション理論」のどちらも，ジェンダー・ダイバシティは組織の結束を阻害しパフォーマンスを悪化させるなどネガティブな影響を与えるとする。

　一方，「情報・意思決定理論」では，ある問題に対する視野が幅広くなり，均質な組織よりも創造的な決断を下せるようになる。それにより，創造的なアイデアを出したり，複雑な問題を解決しようとしたときに役立つ。ジェンダー・ダイバシティはパフォーマンスにプラスに働くとするのである。

ジェンダー・ダイバシティの実証結果で明らかになったこと（非財務的パフォーマンス）◆

　先に，「ソーシャル・カテゴリー理論」と「類似性・アトラクション理論」では，ジェンダー・ダイバシティはパフォーマンスにマイナスの影響を及ぼすと述べたが，この予測に反してグループのプロセスにおいてはマイナスの結果はあまり出ていない。

　「情報・意思決定理論」では，パフォーマンスにプラスに働くと述べたが，

実験室研究ではプラスとマイナスが混在した結果が得られた。均質なグループの方が，不均質なグループよりもパフォーマンスをあげるという結果もある。一方で，ジェンダー・ダイバシティがグループの問題解決の質を高めるという結果もある。しかし，これらを説明する決定的な研究は未だ存在しない。

　ジェンダー・ダイバシティに関する研究結果は，サンプルグループ中に存在する男女の割合に大きく影響を受ける。一般的に，ジェンダー・ダイバシティはグループに，特に男性に対してマイナスの影響を与える。それは離職率の上昇につながっている。いくつかの研究は，女性と男性では反応が異なり，マイノリティとしての経験に対して異なる受けとめ方をする可能性があることを明らかにしている。女性はマイノリティであっても，マイナスの心理的反応をあまり示さないが，男性は満足度やコミットメントのレベルを低下させる。女性支配的な組織において男性が受け入れられる可能性の方が高く，敵意を持って扱われることもなく，ステレオタイプ化される可能性が低い一方で，男性は満足度もコミットメントも低くなる。この非対称的な発見事実から，男性と女性の割合に，より注意を向ける必要がある。

ジェンダー・ダイバシティの実証結果で明らかになったこと（財務的パフォーマンス）◆

　財務的パフォーマンスについて，次のようなことが明らかになっている。

　本章の図表3-4（女性の参加比率と組織効率との関係のグラフ）で示すとおり，リスクの高い環境下では同質すぎても異質すぎても組織はうまく機能しない，中間がちょうど良い。これは特にジェンダー・ダイバシティにおいて顕著に見られる現象であった。

　Catalyst によれば，TRS，ROE ともに，女性のトップマネジメントの割合の高い企業の方が高いパフォーマンスを示したという。女性を登用し，ダイバシティをマネジメントすることによってよりよい製品やサービスの開発や質の高い意思決定が行えるようになり，ダイバシティがある企業のほうがそうでない企業よりも経営上有利になる。女性をトップマネジメントに多く登用することの効用は，責任，リーダーシップ，コミュニケーションの面でもあらわれており，女性を人的資源として活用している企業は競争優位性を

得ていると Catalyst は主張する。

　ジェンダー・ダイバシティは，生産現場のような身体能力に関連した職種についてはあまり有用ではないが，サービス，卸売，小売業などの職場では，ジェンダー・ダイバシティが有用だという結果が現れている。なお，ジェンダー・ダイバシティがパフォーマンス向上につながるとされる部門は，人事，マーケティング，トップマネジメントだとの主張である（例えば Kravitz, 2003）。

既存の実証研究の 2 つの前提◆

　ジェンダー・ダイバシティが高まることでパフォーマンスが上がるという議論には次の 2 つの前提がおかれているようである。

①　男女の割合が半々で人数に偏りのない組織だと，より多くの能力が活用できる。男女の割合に偏りがあること自体に何かしらの偏見がある。

②　女性が組織に入ると，その組織はより家庭的で人間的になる。女性は，男性より顧客近く，つまり組織内部と外部とのちょうど境界に位置し新しい視点をもたらすという考え方が生まれてくる。従来の組織では軽視されてきたスキルや能力が明らかにされ，組織としての合理性を再考することになる。

　他のダイバシティとジェンダー・ダイバシティは，「ソーシャル・カテゴリー理論」と，「類似性・アトラクション理論」，「情報・意思決定理論」の3 つの理論で説明できる点では同じであるが，家庭役割や，仕事役割の軸で考えられることが違う点である。女性は家庭役割や仕事役割が，男性とは異なるのでパフォーマンスに与える影響も異なるという見方である。

　さらに，ジェンダー・ダイバシティの特徴を挙げると，ジェンダーという表層的ダイバシティは経歴やスキルといった深層的ダイバシティと括りつけられてとらえられがちであり，それによって説明しやすいダイバシティだということだ。例えば，人種・民族が多様化した組織がどのようにパフォーマンス向上にむすびつけたのか，その論理やプロセスを説明するのは困難を極めるが，それに比較して，ジェンダーはわかりやすいダイバシティだといえる。

先に述べた実証結果からも各々の研究者に価値前提があることがうかがえる。つまり，男女の割合が半々で人数に偏りのない組織だとより多くの能力が活用できると思われていることと，女性が組織に入ると，その組織はより家庭的で人間的になると思われていることである。

ジェンダー・ダイバシティは第三者がどうとらえるかでパフォーマンスが変わる◈

ジェンダー・ダイバシティのパフォーマンスへの影響には，直接的な効果と間接的な効果がある。直接的な効果は，女性のパーソナリティ，価値観，知識，態度，行動が男性のそれと異なっているために，組織やグループに異なる影響をもたらす。

ジェンダー・ダイバシティによるパフォーマンスへの影響を考えた場合，間接的な効果が大きな影響を及ぼす。例えば，女性リーダーが登用されたり，女性の割合が増えることで，女性社員全体のモチベーションが上がるということはそのひとつである。同様に，トップマネジメントや商品開発リーダーへの登用によって，顧客イメージが向上することも間接効果である。さらには，女性が職場に増えることで，職場の価値観が仕事重視から家庭重視の向きにシフトするなど，組織文化が変容することも間接効果である。

なぜこのような効果が出るかといえば，女性という属性に包含される深層的な特徴，つまりは，女性個々人が持っている価値観が直接的に影響するとともに，周辺の人々がもともと持っている価値観を変容させる効果があるからである。女性を取り巻く人々が，女性という属性をどうとらえるかによって効果は変わってくる。つまり，受け取る側の価値観によってその効果は左右される。ジェンダー・ダイバシティはそうした特徴を持っているといえる。

表層的なダイバシティと深層的なダイバシティが切り離せないものだと第三者が判断する場合に，この間接効果がより大きなものになる。

既存研究で解明されていないこと◈

ジェンダー・ダイバシティの既存研究で，いくつかの解明されていない点がある。それは次のとおりである。

・異なる価値観を持っている人材が実際にどのような行動を起こしたかが

解明されていない。異なる行動を起こすことがパフォーマンスにむすびつくとすれば，その行動プロセスを示す必要がある。

・女性リーダーを登用することでパフォーマンスにどう影響するのかという実証研究が少ない。

・男女の割合が半々の組織がよりパフォーマンスを上げるといわれているが，本当にそうなのか，その実証研究はまだ発展段階にある。マイノリティだからこそパフォーマンスへの効果が期待できる場合があるのではないか。あるいは，女性の割合を増やしていく過程でパフォーマンス効果が期待でき，ある程度多くなった組織では同じ効果はあらわれない可能性もある。その変化のプロセスを明らかにする必要がある。

・女性の割合が増えると組織文化が変わり，より家庭的あるいは人間的になり，そのことが組織効率の向上につながるといわれている。例えば，労働時間が短くなったり，在宅勤務が増えたり，フレックスタイム制が導入しやすくなるといわれている。しかしながら，そうした効果がどのようなプロセスで起こるか，さらには，それがどのようなプロセスでパフォーマンスにむすびつくのかが明らかにされていない。女性が増えることでより一層組織効率が上がるという議論は，階層によって異なるのではないか，例えば，トップ・マネジメントやミドル・マネジメント層では，かえって競争が激しくなり，職場が人間的家庭的になるとは考えにくいのである。

・女性の異質性に着目すればパフォーマンスの議論が一歩進む。しかしながら，異質性への着目は，ステレオタイプ化と偏見につながる恐れがある。男性と女性は違うのか，あるいは違わないのかという，この2つの議論のブレイクスルーとなる研究が必要である。組織の進化とパフォーマンスの向上といった切り口での研究がその解決の糸口になりうるのである。

　既存研究に欠けている点をまとめると，次のようになる。「異なる行動に関する研究」，「パフォーマンスにつながるプロセスをみていく研究」，「女性リーダーとパフォーマンスに関する研究」，「男女の割合とパフォーマンスの関係に関する研究」，「ジェンダー・ダイバシティによるワークプロセス，組

織文化の変容に関する研究」,「男女の違いに関する議論のブレイクスルーを生む研究」が挙げられる。

　本章ではジェンダー・ダイバシティに焦点を当ててきたが，次の章では，ダイバシティを組織のパフォーマンス向上のために，いかに組織的に取り組んでいくかを論じていく。

第4章 ダイバシティと企業の戦略的行動

第1節 ダイバシティ・マネジメントのための組織開発

ダイバシティがどのようにパフォーマンスにむすびつくかという理論モデルは，第2章でみてきたが，ここでは，企業組織がどのようにダイバシティに取り組むかについて示したモデルをみていく。組織が，ダイバシティをいかすうえで望ましくない状態から望ましい状態にどのように変化するか，あるいは，ダイバシティ・マネジメントを可能にする組織の特徴などを紐解いていく。

1．ダイバシティに対して企業がとりうる行動とその組織的特徴
雇用機会均等問題への対処の仕方：Gary Powell モデル◈

ダイバシティ・マネジメントの初期モデルは，変化する人口統計や政治環境やアファーマティブ・アクションの影響への組織的対応を理解する試みとして特徴づけられる。これらのモデルは組織的な視点を採用し，組織がどのように変化するか，また，多様化した労働力を受け入れてどう活用すべきかを提案する。

初期モデルが目指しているのは，最終的な状態に向かって，ひとつの状態から次の状態へと移行する様子を叙述することで，ダイバシティに対処するためのより革新的なアプローチへと組織を導くことである。

これらのモデルは，組織をある状態から次の状態へと前進させうる方法に関して様々なアドバイスを提供する。同時に，それらは変化を実現するため

の組織とはどのようなものかを示すとともに変化の必要性についても述べている。

　いずれのモデルも，ダイバシティ・マネジメントが有効に機能する組織にはある特徴があり，既存の組織からそうした特徴を持つ企業に変わっていかなければいけないことを指摘する。

　最も初期のモデルのひとつは，組織がどのように雇用機会均等の問題に対応するかという観点から組織を分類する。Powell（1993）によれば，組織はダイバシティに対して積極的であるか，受身的であるか，または害のないように無視するかである。Powell のモデルにおいて，組織がとりうる最も望ましい態度は「積極的な対応」である。積極的な組織は法律に促されるまでもなく職場に女性やマイノリティを受け入れており，多文化の労働力の価値を認識している。

　対照的に，受身的な組織のもとでは法令遵守の要請によって，女性やマイノリティの募集・採用の責務を受け入れる。この他に，組織は何もしない（無視する）態度もとりうる。しかし，そのような組織が受けるであろうリスクは，訴訟や自社製品・サービスのボイコット，そして対外的評判の喪失である。

単一・多元・多文化組織：Taylor Cox 初期モデル◆

　Powell（1993）のように，Cox（1991）はダイバシティに取り組むための組織の受容力の段階を象徴する３つの形態（単一（モノリシック）組織，多元（プルーラル）組織，多文化（マルチカルチャラル）組織）について述べている。組織をこれら３つに区別する視点は，ダイバシティが組織文化にどのように順応しているか，あるいは，ダイバシティが組織構造にどの程度統合されているか，そして組織内の先入観と偏見の度合い，また集団間のコンフリクト（対立）の発生度合いなどである。

　過去の典型的な組織は，単一（ひとつのカルチャラル・グループが支配的な文化をもつ均質なメンバーシップ）であるか，多元（見かけは多様なメンバーシップだが文化的に一枚岩で組織のベネフィットにつながるメンバー間の違いを価値づけたり活用したりしない）かである。

多元組織は多様な人々が独特な価値観を提起することを認めるが，そのうちの多くは組織構造それ自体を変化させない。それどころか，ダイバシティへの対応に積極的である姿を人々に示そうとして，目にとまりやすい「トークン」(pp. 151-157を参照) をしたたかにつくろうとする。

対照的に，多文化組織は既存とは異なる経歴を持つメンバーが最大限に貢献し成功を収めることができるものである。

多文化組織の特徴は以下の通りである。

① 全ての多様なグループが他のグループを尊重し，価値を見出し，そして他のグループから学び，自らの文化を変容させることができること。

② 組織のあらゆる階層に全てのダイバシティ・グループが十分に統合されていること，換言すると，どんな階層にも多様な人々がいること。

③ 組織の非公式ネットワークにおけるマイノリティのメンバーが十分に統合されていること，つまり，インフォーマルなネットワークにマイノリティが組み込まれていること。

④ 偏見や差別がないこと。

⑤ 組織のゴールにマイノリティ・グループメンバーもマジョリティ・グループメンバーも等しく共鳴していることと，組織と個人のキャリアゴール達成の整合の機会が等しく見出せること。

⑥ 人種，性別，国籍や組織メンバーの他のアイデンティティーに基づくグループ間のコンフリクト（対立）が最小限に抑えられていること。

個人間のコンフリクト（対立），離職，チームの結束，組織目標に向けて整合的な行動をとるという意味において，組織がベネフィットを最大化し，ダイバシティのコスト（不利益）を最小化したいと考えるならば，多文化組織をつくる必要がある。

Cox（1991）によれば，多文化組織にならなければ，組織はダイバシティを真にマネジメントしているとはいえない。組織はこの多様な労働力を十分に活用するために，その構造を根本的に変化させなければならない（Cox & Blake 1991）。

前述の①から③はダイバシティがパフォーマンス向上につながるための組織の条件を明確に示している。しかしながら④から⑥はダイバシティが，組

図表 4-1　単一・多元・多文化組織

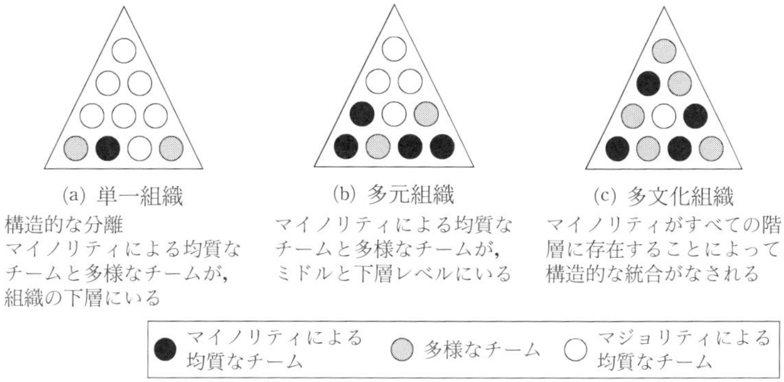

(a) 単一組織	(b) 多元組織	(c) 多文化組織
構造的な分離	マイノリティによる均質な	マイノリティがすべての階
マイノリティによる均質な	チームと多様なチームが，	層に存在することによって
チームと多様なチームが，	ミドルと下層レベルにいる	構造的な統合がなされる
組織の下層にいる		

● マイノリティによる均質なチーム　　● 多様なチーム　　○ マジョリティによる均質なチーム

織内のさまざまなプロセスを経てパフォーマンスにつながる説明変数そのものを語っている。それらは，ソーシャル・カテゴリー理論，あるいは類似性・アトラクション理論のもとでダイバシティとパフォーマンスに因果関係を示す際の変数として用いられているものである。④から⑥はトートロジカルな説明になる可能性がある。

アファーマティブ・アクションからダイバシティ・マネジメントへ：Roosevelt Thomas モデル◆

R. Thomas（1990）は組織を労働力の変化への対応段階に基づいて３つの形態に分類した。それは，アファーマティブ・アクション，ダイバシティの理解（違いの重視），ダイバシティ・マネジメントである。

アファーマティブ・アクションとは，少数派優遇策のことである。実際に行われるのは，女性や有色人種など不利な状況におかれているマイノリティグループに対する優先的な採用，キャリア開発，昇進，彼らを組織に留めておくことやそのための特別な取り組みである。なお，そうした取り組みの進展の指標として，数値目標の達成に重点がおかれる。

アファーマティブ・アクションには，そうしたマイノリティの人々がマジョリティグループに同化されるべきものだとする考えが根底にあった。組織変革は，アファーマティブ・アクションのもとでは要求されておらず，適用対象者である個々人は同化のための負荷を強いられていた。一般的にアファーマティブ・アクションの下では，選抜された人材の質が低下すると考えら

れてきた。マイノリティの優先的な措置を行うには，人事評価，昇進の基準を低める必要があると考えられていたからである。しかし，現実には，既存のシステムは変容されることなく，選抜された人材の質を低めることにはならなかった。

ダイバシティの理解（違いを重視する）とは，組織メンバー同士が彼らの中に存在する違いを容認し理解し，理想的には尊重し合うことを促進する取り組みであり，より調和し生産的な職場関係を構築することを目的としている。

ダイバシティ・マネジメントにおける重要な問いは，労働力がより一層多様化してくると，多様な労働力それぞれに異なるやり方でマネジメントしなければならないのだろうかという疑問である。マネジャーが多様な労働力に権限を与え，能力を発揮させるには従来とは異なる手法が必要なのか。R. Thomas がこのように問いかけた1992年までは，こうした問いはほとんど提起されていなかった。なぜならば，人事の実務家は，それまで組織への参加が制限されていたマイノリティの人々を組織の中に取り込んだり，労働力を多様化することのみに焦点を当ててきたからである。

ダイバシティ・マネジメントがアファーマティブ・アクションと違う点として R. Thomas は，次の 4 つをあげている。

① アファーマティブ・アクションは同化を当然のこととするが，ダイバシティ・マネジメントは違いを当然のこととし理解する。

② アファーマティブ・アクションとダイバシティ・マネジメントのねらいは異なっている。アファーマティブ・アクションは採用や昇進，従業員を組織内に留めておくことに焦点を当てているが，ダイバシティ・マネジメントは個々人の十分な潜在能力の開発が自然に行われるような環境を作り出すことを優先する。

③ アファーマティブ・アクションは根本的な原因には注意を向けていないが，ダイバシティ・マネジメントは（マイノリティの活用がうまくいかない）根本的な原因に目を向けている。

④ アファーマティブ・アクションは不利益な状況におかれている個々人を救うことを目指しているが，ダイバシティ・マネジメントは彼／彼女

らの能力を強化できるようマネジャーを支援する。つまりダイバシティ・マネジメントはマネジャーにフォーカスしている。またアファーマティブ・アクションは恒久的な経営ツールとは考えられず機会均等が達成されれば終了する。

ダイバシティを理解する（違いを重視する）ということは，個々人が互いに理解されることを支援することで，調和的で生産的な職場関係を築くことである。それには，偏見による差別を最小化することが含まれている。ダイバシティを理解することによって望ましい結果が多少は得られるものの，ダイバシティ・マネジメントが目指す水準には至らない。もちろん，違いを受け入れて理解し尊重し合うことはできるし，なおかつ人種差別や性差別のない状態になるかもしれないが，ダイバシティをいかにマネジメントするか，組織目標の追求において多様なグループの潜在能力を活用するような環境をいかに作るか，といったようなことはダイバシティを理解するだけでは達せられないのである。

ダイバシティを理解する組織は，ダイバシティを受け入れ，それを理解することで従業員間の関係を改善しようと努める。しかし，R. Thomas が強く主張するように，多様化した労働力の潜在能力を活用するためには，組織は多様化した労働力に合わせてそのコアな（中核の）文化や組織のしくみ（システム）を変革する努力を続けなければならない。

ダイバシティ・マネジメントにはもちろん，マネジメント能力を必要とする。企業がダイバシティをいかに取り扱うかという問いに対しては，人種差別や性差別を減らしたり関係を改善したりするには企業はどうすべきかといったことではなくて，組織のすべてのメンバーに対して自然に作用する組織環境を開発できるマネジメント能力を作り出すためにはどうすべきか，ということに焦点を当てるべきである。つまりは，マネジャーが人種差別や性差別主義者だから多様な人々をマネジメントできないのではなくて，そもそも多様な人材をマネジメントする能力が欠けているからなのである。

その後，R. Thomas（1996）は人材のダイバシティに対応するために組織が取り得る行動を，8つにわけて概説した。

・さまざまな，かつ多数のマイノリティと女性を組織の中に<u>組み入れる</u>

・違いが存在することを否定する

・支配的文化へマイノリティと女性を同化させる

・組織全体の目標のために違いを抑圧する

・特別な機能部門またはプロジェクトを作り，ないし地理的に独立させる

・異なる人々の共存を許容する

・違いを克服するために人間関係を築く

・相互の適応を促進させ，組織構造や組織制度に変化を要求する

　最初の5つの行動（組み入れる，否定する，同化させる，抑圧する，独立させる）はマイノリティ・グループの人々の声を無視する企てであり，アファーマティブ・アクションのパラダイムの組織に最も顕著なものである。次の2つ（許容する，関係を築く）は環境への適応とみなされダイバシティの理解（違いの重視）のアプローチを採用する組織による典型的な対応である。

　8番目の選択肢（相互の適応を促進する）だけがダイバシティの受容とマネジメントを象徴するものである。

　また，R. Thomas（1992）はダイバシティ・マネジメントについて，次のように述べている。ダイバシティ・マネジメントは，個人レベルさらには，組織レベルの仕掛けを必要とする。そのためには，組織文化と組織のしくみ（システム）への着目，長期的な視点を必要とする。

ダイバシティへの対応：Robert Golembiewski モデル◆

　幅広い社会的な歴史を背景として，Golembiewski（1995）は多様化する労働力への組織の対応について説明した。彼は5つのダイバシティへのアプローチを，「強要されたダイバシティ」，「機会均等」，「拡張的アファーマティブ・アクション」，「違いの重視」，「ダイバシティ・マネジメント」と名付けた。

　「強要されたダイバシティ」とは直面している問題解決のためのマイノリティに関する対応を迫られている状況のことをさす。「機会均等」と「拡張的アファーマティブ・アクション」の両方は法的要求への対応である。「違いの重視」を認識している組織においては，違いを理解することが組織内のコンフリクト（対立）を減じると考えられている。

最後に，「ダイバシティ・マネジメント」は，組織の構造や制度を変化させ，組織目標を達成するための評価システムを変容することで，実際の組織において，違いを十分に発揮させるように働きかけることである。

各モデルの共通項

今まで述べたモデルは互いに共通した側面を持つ。それは，これらのモデルのそれぞれにおいて，組織はより望ましい状態へと進化するということである。過去において組織は受身的に環境に対応していたが，その後，組織は積極的に環境に対応しようとしてきた。これまで示した4つ（G. Powell, T. Cox, R. Thomas, R. Golembiewski）のモデルは，望ましい状態を生み出す際の組織特性を認識するのに役立つ。例えば，積極的な姿勢へと組織を動かすために，組織のミッションや目的と整合性の取れた目標を設定し，トップマネジメントの支援を得て，現在の組織風土を診断し，その目標と緊密にむすびついたマネジメントシステムを開発することを，Powell（1993）は推奨した。Cox（1994）とR. Thomas（1996）は，介入を開始する以前に現在の組織風土を診断することの重要性を強調する。Golembiewski（1995）は，これらの論者たちと同様に，ダイバシティが効率的にうまく対処されるようにトップからボトムまでの組織構造全体を整備する必要性を主張する。

最後になるが，ここに紹介してきたモデルは変化を生み出すプロセスについてはほとんど言及していない。それらはどの最終状態が望ましいかを明らかにするが，どうやってそこに到達するかについては明確にしていない。

段階モデルを土台にした統合モデル：Dass & Parker と D. Thomas & Ely モデル

これまでに紹介してきた段階のモデルを土台にして，Dass & Parker（1999），D. Thomas & Ely（1996）らは，ダイバシティ・マネジメントの統合モデルを提起した。これについては，後ほど組織の進化と戦略行動との関係で詳しく述べるが，ここでは，両者が研究面でどのような貢献があったかを述べる。

彼らは学習の重要性を主張した。Slocumら（1994）は，「学習する組織」が，変化に対して適応・受容・促進するとし，作業プロセスを絶えず改善し

労働力を育成し続けることに研究の焦点を当てたが、「学習する組織」のコンセプトはダイバシティ・マネジメントとうまく整合する。学習する組織の従業員は変化を受け入れやすい。それゆえに、ダイバシティのための取り組みも進んで受け入れる。

Powell, Cox, R. Thomas, Golembiewski らによるダイバシティ・マネジメントについての初期の考えに、「学習する組織」を付け加えることによって、変化をうみ出すプロセスを説明する重要なステップとなる。D. Thomas & Ely によって述べられたように、ダイバシティ・マネジメントに順応した組織には、多様化した労働力によってもたらされる複合的な視点を基礎にして変革を推進するリーダーが存在する。

D. Thomas & Ely はそのような視点を学習志向とみなす。彼らは開かれた文化を支持し、それが高いパフォーマンス水準を維持すると同時に、全従業員の成長を促進すると考える。

しかし、Agars & Kottke (2004) は、学習志向を取り入れさえすれば、ダイバシティ・マネジメントが可能となるわけではないと、D. Thomas & Ely のモデルの限界を指摘している。例えば、職務上の新しいスキルを開発するのに効果的な視点が、他者との個人間関係を改善するのに等しいとは限らない。つまり、従業員が学習志向を持ちさえすればアフェクティブコンフリクト（感情的なコンフリクト）が必ずしも解決するわけではないという。加えて、学習志向は組織を効果的なダイバシティ・マネジメントに導くプロセスについて部分的に説明するだけである（Agars & Kottke, 2004）。つまり従業員が学習志向を持つことだけで、組織がダイバシティをマネジメントする状態に根本的に変革を遂げたことにはならないのである。しかしあくまで、D. Thomas & Ely が学習という視点を加えたことによって、この分野の研究および、組織の方向性を示したという点は重要である。

2．組織的介入と組織開発

多文化組織に移行するための変革プロセス：Taylor Cox モデルとその発展モデル◆

2001年に、Cox は『Change Model for Work on Diversity』を出版し、自身の初期のモデル（1991）を発展させた。その初期モデルと発展モデルを

ここで紹介したい。

ダイバシティによってメリットを得ることができる組織に変革するには，次の5つの要素が重要となる（Cox & Blake, 1991）。

①　リーダーシップ
②　教育
③　予備的調査と効果測定
④　マネジメントシステムの整合
⑤　フォローアップ

〈①リーダーシップ〉

ダイバシティに対するトップマネジメントの支持と本格的な関与は重要である。ダイバシティの本当の擁護者は，変革の必要性に対して個人的にも強固なスタンスを取り，変革に必要とされる行動の手本となり，組織が前進する作業を支援する人である。

その関与はかけ声だけではいけない。例えば，人材や資金や技術的資源は供給されているだろうか。ダイバシティは企業戦略の中で重く扱われ常に上層部の議題の一部となっているだろうか。業績評価や管理職の賞与といった人的資源管理システムを変える心構えはあるか。支持（心理的＆財務的）を1週間や1カ月ではなく1年という期間で続ける心構えがあるだろうか。もしこれら全ての問いに対してイエスならば，その組織は本格的な関与をしていて，もしそうでないならばリーダーシップに関して潜在的な問題があるはずだ（Cox & Blake, 1991）。

トップマネジメントの関与だけが重要なのではない。ダイバシティの擁護者は，組織の下層レベル，とくにラインマネジャーにおいて重要である。多くの組織は，タスクフォースや委員会を作ることでリーダーシップの必要性を強調している。その委員会は，多くの場合，シニアマネジメントが指揮するものである。また，他業務の傍らでダイバシティ業務を兼任するのではなく，ダイバシティ業務のみを担当する専任マネジャーを設けることをCoxらは提案する。これは初期の段階で特に重要である。

〈②教育〉

　ダイバシティのトレーニングには，ダイバシティをマネジメントし，ダイバシティに価値をおくトレーニング（managing and valuing diversity: MVD）というものがあり，アメリカでは，ダイバシティ・マネジメントの一般的な出発点だとされている。一般的にトレーニングには，認知トレーニングとスキル構築トレーニングの2種類がある。

　認知トレーニングは，ダイバシティの必要性を理解することとダイバシティをマネジメントする意義とダイバシティを価値づける意義に焦点を当てている。

　スキル構築トレーニングは，職場における特定の文化相違への理解と対応方法を従業員に教えるものである。

　エイボンや，オルソ製薬や，プロクター＆ギャンブルや，ヒューレットパッカードは豊富なトレーニング経験を持つ企業である。

　トレーニングは重要な最初のステップである。しかし，組織変革ツールとしては限界があり，単発的に使われるべきではない。トレーニングを1回きりのセミナーで終わらせず，教育プロセスとして継続的に取り扱うことが重要である（Cox & Blake, 1991）。

〈③予備的調査と効果測定〉

　ダイバシティ関連の事柄についての情報収集は①リーダーシップ，②教育に次いで3番目に重要な要素である。従来の機会均等調査データや従業員の態度・認知などの分析，異なる文化的価値を持つグループのキャリア経験に焦点をあてるデータなど多種のデータが必要とされる。

　調査データにはいくつかの重要な使い方がある。まず，教育プロセスで扱われるべき事柄を明らかにするのに役立つ。例えば，文化的価値を持つグループによってダイバシティの価値が異なることを示すデータは，いろんな文化を持った人々が集まって行われるセッションの議論の開始点として使用できる。また，調査データは変革が必要な分野を特定し，変革を起こす方法についての手がかりを提供するのに役立つ。3番目に，調査データは変革効果を評価するために必要である。ダイバシティの環境の指標データが必要となり，進展を測定するために定期的にそれらのデータは更新される必要がある。

〈④マネジメントシステムの整合〉

　採用や実績評価，潜在能力評価，昇進，そして報酬といった人事システム
と組織文化の包括的分析，すなわち効果測定が実施されるべきである。この
効果測定の目的は，(i)特定文化グループのメンバーに不利な潜在的な偏見の
源を明らかにし，そして(ii)企業文化が不本意にも一部のメンバーを不利な立
場にする場合その経緯を明らかにすることである。

　ただし，効果測定システムの単なる表面的データに左右されてはならない。
例えば，マイノリティ・メンバーとの比較において，マジョリティの実績平
均値が同一であったときでさえも，個々人の実績の分布と最高値，実績値と
昇進との間の関係性に相違があるかもしれない。

　効果測定は深いレベルの分析が求められ，外部のダイバシティの専門家の
支援を受けることが望ましい。

　企業文化が一部のメンバーを不利な立場にしてしまう経緯を明らかにする
ために，ある組織文化において主たる価値観は，副次的あるいは代替的文化
と相容れない場合，そのグループを不利な立場に押しやるかもしれない。こ
れはアメリカを含む多数の国々でのアジア人と女性におきている実際のケー
スである。

　この主たる価値観が組織にとって中核的なものであれば，それは他の仕事
のやり方を受け入れるようにこの価値観を変える必要があるかもしれない
（あるメンバーがその組織内で求められる規範的行動を学習するため，さらにはそ
の行動を実際に適用するための負担の程度を知ることがこのケースでの解決策と
なる）。

　要するに，有力な価値観や規範が明らかにされ，労働力のダイバシティの
観点からそれらが批判的に検証されなければならないということである。

　効果測定結果は，その後取り組まなければならない組織文化やシステムの
変革のための策定計画に反映されなければならない。

〈⑤フォローアップ〉

　最後の要素であるフォローアップは，変革のモニタリング，結果の評価，
そして組織の通常の継続的プロセスとして最終的に変革を制度化することで
構成される。他のマネジメントの取り組みと同様，ダイバシティへの取り組

みについても説明責任とコントロールの必要性がある。変革プロセスを指揮することについての説明責任は，最初にダイバシティ・タスクフォースか，もし可能であるならダイバシティ・マネジャーが担うことになるだろう。しかし最終的には変革を維持することへの説明責任は，各マネジャーが負うことになるだろう。実績評価と報酬プロセスの変革がこの遂行に必要とされる。

　フォローアップの活動には，付加的なトレーニングと，システム効果測定の反復，ダイバシティについての継続的な議論のためのフォーカスグループの活用など，といったものがある。

2001年 Cox モデル◆

　2001年のモデルにおいて，Cox（2001）はこの初期のアイデアを土台にして多文化的な組織への変化が5つの構成要素のそれぞれにおける活動と関わ

図表 4-2　多文化組織に移行するための組織変革プロセス

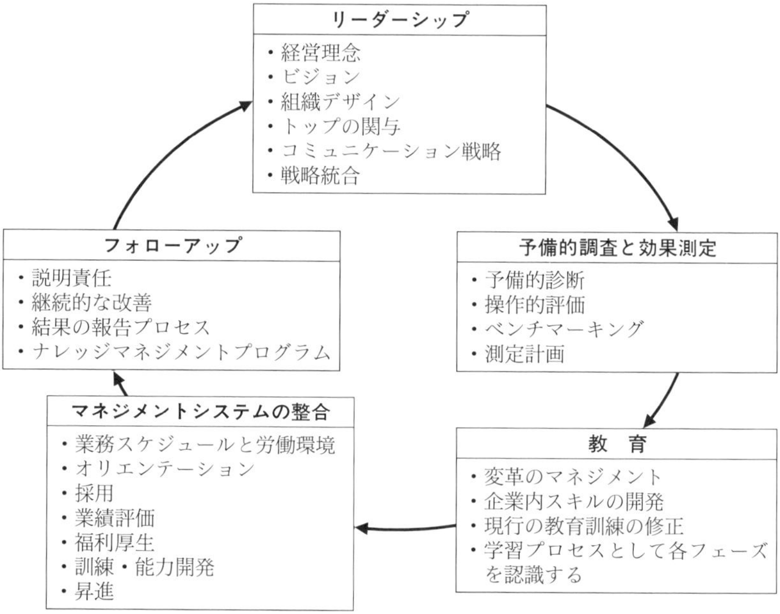

リーダーシップ
・経営理念
・ビジョン
・組織デザイン
・トップの関与
・コミュニケーション戦略
・戦略統合

予備的調査と効果測定
・予備的診断
・操作的評価
・ベンチマーキング
・測定計画

教　育
・変革のマネジメント
・企業内スキルの開発
・現行の教育訓練の修正
・学習プロセスとして各フェーズ
　を認識する

マネジメントシステムの整合
・業務スケジュールと労働環境
・オリエンテーション
・採用
・業績評価
・福利厚生
・訓練・能力開発
・昇進

フォローアップ
・説明責任
・継続的な改善
・結果の報告プロセス
・ナレッジマネジメントプログラム

出所：Cox（2011）

ることを主張した。このモデルは，組織が多文化的になるために必要な組織慣行や組織制度への変化についての，きめ細かい詳細な説明である。Coxによって概説された5つの構成要素は，リーダーシップ，教育，予備的調査と効果測定，マネジメントシステムの整合，そしてフォローアップである。図表4-2のように，それぞれの構成要素を代表する複合的な活動が存在する。

　リーダーシップ要素は，ダイバシティを支援するための経営理念とビジョン，組織デザイン，トップの関与，コミュニケーション戦略，戦略統合を含む。他の要素は，組織のダイバシティの能力を評価する必要性（予備的調査と効果測定），学習プロセスを向上させる内部的な専門知識やシステムを開発する必要性（教育），組織内のシステムを経営ビジョンとの整合性を持たせる必要性（マネジメントシステムの整合），そしてプロセスの説明責任（フォローアップ）といった，重要なプロセスを含む。

　Coxはそれぞれのモデルの中に含まれている構成要素の必要性を説明するために，ダイバシティ変革コンサルタントとしての自身の経験から複合的な例を提示した。Coxによれば，ダイバシティ・マネジメントの成功は，5つの要素のそれぞれの中での進歩の程度によって測定されうる。ある組織がリーダーシップにおいては進んでいるが教育プロセスを開発しはじめたばかりであるように，進歩はばらつきがちである。多文化的な組織になることは，ダイバシティ・マネジメントへのシステマティックなアプローチを必要とし，それは5つの要素それぞれでの進歩を当然ながら伴う（Cox, 2001）。リーダーシップとシステマティックなアプローチの重要性は，このように多くの研究者が指摘している。

組織開発の考え方を用いたモデル◆

　Coxのモデルが実践的であるのに対し，Allen & Montgomery（2001）によって生み出されたモデルは実践以上に理論を重視する。競争優位を創造するための彼らのモデルはダイバシティ・マネジメントのプロセスを概念化するという面で，初期のモデルの発展型であるといえる。Allen & Montgomeryは，ダイバシティをマネジメントするということは，変革プロセスをマネジメントすることであると主張した。従って，方向性は組織変革に関

する既存の知識から得られる。具体的に，図表4-3にみられるように，Allen & Montgomery は効率的なダイバシティ・マネジメントとは，ダイバシティによる創造を目的とする組織開発と変革プロセスであると主張する。これらのモデルは，組織開発と変革に関する Lewin（1951）のモデルをSchein が改良したものをベースにするが，そこでは組織は現在の状態から解凍（unfreezing）され，新しい状態へと移行（moving）し，そして望ましい最終状態で再凍結（refreezing）する。Allen & Montgomery は，この発展のプロセスの焦点であり，効率的な変革に必要な組織的取り組みを明らかにする。これらの取り組みの例は，解凍の段階でのトップマネジメントのコミットメントとビジョン，移行の段階での教育訓練のプログラム，再凍結の間の適切なダイバシティの政策と手続きの確立を含む。また，彼らのモデル

図表4-3　ダイバシティによる創造のための Allen & Montgomery（2001）モデル

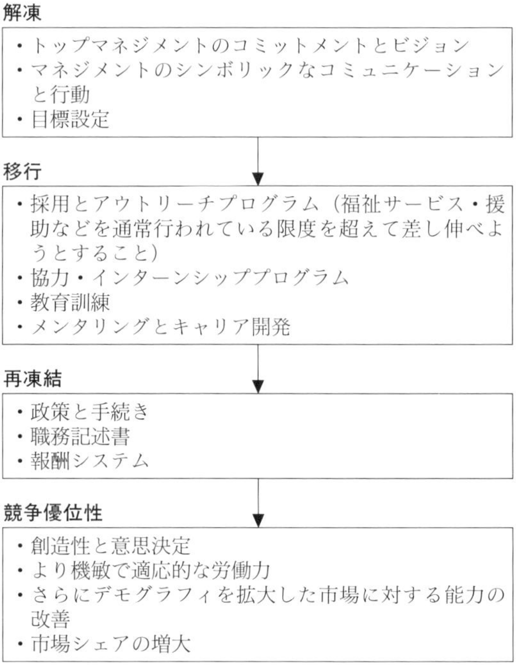

解凍
- トップマネジメントのコミットメントとビジョン
- マネジメントのシンボリックなコミュニケーションと行動
- 目標設定

移行
- 採用とアウトリーチプログラム（福祉サービス・援助などを通常行われている限度を超えて差し伸べようとすること）
- 協力・インターンシッププログラム
- 教育訓練
- メンタリングとキャリア開発

再凍結
- 政策と手続き
- 職務記述書
- 報酬システム

競争優位性
- 創造性と意思決定
- より機敏で適応的な労働力
- さらにデモグラフィを拡大した市場に対する能力の改善
- 市場シェアの増大

出所：Allen & Montgomery（2001）

は競争優位についても説明している。それは効率的にダイバシティを生み出す組織によって実現されるものである。そのような組織は意思決定が創造的で，労働力が柔軟性に富み，またマーケティング能力が広範で，市場シェアが概ね増加傾向にあるという特徴を持つ。

　組織行動の分野では職場のデモグラフィの変化に関わるモデルを発展させてきた。これらのモデルによって，われわれはダイバシティ・マネジメントに対する理解が深まる。こうした発展が，関連する他分野でのこのような発展とあいまって，ダイバシティ・マネジメントに関する注意を喚起してきた。

関連分野からの洞察◆

　Kandola（1995）は，研究者が組織心理学分野以外の既存研究へ関心を向けるならば，ダイバシティ・マネジメントの理解をさらに促進するだろうと指摘した。逆にいえば，ダイバシティ研究の大半は，組織心理学者がその中心を占めてきたのである。

　ダイバシティ・マネジメントの理論を構築していく際には，既存の理論と先行研究の結合に注意を払う必要があると Kandola は主張する。

　Joldan（1995）が，ダイバシティ・マネジメントの分野に関する洞察に満ちたコメントを示している。学問分野を横断する交流の不足が，ダイバシティ・マネジメント研究における第1の障害であると Joldan は主張する。彼女は人類学の視点からダイバシティ・マネジメントを考察する重要性について詳しく説明し，数ある違いの中でも，人類学の文化に対するより包括的で複雑な概念化，そしてエティックな（組織横断的な一般論を探る）アプローチとエミックな（それぞれの組織の独自性に注目する）アプローチの両方からの人類学の考察を引用する。Joldan の貢献は，分野横断的なコミュニケーションの欠如に対する彼女の問題認識，そしてダイバシティ・マネジメントへの重要な洞察を提供する異なる視点を明らかにしている点である。

　Chen & Eastman（1997），Mor-Barak（2000）らは効果的なダイバシティ・マネジメントがエコ・システムのアプローチを必要としていると指摘した。エコ・システムの観点から Mor-Barak は，組織がダイバシティをマネジメントするうえで重要なことを次の3つに要約した。ひとつは，組織はダイバ

シティに関してコミュニティのメンバーとしての責任をその行動の一部として組み込む必要があること。2つ目は，組織は周囲のコミュニティをサポートすることに能動的になる必要があるということである。例えば，地元の学校における教育プログラムのスポンサーになることや，過去に福祉援助を受けていた人が仕事のスキルや生活水準を向上させることを支援することなどである。3つ目は，ダイバシティの取り組みを行っていくうえで国境を越えた考え方が新しいグローバル経済のもとで必要とされていることを認識しておくことである。すなわち，環境との関係で企業はダイバシティを進めていかなければならない点を Mor-Barak らは指摘するのである。

このエコ・システムの最も重要な示唆は，組織のシステムが外部環境に対して閉鎖的なものではなく，オープンなものであることをわれわれに考えさせる点である。

ダイバシティ研究の個々のプロセスを検討するうえで，他の分野でも理論の発展がみられる。例えば，組織の文化変容のプロセスについて議論する研究もある（Berry, 1984; Cox et al., 1991; La Fromboise et al., 1993）。そこでは組織文化に対するメンバーの適応が記述されている。Berry（1984）は組織のメンバーが4つの文化変容の形態のいずれかを通じて成長すると提案する。それは，同化，分離，文化否定，そして統合である。

Berry によれば，同化のもとでは，支配的なグループの文化が行動基準となり，そしてメンバーはその基準を前提にしようとする。

分離のもとでは，少数派の文化は多数派の文化と同化しない。そのかわり，少数派文化のメンバーは多数派から孤立する。

文化否定のもとでは，少数派グループのメンバーは少数派の文化と多数派の文化のどちらも重視しない。よって文化否定においては，メンバーはいずれのグループへも強いつながりを欠いてしまうという。

統合のもとでは，それぞれのグループのメンバーが共通の規範に適応するためにお互いの文化を変化させる。統合のプロセスには，マイナスとプラスの結果が存在し，それぞれの結果は組織にとって重要な教訓を含んでいる。Cox & Nickelson（1991）は，メンバーがどの程度，組織の文化変容プロセスに関与するかは，組織のコンテクスト，特にダイバシティの受容力に影響

されるであろうと主張する。

La Fromboise ら（1993）は，文化変容プロセスに「交替（切り替え）」モデルを追加し，ひとつの文化を実行するように強要してはならないし，たとえその相手の文化であったとしてもそれを強要してはならないと提案する。このモデルにおいては，個人はいかなる文化であっても，自在に活用し，コンテクストへの適応機能として表現を切り替える。この切り替えとは，既存の言語体系から他の言語体系に切り替えるコードスイッチングという行為に近いものであり，そこでは組織内で互いに学習するというよりも，単に場面によって切り替えているということになる。例えば，多言語が話せる人々はコンテクストに合わせて言語とともに文化を切り替えてうまく話すことができる。

Joldan & Mor-Barak は，文化変容研究が，ダイバシティ・マネジメントの分野であまり重要視されてこなかった関連現象にも光を当てることになると主張した。

Austin（1997）は，ダイバシティの効果を理解するには，認知プロセスを検討しなければならないと述べる。それは，例えば人口統計学上の区分によって異なってくるスキーマ（世界を認知したり外界にはたらきかけたりする土台となる内的な枠組み），スクリプト（筋書），ステレオタイプ化といった経験的事実認識に基づいたプロセスである。組織パフォーマンスへの効果の差をもたらす要因は単純な人口統計学上の区分による差異ではない。代わりに，組織のダイバシティのレベルとメンバーの新しい経験の受容度が，ダイバシティの認知プロセスに影響を及ぼす程度を決定するが，それは究極的にプラスかマイナスの結果をもたらす。

ダイバシティ・マネジメントの分野の発展として Schneider & Northcraft（1999）による次のような議論がある。Schneider & Northcraft は，ソーシャル・アイデンティティ理論と，ソーシャル・ジレンマ理論を統合して議論した。すなわち，多数の社会グループとそのメンバーとしてのアイデンティティの重要性を強調するものがソーシャル・アイデンティティ理論であり，同じ状態に対して，個人としては多数の潜在的な対立するアイデンティティを考えなければならないというジレンマに直面するとするものがソー

シャル・ジレンマ理論である。

　これらの理論は，メンバーがジレンマに直面して為すであろう決定はその
メンバー自身のソーシャル・アイデンティティによって影響されることを明
らかにする。このようにグループのアイデンティティと個人のアイデンティ
ティとのジレンマを理解することはダイバシティ・マネジメントを進める上
での障害を特定するのに役立ち，潜在的な抵抗への解決策を提供する。ソー
シャル・アイデンティティ理論とソーシャル・ジレンマ理論の両方の議論を
用いて，Schneider & Northcraft は，ダイバシティ・マネジメントの困難
さを指摘する。

Dass & Parker の戦略論的マネジメントモデル◆

　組織心理学以外の分野からのダイバシティ・マネジメントへの洞察として
戦略論のマネジメントモデルを紹介しよう。

　図表 4-4 は，マクロ環境，産業環境，組織内部の環境が，恒常的に相互作
用を及ぼし合う関係にあることを示す。組織のリーダーは，この相互作用の

図表 4-4　組織においてダイバシティをマネジメントするモデル

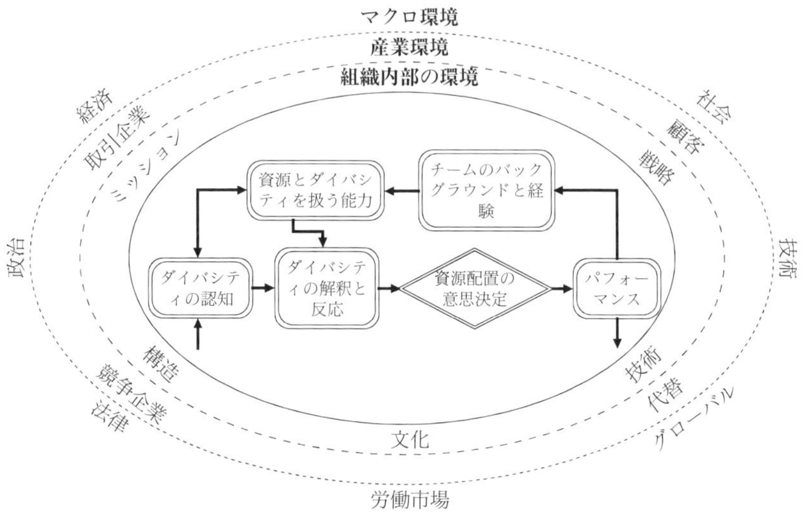

出所：Dass & Parker（1996）

結果として価値を創造し，企業にとって長期的戦略的な優位性を獲得するために内的，外的な関心事に同時に注意を向けなければならない。

戦略的なマネジメントとは，継続的で柔軟なプロセスである。組織のリーダーは，組織のミッションを定義し，ゴールを設定し，さまざまなレベルで優先順位をつけ，それらを達成するための方法を開発し，実行するための具体的なメカニズムを特定する必要がある。

外部環境の変動に対応する組織能力は，経営幹部がそれをどう認知するかに係る。それは外部の事象を知覚する際にどのような認知フレームを持っているかということである。例えば，ダイバシティがチャンスだと考える組織のリーダーは，外部環境変化への対応に着手する前に，より多くの情報を集めたうえで，自社の資源を活用しようとするかもしれない。組織のリーダーは，より多くの情報を集めれば集めるほど，ダイバシティが資源配置を通じて得られる戦略的なチャンスだと考えることができるようになる。実行段階において，組織のパフォーマンスを向上させるために資源配置がなされる。パフォーマンスのフィードバックは，組織内外の者に対し，成否のシグナルとなり，組織のリーダーの新たな認知を生む。

部長職にとって重要な役割は，短期的または長期的なゴールをマネジることと，組織の効率性と有効性にかかわるさまざまなステークホルダーの対立する利害関係に関心を向けることである。経営幹部は，組織に長期的な利益をもたらすよう期待される。株主にとっては ROE，顧客にとっては商品・サービスの価値の最大化，従業員にとっては公平な賃金体系と健康と安全衛生，地域コミュニティにとっては例えば公害の抑制などが各ステークホルダーとしての利害だと考えられる。こうした対立する利害のバランスをとることは困難である。中でも，ダイバシティの内的・外的要因に同時に焦点を当てることは，他の戦略的な問題に取り組むよりも困難であることがわかっている。どのようにダイバシティが定義されるべきか，ダイバシティとして価値づけるためにいかに資源を用いるべきかについてすべてのメンバーの合意を得ることは難しい。また，ダイバシティの戦略的な優位性構築への貢献については，多くのメンバーが納得しないはずである。

しかしながら，ダイバシティに対して組織内外の双方にどのような力が働

いているか，バランスのとれた二次元的見方をすることで，組織のリーダーたちは，内的資源と外部のデマンドとの間の整合性を維持することができるようになるであろう。外部環境の機会に投資するために内部の組織構造やプロセスを緊密に調整すること，ダイバシティが作り出す脅威を避けること，その2つが組織のリーダーの責務である。

　ダイバシティによって戦略的な優位性を得るために効率性と有効性を組み合わせるということは，長期的な効果を生みだすために短期的に効率をあきらめるという重大な選択を意味する。だからこそトップマネジメントのコミットメントが必要なのである。

　優位性が得られるのはダイバシティそのものからではなく，ダイバシティを促進する外部環境と，ダイバシティを活用することができるような組織内部のシステムとの間の関係づけを作り出すことからである。

　このように Dass & Parker（1996）は，ダイバシティをすすめようとする力とそれに反対する力を調査し，将来を予測することが重要だとする。つまり，現在・未来の状況と組織とを重ね合わせて，不整合がどのように存在するか見極め，ダイバシティ・マネジメントへの統合アプローチを開発することが重要だと指摘する。

ダイバシティの取り組みの実行段階：Agars & Kottke モデル◆

　Agars & Kottke（2002）らの主張するモデルを示す。これは，Cox の「多文化的な」組織と，R.Thomas の「ダイバシティをマネジする」組織に類似させたモデルである。Agars & Kottke らのモデルが他と異なるところは，組織変革が生じるプロセスを説明するところにある。モデルの中核はダイバシティの変革マネジメントを，「3つのステージプロセス」で示している。

　3つのステージプロセスとは，

① 問題の特定：ダイバシティ・マネジメントの意義を確認し，取り組みのスタンスを決める段階

② 実行：現行の慣行が修正されて多様な従業員をサポートするために新たな制度が施行される段階

図表 4- 5　ダイバシティの取り組みの実行段階：
Agars & Kottke（2002）のモデル

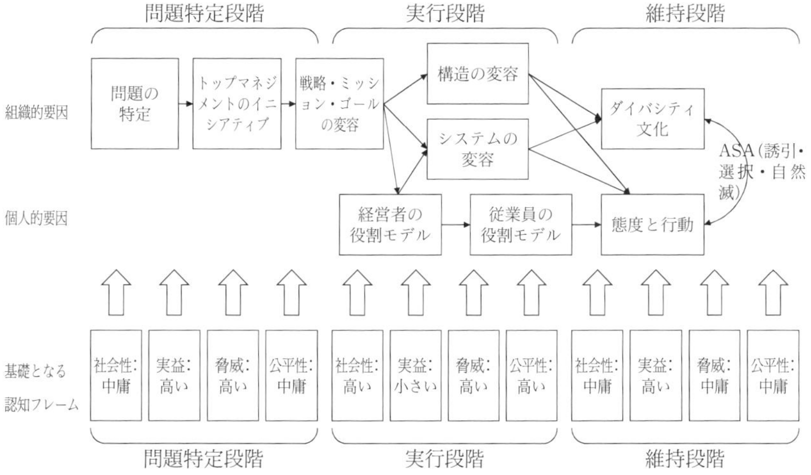

	問題特定段階	実行段階	維持段階
組織的要因	問題の特定 → トップマネジメントのイニシアティブ → 戦略・ミッション・ゴールの変容	構造の変容 / システムの変容	ダイバシティ文化
個人的要因		経営者の役割モデル → 従業員の役割モデル	態度と行動

ASA（誘引・選択・自然減）

基礎となる認知フレーム	社会性：中庸	実益：高い	脅威：高い	公平性：中庸	社会性：高い	実益：小さい	脅威：高い	公平性：高い	社会性：中庸	実益：高い	脅威：中庸	公平性：中庸

問題特定段階	実行段階	維持段階

出所：Agars & Kottke（2002）

③　維持（メンテナンス）：フォーマルなプロセスとインフォーマルなプロ
　セスがダイバシティをサポートするような組織文化をつくるよう奨励
　する段階

　3段階のプロセスを通じて，認知の基礎となるフレームが示されているが，
それらは，どのようにマネジメントされるかによって，障害または促進のい
ずれかとなる。

　その認知フレームとは，以下のとおりである。

・社会性の認知：ジェンダーのステレオタイプ化のような社会的認知やソ
　ーシャル・アイデンティティ。これはメンバーの思考，態度，行動に影
　響を及ぼす。

・実益の認知：これはダイバシティ・マネジメントの財務的な効果の実証
　（または実証の失敗）である。

・脅威の認知：これは狭い視野，支配的な対応のパフォーマンス，リスク
　テイキングの減退などにつながる硬直した行動をもたらす。

・公平性の認知：これはダイバシティ・マネジメントの努力が公平だと感

じられるか否かである。

これらの基礎的な認知フレームはダイバシティ・マネジメントの取り組みの成功または失敗の鍵を握る。

①問題特定の段階で，組織はまずダイバシティ・マネジメントの必要性を認識する。その必要性は組織ごとに異なる。また，ダイバシティに対する緊急性も組織によってさまざまである。それにもかかわらず，Agars & Kottke らのモデルはすべての組織が同じ道のりをたどるだろうとする。

ダイバシティの必要性に対して認識が定まると，トップマネジメントは，組織のメンバーとの対話を含む非公式の活動だけでなく，戦略またはミッションやゴールの変更といった公式の活動を通じてダイバシティの取り組みを支援しなければならない。Agars & Kottke がこの段階での最大の障害とするのは，トップマネジメントがダイバシティの重要性を認識しているが，彼ら自身のイニシアティブが組織にとって価値があるものだということをトップマネジメントが確信しているかであるという。必然的に実益はこの段階で最も重要な認知フレームであるとしている。この時期において重要なことがほかにもある。例えば，社会的なカテゴリーへの認知である。真の「統合」が，「女性」または「マイノリティ」の問題として矮小化されてしまうと，トップマネジメントには真剣に受け止められない可能性がある。

トップマネジメントがダイバシティの重要性を認識することは，後に取り上げる Dass & Parker（1999）や第5章の実行ステップの箇所でさらに詳しく述べる。

その他，Agars & Kottke らはこの時期において重要なこととして，公平性ばかりにとらわれると実益が得られないことだとしている。

また，この段階では，脅威が認知されることもひとつの現象である。組織レベルでは差別訴訟という脅威が浮かび上がってくる。その脅威のために，強固な反動的対応（抵抗）や，偏った解決策をとることとなり，そのことがダイバシティ・マネジメントの機能を減退させるであろう。

脅威に対する強固な反動的対応（抵抗）が注意深く省みられなければならないのは，特にダイバシティ・マネジメントの取り組みの計画を作るときである。

公平性の問題は，この問題特定段階ではさほど重要ではない。だが，その取り組みの成功のためには，公平性の視点を持たなければならず，さもなければ失敗する可能性がある。

公平性に慎重に配慮せず，少数派優遇策を実施する組織は，単にマイノリティに対して特恵的な処遇をしているとアピールしたいにすぎないのである。そうしたプログラムが失敗するのは，しっかりとした計画や目的を持っていなかったからではなく，公平性を考えなったからである。逆に，ダイバシティ・マネジメントの取り組みが公平性だけを重視し，他の要素がまったく考えられておらず，つまり実益が考えられていないときには，株主に対して責任を負うトップマネジメントからの必要なサポートが得られない。

この問題特定段階で成功するためには，リーダーがダイバシティの問題を認識し，行動を起こすために動機付けられていなければならない。さらに，リーダーは組織のミッションやゴールに向かう，公式・非公式の変化を導く意欲を示しながら，公平性，実益，そして社会性に注意を払わなければならない。認識（問題特定），動機づけ（トップマネジメントのイニシアティブ），そして目標設定（ミッションやゴールの変化）が無くては，組織は停滞したままである。

②実行の段階は，従業員個々の多様性の統合をサポートするうえでの，構造，組織慣行，制度，手続きの実行によって特徴づけられる。これらには，多様性の統合を重視する育成システムや報酬システムの実行と同様に，組織構造の公式的な変革がある。この段階では，新しい目標を具現化するような行動変化や役割モデルを必要とする。

組織が実行段階に移るにつれて，4つの基礎的認知プロセスのそれぞれの相対的な重要性が変化し始める。実行段階において，実益の認知フレームが引き続き重要であり続けるが，この時，財務的な成果にはほとんど重点がおかれない。総じて，実益はこの段階でほとんど重要性を持たない。

実行段階は，ダイバシティをサポートする公式の組織制度や非公式の組織慣行の，開発と実行によって特徴づけられる。公式な活動は，ダイバシティを盛り込んだ偏見のない報酬システムの制度，幅広いより包括的な集団を対象にする採用と選抜の慣行，ハラスメント対策の制度，リーダー階層におけ

第4章｜ダイバシティと企業の戦略的行動　**223**

るダイバシティの拡大，である。

ダイバシティを支持する行動は，トップレベルから順に着手され，非公式な慣行（運用）の中心となる。それ自身が組織全体を通じて従業員の手本となるようマネジメントレベルまで徹底される。こうした実行の側面は，理解するのは簡単ではあるが，自らが実行するのは困難である。

特に性別役割意識に代表される社会的な認知によって，偏見のない慣行と評価が妨げられる。属性ごとに境界線を作るソーシャル・カテゴリー化による集団同士の対立もダイバシティの取り組みを困難なものにする。

加えて，報酬制度，採用・選抜制度が本質的に変わると，現行の組織メンバーにとって脅威となり，不公平という認識につながる。これらのネガティブな結果は，必ずしも起こるわけではないが，全体を包括するフレームは社会的認知と脅威の認知，正当性の認知がダイバシティ・マネジメントの実行段階をうまくマネジするうえで重要なものであること物語っている。問題特定段階では，実益のマネジメントに失敗すると取り組みが停滞し，実行段階では3つの残された認知プロセスのマネジメントの失敗が，計画を覆すであろう。

結果的に，実行段階を経て次の段階へうまく移行するには，組織全体として公式のみならず，非公式の変革を必要とする。成功している移行とは，統合をサポートしながら組織の構造とシステムが，リーダーの行動と従業員の行動とに整合性がとれていることである。そのような変化が一旦起これば，組織文化と個々人の態度と文化に対する意義のある変革が起こりうる。

③維持（メンテナンス）段階は安定が増す時期である。ダイバシティ・マネジメントの制度や慣行が確立された後，究極の目標はそれらが組織文化を象徴するようになることである。いったん実行されれば，Schneider（1987）のASA理論（同質なものが引き付けあうというモデル。これは第2章で取り上げた類似性・アトラクションの範疇である）に基づき組織は安定を増すのである。自然なプロセスがダイバシティ・マネジメントの文化を強化するように働く。この結果は直感的には違和感があり，Schneiderの理論が「時間とともに均質になる」と予測していたように，けっして多様にはならず均質的なものになってしまうと考えられる。

しかしながら，組織がダイバシティを受け入れる，従業員を価値付け支援するような文化をつくりあげるのであれば，ASA理論のもとではすべての従業員がありのままのアイデンティティを保持し，その構成のままになる。加えて，公平性や統一性がいったん暗黙的なプロセスとなると，ますますそれらが重要なものになる。

要するにこのモデルは，次の3つのことを明らかにしている。ひとつは，ダイバシティ・マネジメントの変革プロセスの特徴である。2つ目は，個人と組織のレベルに関連する要因が存在しているということである。3つ目は，ダイバシティに取り組むうえで体系的な見地が必要だということである。

3．組織的介入の実証結果

第2章で述べた5つのダイバシティ（在職期間，経歴，年齢，ジェンダー，人種・民族）の実証結果は主に，組織が多様化することによって，組織プロセスにどのような変化が起こり，さらにはパフォーマンスにどんな影響を与えるかを示す。この後論じる実証結果は，組織がダイバシティの導入を実行していくうえで，能動的に行う支援（組織的介入という）がパフォーマンスにどのような影響を及ぼすか，である。

また，ここでは，個人レベルの影響と組織レベルの影響の2点に限定して実証結果をみていく。

個人レベルの実証結果◆

アフェクティブ・コンフリクトは，無視することはできても，決してなくなることはない（Donnellon & Kolb, 1994）。Williamsら（1997）は，ダイバシティが及ぼすマイナスの効果に対処するための組織的介入が重要であると指摘する。

従業員が組織に社会的アイデンティティをみいだせば，彼／彼女らはより高い組織コミットメントを示す。その組織が多様であれば，その特徴を維持するために積極的に新規メンバーを受け入れる。その組織内に強い「平等」の規範をつくれば，相互依存関係が築かれ，偏見を防ぎ，メンバーの参画を促す（Elsass & Graves, 1997）。

例えば，Cox（1991）は，多文化組織の理論をもとにして，企業は，双方向の社会化プロセスをつくりだすようなプログラム，すなわち①偏見を減らし，②組織の規範や価値にマイノリティの知見が影響するようなプログラムが必要だとした。

Richard & Grimes（1996）は，新規メンバーの個性が組織文化に統合される多文化組織が重要だとした。さらに，差別や偏見を減らすための研修だけではなく，メンバー間のアフェクティブ・コンフリクト（感情的な対立）を減らすうえで，集団のアイデンティティをベースとしたコンフリクト・マネジメント研修が必要であるとする。

Richard & Johnson（1997）は，ダイバシティ研修や管理職の偏見対策研修を実施している革新的な企業は，そうした研修を実施しない企業よりも生産性が高いことを示した。

こうしたダイバシティ研修はメンバーに対する最も一般的な組織的介入である。Agars & Kottke（2004）は，ダイバシティの取り組みを事例のレビューによって評価した。ダイバシティの取り組みは多くの場合，組織独自で導入されるので，それらの効果についての企業間比較は不可能であり，それゆえに既存研究による事例が中心となっている。事例のレビューの数は限定されているが，それらは単一の事例からは導けないような重要な示唆を与えている。

実験室研究の数は限られているものの，ダイバシティ研修の結果はメンバーの態度に関しておよそプラスに働く（Kiselica & Maben, 1999; Rynes & Rosen, 1995）。

Hanover & Cellar（1998）の研究では，研修の効果が明らかに認められた。フォーチュン500社の中間管理職をダイバシティ研修に参加したかで分類し，両群の態度や行動を研修以前の4カ月間と研修以後2カ月間収集したところ，ダイバシティ研修を受けた管理職はダイバシティについての態度が好意的なものに変化していた。

Roberson ら（2001）の研究において，ビジネス専攻の学生が多様なグループと均質なグループに分けられ，全ての学生がダイバシティ研修を受けた。調査結果では，均質なグループでも，ダイバシティ研修によって多様性への

価値づけがより強固なものになることが示されたことにより，ダイバシティ研修の受講グループの構成メンバーを決定する際に過去のダイバシティ体験をもとにするとより有効になると提案する。

　個人レベルのダイバシティの成果を扱うほとんどの研究は態度（姿勢）に注目してきた。既存の実証結果は，ダイバシティ重視の取り組み（組織的介入）が，個々人の情動的成果に有効に作用することを示す。共感，平等，公平といった相互関係の基礎となる価値は多様化した組織にとって重要である（Chen & Eastman, 1997）。組織がダイバシティの取り組みを進めれば必然的に従業員の関与も大きくなる（Hopkins et al., 2001; Mattis, 2001）。

　また，少なくともひとつの研究は，研修を受講することで態度（姿勢）の変化がもたらされることを示した。研修の後，中間管理職は，仕事での配慮に欠けたコメントまたはジョークをやめさせること，またはダイバシティがどのように作業効率や集団凝集性に影響を及ぼすかについての議論を促進することといった，ダイバシティにより好意的な監督行動を強化した（Hanover & Cellar 1998）。

　ダイバシティの取り組みに対する支持は，取り組みが手続き的に正当かどうかに左右される。Richard & Kirby（1997, 1999）は，採用決定に関する実験室研究を実施した。彼らの初期の研究（1997）において，政治的・法的な正当性がある場合，採用されなかった白人男性でさえ決定をより好意的にみなす。彼らの次の研究（1999）において，有能で優秀な白人男性のかわりに採用されたと告げられたアフリカ系アメリカ人男性は，ダイバシティの取り組みのもとで正当な手続きによる採用決定を好意的に受けとめた。こうした手続き正当性が個人レベルにプラスの影響を与えるということが組織的介入の重要なひとつとされる。

　ダイバシティの取り組みは，個人レベルで次のようなプラスの影響を及ぼすと考えられている（Konard & Linnehan, 1995; Simmons & Neloson, 1997; Rao, 1996; Wright et al., 1995）。

　　・マイノリティや女性の従業員のロールモデルづくり
　　・スキルのある従業員の採用と定着
　　・現実を反映しつつ，より多くのアイデアに基づく問題解決

・理解，繊細さ，より広い視野，組織への共感を強化する個人的な成長

・個人の意識の変化による組織文化の強化

・マイノリティや女性の離職意思の低下（そのことで離職率が下がる）

しかしながら，ダイバシティの取り組みに対する反応は，マジョリティか
マイノリティかによって異なることが明らかになっている。白人男性に代表
されるマジョリティのメンバーが，女性とマイノリティに関連するダイバシ
ティ施策について，異なる反応をするのかに焦点がおかれてきた。実際，白
人男性は，女性やマイノリティに比べて，ダイバシティおよびダイバシティ
の取り組みのコンセプトについて異なった反応をする傾向がある（Konrad
& Linnehan, 1995; Mor-Barak et al., 1998; Parker et al., 1997）。しかし，施策
の受け止め方が異なり一部が反感を持つことを恐れて組織はダイバシティの
取り組みから手を引く必要はない。例えば，白人男性の組織へのコミットメ
ントは組織のダイバシティのゴール設定には影響を受けないだろう。つまり，
白人男性は，ダイバシティのゴール設定には無関心で（Naff, 1998），組織へ
はコミットし続ける（Hopkins et al., 2001）。対照的に，女性と有色人種は，
彼らが働く組織がダイバシティの積極的関与を表明する時にこそ，組織に留
まりたいと考え，コミットメントを示すといえる（Mattis, 2001）。

これらの結果は，ダイバシティの取り組みが人口統計学上の属するグルー
プごとに異なった反応をもたらす可能性があるものの，組織にとって受け入
れることができるものであることを示す。つまり，従業員の反発があったと
しても，組織の許容範囲内でのことなのである（Agars & Kottke, 2004）。

個人レベルの実証結果のまとめ◆

ダイバシティ研修のプログラムは，多様な人々に対する態度を前向きにす
る。また，人口統計学的上の属するグループの違い，つまりマジョリティか
マイノリティかによって異なってくる，ダイバシティに取り組む組織に対す
る態度は，仕事に対するやる気や組織へのコミットメントにおいて多少の違
いはあるものの，極端とはならない。つまり，マジョリティは組織に対して
帰属意識が希薄であっても組織にとどまり，そしてマイノリティはダイバシ
ティの取り組みを行う組織では，よりいっそう忠誠心を強める（Agars &

Kottke, 2004）。

組織レベルの実証結果◆

　これまでの，個人レベルへの影響に関する実証結果だけでなく，ダイバシティ推進に取り組む組織がどういうパフォーマンスを示すかを論じる必要がある。ここで，組織のパフォーマンスに関する研究の事例をいくつか紹介しよう。

　Comer & Soliman（1996）は，（自社の）ダイバシティの取り組みを高く評価する組織は非常に少ないと指摘した。

　組織レベルでの研究はダイバシティの取り組みの実行状況（例えば Dobbs, 1998; Iannuzzi, 1997; Jackson et al., 1992; Ross, 1999; Witherspoon & Wohlert, 1996）とそれを実行する組織の特徴を調査している（例えば，Wentling & Palma-Rivas, 2000）。ダイバシティの取り組みから得られた教訓を共有できるものの，最終利益（パフォーマンスの1つ）への影響をみるためには多数の事例が必要であり，組織レベルでの研究では困難なため，研究はわずかしかない。

　そのわずかの研究の中から貴重な実証結果をいくつか示す。

　企業のダイバシティ・マネジメントが，パフォーマンスにプラスの影響を及ぼすという仮説を支持する研究がある（Konard & Linnehan, 1995; Simmons & Neloson, 1997; Rao, 1996; Wright et al., 1995）。

　Ellis & Sonnnenfeld（1994）は，多文化を賞賛し社内のコミュニケーションの幅を広げたり，多様なメンバーが育まれるような環境をつくるべくトップがコミットメントすると組織にプラスの影響を与えることなどを明らかにした。

　ダイバシティ・マネジメントを進めるうえで，組織の慣行を変えることの重要性も指摘されている。Richard & Johnson（1997）は，ダイバシティの目的に整合した管理職評価などの新たな慣行が，組織効率にプラスの影響をもたらすことを示した。

　組織の労働力構成とその財務的パフォーマンスの関係性をみる研究がある。その研究の中での基礎的な考え方は，組織が競争優位を獲得するのにダイバシティが役立つ可能性があり（例えば，Agars & Kottke, 2002; Allen & Montgomery, 2001; Cox, 1991; R. Thomas, 1996, 1997), 実用にかなっている（Agars & Kottke, 2004）というものである。

　企業内の多様化した人的資源の効果的なマネジメントが，財務的な成功を導くと Wrigt ら（1995）は主張する。Wrigt らはアファーマティブ・アクションのプログラムに対して労働省から贈られる EVE 賞を受賞した企業と，人種差別訴訟において被告側だった企業の株価を調査した。アファーマティブ・アクションの最優秀実践賞を授与された組織では株価が上昇し，人種差別訴訟の結果が公表された組織で下落した。質の高いアファーマティブ・アクションのプログラムは効果的なダイバシティ・マネジメントを代表する指標であり，人種差別訴訟は効果の無いダイバシティ・マネジメントを代表する指標といえると，Wrigt らは結論づけた。

　しかし，これらの実証結果は，決定的な結論であるとはいえない。なぜなら，Bierman（2001）は，Wrigt らの研究と同様の条件で検証したにもかかわらず同じ結果を見出せなかったからである。Bierman（2001）は，EVE 賞受賞企業は株式配当においてマイナスの結果があることを見出した。

　ダイバシティの競争優位を裏づける他の研究もある（Bellinger& Hillman, 2000; Hillman, 1998）。Hillman ら（1998）は S & P500（スタンダード＆プアーズ）の株価データを基に，取締役会の人口統計学的上の構成と ROE について比較調査した。多数の女性とマイノリティの役員がいる企業は，そのような役員が全くいない企業よりも，かなり高い ROE を示していた。これらの結果は多様な従業員を通じて得た多様な消費者についての情報をいかすようになったためだと考えられる。もちろん他の説明が可能かもしれないが，ダイバシティに熱心な企業は，より多く，より大口の投資家にとって魅力的であるとされている。

　また，Rao（1996）は従業員の差別対策や，ジェンダーや人種・民族のダイバシティに投資しない企業に，投資家は否定的な反応を示すと述べている。

　Richard & Kirby（1997）は，革新的なダイバシティの慣行を持つ企業ではトップマネジメントのダイバシティが，生産性や ROE を向上させることを示した。

組織レベルの実証結果のまとめ◆

Wrigt ら（1995）と Bierman（2001）の研究結果は対立するものの，ダイバシティが競争優位をもたらす可能性があるという理論的な議論を検証するための研究として価値がある。

Hillman ら（1998）と Richard（2000）の研究は，ダイバシティに取り組む企業は，従業員を多様化させることを通して財務的なベネフィットを獲得できるだろうと提案する。

ダイバシティ・マネジメントのための組織開発の節で紹介した実証結果によれば，ダイバシティの取り組みと研修にはプラスの効果がある。ダイバシティ研修は，個人の態度を変化させ，その変化はポジティブなものであるという見方である。

また，組織が効果的なダイバシティの取り組みによって財務的ベネフィットを獲得する可能性があるという実証結果も存在する。

しかしながら，ここで明らかにされた組織的介入の実証結果は，ほとんどがスタティック（静的・結果だけをみる）な分析であり，ダイナミック（動的・プロセスをみる）なものではない。ダイバシティ・マネジメントの組織的介入が，どんなプロセスでパフォーマンス向上につながっていったかというダイナミックな調査・研究が必要である（どのようなプロセスでパフォーマンス向上につながったかは，第5章でイオンの事例をあげて説明する）。

4．まとめ

ダイバシティ・マネジメントによる恩恵を獲得するには時間がかかるので，組織のリーダーに対して，コミットメントを保ちつづけることの必要性を明確に裏付けることは困難である。

組織は，ダイバシティ・マネジメントのアプローチが効果的であるときにもたらされる価値にどうすれば気づくことができるのだろうか。残念ながら，ダイバシティ・マネジメントの価値を信じる人々は，その取り組みを開始しようとするとき多くの障害に直面する（Agars & Kottke, 2004）。

多くのダイバシティ・マネジメントの慣行が効果的であると確認され，それらの取り組みがうまくいっていることが公表されれば，他企業はそうした

事例から学習することができるうえ，ダイバシティ・マネジメントの取り組みもさらに進歩するであろう（Agars & Kottke, 2002）。

アメリカでは，研究者，コンサルタント，組織内部者といったさまざまな人々がこの研究分野に参画している。そこで，様々な研究者が提起するダイバシティを取り巻く事象を包括的にみるフレームワークを詳しく説明する。

第2節　ダイバシティと企業戦略

第1節では，ダイバシティ・マネジメントを可能にする組織の特徴について既存のモデルを用いて説明したが，ここでは特に，ダイバシティによって組織が進化するとはどのようなことなのか，どのような組織体であればダイバシティでパフォーマンスが向上するのかをみていく。

1．ダイバシティによる組織の進化

3つのパラダイム◆

企業は，組織を多様化するプロセスにおいて，3つの異なる方法を採用できる（D. Thomas & Ely, 1996）。D. Thomas & Ely は，ダイバシティにおいて企業の取り得る行動を3つのパターンで説明した。単に企業がどのパターンに当てはまるかを分類するだけでなく，どうしてこのパターンだとパフォーマンス向上にむすびつかないのか，あるいは，どうしてこのパターンだとパフォーマンス向上に限界があるのかということを明らかにした。

その3つのパターンとは次のものである。
・差別と公平性のパラダイム
・市場アクセスと正当性のパラダイム
・学習と効率性のパラダイム

D. Thomas & Ely は，「差別と公平性のパラダイム」，「市場アクセスと正当性のパラダイム」，「学習と効率性のパラダイム」の3つのパターンを示したが，単に個人レベルに焦点を当てるのではなく，企業間合併や組織変革などマクロ的な議論を深めるために著者は，「同化」，「分離」，「統合」というとらえ方をした。そうすることで組織の学習・統合といったメカニズムにま

で拡大して分析することができるのである。

・差別と公平性のパラダイム…「同化」のパラダイム

・市場アクセスと正当性のパラダイム…「分離」のパラダイム

・学習と効率性のパラダイム…「統合」のパラダイム

「同化」のパラダイムでは，パフォーマンスの向上にダイバシティは影響しないし，「分離」のパラダイムでは部分的な影響しか及ぼさない。組織全体のパフォーマンスを高めるのは「統合」のパラダイムである。

組織が進化するとはどういうことか。「同化」のパラダイムでは，組織の進化はあり得ないであろう。また，「分離」のパラダイムでは，特別な部署を作るなどして，ダイバシティを取り込むユニットを本体とは別に作ってしまうので，その部分だけが進化を遂げ，その進化は企業全体には及ばない。

「統合」のパラダイムのみが組織全体を進化させる。ダイバシティを取り込む過程で，組織の変革を成し遂げることができるからである。

この３つのパラダイムは，単に組織単体の変革のみの議論ではなく，企業間提携の議論にも当てはめて考えることができる。例えば，A社とB社が合併し，すべてA社のやり方を押しつけてしまったら，それは「同化」のパラダイムになる。A社もB社もそのままの形で，お互いの良いところを採り合い，Cという企業に生まれ変わったときこそ「統合」のパラダイムが生まれるのである。

D. Thomas & Ely の論文が発表されると，この概念に対する議論が活性化し，なぜ自らの組織のやり方では，ダイバシティがパフォーマンスにむすびつかないのかという理由がはじめて明らかにされた画期的な文献であると賞賛を受けた。

次に，それぞれのパラダイムについて個別に説明する。

「同化」のパラダイムの特徴と限界◆

「同化」のパラダイム（差別と公平性）は，主に法律に違反しないよう差別を減らすことを目的にダイバシティを進めるパターンである。この組織では，ダイバシティは組織の効率を低下させるものとみなされている。違いを意識することは，不公平な差別を招くと考えているがゆえに，すべての人を同一

に扱おうとする。違いがあったとしてもそれは支配的な文化の側に同化すべきものだとされる。

こうした組織では，ダイバシティによって現行の各種のプロセスを変えようとせず，マイノリティの数を増やすことだけが目的とされる。採用するときには，個人の能力を吟味するよりも，むしろ「女性だから」，あるいは「マイノリティだから」という属性によって決定されることがある。そのため，個人の能力や仕事のパフォーマンスへの影響はあまり考慮されない。

そこでは，みな等しく扱われるべきであるという考え方をとるので，個人間の違いはむしろ埋没してしまう。ゆえに，たとえ数が増えたとしても，組織はなんら変わることがなく，進化もパフォーマンス向上もあり得ない。

「分離」のパラダイムの特徴と限界◆

アメリカにおいて，1980年代から1990年代にかけて，企業間競争が激化し始めたころ，「同化」のパラダイムとは異なる新しいパラダイムが現れた。ダイバシティは新しいマーケットと新しい顧客を獲得することができるという考え方であった。新市場に参入するときにマイノリティを雇用することは理にかなっているとされた。ジェンダーや人種などの人口統計学上の属性区分によって特徴づけられる市場と対する企業は，さまざまな産業分野でこれを実践することで確固たる地位を築いた。結果としてこのパラダイムは，女性や少数民族らに，新たな分野の雇用機会をもたらした。

この「分離」のパラダイム（市場アクセスと正当性）では，ダイバシティを進めることは多様な市場や顧客にアクセスするために合理的であるとされる。ただし，（女性や少数民族の）人材採用においては，マーケットや顧客との接点のみに限定され，企業接点機能として本流となる部署や経営に影響を及ぼす部署には採用されない。違いは市場合理性があるとみなされてこそ活用される。そうでなければ，組織内で支配的な文化に同化されるべきものだと考えられる。

こうした組織では，ダイバシティが市場にダイレクトに作用すると考えられており，効果的な部署はどこかと探し出そうとする。組織のダイバシティが，多様な市場にいかにダイレクトに受け入れられるか，アプローチの機会

を得られるかがこの組織の関心事である。「同化」のパラダイムが違いに目をつむるものであったのに対し、このパラダイムは違いに注目するもので、それがニッチマーケットの開拓に効果的だと考えられる。

ところが、こうした企業は、競争優位を築くことはできるが、文化の違いについて、それが実際どのように影響を及ぼすかを熟考することなく文化の違いの影響を過小評価しがちである。

このパラダイムを採用した組織でマイノリティ従業員は、自分たちが「利用されている」という感じを持っていた。また、特定の属性だけに基づいて特定の部署に配属されるため、個人としてもっと他の分野で活躍したいという希望が閉ざされていた。さらに、ニッチマーケットが衰退したときにはそのマーケットの特性と属性が整合するという理由だけで採用された人材は解雇されることもあり得るのである。

この「分離」のパラダイムは、採用された人たちに、使われていると感じさせてしまうことと、既存の昇進プロセスに乗れないという閉塞感を与えるという欠点がある。さらには、分離したユニット内での知識・経験を企業全体の変革にいかせないという限界もある。

「統合」のパラダイムの特徴とパラダイムシフト◆

「統合」のパラダイム（学習と効率性）は、コアの業務を強化することを目的とする。ダイバシティを価値づける度合いは最も高く、ダイバシティを学習や変革、再生の資源と考える。ダイバシティは、直接的に業務全体に組み込まれており、組織を変革するパワーとむすびついている。

「統合」のパラダイムのもとでは、企業はその文化や仕事のすすめ方、システム、さらにはミッションまでも再定義することになる。だからこそ、このパラダイムを用いる企業が、本当の意味でのダイバシティの恩恵を得ることができるのである。このパラダイムのもとで、はじめて企業は進化できる。

D. Thomas & Ely はこうした企業には、次の4つの特徴が見られたと指摘する。

① 個人同士が精神的な面でつながりを築いていること。

② オープンな議論が正当であるとしていること。

③　個々人の貢献を妨げるような支配や従属に対して否定的であること。

④　組織と個人の相互の信頼関係があること。

　以上，3つのパラダイムをみてきたが，「同化」のパラダイムでは，組織は同質の集団とみなされ，個人を平等に扱うことにに重点を置く。「分離」のパラダイムでは，違いをマーケットとの接点としていかすことに重点を置く。「統合」のパラダイムでは，属性としての異質性に加えて，個々人の持つ異質性にも目を向け，個人をさまざまな特性（社会的アイデンティティと個人的アイデンティティ）を持つ存在として認識し合い，互いにそれらの違いを通じて学習し組織が変化する。

もうひとつのパラダイム：「抵抗」のパラダイム◆

　ダイバシティに対して企業のとりうるパラダイムとして「同化」のパラダイム，「分離」のパラダイム，「統合」のパラダイムを示したが，Dass & Parker はこうしたパラダイムに対して「抵抗」のパラダイムを加えた。これは，ダイバシティへの抵抗であり，今なお多く存在するパラダイムである。つまり，何のアクションも起こさない。「同化」のパラダイムが差別的扱いの発生に先だって防衛的・予防的に前もってアクションを起こすのに対し，「抵抗」のパラダイムは問題が発生してからその問題に個別に反応する。この概念は1990年代後半，システマティックな組織変革が一段落して，各社さまざまな取り組みが明らかになった時期に，取り組み状況を俯瞰して Dass & Parker が発表した。

　このパラダイムのもとでは，企業は，外部環境からのダイバシティのプレッシャーをほとんど認知せず，ダイバシティに対して反発的で，拒絶，回避，抵抗，ごまかしという反応を示す。こうした企業は，変革はコストを増加させ，利益を減少させると考え，非効率的で利害関係者に受け入れられないとする。また，たとえ多国籍企業で企業全体としてはそうでなくても進出先がダイバシティに消極的な国家の場合や，女性の多い組織への男性の雇用など，ダイバシティのプレッシャーが緩い場合にはこのパラダイムになるとされている。

日本企業に特有のパラダイム：「多様性尊重」のパラダイムの特徴と限界◆

　筆者は，日本企業のパラダイムを調査する過程で，欧米企業では見受けら

図表 4-6　パラダイムの特徴(1)

パラダイムの特徴	同化(差別と公平性)のパラダイム	分離(市場アクセスと正当性)のパラダイム	統合(学習と効率性)のパラダイム
メンバー多様化を進める目的	法律に違反しないように差別を減らす	多様な市場や顧客にアクセス，合理的な活用	コアの業務とそのプロセスを認識し，それらを強化する
ダイバシティをどう価値づけるか	低い 不公平な差別の根拠となる。支配的な文化に同化されるべきものとされる	中程度 マーケットや顧客との接点のみ用いる 違いは，マーケティングに合理的な限りにおいて重視される そうでなければ，支配的な文化に同化されるべきものとされる	高い 学習，変革，再生の資源とする 違いを基幹の業務やそのプロセスに統合していくことが適切だとされる
ダイバシティと仕事とのつながり	限定的 つながりを持たせることに反対する規範	間接的 人種やジェンダーによる分業が市場アクセスと整合するような活用をすすめる	直接的 業務全体を通して組み込まれる
進歩の指標	伝統的に低い地位におかれてきたグループが増えているか	伝統的に低い地位におかれてきたグループが増えているか，目立つポジションや基幹部署とは切り離したポジションに置かれているか	伝統的に低い地位におかれていたグループが増えているか，組織を変革するパワーを持っているか，プロセスや製品のイノベーションにつながるダイバシティは学習のための資源であるという共有された価値観があるか

出所：Ely & D. Thomas（2001）を加筆修正

図表 4-7　パラダイムの特徴(2)

パラダイムの特徴	同化(差別と公平性)のパラダイム	分離(市場アクセスと正当性)のパラダイム	統合(学習と効率性)のパラダイム
グループ間関係	地位・パワーの不均衡については，議論されない コンフリクトや違いに関してはオープンな議論がまったくなされない	分類された人・機能には，地位・パワーが与えられていないために他部署とのコンフリクトが水面下でおこる コンフリクトのオープンな議論がほとんどない	異なる観点のような文化的な違いからコンフリクトがおこる マイノリティグループに均等な地位・パワーが与えられる 違いやコンフリクトの議論がオープンに行われる
価値があり尊重されていると感じるかどうか	有色の従業員は，マイノリティの人種・民族のグループとして尊重されず価値がないものとみなされていると感じる	有色の従業員が等しく価値があり，尊重されていると思うかについて疑問に思う有色の人々が多い部署は価値が低いと認識する	すべての従業員が，自分の有能さや組織への貢献について十分に尊重され，価値があると評価されていると感じる
仕事における自分自身の人種のアイデンティティの意義	有色の人々のパワーのなさの源 白人礼賛の源	有色の従業員の両面の感情 白人は気がつかない	有色の人々は学習と教育のための資源 白人にとって自認のための恩恵の源
グループの機能	従業員の士気の低下，異文化間の学習の不足，有色の従業員が，関連するスキルや仕事に関して生まれる洞察をもたらすことができないとされる	増加する市場アクセスと正当性によって強化される 分離された機能間の学習と交換の欠如	異文化の顕在化と学習によって，さらにはグループ間の建設的なコンフリクトと多様な見方を探索することを促進するためのワークプロセスによって強化される

出所：Ely & D. Thomas（2001）を加筆修正

れない特徴を見出した。それは、「同化」のパラダイムと「分離」のパラダイムの間に、「多様性尊重」のパラダイムという、言わば「踊り場」的なパラダイムが存在することである。このパラダイムは、明確なビジネス上のゴールとの整合をとらず、付属的に従業員の多様化自体をゴールとするものである。例えば、ワーク・ライフ・バランスの取組みのように、様々な働き方（就業形態）を許容することで、様々な属性の従業員の就業やその継続を促す企業が多い。しかしながら、具体的なビジネス上のゴールに対する貢献が不明瞭なため、既成の業務プロセスにしっかりと組み込まれているマジョリティから、業務プロセス効率を阻害するものとして反発が避けられないことが多い。また、単に表面的な多様化指標を追うだけの理念的なものに終始してしまい、組織のコアな活動から乖離し、フェードアウトしてしまう可能性がある。

「同化」・「分離」・「統合」のパライダムとパフォーマンスと投資資源・時間◆

「同化」、「分離」、「統合」の３つのパラダイムを組織能力の破壊とパフォーマンスという議論からもう一度整理してみよう。

組織変革に関する議論は、これまでラディカル（革新的）とインクルメンタル（漸進的）の２つの区分のもとで行われてきた（Greenwood & Hinings, 1988; Miller & Friesen, 1984; Mohrman et al., 1989; Nadler & Tushman, 1989; Nadler et al., 1995; Tushman & Romanelli, 1985）。ラディカルな変革は、既存の能力を破壊する。インクルメンタルな変革は、長い期間で進化し既存の能力を強化する。両者は企業の組織能力に異なる影響を与える。このように組織能力の創造は、困難でありコストがかかる（Nelson & Winter, 1982; Hannan & Freeman, 1984）。

この組織変革に関する議論は、ラディカル／インクルメンタル（Greenwood & Hinings, 1988; Miller & Friesen, 1984; Mohrman et al., 1989; Nadler & Tushman, 1989; Nadler et al., 1995; Tushman & Romanelli, 1985）、First-order/Second-order（Watzlawick, 1978）、漸進的/画期的（Miller & Friesen, 1984）、継続的/断続的（Hinings & Greenwood, 1988; Tushman & Romanelli, 1985）、それぞれ名称は異なるものの、ほとんどの論者は、それまでの延長

図表 4-8　投入資源・時間と絶対的パフォーマンス水準の影響

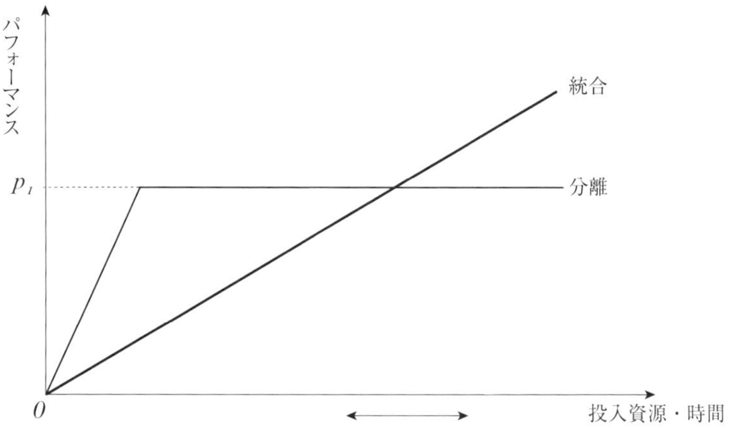

パフォーマンス

統合

p_1　　　　　　　　　　　　　　　　　　　分離

O　　　　　　　　　　　　　　　　　　投入資源・時間

出所：青島・武石（2001）より作成

線上にあるか，以前とは全く異なるものが生じているかによって，そのインクルメンタル／ラディカルの区分に収斂させている。ラディカルな組織変革とは，現行の位置づけや進路から大きく飛躍した，既存の体制を大きく変えるものであり（Johnson, 1987; Miller & Friesen, 1982, 1990），他方，インクルメンタルな組織変革とは，現行の方向性の軌道修正だとする（Greenwood & Hinings, 1996）。

　操業年数の長い大企業は，元来，フレキシビリティに欠け，変化する環境における機会や脅威にすぐには対応できず，組織を変容することは稀である（Hannan & Freeeman, 1984）。長年をかけて確立したコアコンピタンスをくつがえすような破壊的変化には既存の大企業は対応できず，それゆえ新規企業が優位となる（Nadler & Tushman,1989; Tushman & Romanelli, 1985; Christensen & Bower, 1996; Christensen, 1997）。

　「同化」のパラダイムは，新規か既存かのどちらかのやり方に統一するという意味でいずれかの組織能力を破壊することになる。

　他方，2つのまったく異なる組織がどちらも破壊せずに併存している状態が「分離」のパラダイムにあたる。

　図表4-8は，「分離」と「統合」の各パラダイムの，パフォーマンスと時

間との関係を表したものである。「分離」のパラダイムでは，早い段階で高いパフォーマンス水準に到達することができる。例えば，企業の弱い部分を補強するために異種の人材を採用し，独立ユニットをつくり分離して管理することが考えられる。分離して管理する手法には，早いパフォーマンスの立ち上がりが望める。

　ところが，先述したように「分離」のパラダイムでは，ある時点に達するとパフォーマンスの限界が生じるのである。「分離」のパラダイムでは，それぞれの役割が明確に区分されているため，パフォーマンスがその役割を超えることがないからである。

　破壊のないラディカルな変革をおこすには，もともと異なるものを結合したり・融合したりして，新しいものを創造するという手法がある。つまり，これが「統合」のパラダイムに相当する。

　相互のシステムのつなぎ方を変えることで新しいシステムを作るのである。

　組み合わせを変えるとラディカルな変革になるという議論には，古くは，Schumpeter（1934）が，生産とは，利用可能な物や力を結合することであり，つまりイノベーションとは物や力を従来とは異なる形で結合すること，「新結合」だとしている。同様に，Henderson ＆ Clark（1990）は，アーキテクチャルイノベーション，すなわち製品システムを構成する個々の部品や要素のつなぎ方，製品としてのまとめ方に関するイノベーションが，破壊のないラディカルな変革を成し遂げると主張する。

　組み合わせ，アーキテクチャが組織変革の理解にとって重要であり，特にラディカルな変革においてそうだとする議論は，1990年代からさかんに行われるようになった（例えば,Greenwood ＆ Hinings, 1993）。

　また，個々のメンバーの変革への適応や学習を促進させることで，パフォーマンスカーブを急勾配にすることが可能になる。このことは，破壊のないラディカルな変革を起こすもうひとつの手法として既存の組織変革の議論でも指摘されてきた。それは，早いスピードで進化を起こすことで結果としてラディカルな組織変革となるというものである。インクルメンタルイノベーションは，個々の効果は小さいが，それらが積重ねられた累積的効果は，ラ

ディカルな革新より大きい場合があることも指摘されている（Enos,
1962）。

　例えば Aldrich は，Transformation という定義を用い，小さな変化が積み重なることで，事後的にみるとラディカルな変革になりうると論ずる。藤本（1997）は，短期間でインクルメンタルな変化が積み重なって起こることを「圧縮されたライフサイクル」とし，トヨタの改善型の進化事例を用いて，日本特有の環境制約を受けた適応過程を説明している。加えて，M&A に代表される企業合併プロセスが，業務ルーティンを変容させ，累積的な変革により，質的に当初とはまったく異なる企業へと変革させる可能性もあるという（Aldrich, 1999）。

　繰り返せば，インクルメンタルな変革が加速し，短い時間で多くの変革が起これば，実質的にラディカルな変革になりうる。

　このように，システムの組み合わせを変えて，新しいシステムをつくる，あるいはメンバー間の学習を促進させるというのが，破壊のないラディカルな変革の土壌としての「統合」のパラダイムである。既存の組織か新規の組織かどちらか一方を選択するのは同化であり，どちらも併存しているのは分離となる。統合は両者の強みを組み合わせて新たな組織を作り出すことである。

　開始時点から，統合を指向する組織は，立ち上がりこそ遅いかもしれないが，図表 4-8 のように，ある時点から「分離」のパラダイムよりも高いパフォーマンスを示すようになるのである。「統合」のパラダイムでは，均質な人材組織か，多様な人材組織かの二者択一ではなく，両者を統合し新しい仕組みをつくるという発想が重要となる。組織としての一体感・凝集性を保ちつつ，多様な人材のメリットも享受できるようなインフラを整えることが，より高いパフォーマンスにつながるからである。多様な人材を取り込めるようなシステムを全社的に構築し，さらには，異なる人材間の相互学習を促進することで，パフォーマンス向上を急勾配にすることができる。

　ダイバシティのプラスの効果を最大化する方法として考えられるのは，初期段階では「分離」のパラダイムで象徴されるような企業行動をとり，すみやかに「統合」のパラダイムに移行することである。具体的には，ユニットに限定して採用した多様な人材を他部門でも活用できるように評価基準を見

図表4-9　企業のダイバシティの見方と戦略的な対応

見方＼パラダイム	問題記述	組織内でのダイバシティの定義	規範	望ましい結果	戦略的な対応
抵抗	ダイバシティは問題ではなく脅威でもない	われわれのことではない	同質性を維持する	現状を守る	受身的
同化（差別と公平性）	違いは問題のもととなる	保護の対象となるグループ	個々人を同化させる	保護の対象となるグループの機会均等	防衛的
分離（市場のアクセスと正当性）	違いは，機会を創り出す	全ての違い	違いを称賛する	従業員と顧客へのアクセス	適応的
統合（学習と効率性）	違いと同質性は機会を提供するがコストも負う	重要な違いと類似性	他文化を受容；多元的共存	個人と組織の長期的な効果のある学習	先んじた行動

出所：Dass & Parker（1999）を加筆修正

直し，組織的な支援をしながら全社的なシステムを変えることである。こうした「分離」と「統合」の組み合わせを起こすことが環境変化に強い組織をつくることにつながるのである。

　「分離」と「統合」を用いて，ダイバシティでパフォーマンスが上がる組織へと短期間で大きな変革を成し遂げたイオンの事例と，2社の経営システムを組み合わせるシステムをつくったマツダの事例を第5章でみていくことにする。

2．ダイバシティと企業行動

　D. Thomas & Ely（1996）は組織進化との関係で企業行動をタイプ分けしたが，さらにDass & Parker（1999）は，ダイバシティ推進に対するプレッシャーの度合いとトップマネジメントがダイバシティ推進をどの程度に優先事項と認識しているかによって企業のとりうる行動が異なることを示した。

企業行動を全体的に分析した Dass & Parker モデル◆

　1980年代後半から1990年にかけて，アメリカでは企業のリストラクチャリングなどの変革が活発に行われた。同時期に多数のダイバシティ・マネジメントの事例が紹介されたが，ダイバシティへの取り組みに先行した企業と出遅れた企業との格差が生じてきた。アカデミックな研究においても社会心理学や組織行動論など各個別分野での事例が紹介された。しかし，そのいずれもが単一の事例研究かあるいは各論にすぎなかった。

　Dass & Parker は，それまで個別に分析されてきたダイバシティの企業行動を包括的に示した。この時期は，ダイバシティがパフォーマンス向上に影響するという実証が，ある程度積み上げられていたものの，影響プロセスを包括的に示すものが何もなかった。もともとダイバシティ理論はミクロ組織論からはじまっており，事例研究が中心に行われていたので，マクロ組織論（例えば戦略論）のように全体像や環境との関連からのアプローチがされていなかったからである。それゆえ，マクロ的にダイバシティをみるフレームワークが求められていた。

　この Dass & Parker のフレームワークは実務家にとっても有益なものであった。ダイバシティ関連のコンサルタント会社なども大いに活用した。それまで，個人レベルのダイバシティ・トレーニングや企業別の研修会などが頻繁に行われていたものの，自社が，ダイバシティのステージの中でどの段階にあるか，あるいは，他社との比較議論がまったくされていなかった。それゆえ，コンサルタントにとっても，Dass & Parker のモデルは重宝なものだった。こうして，Dass & Parker のフレームワークは，現在，アカデミックな分野だけでなく，実務家にも広く受け入れられるものとなった。

３つのアプローチ◆

　Dass & Parker（1999）は，４つのパラダイムを展開すると同時に，企業行動を「一時的なアプローチ：The Episodic Approach」，「独立アプローチ：The Freestanding Approach」，「体系的アプローチ：The Systemic Approach」と３つに大別した。

　「一時的なアプローチ：The Episodic Approach」は，ダイバシティへの

プレッシャーが存在せず，マネジャーがダイバシティを些細な問題とみなす時，またはダイバシティに取り組んでいたとしても組織活動の中核から乖離している時，このアプローチが支配的となる。このアプローチのもとでは，さまざまなダイバシティの問題をみつけたり，理解したり，さらにはプレッシャーと意識するのは困難である。このアプローチでは組織の政策や慣行にほとんど変化をもたらさない。

「独立アプローチ：The Freestanding Approach」のもとでは，ダイバシティへの適度なプレッシャーはあるが，まだ瑣末な問題であると見なされ，組織の中核の活動とは連動されずに，ダイバシティに関する枝葉末節の取り組みだけが制度化される傾向がある。このアプローチは，無用なプログラムを過剰に生み出し，そして見返りよりも犠牲を多く生む可能性がある。ダイバシティが組織的な計画としてではなく，政治的なご都合主義としてみなされる。このプログラム過剰がもたらす問題は，別個に存在するプログラムとダイバシティへのプレッシャーとの整合が取れているならば回避できる。

「体系的アプローチ：The Systemic Approach」では，ダイバシティへの強いプレッシャーに直面して，ダイバシティを戦略的問題と見なす経営者は体系的なアプローチを採用する傾向がある。これが第3のアプローチである。このアプローチは既存のシステムや組織の中核の活動とダイバシティへの取り組みをむすびつける。ダイバシティをモニタリングし，マネジメントする責任は組織のラインの役職につく人たちに割り当てられ，ポジティブで正当な評価と支援が期待できる。このアプローチは複雑で硬直化したものになると考えられがちだが，単純さと柔軟性を併せ持つ。このアプローチでは，各組織のメンバーとリーダーがダイバシティの必要性を理解しなければいけない。さらに各機能部門，部署との協働が必要である。

ある会社のやり方では，ダイバシティへの取り組みはユニットに応じてその戦略レベルが任されることとなっていて，ユニットによってダイバシティの定義づけも異なっていた。つまり，全社レベルで統一した管理がなされつつ，各ユニットごとに任されるという柔軟性を持っていた。

「独立アプローチ：The Freestanding Approach」と「体系的アプローチ：The Systemic Approach」はともにワーク・ファミリー・バランスに

第4章｜ダイバシティと企業の戦略的行動　　245

図表4-10　企業行動のタイプ分け

		一時的アプローチ	独立アプローチ	体系的アプローチ	
ダイバシティ・マネジメント戦略的な対応	受身的	ヨーロッパにアフリカ系アメリカ人を派遣しない　1	雇用機会均等プログラムに対抗する法律部門の設置　2	ステレオタイプをベースとした採用と解雇　3	弱い ↑ ダイバシティのプレッシャー ↓ 強い
	防衛的	マイノリティに対する教育訓練のワークショップ：要領を学び，成功する　4	女性とマイノリティに対するアファーマティブ・アクション　5	ドミナントカルチャー(支配的な文化)に同化させるマイノリティの社会化　6	
	適応的	マネジャーはダイバシティを意識する：新規雇用者を慎重に扱う　7	個人間関係を改善するためのダイバシティ幹部会とコミュニケーション委員会　8	すべての階層における管理者の目標としてダイバシティを定着させる人事評価システム　9	
	先んじた行動	すべての従業員に対するダイバシティ統一ワークショップ　10	関連する職務をコーディネイトする多文化問題のダイレクター　11	ダイバシティを他の組織の活動と統合させる構造的・文化的な変容　12	

周辺的 ←――――――――――――――――→ 戦略的
ダイバシティをマネジメントする際の優先事項の認識

出所：Dass & Parker（1999）

代表されるようなダイバシティの取り組みを実施するが，唯一「体系的アプローチ：The Systemic Approach」だけが他のプログラムと連動していて，組織の構造的なメカニズムに組み込まれている。

　例えば，モトローラでは，ダイバシティの進歩の実例として，多様な人材を採用し育成するためのトレーニングプログラムがあった。その後さらに，多様化した人材の離職を留め昇進させることが全てのマネジャーの評価の一部となった。つまり，プログラムごとの統合がなされていたということである。

3．企業の取り得る12の行動パターン

　4つの企業行動と，この3つのアプローチをDass & Parkerは12のセルにして表わした（図表4-10）。縦軸はダイバシティにおけるプレッシャーの度合いを示し，横軸にはダイバシティ・マネジメントをどの程度の優先順位を示した。この図表は，それぞれの企業が，ダイバシティ・マネジメント

において，どのようなポジションにあるかを見るとき参考になる。

ここでは，この12のセルのそれぞれのダイバシティの取り組みについて
Dass & Parker（1999）の主張を説明する。

一時的なアプローチ（Episodic Approaches）－セル1 ◆

セル1は，ダイバシティに関して，何の変革もしないという企業行動である。この場合，ダイバシティへの対応は次のようなものである。例えば，あるアメリカ企業では，アフリカ系アメリカ人従業員が白人顧客の目につくようなら彼らを解雇するように会長がマネジャーに命令したという。そのため，会長が訪問する間に黒人従業員が目に入らないようにマネジャーは勤務シフトを再調整した。

また，このセルの中に位置づけられるような企業は，例えば，日本人ビジネスマンが女性と一緒に働きたがらないと北米のマネジャーが決めつけたり，アフリカ系アメリカ人がヨーロッパでは受け入れられないと考えると推量される。

独立アプローチ（Freestanding Approaches）－セル2 ◆

セル2は，アファーマティブ・アクションに従うというよりも，意図的にダイバシティを避けるためのプログラムや政策を導入するというアプローチである。

例えば，ある組織はアフリカ系アメリカ人の応募者が選抜されたり面接されたりしないように応募用紙に秘密のコードを用いることを人事の職員に指導したという。

独立アプローチでの抵抗は意図的でない可能性もある。例えば，あるアメリカ企業では，重要なポジションへの人材登用に際して女性やマイノリティにチャンスを提供しないということを，無意識かつ慣習的に一部の役員が行っていたという。

体系的アプローチ（Systemic Approaches）-セル 3 ◆

セル 3 の組織は体系的方法でしばしばダイバシティに抵抗するという特徴を持っている。つまり，組織的にダイバシティを排除しようとするのである。例えば社内に定着している固定観念によって従業員を選抜したり，受け入れなかったりすることである。ほとんどの既存システムはばらつきを排除することを目的に設計されており，組織に大量のダイバシティを組み込みにくくなっている。

現状維持は，変化にともなう障害が大きいと判断されたり，それ以外に緊急度の高い事項があると認識された場合に意識的になされることもある。

ダイバシティに関してプレッシャーにほとんど直面していない企業にとって，組織的抵抗の根本は，もとより低い評価をそのまま維持する程度に，消極的・事なかれ的である。

ダイバシティへの抵抗の別の体系的アプローチは，ダイバシティを擁護する人たちが正しくないかのような広報キャンペーンをしかけるなど巧妙である。北米では，ダイバシティの取り組みの失敗を強調する広報キャンペーンを仕掛ける組織もあったという。

一時的アプローチ（Episodic Approaches）-セル 4 ◆

差別的な事例が生じた際に，組織は世論の批判を和らげるために調査に乗り出すなどの姿勢を示して防衛的な姿勢をとることがある。このアプローチがセル 4 である。しかし，調査が 1 カ月または 1 年に渡って継続されても変化はほとんど生じない。投書箱，相談受付用電話，またはカウンセリングセッションを整えることでプレッシャーが強まらないようにする組織もある。差別的な事例が外からの詮索を招くような時に，説明，陳謝，または表面的に取り繕った改革でやり過ごす可能性もある。

このセルに入る例として，ある在米日系企業は，工場におけるセクハラの苦情申し立てに対して，それが組織的に蔓延したものではなく単なる個別事象にすぎないと主張し，その後の経営トップの交代とは関係がないと説明したという。

組織はしばしば，問題の全体像に目を向けることなく，矮小化しがちであ

独立アプローチ（Frestanding Approaches）-セル5 ◆

セル5のアプローチをとる組織は，ダイバシティの限界を自ら定める。マイノリティ優遇措置の順守に関してすべきこととすべきでないことを明確にし，女性，アフリカ系アメリカ人，その他のカテゴリーごとに別個の利害関係グループを設置する。

例えばあるアメリカ企業では，特定のグループからの募集，採用，新人育成を促進するために5つのフォーカスグループを編成した。他には，客観的に測定可能な目標を作るための具体的なアファーマティブ・アクション・プログラムをことさらに重視する組織がこのセル5に該当する。

このアプローチの優れているところは，組織的な意図を特定し，測定可能な基準を設定することにある。しかしながら，低い目標を設定したり，対象外の属性の優秀人材を差し置いて対象属性の割り当て人員枠を埋めるほうを優先したりする。

体系的アプローチ（Systemic Approaches）-セル6 ◆

セル6の組織は多様化したグループのメンバーを，社会化を通して同化させうる。例えば，1980年代後半，いくつかのアメリカ企業は，なぜ企業内の主流の文化に同化しないのかを議論するためにマイノリティや女性の従業員と非公式に面会したという。

一時的アプローチ：（Episodic Approaches）-セル7 ◆

多くの組織は，ダイバシティへのプレッシャーに直面したとき，既存の慣行を見直すことになる。そしてダイバシティ認知の研修機会を提供する。それがこのセルに位置する企業の取り得る行動である。

例えば，アメリカ企業の工場において，マネジャーは職場のヒスパニック系の文化的価値観が，主流であるアメリカ文化とどのように異なるかを理解するために，監督者向けのダイバシティ研修の機会を提供した。

同様に，あるアメリカの新聞社は，ダイバシティの活動を取り上げるニュ

ースの数を数え，内容分析し，自社の慣行を見直したという。こうした特徴を持つ企業がセル7に該当する。

独立アプローチ（Freestanding Approaches）－セル8 ◆

　このセルに属する組織は，個人間関係を改善するための専門委員会を設置する。ダイバシティの取り組みにより重点をおくために取られる方法として，取締役あるいは副社長レベルにダイバシティの役職をおくというものである。コンフェレンスボード調査がアメリカ企業131社に対して行った調査によれば，60％の企業がこうした取り組みを行っていたという（1999年現在）。

　また，個人間関係や属性グループ間関係を改善するために，幹部会議やコミュニケーション委員会を設ける組織もある。これは，従業員のダイバシティと顧客やコミュニティのダイバシティを適合させることを目的としている。このような独立したダイバシティの部門は，ダイバシティ週間のようなイベントを行い外部の人々にもインパクトを与える傾向がある。

　例えば，あるアメリカ企業では，ダイバシティの目的は自社の事業領域のコミュニティを代表する従業員たちを編成することであると述べたという。

　Dass & Parker は，ダイバシティ週間などを企画したとしても，ステレオタイプ化したダイバシティの取り組みでは，重大な歴史的差別批判から注意をそらすものと解され反発を生み出す可能性があると警告している。ある米国企業では，アフリカ系アメリカ人の歴史月間のイベントで，白人たちの考えるアフリカ系アメリカ人独特の食事を提供したものの，人種差別の歴史を連想させかえって反感をかったという。

体系的アプローチ（Systemic Approaches）－セル9 ◆

　このセル9に位置する組織では，ダイバシティの定着が，すべての階層のマネジャーの目標となっている。

　この組織はダイバシティに適応するために既存のシステムを様変わりさせうる。例えば，あるアメリカの金融機関は全社的に柔軟なスケジューリングを可能にするべく，従業員の求めに応じてフレックス制を標準化した。このアプローチは年老いた親の介護者，または障害を持った従業員のニーズに対

応するような人事評価システムの変容につながった。

あるアメリカ企業では，白人男性とその他の従業員の間の賃金格差を確認し調整するために定期的な賃金見直しを実施した。高い潜在能力を有するマイノリティがどこで障害に遭遇するのかを示すために昇進見直しプランが策定されたという。

メンタリングシステムを設計した企業もある。そのシステムは，個人の成長と組織への貢献の双方を高めるような行動を見出すための自己開発プランとなる。このメンタリングシステムは，従業員のネットワークやフォーラムを助成する非公式的側面によって補完される。これらは，従業員に自分自身の固定観念や暗黙の前提を振り返り，価値観の修正をさせたという。

このセルに該当する企業は，１人ひとりに価値があるという考え方を持ち，それぞれの違いを認知する重要性を理解している。

一時的なアプローチ（Episodic Approaches）-セル 10 ◆

体系的なアプローチにおける基本的なポイントは，組織のコアの活動と連動されているかどうかである。だが，Dass & Parker によれば，組織は，そのシステムにダイバシティを完全に統合する必要はないという。

つまり，セル10に該当する企業は，ダイバシティが組織の中の周辺的な事象だと考えつつ，そこから積極的に学習しようとする企業である。

組織のリーダーは，予備調査，ワークショップなどを使用し，自分の組織についてベンチマークするためにこのアプローチを用いる可能性がある。組織はダイナミックなものであるとの認識から，新たなダイバシティ問題をモニタリングするためのインフォーマルな議論を重ねる。

その後，社員の草の根の活動を支援することで，多くのダイバシティの問題の中でどれが中核的な課題なのか，組織のプロセスに組み込むことができるものは何なのかを知ることができる。

独立アプローチ（Freestanding Approaches）-セル 11 ◆

セル11に該当する企業は，ダイバシティに関連する部門間調整を行う多文化問題のマネジャーを設置する。

あるアメリカ企業は，女性の顧客市場といった，多様化した市場分野に注目し，特定のグループに限定して組織学習をすすめ，それを他のグループへ展開できるかを見極めるために，ダイバシティ学習研究室と呼ばれる新たなプログラムを設けた。同社は多様化した顧客を獲得するために，リーダーは更に強固なプロジェクトマネジメントの経験をも必要とすることを発見した。

また別のアメリカ企業は，自社と取引関係があるベンダーやサプライヤーが彼らのダイバシティの目標を達成するよう支援するためのダイバシティの取り組みを具体化した。

体系的アプローチ（Systemic Approaches）－セル 12 ◈

ダイバシティを組み入れる体系的アプローチは従業員を多様化させ，組織の構造やプロセスも多様化させる。このアプローチはしばしば組織間の相互学習や相互調整を伴う。つまり，このセルでは，ダイバシティを他の組織の活動と統合させ，構造的，文化的な変容をもたらす。

例えば，あるアメリカのコンサルティング会社は，保育，介護，ワークライフバランスの問題が，女性に限らず従業員全体に関係あるものとして捉えた。この企業はその後，現場部署で対策を試行し，評価し，その上で共有化できる対策を開発したという。

セル12に該当する企業は，ダイバシティから学習する体系的アプローチを具体化するためにさまざまな手段を用いる。それらは，組織開発，変革マネジメント，変革型リーダーシップ，チームの起業家精神，行動研究，リエンジニアリング，TQM（トータル・クオリティ・マネジメント），そしてチームの学習である。

しかし，システムの変革を達成するのは，言葉で言うほど簡単ではない。とりわけ組織学習というものは経営者利益志向であり，従業員に限った問題でも，株主利益の問題でもなく，結果として経営者のコントロールを増大させてしまうことになる。

Dass & Parker によれば，プレッシャーが同じであったとしても，ダイバシティをマネジメントする際のマネジャーの優先順位によってパターンが異なるという。

さらに，組織がいかなる特定の戦略的対応にコミットメントできるかどうかは，外的プレッシャー（例えば，政府，コミュニティ，サプライヤー，顧客，社会的なもの），内的プレッシャー（例えば，従業員，株主，内部コンサルタント，変革のマネジャー），そして，経営者の認識によるのである。

ダイバシティから得られる恩恵を最大にする企業行動とは◆

Dass & Parker のフレームワークは，実践に役立つものと評価できる。それは，このフレームワークを用いて，ダイバシティのプレッシャーや今後予期されるプレッシャーを検討できる点である。

ダイバシティ・マネジメントのアプローチとして2つのことが重要だとDass & Parker は指摘する。ひとつは，段階的な方法でアプローチできるということと，もうひとつはプレッシャーや優先事項の認識を同時に考えることでアプローチを考察できるということである。

現在のダイバシティのプレッシャーの段階と組織としてのダイバシティの位置づけが一致する組織こそが，最小のコストで最大の恩恵を得るだろう。ダイバシティへのプレッシャーが弱い場合，単一国籍の従業員から成る国内企業のように，低い関与のアプローチが最も有効である。

同様にダイバシティのプレッシャーが強い場合には，ダイバシティを，システミックなアプローチを必要とする中核的な問題として取り上げられるべきだと Dass & Parker は述べている。

これは，外的プレッシャーと社内の認識の整合を考えるきっかけであるとともに，アプローチの選択の議論でもある。

一方，ダイバシティを強力に推進する経営者というのは，たとえプレッシャーが弱かったとしても，自らが必要と認めたダイバシティのアプローチが実現できるまでは，株主の懸念，社内の抵抗や批判に真っ向から立ち向かうだろう。逆に，ダイバシティの強いプレッシャーに頑として抵抗するような経営者は世間の酷評を受けかねない。

産業構造または労働力構成が変化すると考えている組織のリーダーがダイバシティの推進者になることは有効である。ダイバシティの特定のタイプのプレッシャーが一時的であるかまたは利益よりコストを伴うと考えられる時

は，抵抗することが妥当である。

Dass & Parker はこのようにダイバシティをマネジメントするアプロー
チを体系的に検討し，経営者が適切なアプローチを選択し，優先順位を設定
するのに役立つフレームワークを提供した。

Dass & Parker のこの12のセルは，ひとつの企業がどこかひとつのセル
に該当するというものではなく，ひとつの企業であっても複数のプログラム
が混在している場合がある。つまり，ひとつの企業がいろんなセルにあては
まるということである。特に，部署ごとに自発的にプログラムが作られた場
合には，それぞれ異なるセルに該当する活動が同一の企業に存在することに
なる。リーダーは企業の方向性を決定する際に，社内に存在する個々の活動
をマッピングし，今後起こりうる変化を予測しながらどの方向に集約すべき
かを考える中で，この12の包括的なセルを活用することができる。リーダー

図表 4-11　ダイバシティをマネジメントする際のイニシアティブの実行

ダイバシティをマネジメントするうえでの優先事項の認識

	周辺的	意義のある	戦略的
弱い	一時的 構造：その場しのぎの 　　　孤立した 統制：様々 見返り：様々		
中程度		独立 構造：持続的な 　　　独立した 統制：スタッフの 　　　役割 見返り：ネガティブ	
強い			体系的 構造：継続した 　　　統合された 統制：ラインの役割 見返り：ポジティブでも 　　　ありネガティブ 　　　でもある

※左側の縦軸ラベル：ダイバシティのプレッシャー

出所：Dass & Parker（1999）

は今後の予測と集約された活動の方向性を一致させることによって，ダイバシティのマネジメントにおいて，従業員が果たすべき役割を明確にし混乱を避ける方向づけを行うことができる。

４．ダイバシティ・マネジメントとは

これまでに本書で「ダイバシティ・マネジメント」という言葉が何度も登場してきたが，ここでこの言葉の意味を整理しておきたい。

本章の第1節，Taylor Cox モデルの箇所で，「多文化組織にならなければ，組織はダイバシティを真にマネジメントしているとはいえない。組織は多様な労働力を十分に活用するために，その構造を根本的に変化させなければならない」という Cox の言葉を紹介した。つまり，Cox は，ダイバシティを活用するために，組織の構造を根底から変革することをダイバシティ・マネジメントであるといった。

また，R. Thomas（1992）は，「ダイバシティをマネジメントするとは，完全なダイバシティの混合がうまく自然に働くような環境を作り出すための取り組みである。マネジメントするとは，その混合に焦点が当てられており，従業員を活性化したり，イネーブル（enabling：それを可能にしてくれるという意味の動名詞。他に適切な訳読がないためカタカナ表記にしている）すること」として定義している。つまり，ダイバシティを管理したり，コントロールするのではなくて，従業員に活力を与え，彼らが力を発揮できるような環境を作り出すことであるというのである。

ダイバシティ・マネジメントを米国雇用機会均等法やアファーマティブ・アクションと区別するべきだと最初に唱えたのは，R. Thomas であった。彼は，「アファーマティブ・アクションは，採用や昇進，従業員を留めておくことに焦点をあてているが，ダイバシティ・マネジメントでは，個々人の潜在能力の開発が自然に行われるような環境を作り出すことが優先する」と述べている。

Singh & Point（2004）は，Dass & Parker のモデルをベースにして，ダイバシティ・マネジメントに対する企業行動を6つのステージに分けて示した。

「現状維持」，「訴訟回避」，「コンプライアンス」，「包括」，「市場アクセスと正当性」，「競争優位性」の6つである。

1番目のステージ「現状維持」では，企業が，ダイバシティや平等についてまったく関与しない。人材の開発については言及するが，ダイバシティの制度については，何も触れない。違いを受け入れず，違いを避けようとする。このステージの企業にとって，ダイバシティは問題ではないのである。現状維持の企業は，ダイバシティによって組織を変えようとするわけではなく，とうていマネジメントしているとはいえない。

2番目のステージ「訴訟回避」では，人種や，ジェンダー，宗教などによって差別をしないことにとどまる。差別を避けるだけであり，ダイバシティを意図的に活用するということはない。この企業行動もダイバシティ・マネジメントとはいえない。

3番目のステージ「コンプライアンス」では，雇用機会均等を図ろうとするが，ダイバシティを何か価値のあるものとは考えない。雇用機会均等のマネジメントであって，ダイバシティのマネジメントではない。2番目と3番目の2つのステージは，防衛的なものとみなされる。雇用機会均等を確かにしながら，組織は現状のままで，そのシステムに多様な人材を同化させようとするのである。そうした企業は，多様な人材を単に採用しているだけである。多様な人材に機会を与え，マイノリティとマジョリティの割合を変え，結果的にパワーバランスを変えているが，パフォーマンスにむすびついた議論はなされていない。パフォーマンスの向上を目的とせず，ただ異質な人材の採用や，リーダーへの登用をすすめるだけで，果たしてダイバシティをマネジメントしているといえるだろうか。

4番目のステージ「包括」では，将来性の観点のもとで，違いの価値が認められ，人材開発が行われる。

5番目のステージ「市場アクセスと正当性」では，個々人に価値があると考えるとともに，ダイバシティが新市場の中のダイバシティと結びついたアクセスの幅を拡げ，それによって企業の利益拡大という目的と整合するという正当性確立のツールだとみなされる。個々人を価値づけ，企業の評判を強化し，新市場へのアクセスのためにダイバシティを活用する。

4番目と5番目のステージは，ともに必要性に応じた，適応的なものだと考えられる。この企業行動のもとでは，ダイバシティへの取り組みは一時的なものであったり，部分的なものであったりする。そうした取り組みはダイバシティ・マネジメントとはいいがたい。

　6番目のステージ「競争優位性」は，ダイバシティを活用することで競争優位性をもたらそうとするものである。よりよいパフォーマンス，顧客ニーズに応える，よりよい評判のための包括的な文化をマネジメントすると考える企業である。ダイバシティに価値をおくだけでなく，それを活用しようとする。すべての機能部門において，ダイバシティを戦略的に用いる。さらにそうした取り組みがビジネス上のベネフィットだと見出す。このステージにある企業こそが，ダイバシティ・マネジメントに取り組んでいる企業だといえる。

　Singh & Point（2004）は6番目のステージこそがダイバシティ・マネジメントだといえると述べているが，この指摘をさらに補足するならば，組織や仕組みを変えたとしても，パワーバランスが変わっていなければダイバシティ・マネジメントとはいえないのである。例えば，人事システムを変え，マイノリティを管理職に登用したとしても，仕事も権限も人的支援も与えなければ，パフォーマンスへむすびつくことはない。

　パワーバランスを変えるとは，パワーを持っている既存のグループに対して少数派のパワーを引き上げることである。具体的にパワーを与えるとは，権限を与えることや地位を与えること，あるいは，新しい仕事，重要な仕事を与える，財務的・人的・情報的な支援を与えることなど，さまざまな施策によりパワーを与えることである。

　第2章でみてきたように，ダイバシティ研究というものは，組織のマイノリティの地位を向上させることが，組織にとって何らかのメリットがあるという視点からスタートしている。

　パワーバランスを変えることで組織の本質を変えることが，実はダイバシティ・マネジメントの核心である。

　男性支配型の組織で女性の割合を変えたとしても，既存のパワーバランスを変えなければ戦略的な組織変革を行ったことにはならない。割合を変える

だけでなく，女性にパワーと機会を与えることで組織は，全社的な戦略転換のメッセージを従業員に示すことができる。ここで，重要なのは，「マイノリティのパワーの獲得＝マジョリティのパワーの減退」という単純な関係ではない点である。パワー関係の変化は，マジョリティにとっても，自分たちの顕在化していない能力を再評価する機会となる。それは，企業価値を高め，組織パフォーマンスを向上させていくうえで，どのような行動が重要なのかを再考する機会となる。

　以上のことを整理し，筆者は，ダイバシティ・マネジメントを次のとおり定義する。「ダイバシティ・マネジメントとは，人材のダイバシティを用いてパフォーマンスを向上させるマネジメント手法である。そのために多様な人材を組織に組み込み，パワーバランスを変え，戦略的に組織変革を行う」。

　この定義を先の5つのパラダイムに当てはめると，ダイバシティ・マネジメントとは，究極的には「統合」のパラダイムを目指すものであるといえる（図表4-12）。

　先に，広義の意味のダイバシティ・マネジメントは，「『抵抗』，『同化』，『多様性尊重』，『分離』，『統合』の5つのパラダイムをすべて含む活動をいう」，と述べた。これに対し狭義の意味のダイバシティ・マネジメントは，「『統合』のパラダイムを目指す企業活動」をいうのである。

図表 4-12　ダイバシティに対する企業行動

抵　抗		同　化		多様性尊重		分　離		統　合	
抵　抗	⇒	雇用機会均　等	⇒	尊　重	⇒	違いに価値をおく	⇒	ダイバシティ・マネジメント	
違いを拒否する		違いを同化させる 違いを無視する 防衛的		違いを尊重する 組織の中に違いが存在する状態を目的とする 雇用維持的		短期的かつ局所的に，違いをビジネス成果につなげる 市場適応的		長期的かつ全社的に違いをいかす 競争優位性につなげる 戦略的	

5．ダイバシティ・マネジメントの取り組みを実行するには

組織構造と組織文化を変える◆

　ダイバシティをマネジメントするためには，個人レベル，組織レベルでの活動を必要とする。個々人を支援するために多くの取り組みがなされるのは，ダイバシティに対する個人個人の傾向を把握することが必要だからである。

　ダイバシティ・マネジメントを実施する経営者は，組織文化や組織構造の問題に取り組まなければならない（R. Thomas, 1992）。

　ダイバシティ・マネジメントをすすめるうえで組織文化と組織構造を分析し，ダイバシティの混合がうまく自然に作用するような環境を作り出すように組織変革が必要である。

　インフォーマルなシステムである組織文化とは，企業のすべての活動の基盤となる基本的な前提として定義される。そうした基本的な前提は，すぐに目にみえるものではない。大地の下に張る樹木の根に似ている。根は枝葉をコントロールする重要な根本である。根と一致しなければ枝葉のもとでは自然には何も維持されない（根付かない）。ダイバシティ・マネジメントのもとでは，古い根が新しい環境のもとで根を張るかどうかを真剣に考える必要がある。

　Chatman & Barsade（1995）は，組織文化が協働とコミットメントを生み出すことを示した。

　Williams & O'Reilly（1998）は，組織文化は不和よりも結束を促進するので，マネジャーにとっては情報と社会的な影響プロセスを用いるための強力な方法だとしている。

　R. Thomas は組織文化とシステムとに分類しているが，筆者は組織文化と組織構造の両者を総称してシステムと呼ぶことにする。特に前者をインフォーマルなシステム，後者をフォーマルなシステムとする。

　R. Thomas は，筆者がいうところのフォーマルなシステムとインフォーマルなシステムを分析する必要があると主張する。マネジャーはすべてのメンバーに自然に作用するような能力を持っているかどうか確かめるためにこうしたシステムを検討しなければならない。制度だけでは機能せず，運用を促すためのインフォーマルなシステムの変容が必要なのである。

第4章｜ダイバシティと企業の戦略的行動　259

　多様な人々を取り込んでパフォーマンスをあげていくには，インフォーマ
ルな組織文化とフォーマルな組織構造を変える必要があり，組織がとりうる
変革のスタンスには次の3つがある。

①　組織構造（フォーマル）と組織文化（インフォーマル）をまったく変え
　ないで取り入れる：既存の組織のシステムを変えない状況のもとでは新
　たな組織的な支援もできず，いくらダイバシティを取り入れてもパフォ
　ーマンスはあがらない。組織的に介入する際の具体的な方策は，人的支
　援，物的支援，財務的支援，つまり働きやすい環境づくり，上司や部下
　の構成を工夫するなど，さまざま考えられる。だが，組織のシステム
　を変えようとしない企業では，これらの支援はしにくく，能力のない
　者になぜ支援するのかという偏見・反発が避けられない。またこうし
　た企業では，ある一定のダイバシティの数値目標を達成することにお
　かれているので，達成後の取り組み自体には関心が薄れ継続すること
　はない。

②　組織構造（フォーマル）と組織文化（インフォーマル）を変えずにある
　特定部門だけに限定して取り入れる：既存の組織のシステムはまったく
　変えずにダイバシティを特定部門に限定して取り入れようとする企業で
　は，その範囲内で支援することはできるし，限定的ながらパフォーマン
　スもある程度あがるだろう。しかし，プロジェクトが終了するとその部
　門は解散し，市場規模が縮退するとその市場に直結したことで活用され
　てきた多様な人材が解雇されるなど，こうした企業では，ダイバシテ
　ィ・マネジメントが安定的に継続されることはありえないのである。

③　組織構造（フォーマル）・組織文化（インフォーマル）を全体的に変え
　る：1部門だけに特化してダイバシティを取り入れる場合はパフォーマ
　ンスの向上はあるレベルで天井をむかえるが，組織構造と組織文化がダ
　イバシティを常に取り込めるように変容しているとその限界を超えるこ
　とができる。なおかつ，ダイバシティ・マネジメントの取り組みも当た
　り前のこととして安定的に行われる。

　このことは先に述べた3つのパラダイムでも説明できる。「組織構造と組
織文化をまったく変えない」は「同化」のパラダイムであり，「組織構造と

組織文化を変えずにある特定部門だけに限定して取り入れる」は「分離」の
パラダイム，「組織構造・組織文化を全体的に変える」は「統合」のパラダ
イムだといえる。

ダイバシティの効果を発揮できる組織とは◆

　ダイバシティ・マネジメントが効果を発揮するようにフォーマルな組織構
造やインフォーマルな組織文化といった組織のしくみを変革できる企業とは，
はたしてどのようなものなのか。

　結論を先取りすれば，ダイバシティを取り込めるようにしくみを変えやす
いのは，権限がトップに集中している企業である。

　トップに権限が集中している企業では，トップがイニシアティブを示せば
組織は変革に向かって動き出すが，多くの日本企業のようにそうではない場
合は，トップが宣言しても実行段階で何も動かない状況になる。それは，日
本企業の意思決定システムや，トップマネジメントの権限役割が明確にされ
ておらず，ボトムへの影響力がアメリカ企業のそれとは異なるからである。

図表4-13　ダイバシティ・マネジメントをサポートするために必要なファクター

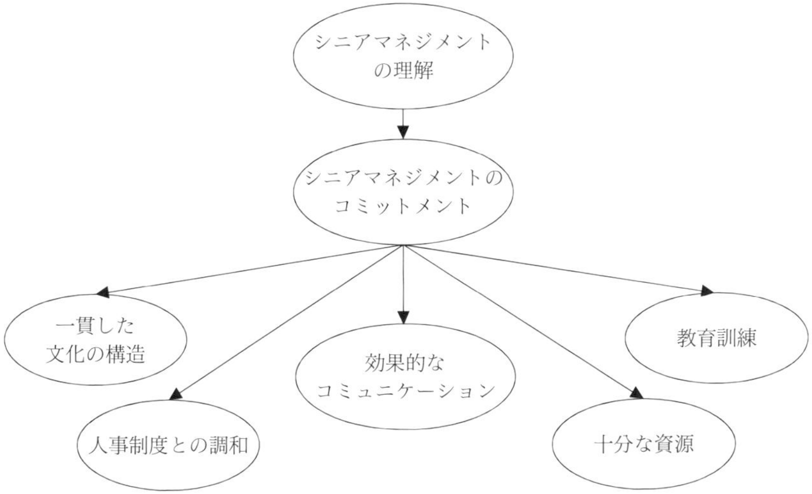

出所：Yakura（1996）

両者は互いに，対照的なシステムだ考えることができる。

アメリカで成功したダイバシティ・マネジメントの取り組みを，同じようなステップで日本で導入すると非常に困難を極めるであろう。

意思決定システムが集権的な企業と，権限委譲の進んだ分権的企業と，あるいは権限の所在のあいまいな企業とでは，介入方法も異なるのである。例えば，始めから分権化していた企業でダイバシティに取り組んだ場合，発生したコンフリクト（対立）を解決しうる権限が備わっていないためにいたずらに混乱を招く恐れがある。さらに，トップの役割があいまいで権限が分散している企業では，トップのコミットメントを実行段階に反映させること自体が難しいのである。

つまり，ダイバシティ・マネジメントが効果を発揮するように，組織変革を行える企業は，意思決定構造がトップに権限が集中している組織スタイルに変化してきていることが予想される。

リーダーのコミットメントは，関係者の注意をダイバシティに向け，資源投入に同意を得るうえで重要である。ほとんどの研究者は，成功の鍵は組織におけるトップマネジメントのコミットメントであるとしている（Hitt & Keats, 1984; Jones, 1991; Taylor, 1991; Yakura, 1996）。

トップマネジメントのコミットメントについて，Cox（2001）は次のように述べている。

リーダーシップは，変革の上で最も基本的なものであり，それがなければ何も起こらない。

組織変革の際には，リーダーシップこそが変革のゴールや方向性を示す行動の起点となる。また，緊急であるという意識とビジョンの重要性を示し，関係者のモチベーションを喚起しビジョンの達成に向けて必要な状況を作り出していく。

変革の取り組みは，トップから開始されなければならない。ここでいうリーダーシップとは，ビジョンをつくり，自らの熱意を示し，組織構造を変革し，戦略的な統合を行うことである。

なぜ，トップマネジメントのコミットメントが重要なのか。組織のダイバシティを高め，そこからベネフィットを得るというプロセスには，既存の組

織の中核の活動を見極めることが必要となる。さらに，組織のバリューチェーンを変容させ，既存のパワー関係を変える必要がある。変革に伴うジレンマを解決し，そのリスクの責任を負う強いリーダーシップが必要なのである。

トップの認識を変える◆

その場合，重要なのはトップの認識である。トップが世界や市場をどう見るか，どのような戦略をとるかであり，それなしにトップがいくらダイバシティに関与してもいたずらに混乱を招くだけである。市場を国内だけと見るのか，グローバルに考えるのか，これから起こることをどう予測するのか，どのような消費者をターゲットとするのか，その認識が重要である。その認識によってダイバシティ・マネジメント主導の戦略および戦術が変わってくる。

つまり，トップマネジメントの認識が前提条件としてあり，そのあとに関与があるべきである。

トップマネジメントが，問題をしっかりととらえ，それを自分自身の知識として深く理解していなければ，関与は浅薄なものとなってしまう（Yakura, 1996）。

トップがダイバシティをどうとらえるか◆

先に示した Dass & Parker のモデル（図表 4-4）を用いてトップがダイバシティをどうとらえるべきかを明らかにしよう。

企業を取り巻く要因を分析していくうえで，マクロ環境としての，「社会」，「技術」，「グローバル」，「労働市場」，「法律」，「政治」，「経済」，産業環境としての，「顧客」，「代替」，「競争企業」，「取引企業」などをキーワードにして，どのような変化がみられるかを分析する必要がある。

例えばマクロ環境の変化は，男女雇用機会均等法など法律が改正されたとか，日本の労働市場が多様化しているとかが考えられる。産業環境の変化としては，自動車の購買者や購買意思決定者が男性から女性へ変わってきたとか，競争企業に外資系企業が参入してきてまったく異なるルールを強いてきたといったものがあげられる。この境界を日本国内だけで線引きするのか，

アジアに拡げるのか，グローバルに展開させるのか，そうしたことで，ダイバシティをどうとらえるかが変わってくる。

　これらの要素を分析したうえで，自社にとって課題となるダイバシティは何かを定義する必要がある。何が自社にとって重要なダイバシティか，明確な定義がなければトップのコミットメントもうまく機能しないだろう。つまり，企業として何のために，どう具体的な目標を掲げるのか，それは環境とどのようにフィットしているのか，ということを明確にすることである。

　ダイバシティをどうとらえるかを今一度考え直すことである。そこからはじめて組織内部の環境として，「戦略」，「技術」，「文化」，「構造」，「ミッション」などを考え直す作業が必要である。そうすることで，ダイバシティのために，企業の中の各種の資源をどのように配置するかが決まってくるのである。

トップのコミットメントの重要性◆

　ダイバシティの取り組みは，すぐには成果がでないどころか，初期の段階には変革にともなうマイナスの影響が生じることが多い。そのため，将来を見越して数年にわたる長期的な取り組みが必要となる。さらに，変革をすすめるうえで，いたるところで起こるコンフリクト（対立）や従業員の反発は当事者レベルでは対処できない問題ばかりである。ゆえに，変革に必要なリーダーシップを発揮するトップのコミットメントが重要なのである。

　繰り返しになるが，トップのコミットメントが重要な理由を今一度まとめてみる。

- ・ダイバシティ・マネジメントの成果は，初期段階ではかえってマイナスの影響を招くおそれがあり，実質的な成果が出てくるのは何年も後のことになり，そのタイムラグにともなうリスクを負う強いリーダーシップが必要であるから。
- ・ダイバシティを取り込むことは既存のシステムを変える全社的な変革である。そのため，リスクも大きく，不確実な環境下で強いリーダーシップを発揮するシステマティックな変革をすすめていかなければいけないから。

・個別の対立が組織のいたるところで生じ，当事者レベルでのその解決が
難しく強権的な裁量を備えたリーダーが必要であるから。

こうした理由により，トップのコミットメントはダイバシティ・マネジメ
ントに欠かせないものであるということが理解できる。

ダイバシティ・マネジメントをすすめるうえで必要なもの

研究者たちは，ダイバシティ・マネジメントに必要なものは，トップマネ
ジメントのコミットメントはもちろん，トップ以外のメンバーのコミットメ
ント，効果的なコミュニケーション，プログラムに対する適切な資源配置，
教育訓練，一貫性のある人事施策と慣行（採用，昇進，人材の保持，報酬シス
テム）であると述べている。

その他，ダイバシティ・マネジメントをすすめるうえで，「革新的なビジ
ネス戦略をたてる」ことと「メンバーの属性のバランスとパワーのバランス
を変えること」はパフォーマンスを向上させるために有効だとされている
（Richard & Kochan, 1998）。

〈革新的なビジネス戦略をたてること〉

革新性は，企業の新しいアイデア，斬新さ，実験，創造的なプロセス（新
製品，新サービス，新技術プロセスに結果としてつながる）をサポートする。革
新的なビジネス戦略のもとでは，従業員は，相互のつながりを持つことに満
足し，フェイス・トゥ・フェイスでコミュニケーションをとる（Seiler et al.,
1982）。加えて，従業員はワークグループで同僚たちと交流し，組織の意思
決定に携わる。革新的な情報を増やすことは経済的なアドバンテージがある。

イノベーティブな戦略をとる企業は，ダイバシティとパフォーマンスのメ
リットを得ることができる（Richard & Kochan, 1998）。

他の戦略のタイプは，ダイバシティのプラスの効果を得ることができない。
実際，マイナスの影響を及ぼす。例えば，市場に対して防衛的な戦略をとる
企業は限定した商品を狭い市場に提供する。変化のない環境と他の企業の割
り込みに対抗することを必要とするからである。そうした企業のコミュニュ
ケーションは，規則やテリトリーを明確にし，タスクパフォーマンスを組織
化する機能を持つ。組織変革や，パワーとコントロールの分配を必要とする

変革などは困難である。こうした環境では，人的資源のダイバシティは，低い満足度と高い離職率をもたらす（O'Reilly et al., 1989）。

Richard ら（2004）は，成長戦略を持つ企業においてのみ，人種のダイバシティが生産性と ROE を増加させることを示した。

〈メンバーの属性のバランスとパワーのバランスを変える〉

　グループのプロセスや，パフォーマンスの成果にマイノリティ・グループの割合が影響を与えることが，これまで数多く研究されてきた。カルチャラル・ダイバシティのインパクトを研究し，集団や組織のメンバーの割合を検討することの重要性を示している（Burt & Reagans, 1997; Nkomo & Cox, 1996; Williams & O'Reilly, 1997）。例えば，South et al.（1987）は，女性の割合が高いと男性従業員同士の結束が弱くなり，女性従業員からの男性への社会的サポートが多くなるという。しかし他方，マイノリティの割合が多くなるとグループプロセスにとってマイナス効果が表れるということを示すものもある（Blalock, 1956, 1957; Brown & Fuguitt, 1972; Frisbe & Neidert, 1977; Giles, 1977; Key, 1949; Wharton & Baron, 1991）。

Burt & Reagans（1997）は，マイノリティの割合が，低いか高いかどちらかであるときプラスの影響があることを示した。マイノリティの割合が，マジョリティのそれよりも分散しているとき，機会が飽和するとマイノリティの中での競争が増え，マイナスの結果となる。

構造変数理論は，ジェンダー・ダイバシティの章でも述べてきたが，組織的意図的に割合のバランスをコントロールすることは，パフォーマンスに影響を与えるのである。

何をどう変革すればよいのか◆

つづいて，ダイバシティ・マネジメントを効果的にすすめるためのフォーマルな組織構造とインフォーマルな組織文化のうち，何をどう変えればよいのか重要な点をここで整理してみたい。

〈組織戦略を変える〉

　・革新的なビジネス戦略に変える

　・ミッションを変える

・行動指針を変える

〈組織構造を変える〉

　・トップのコミットメントを変える

　・意思決定システムを変える（役割や権限などのルールを変える）

　・人事制度を変える

　・割合のバランスを変える（メンバーの属性のバランスとパワーのバランス
　　を変える）

〈組織文化を変える〉

　・パーセプションを変える（トップ，ミドル，ボトム）

　・すべてのメンバーのモラールを変える

　・職場の価値観を変える

　・行動規範を変える

　組織プロセス，情報の伝達をよくするようなコミュニケーションツール，
ミーティングの実施，などといった組織プロセスの変容もあわせて必要だが，
ここでは３つに特化してまとめた。

対抗的なシステムに変える◆

　変革の実行段階では，部分的に変革するのではなく，組織戦略，フォーマ
ルな組織構造，インフォーマルな組織文化を同時期に一斉に変革する方がパ
フォーマンスへの効果が高いといわれてきた（Miller & Friesen, 1982）。それ
は，すべてに一貫性が保てるからである。同時期の一斉の変革を行う際には
各部分ごとの反応を予測しておき，常に矛盾が無い状態を維持しなければな
らないが，そのためには，敢えてまったく正反対のシステムをプロトタイプ
にし，自らのシステムを変革していくとよい。

　例えば1990年代後半，米国の自動車製造企業は自らが弱みとする部分を補
強するために日本企業のシステムを取り入れていこうとした。

　また，インフォーマルな組織文化を集団主義に変えることがダイバシティ
からパフォーマンスの向上を得ることができると主張する研究者もいる。シ
ミュレーションを用いて，Chatmanら（1997）は，集団主義の組織文化を
持つグループには，ダイバシティによるコンフリクトがかえって有益である

ことを示した。こうした従業員参加型の経営はアメリカ企業が弱みとしてき
たものである。

　繰り返すが，システム全体を通して変えること，そして対抗的なシステム
をも取り込んで変わることが重要なのである。

変革を実行するうえでのステップ◆

　変革を具体的に実行するうえでのステップをいくつかの研究者が示してい
る。ここではそうした実行ステップを簡単にみていこう。

〈R. Thomas（1990）の実行ステップ〉

① ダイバシティに取り組む動機を明確にする

② 取り組みのビジョンを明確にする

③ 取り組みの重点を徐々に拡大させる（例えば女性からはじめたとしても
人種，年齢，経歴，所属組織，パーソナリティなどにまで拡大する）

④ 組織文化を徹底的に検討する

⑤ 自らの見方・考え方に深く根づいている基本的な前提を根本的に変え
る

⑥ 組織のしくみを変容させる

⑦ マネジャーや従業員の行動様式を変容させる

⑧ メンバー個々や従業員を変革推進者にさせる

⑨ 単にマイノリティのためだけではなく，すべての人々の成功に貢献し
ているか常に確認する

⑩ マイノリティの問題が解決するまで，アファーマティブ・アクション
を継続する

〈Cox（2001）の実行ステップ〉

① リーダーシップ

② 教育

③ 予備的調査（ダイバシティに関連した事項に付属する情報を集める）と効
果測定

④ マネジメントシステムの整合

⑤ フォローアップ

〈McEnrue（1993）の実行ステップ〉

① トップマネジメントの役割

② ニーズを見出す

③ ダイバシティをマネジメントする方法—カスタマイズされた方法の活用

④ 取り組みの範囲とおおよその期間

⑤ 範囲—時間枠の現実的な期待

⑥ 必要なスキル—スキル開発

⑦ 進歩の測定

⑧ ビジネス結果にむすびついたものにする

〈Motwanietal.（1993）の実行ステップ〉

① アセスメント

② 計画

③ プログラム化

④ 実行

⑤ 評価

〈Rossett & Bickham（1994）の実行ステップ〉

① ビジネス上の優先課題とダイバシティをむすびつける

② トップマネジメントのサポート

③ 受け入れられるあるいは受け入れられない行動の特定

④ 役割モデル

⑤ コミュニケーション

⑥ 結果を測定する

〈Arredondo（1996）の実行ステップ〉（図表 4-14）

① ビジョンとゴールを設定すること
ビジョンとミッションステートメントを作るうえで，ビジネス上の目的，戦略，コンピテンシーを明確にする

② データを集める
組織内外のだれから，何を，どこで，いつ，どのように集めるか

③ モチベータ

組織内外

選択と・反応

④　戦略の優先順位をつける

経営者開発

キャリアプランニング

ワーク／ファミリーの問題

グローバルマーケティング

⑤　進歩の作用と成果を認識

表彰

昇進

経営者の選択

⑥　進歩を評価する

変革とインパクトを測定する

変革の可能性と障害

個々人の行動

コミュニケーション

図表 4-14　イニシアティブの計画とマネジングダイバシティ「成功のための詳細な計画」

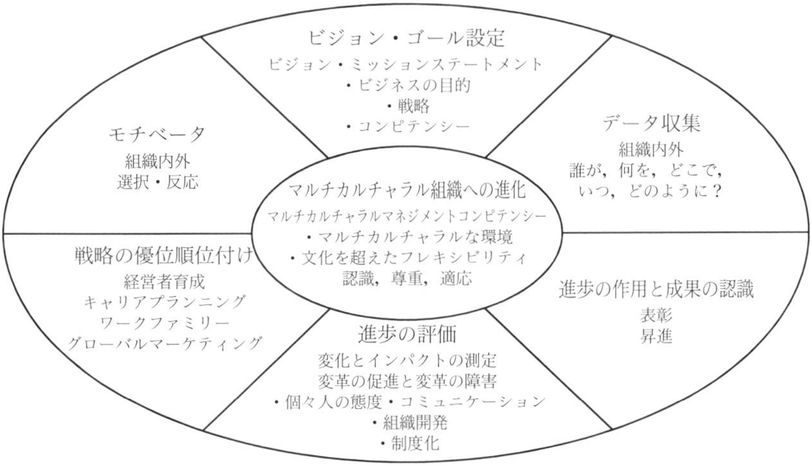

ビジョン・ゴール設定
ビジョン・ミッションステートメント
・ビジネスの目的
・戦略
・コンピテンシー

データ収集
組織内外
誰が，何を，どこで，
いつ，どのように？

モチベータ
組織内外
選択・反応

マルチカルチャラル組織への進化
マルチカルチャラルマネジメントコンピテンシー
・マルチカルチャラルな環境
・文化を超えたフレキシビリティ
認識，尊重，適応

戦略の優位順位付け
経営者育成
キャリアプランニング
ワークファミリー
グローバルマーケティング

進歩の作用と成果の認識
表彰
昇進

進歩の評価
変化とインパクトの測定
変革の促進と変革の障害
・個々人の態度・コミュニケーション
・組織開発
・制度化

出所：Arredondo（1996）

組織開発

制度化

〈Gardenswartz & Rowel（1998）の実行ステップ〉

① 経営幹部クラスのコミットメント：

経営幹部の支援とコミットメントの具体的な指標が何なのかを明確にする。

② アセスメントと実態分析：

ダイバシティ・マネジメントを実行するうえでの障害を見出し，取り組みを進めるうえで，どんなデータを用いたのか，それは現在どうなのか，すべての組織レベルを反映しているかと分析する。

③ ダイバシティ・タスクフォース：

どんなグループが取り組みの支援者になるのか，共通のゴールや言語を作るためにどんなチームビルディングや教育が必要かを考える。

④ システムの変容：

システムのどんな変容が必要なのか，変化に対して人々はどのように報告する義務があるか，組織のシステムを変える。

⑤ 教育訓練：

教育訓練を行う際に，その教育訓練の目的は何か，組織全体を通して全レベルとスキルに合わせて内容が作られているかを明確にする。

⑥ 測定と評価：

成果は何か，成功はどう測定されるのか，測定にあたって収集可能なデータは何か。小さな成功を全社に浸透させるには，こうした測定と評価が必要である。

⑦ 統合：

ダイバシティの目標達成のための努力を確固としたものにする。

〈Cox（2001）の実行ステップ〉

① リーダーシップ

・経営理念

・ビジョン

・組織デザイン

・トップの関与

　　・コミュニケーション戦略

　　・戦略統合

②　予備的調査と効果測定

　　・予備的診断

　　・操作的評価

　　・ベンチマーキング

　　・測定計画

③　教育

　　・変革のマネジメント

　　・企業内スキルの開発

　　・現行の教育訓練の修正

　　・学習プロセスとして各フェーズを認識する

④　マネジメントシステムの整合

　　・業務スケジュールと労働環境

　　・オリエンテーション

　　・採用

　　・業績評価

　　・福利厚生

　　・訓練・能力開発

　　・昇進

⑤　フォローアップ

　　・説明責任

　　・継続的な改善

　　・結果の報告プロセス

　　・ナレッジマネジメントプログラム

　Cox はこうした実行ステップは一過性のもので終わらせるのではなく，常に見直しながら継続して実行するべきであるとしている。

　多くの研究者たちは，ダイバシティをマネジメントする実行ステップを示してきた。それらは労働力のダイバシティを十分に活用するように組織を導

こうとしてきたが，そうしたモデルは，組織が現行の構造のもとでは，ダイバシティをマネジメントするには適していないということを暗示している。ここで示したダイバシティの実行ステップは，かなり重複しているものの，どれひとつとして同一のものはない。それらは，実行プロセスとその内容を含んでいて，そうしたことが行われるべきだとしている。

　ただ忘れてならないのは，この実行ステップは，企業組織が変革していくうえでのひとつの指標にはなりうるが，すべての企業にあてはまるプロセスではなく，順序が入れ替わることもあれば，何かのステップを省略しうることもある。

　こうした実行ステップを強調するのは，主にコンサルタントであり，研究者は厳格な実行ステップよりも理論モデルや因果関係に着目している。Bailyn によれば，ダイバシティ・マネジメントのための唯一正しいモデルや実行ステップがあるわけではなく，それは，各企業の特徴やおかれた環境によって異なるのである（Bailyn, 2003）。

具体的戦術：ユニットにわけて小さな成功を作る◆

　ダイバシティ・マネジメントを導入するにあたり，全社的な組織変革が必要であり一斉に同時期に変革することが効果的であることは先に述べたが，もうひとつの具体的な戦術としては小さなユニットにわけて第1段階の導入をすすめることも提案したい。社内ベンチャーのように，ある一部だけ別の部署をつくりそこで既存と異なるシステムを適用する例は多くの大企業で頻繁に行われていることである。

　では，どうしてそうする必要があるのか，その利点を筆者は次のように考える。

① 共通の目的をみつけやすい。全社レベルだと共通の目標をみつけるのは困難であるし，時間もかかる。一方，小さな組織だとみつけやすく，コンセンサスも容易に得ることができる。

② 個々人を再カテゴリー化しやすい。それまで女性と男性というカテゴリーでしか分けていなかったものを，まったく別のダイバシティの次元でメンバーが自分たちをカテゴライズし直すことができる。

③　コンフリクトやミスコミュニケーションといったダイバシティのマイナス面が少なくてすむ。ダイバシティのカテゴリーが似通っていたり，再カテゴリー化されることによって，メンバー間のアフェクティブコンフリクトが少なくなる。また，小さなユニットで管理するため，ミスコミュニケーションも生じにくい。

④　既存のシステムとは分離させて，異なるバリューチェーンを作ることができる。企業全体だと，統一したものをつくりにくい（Tsui et al., 1992）が，ユニットにすることにより，それが可能になる。

⑤　小さなユニットは，活動を把握しやすく，成果や進歩を測定しやすい。

また，ユニットにおけるダイバシティ・マネジメントを有効にするには，イノベーター（innovator：変革者）や社内のチェンジエージェント（change agent：変革推進者）に着目する必要がある。

例えば，Loden（1996）は次のように述べている。組織の中にはイノベーターとチェンジエージェントとプラグマティスト（pragmatist：現実主義者）とスケープティック（skeptic：懐疑論者）とトラディショナリスト（traditionalist：伝統主義者）という5つのグループが存在する。これらのグループではそれぞれ変革のトリガーになるものが異なるため，均質な政策ではうまく機能しない。

ダイバシティ・マネジメントの導入初期段階には，組織の中のイノベーターやチェンジエージェントたちを集めて小さなユニットを作ることが望ましい（Loden, 1996）。組織メンバーを100％とすれば，イノベーター2.5％，チェンジエージェント13.5％，現実主義者34％，懐疑論者34％，伝統主義者16％，の5つに分かれる。それぞれの特徴は次のようになる。

〈イノベーター〉

変革によるリスクは小さいと認識。機会を探し，それに投資することに熱心。理想主義者。変革の先導者。変革を採用する際の判断を自分にゆだねる。オピニオンメーカー。ダイバシティは機会をつくると考えている。創造的な達成感を追求。

〈チェンジエージェント〉

変革によるリスクは小さいと認識。機会の探索に興味はある。楽観主義者。

新しいアイデアを試そうとする。変革をリードすることを好み，実行に影響を与えるオピニオンリーダー。ダイバシティが知識を豊かにし，人々にとって好ましいものだと考える。他者から認められ，尊敬され，リーダーシップをとり，個人的な達成感を得ようとする。

〈現実主義者〉

　ダイバシティによるパフォーマンスへのリスクを考える。注意深く，機会や論争を追求。新しいアイデアや変革に対して夢や理想を持たず現実に即するか，多少の不審感を持っている。単純化を好む。同僚の経験や専門家の推奨に頼るふしがある。リーダーではなくフォロワーになりたがる。実利があれば動く。帰属意識を追求。

〈懐疑論者〉

　変革はリスクが大きいと思っている。個人的に機会を探すことに閉鎖的。論争と恐れている。新しいことに懐疑的で，挑戦するときには，それが主流であるかどうかが重要となる。権威やマジョリティに従う傾向がある。ダイバシティは害のあるもので早く進めすぎだと考えている。安全と広い支持を求めている。

〈伝統主義者〉

　変革はリスクが大きいと，５つのグループの中で一番強く思っている。機会の存在を否定。悲観論者。変革に対して敵対的。まきこまれることを避けようとする。ダイバシティの価値を否定していて，ダイバシティは危険なものだと考えている。現行のまま，あるいは，過去のよき日に戻ろうとする。

　こうした各スタンスの特徴をもとにして，社内からイノベーターとチェンジエージェントを探し集め，ユニットを作ることが小さな成功を生む第一歩だといえる。

　加えて，小さな成功を作ることはダイバシティがパフォーマンスにむすびつくプロセスを継続および拡大させていくうえで重要である。ひとつの成功が第三者の評価を大きく変える。ひとつの成功が次なる支援をより強化していく。

　パワー関係を変えていくうえでも初期段階に小さな成功を収めることは非常に重要である。マイノリティとマジョリティの間では，すでにパワー関係

第 4 章 │ ダイバシティと企業の戦略的行動　275

図表 4-15　変革へのスタンス

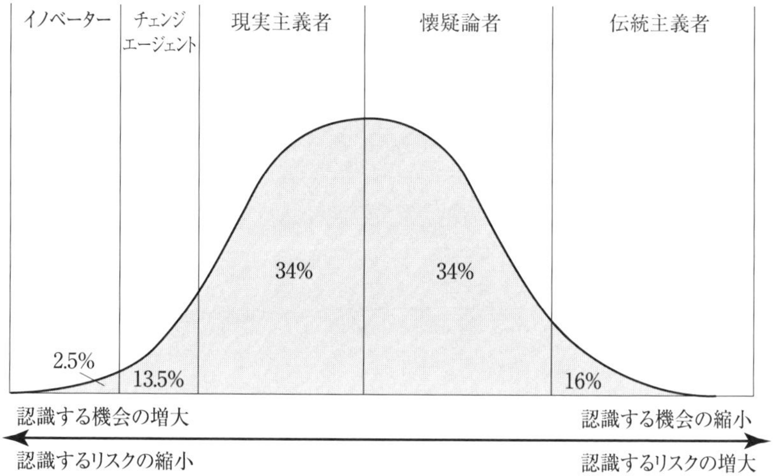

| イノベーター | チェンジ
エージェント | 現実主義者 | 懐疑論者 | 伝統主義者 |

34%　　34%

2.5%

13.5%

16%

認識する機会の増大　　　　　　　　　　　認識する機会の縮小

認識するリスクの縮小　　　　　　　　　　認識するリスクの増大

出所：Loden（1996）

図表 4-16　セグメントを動かすキーとなる要因

	イノベーター	チェンジエージェント	現実主義者	懐疑論者	伝統主義者
セグメントの傾向	試行したり，創造したがる	早期に試したい	最初は待機したい	遅らせたい	ひたすら回避したい
リスクの認知	最も小さい	小さい	中程度	大きい	最も大きい
変革に参面する際の主要なモチベーション	創造性の増加	ステータス，自己認識他人を助ける	経済的使益と同僚からの容認	権威のある人の推奨とマジョリティの包括	不満の減少と組織標準の改訂への対処
意思疎通の際にキーとなるメッセージ	それは創造性を強化し持続的な改善につながる	この変革を先導することは重要であるすべての人々にとって好ましいそれは知識を強化する	ビジネスにとって好ましい成功が実証されている取り組むことが同僚との間の立場を強化する	組織のリーダーに支持されている取り組まなければおいていかれる	それは，今や組織の標準だ後に続くには，この変化に取り組まなければならない

出所：Loden（1996）

の格差がある。それまで低い地位におかれていたマイノリティの考えをマジョリティが抵抗なく取り入れるとは考えがたい。そこで，小さな成功を作ることで，マジョリティにマイノリティの声が聞き入れられやすくする。

　この小さなユニットで導入するというのは，同化・分離・統合のうちの分離モデルとも考えられるが，小さな成功で評価に値する成果を出すことで統合（全社的な波及）に移行しやすくなる。そういう意味でも，ユニットにわけて小さな成功を作ることは重要である。

　ユニットで実行するにあたり，ダイバシティがパフォーマンス向上に有効に働く部署は，マーケティングや商品開発，販売部門とされている。こうした部署は通常の新規事業開発に類似している。

第3節　まとめ

ダイバシティ・マネジメントを可能にする組織の特徴と具体的な取り組み◆

　第4章では，企業組織がどのようにダイバシティに取り組んでいくか，いくつかのモデルを紹介した。

　これらのモデルを使い，組織が望ましい状態にどのようにすすむのか，あるいは，ダイバシティ・マネジメントを可能する組織とはどのような特徴を持つ組織なのかを明らかにした。

　以下5つのモデルは，ダイバシティ・マネジメントを可能にする組織とはどのような組織なのか，そしてその組織の特徴はどのようなものかをみるうえで重要である。

〈雇用機会均等への対処の仕方：Gary Powell モデル〉

　組織がどのように均等な雇用機会の問題に対応するかという観点から，ダイバシティ・マネジメントの特色によって分類する。Powell（1993）によれば，組織はダイバシティに対して積極的であるか，受身的であるか，または害のないように無視するか，である。Powell のモデルにおいて，組織が取り得る最も望ましい態度は「積極的な対応」である。

〈単一・多元・多文化組織：Taylor Cox 初期モデル〉

　ダイバシティを重視する組織は，組織風土の受容力の段階を3つの組織形

第4章｜ダイバシティと企業の戦略的行動　**277**

態で区分することができる。それは，単一組織，多元組織，多文化組織である。Cox によれば，多文化組織にならなければ，組織はダイバシティを真にマネジメントするとはいえないという。

〈アファーマティブ・アクションからダイバシティ・マネジメントへ：
　Roosevelt Thomas モデル〉

R. Thomas（1990）は労働力の変化への対応に基づいて，アファーマティブ・アクション，ダイバシティの理解（違いの重視），ダイバシティ・マネジメントの3つの形態に組織を分類した。R. Thomas（1992）は，ダイバシティ・マネジメントは，個人間レベル，さらには，組織レベルを必要とするという。ダイバシティ・マネジメントは組織文化と組織構造に注意を向け，長期的な目論見を必要とする。

〈ダイバシティへの対応：Robert Golembiewski モデル〉

Golembiewski（1995）は，企業の取りうる5つのダイバシティへのアプローチを，「強要されたダイバシティ」，「機会均等」，「拡張的アファーマティブ・アクション」，「違いの重視」，「ダイバシティのマネジメント」と呼んだ。

〈段階モデルを土台にした統合モデル：Dass & Parker と D. Thomas & Ely
　モデル〉

Dass & Parker と Parker（1999），D. Thomas & Ely（1996）らは，ダイバシティ・マネジメントの統合モデルを示すに当たり，学習の重要性を主張した。「学習する組織」が，変化に適応，受容，そして促進するとし，作業プロセスや労働力の継続的育成における持続的な改善に研究の焦点を当てた。

ダイバシティ・マネジメントを可能にする組織とは，Cox によれば，多文化組織であるという。この多文化組織には次のような特徴がある。

①　全ての多様なグループが他のグループを尊重し，価値を見出し，そして他のグループから学び，自らの文化を変容させることができること。

②　組織のあらゆる階層に全てのダイバシティ・グループが十分に統合されていること。換言するとどんな階層にも多様な人々がいること。

③　組織の非公式ネットワークにおけるマイノリティのメンバーが十分に統合されていること。つまり，インフォーマルなネットワークにマイノ

リティが組み込まれていること。

④　偏見や差別がないこと。

⑤　組織のゴールにマイノリティ・グループメンバーもマジョリティ・グループメンバーも等しく共鳴していることと，組織と個人のキャリアゴール達成の整合性の機会が等しく見出せること。

⑥　人種や性や国籍や組織メンバーの他のアイデンティティグループに基づくグループ間のコンフリクトが最小限に抑えられていること。

　さらに，Dass & Parker（1999），D. Thomas & Ely（1996）らは「学習する組織」という概念を付加した。学習する組織の従業員は変化を受け入れやすく，その従業員は，ダイバシティのための取り組みを進んで受け入れるようになる。同様に，こうした組織は他に比べて多様性に関して受容的で適応的であると彼らは述べている。

組織的介入と組織開発◆

　では，どうすれば，こうした望ましい状態に組織を変革することができるのか，Cox & Blake は，次の5つが重要であると主張する。それは，①リーダーシップ，②教育，③予備的調査と効果測定，④マネジメントシステムの整合，⑤フォローアップである。

　さらに，ダイバシティ・マネジメントを実施する際には「組織戦略」，「組織構造」，「組織文化」を変える必要があるという。具体的には次のようなものがあげられる。

〈組織戦略を変える〉

・革新的なビジネス戦略に変える

・ミッションを変える

・行動指針を変える

〈組織構造を変える〉

・トップのコミットメントンを変える

・意思決定システムを変える（役割や権限などのルールを変える）

・人事制度を変える

・割合のバランスを変える

〈組織文化を変える〉

　　・パーセプションを変える（トップ，ミドル，ローワー）

　　・すべてのメンバーのモラールを変える

　　・職場の価値観を変える

　　・行動規範を変える

　こうした変革を具体的に実行していくうえでの実行ステップは多くの研究者が示しているが，重要なステップをまとめてみると，次のようになる。

①　トップマネジメントクラスのコミットメント

②　ビジョンとゴールを設定し，リーダーシップコンピテンシーの項目の1つとする

③　データを集める。ダイバシティ・マネジメントを実行するうえでの障害を見出し，取り組みを進める上で必要なデータを集める。そうして集めたデータを従業員に開示する

④　小さなユニットに分けて実行する

⑤　システムの変容。変容すべき既存システムには，たとえば「業務スケジュールと労働環境」，「採用」，「業績評価」，「福利厚生」，「訓練・能力開発」，「昇進」が含まれる

⑥　タスクフォースとラウンドテーブル。従業員間のコミュニケーションをはかり，共通のゴールや言語を作るために，タスクフォースやラウンドテーブルを活用する

⑦　測定と評価。成果は何か，成功はどう測定されるのか，測定にあたって収集可能なデータは何か，これらを測定することは，進歩を確認していくうえで必要である

⑧　継続。ダイバシティの目標達成のための努力を確固としたものにし，継続的な取り組みが必要である

実証結果で何が解明され，何が解明されていないか◆

　ダイバシティ・マネジメントのための組織開発の節で述べた実証結果によれば，ダイバシティ・マネジメントのプロセスと研修にはプラスの成果があることが明らかになった。ダイバシティ研修のプログラムは，個人の態度を

変化させることが可能であり，その変化はポジティブなものであるという見方を支持する。

組織が効果的なダイバシティ・マネジメントから財務的ベネフィットを獲得する可能性があるという実証結果もまた存在する。

しかしながら，ここで明らかにされた組織的介入の実証結果は，ほとんどがスタティック（静的・結果だけをみる）な分析であり，ダイナミック（動的・プロセスをみる）なものではない。ダイバシティ・マネジメントの組織的介入が，どんなプロセスでパフォーマンス向上につながっていったかというダイナミックな調査・研究が必要である。

多様化する組織における5つのパラダイム◆

筆者は，Ely & D. Thomas の分類を発展させ，ダイバシティに関する企業の取り得る行動を3つのパラダイムとして示した。それは次のようなものである。

- ・同化
- ・分離
- ・統合

「同化」のパラダイムは，法律に違反しないよう差別を減らすことを目的にダイバシティをすすめるパターンである。「分離」のパラダイムは，ダイバシティをすすめる目的を多様な市場や顧客にアクセスするためだと解釈し，組織の変容はなされないまま組織とは分離して多様な人材の採用・登用などが行われるパターンである。「統合」のパラダイムは，コア（中核）の業務とそのプロセスを知り，それらを強化することを目的とする。ダイバシティを価値付ける度合いは最も高く，ダイバシティを学習や変革，再生の資源と考える。こうした組織は，違いをコアの業務やそのプロセスに統合していくことが適切だとしている。ダイバシティは，直接的に業務全体に組み込まれており，組織を変革するパワーとむすびついている。

さらに筆者は，この3つのパラダイムに，問題が発生してから個別に反応するという「抵抗」のパラダイムと，組織のなかに多様性を育むが，ビジネス上の具体的なゴールは目指さない「多様性尊重」を加えた。

第5章では，製造業A社，イオン，マツダの事例を解説するが，そのポイントとなるのが，この「抵抗」，「同化」，「多様性尊重」，「分離」，「統合」のパラダイムである。外部環境や内部環境の変化に応じて企業がどのような行動をとり，どのように進化していったか，この5つのパラダイムを使って明らかにしていく。

その前に，次の補章で，これまで述べてきた第2章から第4章までの既存研究のサーベイから，ダイバシティとパフォーマンスとの関係で導き出せた仮説を示す。

補章　仮説のまとめ

　本章では，これまで述べてきた既存研究のサーベイから，ダイバシティと
パフォーマンスとの関係で導き出せる仮説を示す。

　仮説に入る前に，組織的介入と組織的支援，組織変革についての定義を明
確にしておきたい。

　組織的介入とは，広義な意味で，組織全体に関わるシステムの変容を行う
ことである。組織的支援とは，マイノリティ・メンバーやマイノリティ・リ
ーダーを取り巻く組織内部の環境に対して人的支援，情報支援，財務的支援
を行うことである。組織変革とは，戦略，構造，文化，プロセスを変えるこ
とである。つまり，組織的支援と組織変革をあわせたものが組織的介入とい
うことができる。

　この組織的介入（組織全体に関わるシステムの変容と組織的支援）を行うこ
とでダイバシティを高めて意図的にパフォーマンスをプラスにすることが可
能となる（例えば，Cox, 2001; Agars & Kottke, 2004; Richard & Kochan, 1998）。

仮説 1　情報・意思決定理論

　異質な人材が集まることで，互いに未知なる情報をわかち合い，パフォーマン
ス（問題解決能力，創造性）にプラスの影響を与える。

仮説 1-1　情報・意思決定理論（社会資本の異質性）

　人が自分と近い相手とコミュニケーションをとりたがる傾向があるならば，ダ
イバシティのあるグループはより多くの情報ネットワークを組織外に持ちうるこ
とになる。また，それは新しい情報を得る際に価値あるものとなり，革新や問題

283

解決能力，意思決定，製品設計において有効となる。

仮説 1-2　情報・意思決定理論（人的資本の異質性）

異質な人材が集まることにより，各メンバーが持つ情報，スキル，知識の増加により，パフォーマンス（問題解決能力，創造性）にプラスの影響をもたらす。

仮説 1-2-1　情報・意思決定理論（モデレータ：タスクの種類）

ルーティンワークなどの作業においては多様な考え方が入るとかえって効率が下がる。イノベーティブな製品開発，戦略やトップマネジメントの意思決定など，複雑性の高いタスクほどダイバシティはパフォーマンス（問題解決能力，創造性）にプラスに働く。

仮説 1-2-2　情報・意思決定理論（モデレータ：タスクの相互依存関係）

各メンバー間のタスクに相互依存が存在すると，メンバーのダイバシティがパフォーマンス（問題解決能力，創造性）にプラスの影響を与える。まったく均質の依存関係ではパフォーマンス（問題解決能力，創造性）はプラスに働かないし，まったく重複がない場合もうまく機能しない。

仮説 1-3　情報・意思決定理論（パフォーマンスの限界）

ダイバシティが増大し過ぎると，情報による付加価値を得ることができず，グループ結束とグループ機能を困難にする。

仮説 2　ソーシャル・カテゴリー理論

ダイバシティが高まることで浮き彫りにされる異質な価値観を持ったグループ同士は対立するので，パフォーマンス（コミットメント，集団へのアトラクション，メンバーのニーズに合致する能力，社会的統合「グループにおいて個人が他人と心理的にむすびつきあった度合い」，問題解決，実行能力）にマイナスの影響を与える。

自尊心を保つ行動は，他人と社会的な比較を行う自己カテゴリー化プロセスでしばしば実行される。このプロセスにおいて，人はグループ内での，もしくは他

のグループとの区別を最大化させ，他者を魅力が少ないものだと判断しようとする。

　内集団，外集団のバイアス，ステレオタイプ化，認知的偏見などが発生することで，コンフリクトやコミュニケーションの問題，派閥主義が起こり，ダイバシティがパフォーマンス（コミットメント，集団へのアトラクション，メンバーのニーズに合致する能力，社会的統合，問題解決，実行能力）にマイナスの影響を与える。

仮説3　類似性・アトラクション理論

　態度・価値観からデモグラフィ（人口統計）変数に至る属性における類似性は，個人間のアトラクションや好意を増大させる。属性が類似した人々は，共通の人生経験や価値観を持っている可能性があり，それは相互の交流を容易にし，互いを良い意味で強化するもの，好ましいものととらえる可能性がある。このため異種混合状態ではコミュニケーションが減り，メッセージの歪曲が起き，コミュニケーションにおいて多くのエラーが生じることになる。

　均質なメンバーが集まった組織は，その類似性・アトラクションが魅力，好意，自己正当性にむすびついていくと考えられ，効果的なコミュニケーションを生み，団結性の高い組織が構築される。

　組織やチームが多様化することで，もともとマジョリティだった人たちがネガティブな反応を示し，もともとマイノリティだった人はポジティブに反応する。具体的には，もともとマジョリティであった人が数的にマイノリティになると，その類似性・アトラクションが魅力，好意，自己正当性を減じさせるので，心理的なコミットメントを低め，欠勤率を増加させ，そして組織に留まろうとする意向が低下する。逆にもともとマイノリティであった人は，そのマイノリティの比率が高くなると，組織へのコミットメントが高くなる。

仮説3-1　類似性・アトラクション理論（モデレータ：共通のアイデンティティや組織文化の影響）

　メンバーが多様であっても，企業が共通の目標やアイデンティティ，集団的な組織文化を新たに設定することでパフォーマンス（コミットメント，集団へのア

トラクション，メンバーのニーズに合致する能力，社会的統合，問題解決，実行能力）にプラスとなる。

仮説 3-2　類似性・アトラクション理論（自己アイデンティティ化）

上層部にマイノリティの分布が高くなると，役職の低いマイノリティのポジティブな自己アイデンティティを持つため，パフォーマンス（モチベーション，コミットメント，メンバーのニーズに合致する能力）にプラスの影響を与える。

仮説 4-1　役割理論：役割行動の直接効果（役割行動の異質性）

マイノリティの役割行動の異質性が創造性や新たな問題解決能力にプラスの影響を与える。

仮説 4-2　役割理論：役割行動の直接効果（女性役割行動の異質性）

女性の役割行動の異質性が，チームプロセスを円滑にし，パフォーマンス（革新，問題解決能力，意思決定，製品設計）向上に貢献する。

男女は異なるスキルを開発し，その役割にあわせるべく自らの行動を修正していくゆえに，女性に顕著に見られる協調性や協働，共感をもとにした関係性スキルがチームプロセスを円滑にし，パフォーマンス（革新，問題解決能力，意思決定，製品設計）を高める。

仮説 4-3　役割理論：役割行動の間接効果（ソーシャル・アイデンティティ論）

マイノリティが新しい役割行動を実施すると，同じマイノリティのメンバーに限らず従来のメンバーにとっても新たな自己の役割と目標を見出すことにつながり，部下を介し間接的に，パフォーマンス（実行能力が高まる）にプラスの影響を及ぼす。

仮説 5　コンテクスト

メンバーのダイバシティがパフォーマンス（情報・意思決定理論のもとでの問題解決能力，創造性；ソーシャル・カテゴリー理論と類似性・アトラクション理論のもとでのコミットメント，集団へのアトラクション，メンバーのニーズに合

補章｜仮説のまとめ　287

致する能力，社会的統合，問題解決，実行能力：以下特に記載がない場合は，組織的介入におけるパフォーマンスとはこのことをいう）に与える影響はチームや組織のおかれたコンテクストによって変化する。

仮説 5-1-1　コンテクスト（環境の特徴に合わせた意思決定のスピード）

　革新性が必要とされる環境下では，集団が均質すぎると，スピード感ある意思決定と積極的な競争行動をとることができず，パフォーマンス（問題解決能力，創造性）にマイナスの影響を与える。

仮説 5-1-2　コンテクスト（環境の特徴に合わせた意思決定のスピード）

　革新性が必要とされない環境下では，意思決定のスピードと積極的な競争行動が必要とされず，集団が異質すぎると，パフォーマンス（実行能力）にマイナスの影響を与える。

仮説 5-1-3　コンテクスト（環境の特徴に合わせた組織のシステムやビジネスモデルの変化）

　ダイバシティでパフォーマンス（財務的・非財務的）向上を可能にするのは，急進的な組織変革を必要とするときである。市場がドラスティックに変化せざるをえないときや，技術革新が急激に行われるときなどには，組織内部のシステムやビジネスモデルをそれに合わせて変革する必要がある。

　逆にそういうものが必要とされない場合は，組織内部の累積的な進化（現状を少しずつ変化させる）が行われるため，ダイバシティによるパフォーマンス向上は限定的となる。

仮説 5-2　コンテクスト（時間）

　時間の経過とともに，チームメンバーが協働することで，個人情報，特有の情報を交換する機会が増え，観察可能な行動のサンプルも多くなってくる。結果として，チームメンバーが，ジェンダー，人種，年齢といった表層的なダイバシティよりも，パーソナリティ，価値，態度，信条，経歴といった深層的なダイバシティの存在を頻繁に認識し，社会的な統合を促進する。つまり，表層的なダイバ

シティの効果（ソーシャル・カテゴリー理論が働く）がグループの初期段階に影響を与え，深層的なダイバシティ（類似性・アトラクション理論）がグループの中期以降に影響を与え始める。

仮説 5-3　コンテクスト（割合）

ダイバシティがパフォーマンスに及ぼす影響は，グループの中のサブグループの割合によって変化する。

仮説 6　プロセス

ダイバシティがパフォーマンスに与える影響は，そのプロセスによって変化する。

仮説 6-1　プロセス（コンフリクト）

ダイバシティが，コンフリクトの発生を促し，パフォーマンスに影響を与えるプロセスにおいて，そのコンフリクトのタイプによって結果が左右される。

仮説 6-1-1　プロセス（コンフリクト：タスク）

情報・意思決定理論のもとでは，タスクコンフリクトの発生がパフォーマンス（問題解決能力，創造性）にプラスの影響を与える。

仮説 6-1-2　プロセス（コンフリクト：感情）

ソーシャル・カテゴリー理論のもとでは表層的なダイバシティのアフェクティブ（感情的）コンフリクトがパフォーマンス（コミットメント，集団へのアトラクション，メンバーのニーズに合致する能力，社会的統合，問題解決，実行能力）にマイナスの影響を与える。

仮説 6-2-1　プロセス（第三者による知覚：ソーシャル・カテゴリー理論，類似性・アトラクション理論）

実際のダイバシティよりも，第三者が知覚したダイバシティがパフォーマンス（ソーシャル・カテゴリー理論と類似性・アトラクション理論のもとでのコミットメント，集団へのアトラクション，メンバーのニーズに合致する能力，社会的統合，問題解決，実行能力）に影響を及ぼす。

仮説 6-2-2　プロセス（第三者による知覚：情報・意思決定理論）

マイノリティが持つ独自の情報，スキル，行動を無視または過小評価することが，グループ自体のパフォーマンス（情報・意思決定理論のもとでの問題解決能力，創造性）を減退させる。

仮説 7　組織マネジメント

ダイバシティに対する組織的介入によって意図的にパフォーマンスを向上させることができる。

仮説 7-1　組織マネジメント

組織の特徴（組織戦略，組織構造，組織文化，組織プロセス）を変えれば，ダイバシティによってパフォーマンスを向上させることができる。

仮説 7-1-1　組織マネジメント（組織戦略）

組織戦略を革新的な戦略に変えることで，ダイバシティでパフォーマンスを向上させることができる。

仮説 7-1-2　組織マネジメント（組織構造）

個々人のスキルや経験に応じた役割権限を明確にしている組織構造のもとではダイバシティでパフォーマンスを向上させることができる。

仮説 7-1-2-1　組織マネジメント（組織構造：権限集中）

権限がトップに集中し，トップの役割が明確になっている組織は，ダイバシティでパフォーマンスを向上させることができる。

仮説 7-1-2-2　組織マネジメント（組織構造：慣行・制度・手続き）

慣行，制度，手続きの実行によって，新しい目的を具現化するような行動変化や役割モデルを提示すると，ダイバシティでパフォーマンスを向上させることができる。

仮説 7-1-2-3　組織マネジメント（組織構造：パワー関係）

パワー関係を変えることで，ダイバシティでパフォーマンスを向上させることができる。パワー関係を変えるとは，職位や権限を与えるだけでなく，財務的支援，情報支援，人的支援を行うことも含まれる。

仮説 7-1-2-4　組織マネジメント（組織構造：パワー関係：組織的支援）

多様なメンバーを登用したときの成果は，組織的介入（財務的支援，情報支援，人的支援）いかんでパフォーマンスにプラスの影響をもたらす。
- ・財務的支援（職務に応じた財政的な支援）
- ・情報支援（戦略課題の明示，役割行動を達成するための必要な情報，教育・スキル開発）
- ・人的支援（上司，同僚，部下にダイバシティをマネジメントする能力を持つ人材，スキルや経験を持つ人材を配置する）

仮説 7-1-3　組織マネジメント（組織文化）

組織の価値観や規範，暗黙の前提などを変えることによって，ダイバシティでパフォーマンスを向上させることができる。さまざまな価値観をいかす包括的な文化に変わっていかなければならない。

仮説 7-1-4　組織マネジメント（組織プロセス）

コミュニケーションプロセス，コミュニケーションツール，フォーマット，ミーティング，コミッティ，タスクフォース，ラウンドテーブルなどを整備することで，ダイバシティでパフォーマンスを向上させることができる。

補章｜仮説のまとめ　291

仮説 7-2　組織マネジメント（組織的支援の影響）

組織的介入は，マイノリティにはプラスに働く（コミットメント，集団へのアトラクション，メンバーのニーズに合致する能力）が，マジョリティにはマイナスに働く（コミットメント，集団へのアトラクション，メンバーのニーズに合致する能力）場合がある。

仮説 7-3　組織マネジメント（組織的支援の程度）

組織的介入が過度になされるとマイノリティにマイナスの影響を及ぼすことがある。例えば，過度な支援は，自己評価と他者評価の低下につながる。

仮説 8　組織の戦略的行動

組織の戦略的行動のタイプによって，ダイバシティのパフォーマンスへの影響が変化する。

仮説 8-1　組織の戦略的行動（「抵抗」のパラダイム）

「抵抗」のパラダイム（ダイバシティの問題が発生してからその問題に個別に反応する行動パターン）のもとでは，メンバーを多様にすることは行なわれない。そのためパフォーマンスへの影響はない。

仮説 8-2　組織の戦略的行動（「同化」のパラダイム）

「同化」のパラダイム（公平性を重視し，法律に違反しないよう差別を減らすことを目的とした行動パターン）のもとでは，ダイバシティはパフォーマンスにマイナスの影響を与える。

「同化」のパラダイムのもとでは，同質の情報・スキル・行動が求められるためダイバシティがパフォーマンス（組織効率，実行能力）にマイナスに働く。

「同化」のパラダイムのもとでも多様なメンバーが既存のメンバーに同化すればパフォーマンスは変化しない。

仮説 8-2-1　組織の戦略的行動（「同化」のパラダイム：組織的支援）

　「同化」のパラダイムのもとでは，個々人への同等の処遇（公平性の重視）がなされるため，多様なメンバーへの組織的支援は行われず，パフォーマンス向上は望めない。

仮説 8-3　組織の戦略的行動（「多様性尊重」のパラダイム）

　「多様性尊重」のパラダイム（組織の多様化自体をゴールとし，そのために働き方の多様性を進めようとする行動パターン）のもとでは，ダイバシティが，パフォーマンス向上にはつながらない。

仮説 8-4　組織の戦略的行動（「分離」のパラダイム）

　「分離」のパラダイム（多様な市場や顧客にアクセスするために，ダイバシティが影響を及ぼす部署に限定してダイバシティを取り入れようとする行動パターン）のもとでは，メンバーが多様になることが，パフォーマンスにプラスの影響を与えることがある。ただし，その影響は，部分的なものである。マイノリティのパフォーマンス（モチベーション，コミットメント，メンバーのニーズに合致する能力）は，マジョリティほどは向上しないし，ある一定のユニットに限定されるため役割の限界が生じ，組織全体のパフォーマンス向上にはつながらない。

仮説 8-5　組織の戦略的行動（「統合」のパラダイム）

　「統合」のパラダイム（ダイバシティを学習や変革，再生の資源と考え，コア（中核）の業務とそのプロセスを知り，それらを強化することを目的とする行動パターン）のもとでは，メンバーが多様になると，パフォーマンスにプラスの影響を与える。組織のコアな（中核の）システムがダイバシティを取り込んで変化するため，ダイバシティでパフォーマンスをより向上させることができる。従業員は変化を受け入れやすく，進んで学習するのでダイバシティの組織の取り組みを自発的に促進させる。個々人の成長を促し，組織を高いパフォーマンス水準で維持させることができる。

第5章 ダイバシティ・マネジメントの事例

第1節 日本企業における事例研究：製造業A社，イオン，マツダの事例

　繰り返しになるが，ダイバシティでパフォーマンスをあげるには組織自体が変わらなければならない。そのことは本書のテーマでもある。この観点から製造業A社，イオン，マツダの3社をみていく。

　製造業A社の場合は，1992年という比較的早い時期に多くの日本企業に先んじて人事変革を行った。その時期に，女性管理職が増えたが，それ以後に大きな変革はみられず，女性管理職も増えていない。こうした組織の特徴を，他の2社と比較してみたい。

　イオンは，企業の競争力を強化していくために組織を目まぐるしく変化させている。組織戦略や組織構造を次々と変革し，それによって従来とは異質なリーダーが登用されていったプロセスをみていく。

　マツダは，長期的な視野に立ち，異なる経営システムを融合しようとした企業の事例である。フォードとマツダという異質な経営スタイルが統合を目指し，そのプロセスで何が起こったか。統合を目指す企業の変革プロセスを示す。

1．事例研究の方法と背景

　製造業A社，イオン，マツダの3社とも，企業の内部資料とヒアリング調査（上司，人事部，部下など対象者全員に実施したヒアリング）をもとに考察する。

293

製造業 A 社の場合は，ヒアリング調査に関しては，女性登用に関係する人事部，女性管理職，女性管理職の上司と部下などにヒアリングした。1993年から2005年まで約12年にわたる調査を行った。

　イオンの事例では，1998年から2004年までの優秀店長賞の受賞者，および人事部，その店長をとりまく上司，同僚，部下を対象にヒアリング調査を行った。全国160名，対象者によっては，数回にわたってヒアリングを行った。なお本書ではデータを直接用いていないが，800人規模のアンケート調査や他社の店長との比較調査を行った。また，2004年には，関東地区の全店舗を対象にし，店長と部下のキャリアの違い，店長の行動と部下の行動との補完性によって，パフォーマンスがどう変わっていくかを調査した。これらのデータは事例分析のベースとして活用した。

　マツダの事例では，異質な経営モデルの統合プロセスをみるという調査目的に合致させるために，フォードからの派遣者と日常業務でインターフェースを持つ人々をヒアリング対象者として限定した。選定基準は，フォードの派遣者からの影響力の強い主要部門の部門長クラスに相当する人々，具体的には商品企画，商品戦略，開発管理，原価企画，マーケティング，購買，人事の各部門を担当する取締役，または本部長，部長クラス，および商品開発プロジェクトのリーダーであるプログラムマネジャーである。同様にフォードからの派遣者にもインタビューを実施した。1998年から2002年までの間に，広島のマツダ本社へ 7 回の訪問，カリフォルニア州アーバインの北米マツダへ 2 回，ミシガン州ディアボンのフォードへ 3 回訪問し，総人数40名余りにインタビューした。

増えていない日本企業の女性管理者◆

　日本企業の役職者に占める女性の割合は，統計的にみてさほど増えていない。1986年に男女雇用機会均等法が施行され女性登用の機運は高まっているものの，実際には大きな変化はみられない。

　かつて，アメリカでも女性管理職が少ない時代があり，1970年代には，2000年の日本における割合と変わらなかった。しかし，それ以降，高学歴の女性が増加し，労働者のホワイトカラー化が加速，マイノリティに対する法

律の整備などが貢献し，女性管理職は増加傾向をたどった。

　日本でも女性の高学歴化がすすみ，労働者のホワイトカラー化も進んでいるが，それにもかかわらず，女性の管理職比率が高まっていないのはなぜだろうか。日本企業の組織変革もすすんでいるようだが，女性の管理者は増えていない。

　以前は，多くの日本企業で，男女間でキャリアのスタート時点が異なっていた。つまり，入り口時点で男女による区別が存在した。ところが，男女雇用機会均等法施行後は，男女による区別に代わり担当職種や転勤可能地域に応じたコース別人事制度が各企業で導入された。そのことで，女性であっても男性同様の職務を担当し，遠隔地への転勤を受け入れる意思のある人は，男性と同じキャリアのスタート地点に立つことが制度上は可能になった。これにより，入り口時点での男女の差は解消された。

　それなのに，一連の人事管理のプロセスを経て管理職にたどり着く女性はほとんどいない。女性を差別しているわけではないのに，男性と同じ学歴を備えた女性が管理職に昇進できない。それはなぜか。

　この疑問を解明するには，個々の組織の特徴や変革のプロセスを検証しなければならない。女性管理職を登用することで，組織はどのような反応を示し，どのような行動を起こすのか，あるいは，売上や利益率など財務的なパフォーマンスにどうむすびつくのかを明らかにすることが必要である。

　日本的経営制度の基礎となり，慣行を形作り，日本の企業組織がそこで働く人々の協働システムとして機能するうえで重要な役割を果たしてきた原理がある。それは，企業を資本を拠出する人々の結合体としてとらえる株主資本主義と対立する，「企業は働く人々のもの」という概念である。これは，日本の大企業で働く人々の潜在的な意識，一般的な観念として存在してきた（伊丹，1987）。

　この考え方のもとでは，企業にコミットした人たちが受益者になり，意思決定権を持つということになり，けっして意識して女性を差別・区別しているわけではないのに，企業にコミットしない（できない）女性が辞めてしまう，女性管理職が増えないという意図せざる結果をうみ，結果として差別が生じることとなる。

こうした限界が組織の特徴を明らかにすると主張したのはSimon（1996）である。Simonは橋のアナロジーを用いて次のように語っている。「橋は通常の使用条件のもとでは、その上を車が走れる比較的なめらかな水平面に過ぎない。それに過重な負担がかけられたときにはじめて、橋の構造がはっきりするのである」。

日本型経営を橋にたとえると、長期に勤続するであろう男性管理者は通常の使用条件として見込まれている、いわば普通乗用車となる。他方、女性は橋にとって荷重を超える大型トラックである。なぜならば、彼女たちは企業と運命をともにするリスクを負っていないからである。

Simonの主張が正しければ、女性管理者登用の現実と課題を取り上げることで、日本企業のシステムや構造の問題点が明らかにされる。

まずは、女性登用で成功した日本企業2社（製造業A社とイオン）を比較して取り上げてみたい。あらかじめ断っておきたいのは、この比較は両者に優劣をつけるためではなく、パラダイムの違いが明確でわかりやすいために行ったものである。ちなみに、両社とも女性登用の活動が評価され厚生労働省から優秀賞が贈られている。

製造業A社とイオンの比較◆

ここで取り上げる製造業A社とイオンはまったく異業種の2社である。その2社をあえてここで取り上げるのは、ダイバシティに対する取り組みが極めて対照的であったからである。

製造業A社は、大手自動車部品メーカーである。従業員は4,031人、男性3,532人、女性499人。管理職数1,103人で、そのうち、男性1,098人、女性5人（0.5％）。毎年20名前後の大卒女性を採用している（2003年度時点）。

一方、イオンは、全国に大型店舗をもつ総合小売業である。従業員の4割弱を女性が占め、毎年数百人規模の大卒女子を採用している。イオンの管理職数は6,278人（そのうち店長は351人）で、そのうち男性5,814人（店長334人）、女性464人（店長17人）（2003年度時点）。

製造業A社とイオンの女性登用に対する取り組みを比較すると図表5-1、図表5-2のようになる。

第5章｜ダイバシティ・マネジメントの事例　297

図表 5-1　製造業 A 社とイオンの概要（2003年現在）

		全体	男性	女性	(女性比率)
業種	製造業 A 社	自動車部品，生活関連用品製造販売			
	イオン	総合小売業			
従業員数	製造業 A 社	4,031	3,532	499	12.4%
	イオン	15,724	10,749	4,975	31.6%
管理職数	製造業 A 社	1,103	1,098	5	0.5%
	イオン	6,278	5,814	464	7.4%
	（うち店長職）	351	334	17	4.8%
女性最高職位	製造業 A 社	－	－	部長	－
	イオン		－	部長	－

出所：ホームページおよび社内資料より作成

図表 5-2　ダイバシティに対する取り組み

	製造業 A 社	イオン
目的	性別・年齢・職種によらない処遇のシンボル プロモーションラダーへの参入枠拡大	変革のシンボル システムフレキシビリティ
パラダイム	同化	統合
システムの変容	既存システムの維持・強化	既存システムの破壊
登用のトリガー	取引先企業の変化 （グループ系列からの脱却・単独での海外進出）	グローバルな市場環境（外資日本参入） 従業員構成比率の変化（短時間勤務の増加）
登用のプロセス	業績を上げた人を評価 時間をかけた選抜・育成	ポジティブ・アクション （優先的に引き上げ，ポストにつける）早期選抜・育成
トップのイニシアティブ	1980年代は採用・係長登用で個別にトップの関与あり，現在は静観	1996年以降とくに積極的な関与
人事部の関与	関与は小さい（部門に一任）	積極的な関与

製造業 A 社は，ダイバシティ（ここでは女性の登用）をすすめるにあたり，性別（ジェンダー）・年齢・職種によらない処遇を実施していることを社内外に示す人事制度改革の一環として取り組んだ。実施された新しい人事制度は，性別（ジェンダー）・年齢・学歴・職種を問わず，公平に昇格の対象者を選抜することを目的としていた。

　イオンは女性や若手，今まで幹部候補にあがらなかった経歴を持つ人材などの登用を組織変革の一環として実施しており，そのことで，組織システムを環境や市場の変化に迅速に対応できるよう作り変えていくことを目的としている。

　ここで両社を比較するうえで参考になる人事担当者およびシニアマネジメントのコメントを紹介する。

〈製造業 A 社〉
「意図的に女性を登用するということはしません。そういう動きが社会に出てきていることは確かですが，意図的に登用するかどうか，わが社には断言できません。本人も引き上げられて不幸になるし，原則は本人の意思，ちょっと背中を押してあげることは，あるかもしれません。時に，トップから，女性をあまり育てていないな，くらいのことは言われます。女性へ仕事を与えていないのではないか，管理者の使い方が悪いのではないか，そういうことは，トップからよく言われます」（人事部門長・男性）。
「うちの社長はサラリーマン社長とは違います。同族会社のオーナー社長ですから，いい面が出たときは，これほどいいことはないんです。5 年先，10年先，長期的な視野で経営を見ることができます。うちの社長がグローバル化について話しているのは非常に面白い。中国にもアメリカにもどんどん進出しています。ぼくたちはサラリーマンですから，利益が上がらない事業はやめてほしいと，社長にいいます。そのとき返ってくる答えは，これが100年たってごらんなさい中国の皆さんが，それに感謝して日本を食べさせてくれる時代がくるから」（労働組合・書記長・男性）。
〈イオン〉
「これだけ多くの女性社員がいて，平等な処遇をしているはずなのに，なぜ男性と同じように昇格してこないのか。わが社の人事制度，仕組みのどこに，

その原因があるのか。何を変えていけばいいのかが知りたいです。そのため
にも，積極的に若手や女性を重要なポストにつけていきます」（人事担当者・
男性，事業部長・男性）。

「部下をみていると戦略をすばやく実行するには，やっぱり若くないとだめか
なと最近とくに思います。年取っていると，過去の経験や成功体験が染み付
いちゃって，スピードについていけないんですよ」（事業部長・男性）。

　製造業 A 社は，既存の人事制度やシステムを維持・強化しながら女性の登
用をすすめていった。それに対し，イオンは既存のシステムから大きなシス
テムへ変革を実施し，同時に女性に限らず，年齢，経歴，在職期間，雇用形
態の異なる人々の管理職登用にも取り組んでいった。

　また，製造業 A 社は1980年代には採用や係長登用で個別にトップの関与が
見られたものの，現在は各部門に一任している。人事部の関与も，小さなも
のにとどまっている。

　イオンは，1996年以降トップ主導のもとで，人事部が戦略的全社的に新た
なリーダー登用に積極的に関与している。

２．製造業 A 社の事例

多くの日本企業にみられる女性登用◆

　製造業 A 社は，1992年という比較的早い時期に人事制度の改革を行い，大
卒女子の採用も1986年の男女雇用機会均等法以前の1980年に開始している。

　しかしその頃，製造業 A 社では，結婚または出産による退職が多く，女性
の離職率が高かった。ゆえに，登用の対象になる女性社員が少なく，集団で
の育成も困難であった。

　1992年以前の製造業 A 社では，多くの日本企業が取り入れている人事制度
と同様に年功賃金，年功昇進が実施され，賃金や職階を決定する際には職能
等級制度がとられていた。性別や入社時点の職群，勤続年数によってその等
級に差があった。そのため女性は学歴に関わらず，男性の事務職とは賃金格
差のある一般事務職として扱われ，管理者に登用されることは稀有であった。

　そんな男性主導型の企業であった製造業 A 社に女性を登用しようという動

きが出始めたのが1980年頃からである。ただし，技術部門や社外との関係がパフォーマンスに影響を与える営業部門よりは，本社の事務業務中心の部門に女性が配属され，男性社員の補助的な存在に限定されていた。特に，得意先に対して女性の責任者をつけることはなかった。

製造業 A 社で女性雇用に目が向けられたきっかけをまとめると，次の3つになる。

① 女性を登用していかなければならないという社会的な要請が高まってきた。

② 長期勤続を望む女性，結婚しても辞めないで働き続ける女性が増えた。彼女たちをいかに人材として雇用していくかを検討する必要が出てきた。

③ 経営トップの意思。製造業 A 社では，経営トップの「女性役員をつくりたい」という願いが，女性管理者誕生に影響を与えている。しかしながら，いくらトップがそう考えたとしても，中途採用による女性役員の登用や，一般女性社員の役員抜擢では，他の社員からの反発が避けられない。そこで徐々に女性社員を管理者として育成していく必要がでてきた。

女性を管理者に登用しようという機運は，多くの日本企業に見受けられる。そのトリガーとなる要因は，この製造業 A 社のケースと似通っている。それは，「女性登用に対する社会的要請」，「働く女性の増加」，「経営トップの意思」である。

〈年功序列ではなく会社への貢献度〉

「なぜ，年齢の枠を外そうとしたかということが重要だと思います。グローバル化の時代の流れで世界のスタンダードに合わせていこうというのがあります。もうひとつは世界の企業と伍していこうとすると，会社に成果をもたらすものを良しとする考え方に変わってきたんですね。それにこれからは量産で儲けるという企業運営ができなくて，世界に無いものを生み出していかなければならない。量産というのは，言われたことをまじめにやっていけばできる。そういう年功序列的な評価や年数よりも，会社に貢献するものをよしとする風にしないと企業そのものが成り立たなくなる。そういう意味でうち

の会社はちょっと早かったのかな」（製品開発部門シニアマネジャー・男性）。

1992年の製造業A社の人事制度改革では，「年齢や属性による把握の廃止」，「求められる能力の明確化」，「評価のオープン化」，「早期の選抜」などが実施された。

「年齢や属性による把握の廃止」では，4つの具体的な方策がとられている。ひとつ目は職能等級制度を廃止し，資格別（役職別）賃金体系を採用したことである。2つ目は役職定年制の廃止である。3つ目は，課長研修・係長研修といった階層別教育を一時的に停止させたことである。4つ目は入社時点での職群による社員区分の廃止である。これにより総合職・一般職の区分も廃止された。

「求められる能力の明確化」では，昇格要件を全社的に見直し，勤続年数や年齢ではなく能力・意欲面から各資格に何が必要かを整備し明示した。さらに，仕事情報一覧表および異動応募票の作成による人材のマッチングを図った。その他，チャレンジカードを作成（目標別管理制度）し，本人と上司の話し合いで目標を設定，それをベースに評価を行った。

「評価のオープン化」では，評価者トレーニングの実施，および第三者評価制度を導入した。昇進試験についても変更がなされ，女性社員に不利な状況は改善された。

また，「早期の選抜」を実現する手段のひとつとして，主任制度が導入された。これまでは，入社10年くらいで係長に昇進するのが通常で，勤続年数が5年から7年の女性社員はそれまでに退職するケースが多かった。そこで，入社4年目に主任に昇格できる制度を，男女を問わず導入した。

このように，製造業A社の新しい人事制度の特徴は男女を問わず公平に採用しようとしたところにある。公平性を重視しており，ある特定のマイノリティである個人を意図的に引き上げようとするものではない。

この公平性を重視する人事制度は，マイノリティを登用しようとするときに多くの日本企業が採用するものである。

製造業A社の公平性を重視する人事制度のもとで，女性社員がどのようなプロセスを経て管理職になっていったかを，次に明らかにしたい。

ある女性部長の昇進プロセス◆

1980年，製造業A社が初めて公募で採用した大卒女性は3名だった。1人は従来型の縁故採用だったらしく3年後結婚退職し，もう1人は語学堪能で国際部で手続き業務をしていたが，5年目に英語教師に転職した。語学をいかした海外勤務を希望したのだが，まだこの当時の製造業A社では，女性を海外赴任させる制度ができておらず，彼女が主張した希望が通らず，彼女は英語教師という転職の道をとった。

残りの1人が新制度に乗って昇進した，現在，法務部部長のS氏である。

製造業A社の経営陣はかねがね「女性を役員職に迎えたい」と願っていた。ただし従来の人事制度のもとでは女性の管理者育成は困難であった。

能力評価システムの変革の一環として，年齢・性別（ジェンダー）・職種によらず各人の能力や意欲に着目し，それを処遇の中心に置くため本人と上司の話し合いで目標設定し，結果ベースで評価を下すよう変更が加えられた。

さらに，昇進試験の手法にも変更が加えられた。従来は書類選考の準備を日常業務とは別に行い，学科試験も極めて難解で，女性には不利な状況だった。また仕事の全体像を把握するような業務を担当してこなかった女性社員は，審査員が納得できるような論文を書いたり，学科試験にパスすることが困難であった。

この新制度のもとでは，現場の部門長クラスの人たちで組織された面接団が，ある一定期間中の業務を通して対象者の能力を見極めるという「第三者面談制度」が取り入れられた。

この人事変革が，女性たちの登用にも影響を与えた。実際，この制度が施行された直後の1993年2月，4人の女性が課長に登用されている。この4人の中にS氏も含まれている。

S氏の昇進プロセスでは，インフォーマルなサポートが重要な役割を果たした。

S氏の直属の上司と担当部長は，S氏に従来の昇進試験で必要だった仕事の全体像を把握するという能力を育成するためのOJTを実施した。そこでは，課長登用にむすびつくような重要な仕事をS氏の担当にし，補助的な業務ではなく，全社的な評価に値するような業績を残すようにサポートした。

さらに，実務上の情報を得させるとともに，Ｓ氏に男性社員と同様な対外折衝能力を身につけさせようと，他社との情報交換会に積極的に参加するうに勧めた。このように，個人レベルでの上司からのサポートによりＳ氏の業務能力が向上していった。

ただ，Ｓ氏の所属は法務部であり，技術部門や営業部門ではなく，本社の事務業務中心のスタッフ部門である。企業の競争優位を生み出すために登用されたとは考えにくい。

Ｓ氏は同期の中でもトップの速さで部長に昇進した。その要因は，

・本人が人事変革の波に乗った

・直属の上司が長期的なスパンでの育成を行った

・人事担当役員と人事部，直属上司らのインフォーマルなサポートがあった

この３項目と考えられる。

つまり，製造業Ａ社では，組織的な支援が行われたわけではなく，あくまで個人レベルの支援であり，システマティックなものではなかった。公平性を重視する人事制度のもとでは，ある特定の個人を意図的に引き上げることはできないのである。

また，公平性を重視する人事制度のもとでは，男女の能力の違いをみつけるのではなく，女性が男性に劣っていた部分を強化するように組織的支援がなされる傾向がある。つまり，異質な人材を同化させることでマイナスをゼロにしようとする。そのことが，公平性を目指す組織の特徴である。

製造業Ａ社にどのような効果があったか◆

製造業Ａ社の行った人事制度改革にどのような効果があったか。

〈女性への効果〉

人事制度の変革にあたり，業務内容，評価の内容，評価者，さまざまな面でのオープン化が実施されたことで，次の２つの効果があった。

ひとつは，登用についての客観的な指標を明示することができるようになったため，女性登用に対する社員への納得性が高まったことである。

もうひとつは，どうすれば評価されるのか，誰に対して評価されればよい

のかが、女性社員に理解できるようになり、職位の上がる女性が増え、職域の拡大もみられるようになった。さらに女性の定着率も高まってきた。また、入社4年目に主任への昇格制度を取り入れたことにより、仕事への目的意識を持つ女性とそうでない女性をふるいわけることができるようになった。これは企業にとって望ましい能力を備えた人材の定着を促すうえで大変重要である。

〈全社員への効果〉

製造業A社では人事制度改革を全社的に行うことで、社員1人ひとりに当事者意識を持たせることができた。また、チャレンジカード制度、仕事情報一覧表とそれへの応募票の作成は、作成者およびそれに関連する部署に所属する社員に、業務に対する動機づけを与えるとともに、情報の共有化の機会をもたらした。

さらに、女性の登用と人事制度の改革を同時に行ったことで、実際に女性の管理者が登用された部署では、フレックスタイム導入に伴う作業の効率化が進んでいる。また、評価者トレーニングのマニュアルに、勤務時間後のつきあいの善し悪しを評価対象に入れてはいけないといった事項が明記されることで、次第にそうした機会が減りつつあるなど、職場の風土に変化が生じている。

また、これまで男性同士で非公式の場でコミュニケーションがとられていたものを、勤務時間内の公式の場で行うように努めてきている。その一例がチャレンジカード制や仕事情報の作成であり、それらによって社員同士の情報の共有化がすすみつつある。

勤務時間外の情報交換の場を、勤務の場に移し、女性社員にも理解できるようにすることは、より多くの従業員のモチベーションを高め、スキルを活用しながら、新しい仕組みを作っていくうえで大切なことだと考える。

製造業A社は、女性の登用、中高年の能力開発、社員1人1人の動機付けと育成、それぞれの問題を同時に取り組み、女性登用の問題を女性社員だけに閉じないことで、機能させていくことが可能になっている。全社員を巻き込んだ人事制度の変革は、何が必要なのか、どのように変わらなければならないかを、1人ひとりの社員に考えさせる効果をもたらした。

新しい雇用システムを，女性を管理職に登用しながら作っていくという試みは，女性管理者を育成し，機能させるという目標を企業に与えてくれる。それだけでなく，実際に彼女たちが登用後も活躍できるかどうかで，新しいシステムが軌道に乗っているかを常に確認することができる。つまり女性の管理職登用は，新しいシステム作りのベンチマークになりうる。

製造業 A 社の人事制度改革の問題点◆

製造業 A 社の人事制度改革では，上記のような効果がみられたが，課題もいくつか残された。制度導入後の問題点を整理すると次の 4 点となる。

〈能力主義〉

能力主義に期待していた若年層に導入できていない。言い換えれば，本来のターゲットにしたい人材が育成されない。

〈職能資格制度〉

降格というシステムがないので一度役職についた管理職は固定的・既得権的になる。担当する仕事の大きさに役職がつりあっていない。

〈裁量労働の問題〉

効率的な仕事をして昇格した人より，無駄が多く残業時間が長くなる人のほうが，結果的に給与が高くなる。

〈女性雇用の問題〉

とくに，女性雇用に関しては，次のような点が課題となった。

ひとつは女性の使いづらさである。製造業 A 社では，1992年の制度改正で，総合職と一般職の区分を廃止したが，これまでの一般職の女性が担当していた補助業務を，通常業務とあわせて男性社員が自ら行うことで，かえって彼らの作業能率を悪くしてしまった。そこで補助業務の契約社員化がすすめられた。しかしながら，アウトソーシングが女性の採用減を招くこととなり，大卒女子の採用数は，毎年 2，3 名程度となる。このことは，長期的にみて，管理職候補女性の母集団の数の低下につながってきている。

2 つ目は，女性管理職の存在が，組織全体に対して影響力を行使するほどにはいたっていないことである。その理由は，女性管理職の数がまだ少ないこと，女性管理職同士のつながりがあまりないこと，法務・総務・秘書とい

った社内業務中心の部署に彼女たちが登用され，同社の業務に直結するようなライン部門への登用が行われていないことである。

　3つ目は，女性の登用に力を入れている同社でさえ，優秀な大卒の女性がなかなか採用できない事実である。内定を出しても，結局は流通業界など女性が活躍するイメージを持つ企業にとられてしまうのである。

　4つ目は，入社4年目に主任に登用される女性や，結婚・出産を経て係長に登用される女性たちが出てきているものの，彼女たちをこれから人材としてどういかしていくかが同社の課題となっていることだ。

　製造業A社の人事制度改革は，公平性を重視し，より多くの従業員のモチベーションを向上させるべく実施された。異なる人材の違った能力を変革にむすびつけるといったドラスティックな手法がとられたわけではない。ダイバシティがもたらす効果が重視されないところでは，結果的に異質な人材の数は増えないのである。

　〈現実にはあまり変化しない〉
　「人事制度を導入したからと言ってすぐに現場は変わりません。経過措置的なものが必要ですよね。その実，入社時点の職群や年齢による区別を残しながら，若干変わったって言うのが現実です。社員の意識の中にはまだ勤続年数，年齢や性別の基準を持っているわけです。やはり過去，あの人がこうだったとかああだったとか，そういう経験評価が残っていますよね。ただこの制度が導入されて，これも崩れて今に5年経ったらみんな忘れてしまうんでしょうね」（経営企画本部元グループ・マネージャー・男性）。

　製造業A社は，人事制度を能力主義に大きく変革した1992年に，大幅な役員改選も行っている。その時期の役員の平均年齢は55.9歳と系列グループ会社の中でも一番若く，上場会社平均でも比較的若い役員層で構成されていた。その後，現豊田社長が就任した1996年にも平均年齢57.1歳とグループ平均，上場平均を下回っている。

　しかし，その後の役員の就退任は少なくなり，2000年より5年間の役員交代は，約34％であった。人事制度はより能力主義に向かっていったものの，

第5章｜ダイバシティ・マネジメントの事例　**307**

この時期には，大きな組織変革はみられない。課長以上の管理職への女性登用もすすんでいない。

第3章のジェンダー・ダイバシティで，トップマネジメントについている女性の割合と財務的パフォーマンスとの関係を示すCatalystの調査を紹介した。そこでは，女性の割合が最も高い業界は，ヘルスケア，公益事業，非生活必需品，製薬，生活必需品，金融の6業界であり，トップマネジメントチームにおける女性の割合が最も低い，あるいは中程度の業界は，工業，IT・サービス，エネルギー，航空・防衛，資財の6業界であった。

製造業A社の属する自動車部品業界は後者にあたる。この業種は，Catalystの調査でもわかるとおりアメリカ企業の中でも女性トップマネジメントの少ない業種である。

〈ドラスティックなダイバシティ・マネジメントへの危惧〉
「製造業ってね，研究開発も大切なんですけど，モノをつくるプロセスで，いかに合理化していくかが，結構すごくウェイトが高い。そういう会社の特性からいくと大変革を起こすような人事をやって馴染むのかということを経営者が思っているんでしょう。今まで基盤を作ってきたモノづくりが，品質の良さが，どうなってしまうのかと」（部長クラス・男性）。

繰り返すが，製造業A社は1992年に大きな組織変革を行った。だが，新しい人事制度のもとで，女性の管理職が増えたものの，その後は大きな変革は成されず，女性管理職はさほど増えていない。

一般的に公平性を重視した「同化」のパラダイムにおいては，人事制度の枠を超えた登用や，組織的な支援は行われず，インフォーマルな個人的なサポートしかできない。こうした特徴を持つ組織は，異質なリーダーを登用してそのことによってパフォーマンスが向上することは求めておらず，かえって従業員のモチベーションの低下につながることを懸念する。

企業は，ダイバシティを積極的に取り込むことで，競争優位を獲得できる可能性がある。本書の第2章の第3節でCox & Blake（1991）が指摘する「ダイバシティが企業の競争優位を生み出す領域」を紹介した。すなわち①

コスト，②人的資源獲得，③マーケティング，④創造性，⑤問題解決，⑥システムのフレキシビリティの6点である。

　次に取り上げるイオンは，ダイバシティを取り込むことで企業の競争力を強化した事例である。イオンが，上記の6点をいかに価値づけていったかをみていきたい。

3．イオンの事例

　イオンの事例では，ダイバシティがパフォーマンスにどうむすびついたか，そのプロセスを紹介する。ダイバシティが非財務的パフォーマンス（問題解決の質，創造性，モチベーション，コミットメント，社会的統合＝まとまりのよさ）にどう影響を与えたかという議論とともに，さらに財務的パフォーマンスにむすびついた事例も検討していきたい。

　財務的パフォーマンスの指標のひとつとして，1999年以降に優秀店長賞を受賞した店舗を取り上げ，その男性店長と女性店長の比較の結果，明らかになった事実を示す。この優秀店長賞の受賞要件は，1999年以降，店舗の業績などの客観的な指標が用いられており，財務的パフォーマンスに直結していると考えられる。既存研究では，ダイバシティと非財務的パフォーマンスの関係を示したものが多く，財務的パフォーマンスを検証するものは極めて少なかった。加えて，これまでの財務的パフォーマンスを示す事例は，企業全体を対象としており，各企業とも，外部環境，内部環境が異なるため純粋な比較ができなかった。

　ここで紹介するイオンの事例は，次の3つの点で重要である。ひとつは，ダイバシティがパフォーマンスにむすびつくという研究では，リーダー・ダイバシティがパフォーマンスにむすびつくという事例がほとんどなかったが，今回のイオンのケースは店長（リーダー）が異質かどうかによって，店舗のパフォーマンスにどのような影響を与えるかをみる点である。2つ目は，これまでの研究のほとんどが非財務的パフォーマンスの事例であったのに対し，イオンのケースは財務的パフォーマンスにどのようにむすびつくかをみることが可能となる点である。3つ目は，ダイバシティとパフォーマンスとの関係を，イオンというひとつの企業の店舗ごとに比較できる点である。店舗の

業績は客観的数値で表すことができる。年代を追って外部環境の変化や，組織の特徴の変化に対して，異質なリーダーの存在がパフォーマンスにむすびつく因果関係の変化に焦点をあてることもできる。

優秀店長賞を受賞した店長とその上司や部下などへのヒアリング調査から得られた評価をもとに分析をすすめた。1999年から2001年までの受賞者全員，人事部および周辺の上司，部下を対象にヒアリング調査を行った。

◆異質を取り込むことで変革を繰り返してきたイオン◆

イオンは，異質な企業の良い面を取り込むことで競争優位性を獲得していった。ダイバシティを学習や変革のための資源だと考え，異質な企業との違いを従来の業務や組織プロセスの変革にいかしてきた。

岡田屋がイオンとなるまでの経緯は次のとおりである。

三重県四日市市の岡田屋は，1758年（宝暦8年）創業の行商であり，綿織物，小間物などの小売を生業としていた。その頃にできた家訓が「大黒柱に車をつけよ」である。常に家全体を動けるようにしておけということであり，換言すると環境変化にすばやく対応できるように常日頃から力をつけておけという意味である。

1960年代後半，流通経路短縮を中心とする構造変革の「第一次流通革命」が叫ばれるなか，この環境変化に対応するために岡田屋はいち早くチェーン展開の道を指向した。その方法として合併による飛躍を考え，将来の展望を共有できる同志を求めた。その結果，1969年に岡田屋，フタギ（兵庫県姫路市），シロ（大阪府吹田市）の3社の共同出資でジャスコを設立した。

ジャスコ（日本ユナイテッド・チェーン：Japan United Stores Company，これを略してJUSCOとなった）の社名からもうかがえるように，「連邦制経営」と呼ばれる独自の経営方式を目指した。これは，合併した各企業のいずれかに同化するものではなく，アメリカの州政府と連邦政府の関係のようにそれぞれの特色をいかした経営であり，異なる経営母体を持つ者同士が手を結ぶことで発展してきた。

1970年代に入り，ナショナルチェーン（全国展開）の1日も早い構築を目指し，ジャスコはローカルチェーンとの提携・合併をさらに推進した。次々

と新しい企業を迎え入れ，日本各地に地域法人を設立し，チェーンを拡大していった。各地域の法人はそれぞれ自立した営業活動を行い，ジャスコの本部は商品提供，店舗開発，人事教育，財務，情報システムなどの経営ノウハウを提供する。地方の店舗はより地域に密着することを重視し自由裁量の範囲も多く，ある程度の権限を与えた。

1981年には，アメリカのスーパーマーケットチェーン，セーフウェーと提携しグローバル化へと進んでいる。1982年には，アメリカの食品メーカー，ゼネラルミルズと提携しシーフードレストランの合弁会社を設立している。

1985年には，マレーシア・クアラルンプールにジャヤジャスコ・ダヤブミ店をオープンさせ東南アジア諸国への店舗展開を始めた。

1988年にはゼネラルミルズの子会社であるタルボットを3億2,500万ドルで買収した。

1969年のジャスコ設立時の課題は，「第一次流通革命」を乗り越えるためのナショナルチェーン展開であった。そこでは，商品が生産者から消費者にわたるまでの流通経路を短縮し，良い商品を低価格で安定的に供給することと，企業規模を拡大することでそれまでメーカーが握っていた価格決定のイニシアティブを小売店側が獲得することを目的としていた。

イオンは合併するごとに，相手企業から経営ノウハウを学び取っていった。ゼネラルミルズからは多くのことを学んだとトップも語っている。社会貢献に目を向けるようになったこと，マーケティング力をいかした多角化戦略，失敗したときの迅速な撤収作戦などである。

先んじて業態変革に取り組んできた◆

1980年代前後から消費者のニーズが多様化し個性化する時代を迎え，GMS（総合小売店舗）事業への取り組みや，外食事業，専門店事業，コンビニエンスストア，カーライフ事業，クレジットサービス事業など，新業種，新業態の開発と事業の多角化を積極的に推進していった。

こうした動きの中，1989年ジャスコグループは名称を「イオングループ」に改名した。それは，成功体験や枠組み，あるいは社名やロゴなども過去はすべて捨ててしまう戦略であった。この時期「連邦制経営」をさらに「ゆる

やかな連帯」へと転換した。

「ゆるやかな連帯」は，激しい時代の変化に対応するために各グループ企業の自主性をさらに重視する戦略である。この戦略のもとで，それまでとは異なる業種・業態の会社とも提携関係を結んだ。例えば，ホームセンターチェーンやフードセンター，酒のディスカウントチェーンなどである。

1995年にパワーシティ四日市をオープンさせ，イオンは商業集積型のショッピングセンターを展開していく。これは，ジャスコの GMS を核店舗とし，100店舗に及ぶ専門店，レストラン，アミューズメント・サービス施設を持つ多機能複合型商業施設である。エブリデイ・ロープライスをコンセプトに作られた新業態のメガマート，スーパー・スーパーマーケットのマックスバリューなどを開発している。専門店もそれまでにタルボット，ローラアシュレイ，ボディショップ，靴専門店のニューステップ，書籍と CD 専門店のブックバーンなどのブランドを開発している。

1990年代以降，イオンの原動力となったのは積極的な出店戦略である。1990年5月以降，大店法の規制が緩和され，総合スーパー，食品スーパーの出店数が増加するようになった（南方，2005）。中でもイオンは他社に先んじて大型のショッピングセンター（SC）方式で郊外エリアを中心に次々と店舗を増やしてきた。

従来の日本型総合スーパーの常識とは大きく異なる新店をイオンは開発した。業態構造的には欧米のスーパー・マーケットやディスカウント・ストアに近いものがあり，イオンがアメリカの小売業らから多くのことを学んでいることを裏づけている。

競合関係にあるイトーヨーカ堂は「業態論は関係ない，商品の品揃えが問題なんだ」と鈴木敏文社長が言うように総合スーパーとしての店舗開発に専念していた。それとは対照的にイオンはこの頃，総合スーパー以外の業態開発に取り組んでいたのである。

新社長の就任によりグローバル水準の視点が強化◆

1997年に岡田元也氏が社長に就任した。その時，社内取締役4人のうち3人は執行役を兼ねるものの，経営の監督と執行の最高責任者を明確に分離し

執行のトップの権限を大幅に強化した。岡田社長は「日本の総合スーパーは大店舗法に守られ，20年間まったく変化していない。生産性向上や技術革新に遅れをとっている」と認識していた。

岡田元也社長は，社長就任以前の1992年に国際担当常務になり，アジアにおける欧州流通企業の視察をしている。そこで，彼は海外での競争の状況と日本のそれがあまりにも違うことを知った。すでに，マレーシアにジャスコ店舗があったが，「このままでは戦えない」という報告を受けていた。日本にもいずれKマートやウォルマート，カルフールなどの外資系が進出するという危機感もあった。

経営効率を欧米並みに高め，国際水準の価格を実現する「グローバルプライス」の視点で流通改革に取り組んだ。しがらみよりも「合理性」を優先させ，アメリカ型合理主義を組織と人事に根付かせていった。

イオンはこの1997年からさらに大きな組織変革に着手する。女性店長の登用，新業態の開発，グローバルな展開，大型ショッピングモールの建設，デベロッパー事業への進出など次々と組織変革を成し遂げ，新しい事業に着手していったのもこの年からである。

〈グローバルプライス〉

「最終的にはグローバルプライスに収斂していくだろう，アジアの他の国と価格の差があまりにありすぎるという状態はそう長くは持たないだろうと。だから景気失速とグローバルプライスという双方の与件から日本はいずれデフレ状態になるだろうと見ていました」（岡田元也社長，2001. 7 『商業界』p. 33）。

〈米国小売業に学ぶ〉

「私がジャスコの総合スーパーは総合の専門店にならなきゃいけないと言い出したきっかけは，ロサンゼルスでウォルマートのディスカウント・ストアを見たときのことです。（中略）ちょうど，まさに〈夏が来た〉という時期の第1週目だったんですが，入り口を入ってすぐのところにスイカをどんと積んで売っていた。その奥にプールサイドで読む本を単品で山積みし，そのまた奥にプールで子供が使う水鉄砲を山積みにしている。もう夏が来たということがパッとわかるわけです。（中略）普通のディスカウント・ストアではそこ

第5章｜ダイバシティ・マネジメントの事例　313

までやらないですよ。でもウォルマートは持ち込んでいる。これはもう感激しましたよ。寄り合いの百貨店では絶対にできないことです。そういうマーチャンダイジングを，ツールをうまく使いながら徹底的にやっているウォルマートというのは，これはもう今までの小売業の枠から外れているなと思います」（岡田元也社長，2001.7『商業界』p. 34）。

　イオンは1997年の岡田元也社長就任当初からグローバルプライスを目指し先んじた改革を行っていた。さらに，国際担当常務だった頃から外資系小売業のマーチャンダイジングを知っていたがゆえに，日本国内に外資系小売業が本格参入する以前から対策を講じることができた。権限集中型に変え，トップの権限を強化し，ドラスティックな変革を次々と行う岡田元也社長の判断に，大きな抵抗もなくすすめることができた理由には，そうした背景があった。「複雑性の度合いが高く，先行き不透明な時代の舵取りは，岡田元也社長にしかできない」との声はヒアリング調査でも多く聞くことができた。
　イオンは岡田元也社長就任前後の1997年からかなりラディカルな変革を開始している。
　1998年には，ソリューション（問題解決）型売場の実現に向けて導入された「52週マーチャンダイジング」を本格スタートさせた。「52週マーチャンダイジング」とは，週間単位の業務サイクルを確立することで迅速に現場の問題解決を図るシステムである。つまり，仮説立案，具現化，結果のフィードバックというプラン・ドゥ・シーを１年間を52週のサイクルに分けて実施するというものである。具体的には，火曜日に事業部長会議があり，トップからの今週の指示が下りてくる。水曜日に店長会議，事業部長の説明。木曜日に各店舗での行動指針のミーティング，その後，具体的に売り場や人員配置に落とし込む。そのサイクルを繰り返すのである。
　この制度は，それまで店長に任せられていた商品の仕入れや売場作りなどを効率的かつシステマティックに行うものである。
　「52週マーチャンダイジング」を実施するために，商品部・営業部といったタテ割り組織の解体と再編を行った。イオンの場合，現場の店長に与えられた裁量権が大きく，当初は，必要がないと店長が判断すれば「52週マーチ

ャンダイジング」も導入しない店舗があった。だが，その頃の優秀店長賞の受賞者らは，「52週マーチャンダイジング」をいち早く導入し定着させた店舗であり，実際にこのサイクルで確実に業績を上げていった。

1999年には，東北ウエルマート（イオンの小型スーパー）でフレックス社員の店長が誕生している。店舗数を増やし拡大するイオンにとって人材不足は大きな課題である。そんな中で，フレックス社員の店長登用ができたことは，大きな成果である。

あわせて組織の再編も進めており，この年に信州ジャスコと扇屋ジャスコ，九州ジャスコと旭ジャスコが合併している。プリマートと琉球ジャスコが合併し，琉球ジャスコが発足している。このように99年以降はイオンはより統合に向けて組織を再編していった。

また，イオンクレジットサービスと，イオンネットサービスによるイオンモールを開設するなど，新しい分野へも意欲的に進出している。

この年は，「52週マーチャンダイジング」を導入して1年間以上が経過し，従業員たちもこのサイクルに慣れてくる時期でもある。「52週マーチャンダイジング」がいよいよ全社的に軌道にのり始め，マーチャンダイジングの集約化による効率化のメリットが現れてきた。店舗での徹底が重要な課題となってきた。

図表5-3で示す通り，この年は，マクロ環境としては個人消費が回復せず，「選別消費」という消費スタイルが普及した。

2000年には，岡田卓也氏がジャスコ代表取締役会長を退任し，名誉会長相談役に就任している。スギ薬局，ハックキミサワ，グリーンクロス・コアと業務・資本提携をし，さらなる業態開発に取り組んでいる。また，札幌フードセンターと北海道ジャスコが合併を発表，北陸ジャスコを合併，さらには，東北ウエルマートがマックスバリュ東北に，ウエルマートがマックスバリュ西日本にそれぞれ商号変更しており，グループ事業の再編が加速した年でもあった。そして，九州ジャスコが株式を店頭公開し，マックスバリュ東北が東証二部に上場している。イオンの拡大戦略がさらに加速した年であり，大型のショッピングセンターを全国に建設している。この年はイオンだけでなく，競合社も空前の出店ラッシュの年となった。すでに飽和状態になってい

第 5 章｜ダイバシティ・マネジメントの事例　　315

図表 5-3　流通業界における最近の動向

	イオン（旧ジャスコ）
1997年	【経営】 ・全国 6 つの地域事業本部を解消・再編し，5 つのカンパニー制を導入 ・商品本部を GM，SSM，SS に再編 ・ニュー GMS フォーマットの構築 ・6 月，岡田元也専務が代表取締役社長に就任 ・経営の監督と執行の最高責任者を明確に分離しトップの権限を大幅に強化 ・イオンファンタジー（アミューズメント事業）設立 【組織】 ・5 カンパニーで10名の女性店長就任目標を設定 【業績】（単）売上高　1 兆2954億円　経常利益　2987億円 　　　　　（連）売上高　2 兆2383億円　経常利益　7014億円
1998年	【経営】 「小売の力の復活」「新事業・新店の収益力向上」「顧客本位の組織・人事風土の構築」 ・グループ再編　同じ業態の子会社を統合 ・持ち株会社の下に集約し経営の効率化を進める ・MD 改革，マーチャンダイジングの集権化（98年 2 月から52週マーチャンダイジングが本格スタート） ・異業種の資本提携・合併による拡大 ・新価格体系スタート ・ペット専門最大手㈱コジマに資本参加。100％出資のペットシティを設立 ・米国ファッション・アパレル専門店チェーンの「リズ・クレボーン社」と提携 【業績】（単）売上高 1 兆2549億円　経常利益　2185億円 　　　　　（連）売上高　2 兆3401億円　経常利益　4624億円

	マクロ環境	ミクロ環境	イオン（旧ジャスコ）
1999年	【市場環境】 ・低迷続く個人消費 ・所得は徐々に改善するが完全失業率は4.4％→4.6％と高水準 ・本格的な「e コマース時代」 【法規制】 ・改正労働者派遣法施行（対象職種原則自由化） 【外資】 ・コストコ，日本第 1 号店開店	【小売業界】 ・百貨店・GMS で能力給など実力主義を導入検討 ・パート・アルバイト比率上昇 　GMS ＋0.5％（66.3％） 　百貨店＋1.0％（27.8％） 【GMS】 ・「小売業界の世代交代」。売上高トップがダイエーからセブンイレブンへ ・売上高・営業損益減が顕著 　既存店売上高▲4.1％ 　営業増益はヨーカ堂，マイカル，西友，ユニー，ジャスコはいずれも 2 桁以上減	【経営】 ・GMS の強化 ・52週 MD が全社的に軌道に乗る ・グループ再編 ・扇屋ジャスコ・信州ジャスコ合併 ・九州ジャスコ・旭ジャスコ合併 ・プリマート・沖縄ジャスコ合併 ・ドラッグストアとの業務・資本提携を強化（ドラッグイレブン） ・調剤薬局チェーン，

・ヨーカ堂，グループ単独で銀行業務に参入 【商社・メーカー】 ・P&G 小売と直接取引一部開始 【百貨店】 ・店舗閉鎖，業態転換続出 ・リストラ努力により営業増益 【CVS】 ・異業種からのATM，配食サービス，EC事業等の事業提携拡大 【カテゴリーキラー】 ・業績好調。ユニクロ99年度売上高33.6%増。日本トイザラス，マツモトキヨシも好調 【商業施設】 ・テーマ型ショッピングセンターが出現	クラフトを吸収合併 【組織】 ・女性店長が優秀店長賞を初受賞 ・フレックス社員店長の誕生（東北ウエルマート） ・副店長（サービス活動の総責任者）を配置 【店舗】 ・新設店舗の出店加速（27出店／西友10店，ダイエー8店） ・デベロッパー事業の本格化 ・「イオンモール」の開設 ・イオンシネマズ（シネマコンプレックス）設立 【業績】 (単) 売上高　1兆3144億円 　　　経常利益　　2478億円 (連) 売上高　2兆4658億円 　　　経常利益　　6053億円	

	マクロ環境	ミクロ環境	イオン（旧ジャスコ）
2000年	【市場環境】 ・個人消費は，回復傾向 ・完全失業率4.7~4.8% ・高級ブランドと低価格品の「消費の二極化」が加速 ・所得格差の拡大（ジニ係数：84年の0.39から96年には0.44に上昇） ・パソコン景気の減速 【法規制】 ・民事再生法，容器	【小売業界】 ・デフレに対応した効率化推進。「建設コストの引き下げ」「パートの戦力化」など ・ITによる商品の受発注や物流システムの効率化 GMSではIT投資が前年比166%増加 ・単価下落が激しいGMSが6割強が5~10%未満の下落 【GMS】 ・ジャスコ，西友，ユニーの出店が積極的 ・ヨーカ堂，2年連続の減収減益・首都圏を中心にドミ	【経営】 ・2010年連結純利益1000億円，グローバルトップ10入りの目標を発表 ・新価格体系マーチャンダイジングの推進 ・新生「トップバリュ」を発表 ・岡田卓也代表取締役会長が退任，名誉会長相談役に ・組織改革を加速 ・大型のショッピングセンターの全国展開 ・グループ再編

リサイクル法全面施行 ・大規模小売店舗立地法（大店立地法）施行 ・酒類販売の距離基準廃止 ・労働者派遣法改正（テンプ・ツー・パーム） ・改正 JAS 法施行 【外資】 ・仏カルフールが日本第1号店を幕張に開業 ・MrMax とコストコ，相次ぎ首都圏に進出	ナント（地域集中）出店を続けたが，専門店などとの競争激化により採算悪化 【商社・メーカー】 ・雪印食中毒事件で工場を操業停止 【百貨店】 ・そごうの経営破たん。三越や高島屋は業績好調。 【CVS】 ・成長の踊り場。大量出店・大量閉店の傾向がさらに高まる ・既存店売上高は3年連続でマイナス 【商業施設】 ・アウトレットモールが全国各地に開業	・北陸ジャスコと合併 ・ウェルマートと山陽マックスバリュ ・札幌フードセンター・北海道ジャスコ合併 ・マックスバリュ西日本とマミー ・ドラッグストア業務資本提携推進 ・ツルハ・スギ薬局 ・グリーンクロス・コア ・ハックキミサワ ・タキヤ商事 ・E コマースに参入（イオンビスティ設立） ・スーパーセンター開発プロジェクトチームの新設 【組織】 ・IT による仕入れの効率化 「ワールドワイド・リテール・エクスチェンジ（WWRE）」導入 ・パートタイマ主任制度 ・グループ経営人材開発委員会を開催 ・ISO14001全社認証取得 【店舗】 ・ヤオハン，イオングループ入 ・出店23店 【業績】 ・単体売上高でヨーカ堂を抜きスーパー業界2位。営業利益は業界トップ （単）売上高 1兆4224億円 　　　経常利益 2384億円 （連）売上高 2兆5222億円 　　　経常利益 6469億円

	マクロ環境	ミクロ環境	イオン（ジャスコ）
2001年	【市場環境】 ・景気は引き続き悪化傾向 ・個人消費の低迷続く ・完全失業率は過去最高水準4.9〜5.4％ ・猛暑でエアコンや飲料，日用品雑貨などの売れ行きが増加 ・日本でBSE発生 【法規制】 ・家電リサイクル法，食品リサイクル法，IT一括法が施行	【小売業界】 ・専門店，スーパー共に閉店数増加 ・店舗投資の抑制 ・小売業全体で，物流業務や情報処理の業務外部委託が進む ・従業員のパート化 　百貨店の57.1％が正社員の採用を抑制し，59.5％がパートに置き換え 　スーパーは56.0％が正社員からパートへの置き換え ・「女性店長・副店長の導入・拡大」をしたい企業は46.4％ ・「給与・賞与への業績反映やその拡大」百貨店の41.9％，専門店の60.0％が取り組む 【GMS】 ・新設店舗数が51.7％減 ・価格競争の激化 ・ウォルマート西友買収に伴いスーパーの再編が進む ・ヨーカ堂，既存店売上高を前年度水準まで引き上げ ・ヨーカ堂グループアイワイバンク開業 ・マイカル民事再生法申請 【商社・メーカー】 ・三井物産，ヨーカ堂と包括提携 ・三菱商事，ローソンの筆頭株主 ・伊藤忠，住商などの生鮮食品の物流会社が業務スタート 【CVS】 ・ファミリーマート500店閉鎖へ ・コンビニATMローソンが本格展開	【経営】 ・「屹立する勇気」を目標テーマに掲げる ・3年で全国物流網を整備 ・プライベートブランド開発 ・「総合の追求」店舗のワンストップ機能，総合的クロスマーチャンダイジングなど ・IT戦略構想の発表 ・MD，物流，顧客管理，後方業務など7つの支店で世界レベルのインフラ整備を推進 ・イオンに社名変更「グローバル10」構想発表 　GMS，SM，ドラッグストア，サービス（金融，ディベロッパー）をグループのコア事業として経営資源を集中する ・グループの事業再編の大詰め。スケールメリットの引出し ・eマーケットプレイスを活用した低コスト商品調達の本格稼動 ・メーカーとの直接取引きを拡大 ・「エブリデー・ローブライス」，デフレシフト，価格の一定化 ・統合・合併の強化 ・マイカル支援を決定，11月更正法に変更 ・ドラッグストア連合，ウェルシア統一ブランド化 【組織】 ・リストラ拡大・新規

採用を休止（売上高
人件費率12.2％, 1
万6000人の正社員を
05年までに約20％削
減／フレックス社員
増加, 約73％のパー
ト比率を将来80％に
まで高める）
・MD プロセスの改革
【店舗】
・出店数減速するも,
店舗の大型店化が加速。
・出店11店, 閉店 9 店
【業績】
(単) 売上高 1 兆6235億円
　　　経常利益 　2570億円
(連) 売上高 2 兆7386億円
　　　経常利益 　8742億円

	マクロ環境	ミクロ環境	イオン(旧ジャスコ)
2002年	【市場環境】 ・景気は低迷が続く ・個人消費, 横ばい 　で推移 ・完全失業率が最高 　水準で推移5.3～ 　5.6％ ・BSE に関連し, 　食肉の産地偽装事 　件が発生 【法規制】 ・食品関連改正法相 　次ぎ成立 【外資】 ・独最大手のメトロ 　日本進出一号店を 　千葉に開業。 ・ウォルマート, 西 　友買収へ・66.7％ 　出資権取得	【小売業】 ・リストラ策は不採算店の閉 　鎖, 不動産・店舗などの賃 　借料の引き下げ ・小売のパート・アルバイト 　比率上昇。スーパー72.1 　％, 生協64.7％, 専門店54 　％, コンビニ51％ ・生協, 専門店やスーパーで 　もパート店長の任命等, パ 　ート積極活用策推進 ・賃金体制は能力・実力給の 　導入, 定期昇給の廃止を計 　画 ・コンビニ, 百貨店の商品単 　価の引き上げが目立ち, ス 　ーパーの商品価格は下落 【百貨店】 ・そごう, 西武百貨店と包括 　提携 【GMS】 ・西友が産業再生法を申請 ・ダイエー業績不振継続 ・ヨーカ堂既存店46店舗を改	【経営】 ・提携・合併を通じて 　業態融合を推進 [HI3] ・スーパーセンターの 　出店加速で業態変化 　を推進 ・グループ各社の資材 　調達の一本化で電子 　商取引を導入 ・デベロッパー事業拡 　大。（ダイヤモンドシ 　ティ, 東証 2 部上 　場／のちに東証・大 　証 1 部に指定） ・グループ共通物流拠 　点, 関東, 名古屋, 　姫路, 九州センター 　の稼動 【組織】 ・IT による業務プロセ 　スの改革と人件費削 　減。設備投資100億円 　で業務管理新システ 　ムを導入。4 割の人

装。03年度は30店を予定 ・閉店数は前年比9％増の302店 ・正社員のパート・アルバイトへの置き換えは一服，店舗リストラ優先 ・全国スーパーでは営業時間延長が顕著 【商社・メーカー】 ・カゴメ，イオンと直接取引きで合意 ・雪印食品解散 ・伊藤忠・国分，雪印アクセス株を追加買収	員で稼動を目指す ・2月に幹部職（非組合員）へ新人事制度導入（職務等級制度）。8月に組合員範囲への新人事制度導入。（新職能資格制度／昇格スピードのアップ） 【店舗】 ・ヤオハン，更正計画が完了 ・ハローがグループ入り ・24時間店舗を拡大200店。深夜営業のための店舗改革 ・出店10店 【実績】 ・単体売上高で総合スーパー1位に（03年度は食品スーパー中心に76店を出店） （単）売上高　1兆6701億円 　　　経常利益　2884億円 （連）売上高　2兆9345億円 　　　経常利益1兆1476億円

	マクロ環境	ミクロ環境	イオン（旧ジャスコ）
2003年	【市場環境】 ・景気，横ばい状態続く ・雇用情勢，求人は増加傾向。失業率5.5％〜4.9％ ・個人消費は，横ばいで推移 【法規制】 ・食品の安全性・表示問題に関心が高まる。（3月，「食品安全基本法案」が閣議決定） ・酒税法改正により	【小売業界】 ・青果物トレーサビリティが開始 【GMS】 ・ダイエー経営再建。「新3カ年計画」の初年度となる03年は不調 ・西友が「委員会等設置会社」へ移行 ・西友が産業再生法を申請 ・ヨーカ堂，執行役員制度を導入 【CVS】 ・セブンイレブンが1万店を突破	【経営】 ・「委員会等設置会社」へ移行。グループ会社への関与を強化 ・グループ力の結集，事業持ち株会社に移行。 ・店舗用事務及び会計事務を本社の会計事務サポートセンターに統合 ・グループ共有の物流ネットワークを構築，仕入れの一本化を推進，「イオン関西

	人口基準が撤廃，酒の販売が事実上自由化 【外資】 ・7月，英国小売最大手のテスコが進出。（シートゥネットワークを買収） ・10月開店の尼崎店仏カルフールで初めて日本人店長を起用	・ローソン，郵政事業庁と提携し全店にポストを設置	NDC」が稼動 ・IT 仕入れ，WWREの拡大 ・主力業態をスーパーセンターと食品スーパーへ転換 　2010年にスーパーセンター180店，大型食品スーパー年間100店以上の方針発表 ・イオン九州（九州ジャスコとホームワイドの合併） ・マックスバリュ九州，西九州ウェルマート，ハローと合併 【店舗】 ・03年の出店数は，グループで約100店 ・カスミ，サンデー，ボスフールと業務資本提携 ・マイカルグループ入り ・単体出店ＧＭＳとＳＭで23店 【業績】 （単）売上高　1兆7012億円 　　　経常利益　　3384億円 （連）売上高　3兆0865億円 　　　経常利益 1兆2743億円

注1：1997年と1998年に関しては，イオン株式会社の組織変革に関連する事項のみ記載。
　2：マクロ環境には「市場環境」，「法規制」，「外資」の動向を記載。
　　　ミクロ環境には同業他社や競合の動きを，「百貨店」，「GMS」，「CVS」，「商社・メーカー」，「カテゴリーキラー」，「商業施設」に分類し掲載。
出所：イオン株式会社資料・HP，『流通経済の手引2000-2004年度版』（日本経済新聞社），『商業界』（商業界），『激流』（国際商業出版），業績データは，『会社四季報』（東洋経済新報社）をもとに作成。

る市場に各社が大量の出店を行った。競争は激化し，イトーヨーカ堂は2年連続の減収減益，そごうは再建を断念した。

「グローバル10」計画◆

2001年は営業利益でイトーヨーカ堂を抜き総合スーパーのトップとなった。同年8月にはジャスコをイオンへと社名変更し，グループ名もイオングループからイオンへ変更した。同時に「グローバル10」計画を打ち出した。GMS（総合スーパー），SM（食品スーパー），ドラッグストア，サービス（金融，ディベロッパーなど）をグループのコア事業として経営資源を集中し，2兆1000億円の連結売上高を2010年に7兆円にし，営業利益率を高めて，世界の小売業トップ10の仲間入りするという計画である。

それを実現するための戦略のひとつが「エブリデー・ロー・プライス」である。徹底したコスト削減で，価格をグローバルプライスに引き下げ，なおかつ利益を確保できるビジネスモデルを構築することであり，継続的な安さを目指す取り組みである。「エブリデー・ロー・プライス」を実現するための仕組み作りとして3年間で全国物流網を整備することを明示した。プライベート・ブランド（PB）の開発も重要施策のひとつで，主力の「トップバリュ」や，低価格PBの「ベストプライス」を天井まで高く積み上げるなど大量陳列化にも挑戦した。「総合の追求」も成長戦略のキーワードとして，レジや通路などを見直し店舗のワンストップ機能を追求し，総合的なクロスマーチャンダイジングも展開した。

2001年の「イオングループ政策発表会」で岡田元也社長は「屹立する勇気」をテーマに掲げ，「われわれは勇気を持って屹立し，独自の戦略を推進していく」と語った。

2002年は，前年に打ち出した「エブリデー・ロー・プライス」を可能にするビジネスモデルの構築が加速した年である。「エブリデー・ロー・プライス」を実現するには，「エブリデー・ロー・コスト」を実現しなければならない。そのために，ITを駆使した業務の変革とスケールメリットを背景とした商品原価の引き下げに取り組んでいる。

さらに，ヤオハン，マイカル，寿屋といった経営破たんした企業を支援す

ることで手に入れた店舗は200店を越えた。拡張戦略へ大きく加速した年でもある。

外資との攻防に耐えうる競争優位性◆

　2003年はグループ・マネジメントを一新し，「グループの総力戦」をテーマに掲げた年である。グループ本社は，GMS，SM，ドラッグストア，金融，ディベロッパーなどの各事業を統括する。グループ力を結集し，商品，資材の共同調達を行う。需要を集約し，仕入れを一本化することで調達コストを削減することが狙いである。

　また，販売費の大半を占める人件費削減にも着手した。グループ共有の会計事務，後方事務サポートセンターを設置し，財務，IT，人事，商品部などの本部機能を集約した。そのことで連結ベースで約7,000人のスタッフを削減，「エブリデー・ロー・プライス」の仕組みづくりは，仕入れ，物流，本部機能の集約という形で結実し始めるのである。

　2003年，世界最大の小売業，米・ウォルマート・ストアと国内スーパー西友が，資本・業務両面で包括提携をむすび，本格的に日本上陸を果たした。日本国内は，ウォルマート，イトーヨーカ堂，イオンの3強を軸に再編が加速するといわれた。

　それまでに，世界第2位の仏・カルフール，玩具・子ども用品店の米・トイザラス，会員制卸売り店の米・コストコ，ドラッグストアの英・ブーツ，化粧品専門店の仏・セフォラ，会員制食品卸の独・メトロなど，流通外資企業の日本進出が相次いでいた。1980年後半から1990年代，外資系流通業者の日本進出は，イオンにも大きな脅威であった。

　ジャスコ時代には，ナショナルチェーンを構築し，全国へと展開していくことが求められたが，イオングループの誕生以降は，新しい業態を開発していくことが必要とされた。イオンは異なる業種の企業を取り込むことで新業態へ進出していった。それが，企業の競争力を強化することになり，結果的に外資系流通企業との攻防戦に耐えうる競争優位性を獲得した。

　その優位性は，継続的な低価格を実現させたということと，他社に先んじて新業態を開発し次々と拡大していったことで獲得した。イオンの旺盛な業

図表 5-4　3 社の業績推移

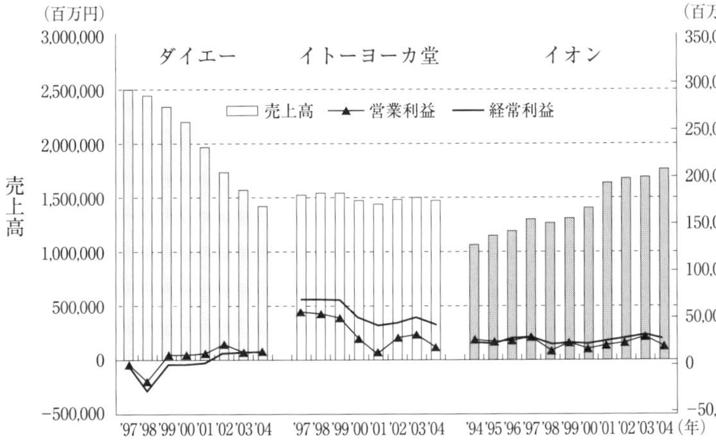

（百万円）　　　　　　　　　　　　　　　　　　　　（百万円）

ダイエー　　イトーヨーカ堂　　イオン

□ 売上高　▲ 営業利益　— 経常利益

'97 '98 '99 '00 '01 '02 '03 '04　'97 '98 '99 '00 '01 '02 '03 '04　'94 '95 '96 '97 '98 '99 '00 '01 '02 '03 '04（年）

出所：『会社四季報』より作成

態開発は，ジャスコ本来の総合スーパー自体を変革するまでに至る。例えば，ジャスコ四日市北店では天井を 5 メートルと通常よりも高くしている。これまで日本の総合スーパーは，天井高の低さとアメニティ度の低さについて散々指摘されていたにも関わらず，誰も改めようとしなかった。だが，ジャスコからは「総合スーパーの器そのものを変えていこう」という姿勢がうかがえる。

　イトーヨーカ堂でさえ，1990年代前半までに完成した様式をマイナーチェンジするだけで，店舗作りや業態開発などで革新性を見せたことはほとんどない。つまり，イオンは，競合他社に先駆けて，大きな変革を成し遂げた企業なのである。

　　　　　　　　　　　　　　　個人の能力を企業の活力にする人事改革◈

　小売業にとって，優れた人材の確保は企業の盛衰に直接関わる問題である。イオンは，人事制度の抜本的な改革を何度か行っている。

　ここで，まずイオングループの人事の理念を紹介しよう。

　「『人間尊重の経営』を志向するイオングループは，従業員の『志』を聴き，従業員の『心』を知り，従業員をいかすことを人事の基本理念とし，イオン

ピープルひとりひとりの『会社・家庭・地域』生活を共に充実することを人事の行動理念とする。」

イオンは人事制度の根幹となる「ISM PLAN」を1986年頃に導入し，誰もが昇進の機会を得るコースを整えた。この制度は，ひとりひとりの異なる個性や多様な価値観が組織の中で「共存」し「調和」しながら，高い成果を生み出すことを目指している。Individual（個々人が），Satisfied（満足する），Motivation（機会創造），の頭文字をとりイズムと名づけた。個性尊重時代の「社員の満足」「自己実現」を会社の発展にむすびつけていこうという意志を示している。イオンはこの人事制度を1997年，1998年と何度か改定している。

具体的には，社員は，入社後，「N 社員（ナショナル）」と「R 社員（リージョナル）」，「L 社員（ローカル）」のいずれかを選択する。N 社員職は，全国（海外を含む）勤務があり，原則として出身地以外の地域に配属される。社員資格に上限はない。一方，R 社員職は本人が選択した地域内で勤務ができる。その場合，5 ブロックから選択する。上限資格は参事までである。また L 社員には，本人が指定する住居から 1 時間半以内の異動に限定されるが係長相等職までしか昇格できない。

昇給の格差は，N 社員が100に対して R 社員は95である。賞与の格差は，N 社員が100に対して R 社員は98である（入社時点での比較）。満年齢29歳，34歳，39歳，44歳，49歳の時点で人事担当者と面談し，到達資格とリンクして人事コース変更の機会が与えられている。

この制度により，イオンは昇格・昇給の条件を明確にし，年齢差や男女の機会を均等にした。

イオンは，1990年以降の大型店出店規制の緩和により全国に出店する。1990年代後半から2000年になると新業態を開発し，大規模なショッピングセンターを建設する。スクラップ＆ビルドを続けながら店舗数を増加させていったイオンにとって，転勤のできる人材の確保が急務の課題であった。つまり，N 社員（転勤を受け入れる社員）と R 社員（勤務地域を限定する社員）を区別するこうした人事制度はイオンにとって極めて重要な制度なのである。

女性社員は，制度の導入当時，転勤を拒む者が多かった。だが，入社と同

時にほとんどの社員がN社員かR社員を選択する。N社員ならば全国かあるいは海外，R社員であればブロック内での転勤を行うのである。

1999年の政策発表会で岡田卓也会長はさらなる人事改革を語っている。

〈人事改革へのトップのコミットメント〉
「店舗における販売力やお客様に満足いただける対応が小売業の生命線であり，営業で高いパフォーマンスを発揮できるスペシャリストの育成が極めて重要である。そのためにも，これからの重要課題は『キャリアパス』を明確化して人材育成を推進することである。（中略）また，スペシャリストを育成するうえで，その専門能力による貢献を公正に評価し処遇に反映できる評価制度の構築が不可欠である。したがって，客観的に評価できる基準，すなわち，求められる能力の明確化が極めて重要になってくるのである。（中略）一方，現在，現場第一線で活躍する人材の多くは女性である。今や女性が社会で活躍することは常識であり，男女の区別なく人材を活用することが人材有効活用の大きな鍵であると思う。（中略）人材の採用についてもこれまでの新卒・定期採用への偏重を改めるべき時に来ている。今後の採用を考えると企業にとって必要な能力と経験を有した人材をフレキシブルに採用し，その専門能力を発揮してもらうことが個人にとっても，企業にとっても有意義なのである。スペシャリストや女性の活用を推進するうえで，従来のような年功序列や終身雇用前提の給与体系のままでは柔軟な人材活用は困難である。そのような意味でも，私は今日ほど本格的な人事慣行の見直しを迫られている時代はないと思う。グループには年齢，性別，国籍，学歴を問わない実績主義というジャスコ創業時からの人事の基本理念があるが，現状果たしてこれが正しく運用されているか大いに疑問に思う。21世紀を迎えても企業成長の原動力は『人材』であり，今一度，人材活性化に向けた人事の原理原則に立ち返らなければならない」（岡田卓也会長）。

イオンの人事改革で特筆すべきは，多様な人材を採用するために公平性を重視したのではなく，個人の持つ個々の能力に着目し，それを企業としての活力にいかした点にある。単に法律に違反しないために多様な人材を採用したり，公平性重視のための人事制度を整備したのではない。企業にとって今

必要とされている能力は何か，求める専門性とは何か，どのような経験が活用できるのかを明確にし，採用や人材登用にいかしていった。

異質なリーダー：女性管理職の登用◆

異質なリーダーを増やすことだけがダイバシティ・マネジメントではない。ダイバシティ・マネジメントとは，あくまでパフォーマンスの向上を目的とし，ダイバシティを切り口としてパワーバランスを変え，戦略的に組織変革を行うことであるが，イオンの事例では，異質なリーダーのひとつとして女性を挙げてみたい。女性管理職，つまりは女性店長を登用するプロセスをみることで，イオンがダイバシティをどのようにして競争力に変えていったかが明らかになる。

ここで取り上げる女性というダイバシティは，イオンにおいては「経験が異なる人材」および「フレックス社員や販売社員と同性である」という意味合いがある。「経験が異なる人材」とは，それまで店長経験や販売経験のない人々ということであり，そういう人々を店長に登用することでイオンは店長の役割を見直す転機となった。現実に，従来店長に必要だとされていた経験やスキルがなくても，本部からの支援や戦略の明確化によって業績が向上することが実証された。このことはイオンにとって貴重な学習機会となった。

女性管理職が増えなかった実状◆

1980年代後半当時，女性の登用が同社にとって，限界に達していた。「女性管理職者が増えないのは，企業の女性に対する差別的処遇の結果である」という社会一般の性別役割分業意識のために，たとえイオン内部において性別役割分業意識が少なかったとしても，社会的要因に影響されて，結果として差が生じてしまっていた。

〈効果の出ない公平な処遇〉
　「うちは，男女による区別はありません。4大卒の女性を毎年数百人規模で男性と同数採用して，同じように店舗に配属し，まったく同じように処遇して，昇格のための筆記試験を受けるのも本人の意思だけですし，チャンスも同じ，

すべて平等なはずなのに，なぜ女性が課長職まであがってこないのか本当に
わかりません。こっちが聞きたいくらいです」（人事部長・男性）。

この人事担当者の言葉通り，同社は1969年の設立当時，18名の4大卒女性
の採用を行い，以後，毎年100〜200名の大卒女性を継続して採用してきた。
1996年には大卒女子182名に対し大卒男子218名，1997年は大卒女子360名に
対し大卒男子399名といったように，その数はほぼ同数程度の採用となって
いる。

彼女たちは大卒男子と何ら変わらず，店舗での販売業務からスタートする。
彼女たちの職務の内容，その与え方，教育訓練，評価の仕方など男性社員に
対するそれらとの違いはなかった。

しかしながら，入社数年で退社する女性社員が多かった。同社の課長担当
職への平均登用年齢は32歳となっており，その資格に到達する以前に辞めて
しまう女性が多いことが，女性管理職の少なさに影響を与えている。平均勤
続年数は，男性が10.1年に対し，女性は7.2年，その差は，2.9年となってい
る。

大卒で入社した場合の最初の資格である社員4級では61.4％，主任担当職
では40.9％をそれぞれ女性が占めているが，課長担当職になると女性の占め
る割合は，9.1％と大きく減少してしまう。なお，2000年当時，課長相当職
の女性比率を同業他社と比較すると，イトーヨーカ堂15.4％，ダイエー0.2
％に比較して，同社は9.1％となっている。

女性に業務能力が身につかないのは男性上司が性別役割分業意識を持って
いるからだとの指摘は，同社にはあてはまりにくい。男性上司が，意識して
男性と女性とで与える仕事の内容を変えているわけではなく，女性には仕事
上のノウハウを教えないということもない。

女性社員が昇格のテーブルにあがってこないのは，ひとことでいうと日本
社会における性別役割分業意識などの社会的要因に影響され，現場での基本
能力習得期間に，実績をあげる意欲，能力習得意欲，昇格試験に合格する意
欲が減退してしまうからである。

20代の女性社員の心境はニュートラルである。いい結婚相手が現われれば

辞めるかもしれないし，仕事がおもしろければ続けるかもしれない。この心境では，筆記試験の準備に身が入らず高得点が取れない。女性社員の多くは，男性に比べて昇格試験の受験を考え始める時期が遅く，昇格試験の受験者がおのずと少なくなってしまう。

　たとえ筆記試験に合格したとしても，広い視野で同社の動向を捉え，今後企業としてどうあるべきかについて主張できる女性が少なく，面接試験で他の受験者，つまり男性社員とおのずと差がついてしまっている。日常業務のうえで，それらを考える意欲が不足しており，自分なりの判断や見方を提示できないことも影響している。これは女性たちの同社におけるキャリア意識の欠如だと，あるミドルマネジャーは語る。

　さらに，社会的要因から彼女たちが受ける影響として，他企業や他業種で通用する能力を身につけ，それをいかすことのほうがより重要だと考えることがあげられる。同社の利益の源は，各店舗の売上である。その売上を上げるノウハウが学べるのは，現場での販売経験期間においてである。その時期にキャリア意識を持たないということは，同社における能力蓄積の手法を否定することとなり，結局は男性同等の能力が身につかなくなってしまうのである。

　〈既存キャリアパスによるスキル形成が重視されていた1997年以前〉
　「語学力に自信があるから，すぐに国際的な仕事をしたいとか，企画がしたいとか主張する女性が多いですね。でもまず店舗での販売経験をつんでその後で個々人の能力をいかすのなら分かるのですが，ただ語学が秀でていてすぐにそういった仕事についたとしても結局ものにならない。そのことを誤解している若い女性社員が多いです」（グループ・マネジャー・男性）。

　つまり，いくら制度が平等であり，企業内部に性別役割分業意識が少なくとも，企業外部の要因に影響され，女性の能力が高まらず，結果として管理者が増えない状況となっていたのである。

初期のダイバシティへの取り組み：「同化」のパラダイム◈

1980年頃，岡田卓也会長が，日本人研究者にアメリカのある大手総合小売企業と同社の経営比較を依頼した。調査結果では，両者の大きな違いのひとつとして女性管理職の少なさが指摘され，岡田会長は女性の管理職を増やす意思を固めたという。つまり，当初はトップダウンでダイバシティへの取り組みがスタートしたといえる。

当初の取り組みでは，人事制度を平等にすれば，既存のキャリアパスに乗って女性が昇進してくるものだと考えた。これは「同化」のパラダイムの特徴を有している。ところが，なかなか昇進する女性は現れなかった。

1990年前後，多くの日本企業が女性の能力をいかそうと新規部署や女性だけのプロジェクトを立ち上げていた。同社も商品開発室に2名の女性社員を配属し，消費者動向を調査し，それを商品作りにいかしていこうと試みた。

実際に出来上がってくる商品は，従来とほとんど変わらず，利益の向上にはむすびつかなかった。ダイバシティが有効に働く部署として商品開発やマーケティング部門があげられているが，同社ではなぜ利益パフォーマンスを上げることができなかったのか。

発案や企画段階で，商品部に対してトレンドを説明する能力はあったとしても，その後のコスト管理，発注，製造といった商品化までの一連のプロセスまで踏み込み，商品作りにまで影響力を行使できなかったことがその主な原因であった。商品企画力，コスト管理，判断力，折衝力が彼女たちに不足していたことと，従来の男性中心の商品部がそのやり方を変えなかったことが原因であると考えられた。つまりは両者の能力の融合がなかったといえる。ユニットを限定して女性社員を登用しようとしたものの，従来の慣行やシステムを変えることなくすすめたため，パフォーマンスを向上させることができなかった。これも，「同化」のパラダイムの特徴だといえる。

トップの意思が導いたダイバシティ効果◈

その後，女性登用が意識的に推進され始めたのは，1997年に入ってからである。この時期の動きが，それまでの取り組みと違うのは，数値目標が設定されていることと，店長という既存のポストへの登用だという点である。店

長職は，同社の基幹的なキャリアパスで，女性の感性というよりも，むしろ販売や管理といったジェネラルな能力が重視されるものである。

同社のトップが女性登用を明確な指針として打ち出したことは，多くの日本企業が景気低迷を理由に女性の登用に踏みとどまっていた時期に，特異な存在として注目を浴びた。

1999年1月の政策発表会で岡田元也社長は次のように語った。

〈女性登用に関するトップの意思〉
「グループの女性幹部社員の登用現状をみると，同業他社に比べ，女性の活用はまったく遅れているといっても過言ではない状況にあり，最大の課題は各社の人事と経営幹部層の意識転換ではないかと思う。女性幹部社員の拡大に向けた具体的な目標人数を定め，育成の強化や外部からのスカウトを含めた対応を進める」（岡田元也社長）。

トップ自らのダイバシティ・マネジメントにかける思いの伝わるコメントであった。

イオンの場合は，資格等級を2段階飛び越えて女性店長登用したケースがみられた。これは公平性だけを重視しているわけではないことを意味している。2段階飛び越えて登用された女性店長には，1年以内に昇格試験に合格するよう要求した。その女性店長がプラスの成果を上げたことを契機として，イオンは昇格試験や人事制度の見直しをする。

唯一越えなかったのは，N社員とR社員の垣根である。転勤地域を限定するR社員コースを選択した者をN社員と同等に扱うことはしなかった。

パフォーマンスをあげるために必要な能力を探る◆

それまで，女性を育成していなかったという反省や，もともと女性は不利な立場にあったという考え方から意図的に女性を登用したという側面もある。急激に店舗数を増やした時期の人材不足を解消するために女性の力は絶対に必要だと考えた。そうした理由から女性店長の登用がすすめられたのであるが，やはり重要な理由は他にある。

店長の役割を変化させながら，現行の市場環境に適した店長の能力とは何かを探った。イオンは，女性店長を登用することで，その能力をみつけだそうとした。女性店長は，それまでの男性店長とは異なるリーダーシップを発揮する。発想や創造性も異なる。ステレオタイプ的にいうと，男性店長がトップダウン型であるのに対して女性店長はボトムアップ型のリーダーシップスタイルをとる。このように異質なリーダーシップの効果を測定すれば，店長にとって必要な能力とは何かを幅広く探ることができる。

イオンは，男女の区別や年齢に関係なく，その能力を有する者を店長に登用するという制度，すなわち能力主義を実現する人事制度の改革を目指したのである。

女性登用を推進する3つの目的

同社は，女性登用を推進する目的として次の3つを掲げた。

ひとつは，女性社員のモチベーションアップである。全社員に占める女性比率は4割である。彼女たちの勤労意欲を高めるために，キャリアモデルを作ることが重要視されるようになった。同社の正規社員の5倍弱にのぼる契約社員や短時間パートタイマー，アルバイトなどを彼女らが実際に管理・指導していることを考えると，女性社員のモチベーションアップは大きな影響を与えるものと考えられる。

2つ目は，業績主義のシンボルとしての登用である。同社は2000年に発足30年を迎え，当時の新入社員の退職金問題が，まもなく表出してくる。そこで，若手や女性社員に目を向け，一部のハイパーフォーマーに報い，新しい競争関係を作ろうとした。企業の拡大成長期には，給与を安定的に上げていくことで従業員に生活の保障を与えることが優先されてきた。しかし，現在はそうした年功的な処遇の実現性が低くなってきている。実際に，店長の平均年齢が37歳から46.7歳へと高年齢化し，間接部門の人員削減もあいまって，ポスト獲得競争が激しくなっていた。そこで経営至上主義をベースにした男性中心の能力よりも，性別や年齢によらない多様な知識や能力を重視すべく，その足がかりとして女性登用が開始されたのである。

これに関連して，企業に対する過度のコミットメントを沈静化することも，

登用の狙いのひとつとなっている。プライベートよりも仕事を優先する姿勢だけが，昇進において優先されてしまわない環境を作ろうとした。

　3つ目は，顧客のライフスタイルの変化に対応した品揃えを充実させるためである。今後本格化する外資系小売業の参入にむけて，同社でも女性のマーチャンダイザーを増やそうとした。女性のスキルが市場の多様化との橋渡しとなると考えた。

　イオンは，まず女性登用の目的をこのように明確に示した。

戦略的な女性店長の登用◆

　1997年，経営トップ層は，5カンパニーで10名の女性店長をつくるという数値目標を設定する。それをふまえ，各カンパニーの人事部は，店長会議などで人材のピックアップを要請する。特に近畿カンパニーでは，1997年9月，他の地区に先んじて2名の女性店長を登用した。

　女性店長登用を決定する段階で，その要件である副参事の資格をもつ女性社員はおらず，対象をワンランク下の主事にまで下げたところ7名の候補があがった。安定感，バランス性，ストレス耐性などを満たし，さらに経験や本人のキャリア志向をも踏まえて2名に決定したという。彼女たちは，女性社員という枠内での選抜であり，言い換えれば，従来の店長に必要な要件のもとで，男性をしのぐまでの能力が備わっていたというわけではない。同社では通常，販売課長として在庫のコントロールや商品の発注のノウハウを身につけた後，店長に昇進するのだが，両人ともに売り場における販売課長の経験はなかった。そこで，彼女たちをフォローすべく男性販売課長が配属された。つまり，「同化」のパラダイムではあり得なかった，ある特定の個人を引き上げるという組織的な支援があったことを意味する。

　1名ずつ徐々に店長に登用していくのではなく，一度に2名という背景には，近畿地区には店舗が40あり，男性店長39に対して女性店長1にするよりも，38対2のほうが社内的に当該店長にとっても受け入れやすいのではないかと同社の人事担当者は考えたのである。登用された彼女たち2名は，比較的小規模な店舗の店長に任命された。これは彼女たちの店長経験の浅さと，近畿地区の全売上げに及ぼす影響が小さいとの配慮からである。

このように，トップの戦略ビジョンの提示，人事部・各店長への浸透，対象者のピックアップ，そして登用といった一連のプロセスが，スピーディに実施された点は興味深い。それは，人の再配置が容易である同社の優位性だけでなく，人事部がそれぞれの従業員を的確に把握していたことが大きい。単に評価結果が人事部に集約されているというだけでなく，人事担当者と従業員との個別面談の機会が定期的に設けられており，加えて，社内における資格が1段階下であっても登用するという，既存の人事制度にしばられない柔軟な運用ができたことは重要である。

組織に芽生えた女性登用の循環◆

女性店長が登用された後，当初は，本人たちも戸惑いを感じ，取り巻く人々も試行錯誤の様子がみられた。本人も極力目立ちすぎず，女性という面を前面に押し出さないように心がけていた。無理をした登用，例えば女性店長を登用するために昇格条件のハードルを下げることは，周囲にマイナスの影響を与える可能性があると考えられた。組織にとって女性の登用は効果よりも，困難が大きいようにみられた。これがイオンにおける女性登用の第一段階だといえる。つまり，無風状態の段階である。

この状況に変化が現れ第2段階に入るのは2年後のことである。それは，彼女たちに，集客方法，発注量と販売のコントロールノウハウが次第に身についてきたことだけでなく，女性管理職の育成経験を持つ男性上司が，彼女たちのもとに配属されたことが影響している。小さな成功事例をつくらせ，本人に自信を持たせる。さらには同じ事業部の同僚店長の前でそれを評価する。この繰り返しにより，彼女たちは着実に実績をあげ，その様子が事業部に影響を与えるようになる。

彼女たちの取り組みとその結果に対して，中規模店舗や同規模の男性店長の競争意識をあおる結果が現れるようになった。男女の違いと実績とは直接的にかかわりがないことを示そうと，女性らしさを表に出さず，結果で示していこうとしたことが，業績達成のインセンティブとなった。さらに，その実績を上司が評価することで長期的なコミットメントや異動ができるという潜在性よりも，成果をあげることが先決だという業績主義への移行を男性の

同僚たちも実感し始めたのである。

さらに，もうひとつの変化としてあげられるのは，女性管理職登用への循環が起こり始めたということである。女性社員に，課長相当職に昇進したいかという意識調査を行った結果，入社1年目と，11年目の肯定的な答えの割合が高まっている。これは，昇格意図を持った女子学生が多く入社し始めたことと，入社11年目という課長相当職への平均登用年次の女性たちが昇格を意識し始めたことを意味している。

イオンにおける女性登用の初期段階から発見できたことは，次の3つである。

① 制度上の平等だけでは女性管理職は増えない。女性たちは外部（社会）の環境要因に影響され，退職してしまうか，能力を身につけようとせず，昇格試験に合格できないという状況があるからである。

② 企業に献身的な姿勢を示す態度重視から実績重視へと変化したことである。登用後の彼女たちの仕事ぶりの評価に際しても，実績が問われるようになった。

③ 女性登用により，組織のなかに循環が起こり始めた。これまでは，社会が変わることを待って企業の仕組みを変えることが多かった。しかし，同社は数年後の外資との本格的競争を予測し，環境変化よりも先んじて，自らの組織の仕組みを変えながら環境に働きかけようとした。

初期段階のイオンは「同化」のパラダイムであったといえる。女性を公平に扱いさえすれば，優秀な女性はキャリアに乗って昇進するものと考えていた。ところが，いっこうに女性は昇進しなかった。組織が変わらないかぎり，異質な人材を登用しても，パフォーマンスの向上はあり得ないのである。

とはいうものの，初期段階では女性登用の数値目標を掲げ，組織の変革に先んじて女性候補者を選定することは必要である。そこでは既存のキャリアパス上で優秀な女性社員が選ばれることになるが，数値目標を達成するために評価されなかった女性社員もさらに候補にあがることとなる。イオンのケースでは両者それぞれから店長に登用した。実際に店長職についた女性社員のなかには，登用後に業績をあげた者もいれば，期待通りにいかなかった者もいる。イオンはそれらの結果から，店長にとって必要な能力とは何かをみ

つけただけでなく、候補者の裾野を広げることで女性社員の底上げ、女性登用という循環が生まれたのである。

イオンでは1997年以降、ドラスティックな組織変革が始まる。女性店長の登用においても、人事制度の枠組みを越えて登用した。女性店長を教育する上司を配置したり、有能な部下をそろえるなど、組織的支援も行った。そうして、イオンは「同化」のパラダイムを脱し、「統合」のパラダイムへ向けて積極的にダイバシティを活用しようとした。

女性店長の増加とともに成功事例が出始める◆

1998年度の政策発表会で、「新価格体系」と「52週マーチャンダイジング」のスタートが明らかにされた。

主事以上の管理職も、女性社員の数が1998年224名、99年306名、2000年367名と順調に増えている。女性店長登用も2桁台になった。

この頃から、少ないながらも女性登用の成功事例を得ることができるようになり、2000年度の最優秀店長賞は女性店長が受賞した。この女性店長の行った店舗運営の特徴は次の3点である。①競争店開店前こそ顧客拡大の絶好の機会ととらえ、販促強化とともに接客、レジ教育を徹底した。②延刻（閉店時刻の延伸）の早期実施、水曜から火曜市への変更など競争店と戦う姿勢・ジャスコの元気を前面に打ち出した。③「カテゴリー昨対（昨年対比）200％」では、カテゴリー担当のフレックス社員を主役に、重点化とわかりやすい売り場作りを行い紳士フリースなど27カテゴリーで目標を達成し、フレックス社員のやりがい醸成につながった。この女性店長の店舗は、年商30億円、営業利益昨年対比157.7％であり、優秀店長賞設立以来初の最優秀店長賞の受賞となった。

この、最優秀店長賞を受賞した女性店長（K店長）が上述の業績をあげるまでのプロセスか、あるいは、本社や本部がどのような支援を行ったか、をみることで、女性店長登用がどのようにしてパフォーマンスにつながるかを明らかにしていきたい。

まずそのK店長は、フレックス社員のモチベーションを上げることを心がけた。1人ひとりと1時間ずつの面談を行い、正社員とフレックス社員の

第5章｜ダイバシティ・マネジメントの事例　337

図表 5-5　女性店長　人数の推移

年	1996	1997	1998	1999	2000	2001	2002	2003
女性店長(人)	1	4	6	9	10	17	21	15
伸び率 (1996年比)	100%	400%	600%	900%	1000%	1700%	2100%	1500%
男性店長(人)	219	249	275	277	337	355	341	347
伸び率 (1996年比)	100%	114%	126%	126%	154%	162%	156%	158%
合計(人)	220	253	281	286	347	372	362	362
伸び率 (1996年比)	100%	115%	128%	130%	158%	169%	165%	165%

注：店舗数は，ジャスコ（GMS 等），マックスバリュ，スーパーセンター，メガマート，ウエルマート，その他フォーラスを合計して算出した。

図表 5-6　主事以上の資格者数（各年度末）

年度	女性		男性		合計
	人数(人)	比率(％)	人数(人)	比率(％)	人数(人)
1982	10	0.6	1,720	99.4	1,730
1983	28	1.5	1,855	98.5	1,883
1984	35	1.8	1,924	98.2	1,959
1985	43	2.1	2,014	97.9	2,057
1986	48	2.2	2,087	97.8	2,135
1987	62	2.7	2,240	97.3	2,302
1988	69	2.8	2,375	97.2	2,444
1989	80	3.0	2,576	97.0	2,656
1900	85	3.0	2,757	97.0	2,842
1991	99	3.2	2,979	96.8	3,078
1992	120	3.7	3,166	96.3	3,286
1993	130	3.8	3,292	96.2	3,422
1994	145	4.0	3,510	96.0	3,655
1995	152	4.0	3,668	96.0	3,820
1996	170	4.3	3,822	95.7	3,992
1997	197	4.8	3,932	95.2	4,129
1998	224	5.2	4,122	94.8	4,346
1999	306	5.7	5,070	94.3	5,376
2000	367	6.3	5,427	93.7	5,794

垣根をなくそうとした。さらにフレックス社員のレベルアップとフレックス主任の登用を進めた。フレックス社員のお誕生日会を開き，名前を覚えて，積極的に店長から声をかけていった。

ある売り場主任はK店長をこう評している。

〈フレックス社員とのコミュニケーション〉
「フレックスさんは店長の前だと，ちょっと身構えてしまうんです。それがK店長になって，身近に感じるようになりました。K店長は，フレックス社員たちにも目をかけてくれているっていうのを示すのがうまいんですよね。売り場に巡回にくると何々さん，このディスプレーはうまくできているわねって，名前で呼んで声をかける。するとどんどんみんなファンになっていく。今度はフレックス社員の方から店長これはどうって声をかけるようになる」（売り場主任）。

さらに，K店長にはこんなエピソードがある。全国的に婦人服の売上が苦戦しているのだが，ハンガーをかける什器を購入する際，売り場責任者と懇談し「買ったら売上があがるよね」と話したという。売り場責任者は購入してもらいたいので「はい」と答える。240万の什器を実際に購入されると，売り場責任者は頑張るしかなかったとそのことを述懐する。結果，昨年より800万円プラスの売上となった。

女性のリーダーシップスタイルとパフォーマンスの箇所で，ステレオタイプ的にみると男性は「タスク志向行動」女性は「人間志向行動」であると論じた。もちろん，これが当てはまることもあれば，通じないこともある。だが，このK店長の例をみると，社員の話を聞き，名前を呼んで声をかけ，社員の抱える問題に関与する行動をおこなっている。その他にも，K店長の場合，自らレジを打ったり，作業場に入ったり，率先垂範的な行動を実践した。そのことが，社員のモチベーションを向上させ，結果として売上にむすびついたと考えられる。

Cox & Blalke（1991）は，ダイバシティ・マネジメントにより，①コスト，②人的資源獲得，③マーケティング，④創造性，⑤問題解決，⑥システ

ムのフレキシビリティ，の６つの競争優位性を獲得すると論じている。この女性店長登用により，フレックス社員の離職率が下がり，求人コストは確かに下がった。また，女性店長が増えたことで，店長を目指す女性の新入社員が増加することは優秀な人的資源の獲得になる。また，マーケティングにおいても，K店長は競合店が近くにオープンするとフレックス社員を連れて視察にいくのだという。斬新な売り場作りがなされるようになったことを見ても，多様な視点を踏まえて創造性が高まっていることは推察できる。

　K店長の店舗の社員たちが，愚痴から問題解決型の提案に変わっていったことが，次の証言からわかる。

　〈頻繁なコミュニケーションで情報を共有〉
　「コミュニケーションの機会を多くとるようにすると，社員やフレックスさんの姿勢がずいぶんと変わってきました。以前は店長から問われれば答えるという姿勢でしたが，その後は，商品の動きなどを報告してくれるようになりました。また，事務所内の店長席に報告も含めて，声をかけてくれる頻度が格段に増しました。情報を共有化することで，次第に売り上げにつながるようになってきました。」

　さらに，組織の柔軟性は，K店長のこんな決断が物語っている。不本意な辞令を受けた新入社員の女性が泣き出したことがある。K店長はその女性社員の話を３時間近く聞き，結局，辞令をまげてその女性社員の希望する部署に配属した。「彼女が生き生きと売り場で働いている姿を見ると店長の判断は正しかったなって思います」とある売場主任はいう。

　イオンは，こうして，まずは小さな成功事例を作った。ユニットとなる店舗には，人的な組織支援として，女性登用の経験のあるイノベーターやチェンジリーダー（第４章参照）を補佐役として起用している。

　ここで注目したいのは，K店長がボトムのモチベーションを高めた背景にはその時の環境が大きく影響しているという点である。

　K店長は，肌着売り場などの販売経験はあるものの，生鮮食品などのジャスコのメインとなる商品の販売経験はなかった。1999年の段階で「52週マー

チャンダイジング」を植えつけるために本部からの支援があった。K店長のもとに販売経験のある上司が派遣される。その上司からK店長は厳しく訓練されることとなる。それゆえ，この年はK店長が販売経験を身につける試練の年でもあった。

　2000年になりK店長の店舗が飛躍的な実績をあげたのは，K店長がそうした経験を積んだことはひとつの要因ではあるが，さらに別の要因が存在する。周囲からみるとK店長の販売経験と販売スキルはさほど伸びてはいなかった。実は，この店舗には，K店長の部下に販売能力の優れたスペシャリストがそろっていたのである。そのスペシャリストたちはトップダウンで押さえつけられると力を発揮しない。また，店長経験のないK店長には「52週マーチャンダイジング」を根付かせることはできなかったのである。

　ところが，1999年の1年間で「52週マーチャンダイジング」が一巡し，部下たち自身がその戦略を理解するようになった。バックルームで厳しい上司から叱責を受けるK店長の姿を部下たちは目にしていたのであるが，この上司がいなくなった2000年，スペシャリスト揃いの部下たちが「さあ，今度は自分たちが頑張れなければ」とモチベーションをあげたという経緯がある。つまり，K店長がボトムアップのリーダーシップ行動をとることができたのは，彼女自身の能力だけでなく，職場環境が影響したといえる。

　経験のない人がトップ（店長）になったことで，かえってボトムのスキルのあるスペシャリストたちが伸び伸びすることができ，モチベーションを上げ，アイデアや問題解決能力が活性化していき，それがパフォーマンスにむすびつけることができたのである。ダイバシティ・マネジメントはさまざまな人々の能力やスキル，これまで評価されなかった能力を再評価し潜在していた能力を引き出していくことでもある。

　イオン全体でみると，この時期，どこの店舗でも従業員に「52週マーチャンダイジング」という習慣が身についている。そして，この「52週マーチャンダイジング」をより徹底させた店舗が業績を伸ばしている。さらに，在庫管理や商品発注システムが自動化され，店長の能力に依存しないシステムが整備されている。それまでは，商品の流れは店長自身がコントロールしなければならなかった。「52週マーチャンダイジング」の浸透と，商品管理シス

テムの改善によって，経験のない者でも店長として実績を上げられるように
なった。むしろ，経験のない店長だからこそ既存の枠組みにとらわれず新し
いシステムや新しい役割をスムーズに受け入れることができたのである。

女性店長だからできたのか◆

　女性リーダーは，男性リーダーに比べると，部下の話をよく聞きボトムア
ップ型組織の形成に威力を発揮するというのは，ステレオタイプ的な見方だ
といわざるを得ない。K店長が行ったことは，女性店長だからできたように
思われるが，実は男性でもできることである。

　ジェンダー・ダイバシティを論じた第3章で，「果たして男性リーダーと
女性リーダーは異なるのか」という議論を紹介した。フィールド研究では男
女のマネジャーにそれほどの違いは発見できなかった。

　実際，K店長と同年に優秀店長賞を受賞した他の店長はすべて男性であっ
た。彼らが，業績をあげるために行ったことは，「52週マーチャンダイジン
グ」を徹底したことと，ボトムアップのための社員育成である。問題なのは，
何をやるかであって，誰がやるかではない。

　同社の女性店長全員にインタビューした結果からわかったことは次のとお
りである。

① 　表層レベルのダイバシティを意識しすぎると，うまくいかない。それ
は，女性であることを意識しすぎるからである。ある女性店長は，女性
らしさは店舗を綺麗にすることと，細かなことに気がつくことだと考え
て，執拗にそればかりに時間を割いてしまった。意図していた戦略的な
役割，つまり，企業としてその店長に何を期待しているかを伝えきれて
いなかったのである。このように変革の途上では，軌道に乗らなかった
事例もいくつかある。

② 　経歴（深層レベル）のダイバシティをいかしプロセスに捉われすぎず，
あくまで業績志向の行動をとった人が，パフォーマンスをあげている。
なぜ自分が登用され，自分の何が強みかを把握していたからである。

③ 　性別役割と考えられているものが，パフォーマンスに効果を発揮する
時期とそうでない時期がある。部下の意見に耳を傾けるボトムアップ型

のリーダーシップスタイルは女性に特有のものであると既存研究ではいわれてきた。イオンの場合，このスタイルが有効に働いたのは，1999年から2000年頃のことである。小規模の店舗で，比較的に従業員の数も少ない（200名以下）店舗では，ボトムアップ型のリーダーシップがパフォーマンスをあげた。ところが，それ以降，大型のショッピングセンターや新業態の店舗を次々と出店した時期になると，素早い対応が必要になり，かつ従業員の数も増大した。そうした状況下では，ボトムアップ型の店長は，好成績をあげることはできなかった。

2003年の優秀店長賞を受賞した店舗は従業員数670名の中規模店である。この店舗の社員は店長についてこう語った。「目標はわかりやすくて明確でした。自発的にやることに対してアドバイスはしますが，反対はしません。店長は，私たちがマネジャーとしてどう行動すればいいかを指導してくれます」。この店長は，従業員とのコミュニケーションは，合同朝礼への全員参加を徹底し，各マネジャーとの昼礼，店長会議の報告会を重視した。指示命令系統を整備し，マネジャー制の徹底をはかった。つまり，トップダウン型で業績をあげていったのである。

第1期（～1999年）は，トップダウンでの戦略実行が重視され，それを緩和する形で，ボトムアップ型のやり方（ステレオタイプの女性のリーダーシップスタイルとされる）を重視した店長が，売上を上げるという成功事例が生まれた。

しかし，第2期（2000年～）になって，「52週マーチャンダイジング」の徹底と，商品管理システムなどの改善がある程度達成できたことから，店長集権的トップダウン型の必要性が薄れ，それぞれの店舗の総合力が重視されるようになった。そうすると，自ら戦略を立て実行していくスキルが身についていない女性店長は，いずれもパフォーマンスが下がる傾向にあった。そこでは，商品部出身の商品の一連の流れを把握し，商品部の内部ネットワークを活用した店長が，売上を上げるように変化した。だが，これはあくまでも個人の経歴（バックグラウンド）の差であり，男女の差ではない。

つまり，女性店長だから成功したというわけではなく，実施した行動がパフォーマンスにむすびついたのである。

ユニットにおける成功を全社に展開する段階で，イオンは戦略と実践のブレイクスルーを見つけた。それは店長に必要とされる役割である。第1期では，ボトムアップを重視しフレックス社員の声に耳を傾け，規則に縛られない柔軟な対応，第2期では商品部門の知識とスキルを持ち合わせた専門性が店長に必要とされる役割であった。

つまり，イオンは，女性店長を登用することで，その時期に必要とされる役割が何であるかを学習したのである。

次からは，各年度の優秀店長賞の受賞者へのヒアリング調査でそのことを明らかにしたい。

店長の役割が変化している◆

先にも述べたように，イオンは，全社的な組織変革を行ううえで，女性店長の登用を重要な課題のひとつに位置づけた。従来の基準を満たしていない女性社員を敢えて引き上げるということも行った。有能なスタッフを女性店長の周囲にそろえるといった人的な支援も行った。

さらに，戦略課題を毎年全社的に設定しつづけた。このことが店長の役割を徐々に変化させていった。

1999年度は「52週マーチャンダイジング」の徹底が全社的な戦略課題であった。この戦略は週ごとに現場の抱える課題を細かく分析し，プラン・ドゥ・シーを繰り返すことである。この年の受賞者には，この戦略を徹底して行った店長が選ばれている。

例えば，この年，優秀店長賞を受賞したM店長（男性）は，「52週マーチャンダイジング」と競合店対策を徹底して行った。それを，ボトムアップ型で遂行した。競合店に勝る値段，販売促進を行い，そのための競合店の調査も積極的に実施した。その際，ボトムの意見を聞き入れ，社員の創造的なアイデアを取り入れ，規則にしばられることなく柔軟に対処していった店長である。M店長の部下の言葉を引用する。

〈現場第一主義でモチベーションを高める〉
「競合店を調べに行くとしても，遠隔地にあるわけです。でも，M店長は，行

ってくださいよ，お金ならなんぼでも出しますからってタクシーチケットを渡してくれます。だから，そういう部分で，この店長はすごいわかってるなって思いました。（中略）競合店が私を奮い立たせました。それから，上司が目的意識がはっきりと示してくれたというのが大きいです」（M店長の部下）。

1999年度は女性店長（T店長）が優秀店長賞を受賞している。このT店長は，「現場の仕事がしたい」という希望を持ち販売経験を積んだ女性である。それまで女性社員は，男性社員と比較して販売経験が少ないといわれていたがT店長の場合は，男性社員と同等の販売経験とスキルを有していた。入社して人事教育課や顧客サービスなど売り場とは違う部署に配属されていたのだが，7年目に現場を経験することになる。上司から「今の自分をどう思うか，売り場の経験がほとんどないからマネジャーとしてやっていけなくなる。このまま10年続ければ使い物にならない状態になるよ。主事だけど特例で売り場担当にしてあげるから，1から勉強しなおさないか」と言われた。これがT店長の転機となり，売り場で実績を積むこととなる。

T店長が店長に任命されたのは1998年である。その年の下期の予算比は95.4％であったが，翌年（1999年度，受賞した年）には，上期が93.3％で下期が104％，営業利益は9倍近い伸びを記録した。1998年下期の営業利益は720.3万円，1999年下期が6,200万円であった。

〈ひとりひとりに考えさせて52週マーチャンダイジングを徹底〉
「売上がなぜあがったのか，私にもよくわかりません。私の店が圧倒的に売上があがったので，みなさんが一生懸命調査にきてわかったという状態です。小さなことの積み重ねですね。例えば，教育をかなり熱心にしてましたんで，パートさんを集めて教えたり，あなたたちは社員と変わらないんだと毎月教育をしたり，社員にも具体的に言うと週に1回個人別に30分くらい計画書のつめを一緒にしながら，かなり細かいレベルまで話し合っていったんですね。これを来週売るんだとか，これは何でだとか，どうやって売るんだとか，これでお客さんはわかるのかとか，本当に1人ずつ30分以上毎週必ずやってて，そういう部分と店長方針というのをその前に毎週発行して主任に考えさせ話し合いをさせてきました。そのようにして，ひとりひとりに考えさせて52週

マーチャンダイジングを徹底していきました」（T店長）。

〈売り上げ達成の原因：リーダーシップスタイル，顧客イメージの向上〉

「フレックス社員や主任らとフレンドリーな感覚を大事にし，同じ目線で指導教育していったというのが，すごくわかりやすかったように思います。もうひとつは，やはり対外的には女性であることで，注目も集めていたと思うんです。人を動かすのが上手でしたね。それが，本部であったり，その周りの地域の方だったり，注目されていることを利用して，うまく人を動かしているように感じました。あと3つめは，やはり本人の行動力ですね。自ら率先するリーダーシップ，その3つが業績アップにむすびついたのだと思います」（T店長の部下）。

〈女性店長になって離職率が下がった〉

「以前の問題点として，特に離職率が高かったというのがあります。パート社員の入れ替わりが激しく，半年で1割が辞めていきました。でも，T店長になって離職率が下がりました。従業員と同じ目線で話してくれるのがいいのだと思います」（T店長の部下）。

〈女性ならではの心配り〉

「連絡文ですとか掲示板ですとか，女性ならではの心配りで，そういうツールを上手く使いますよね。やはり，そういうところでは細かさって言うのは，女性の特性が出ますよね」（T店長の部下）。

〈営業方針を周知徹底する〉

「週の営業方針を落とし込むのに，"週の考え方"という書類を作っています。例えば，日割り予算で気温とか，その週の売り場のテーマ，部門別にこれを売りましょう，というものを各フレックスさんに至るまで周知徹底させます」（T店長）。

〈事業部からの支援〉

「T店長は人や事業部からの支援を引き出すのが上手です。例えば，お金の件ですがT店長はうまくお金を引き出したり，予算をもらったりします」（T店長の部下）。

〈他の店長との情報交換〉

「T店長は，他の店長と情報交換なんかもうまく取っていました。うちの店舗は，逆に情報発信店舗ですので，成功事例を教えてあげるということもされていました」（T店長の部下）。

〈顧客，地元住民との良好な関係〉

「T店長は，地元の方との交流というのは，積極的にやってらっしゃいました」（T店長の部下）。

これらの言葉からうかがえるのは，T店長は従業員の声に耳を傾け，すべての従業員とコミュニケーションをはかるボトムアップ型のリーダーである。

ただ，この時期だからこそボトムアップ型が業績アップにむすびついたのかもしれない。なぜならば，翌年には，全社的な戦略課題が変わるのである。課題に応じて，求められる能力も変わるし，店長がとるべき行動も変わってくる。ボトムアップ型では通用しない部分も出てくるのである。

2000年度は，前述のK店長（女性）が最優秀店長賞を受賞した年である。この年は，外資系や他社競合店が乱立した時期である。つまり，競合店対策が全社的な戦略課題とされた。同じ地域に競合店がオープンすると一時期客が奪われ売上が下がる。再度，消費者を取り戻すために，イオンの各店長は，マーケティング力，創造力，問題解決能力，フレキシビリティを必要とした。K店長以外の，優秀店長賞を受賞した男性店長のコメントを紹介しよう。この年に優秀店長賞を受賞した店長は，従業員の声をよく聴き，従業員のモチベーションを引き出し，細かい顧客のニーズに素早く対応する能力を有していたことがわかる。

〈パートタイマーを高く評価する〉

「トヨタ自動車の膝元にある店舗でしたから，トヨタの工場の就業時間に，それこそジャストインタイムじゃないといけません。社員はなかなか理解できなかったのですが，パートタイマーさんはトヨタで働いたことのある人たちばかりでしたから，私らよりよく知っていました」（KS店長・男性）。

〈部下の意見を尊重する〉

「自主的にいろいろやってみるという主任がいましたので，そういう主任が今度こういうことをやってみたいといったら，自由にやらせました。確認はしますけど，部下が意思をもってその辺をつかんでいるのであればまずやらせました。（中略）菓子とか，お酒とかそういう商品でしたので，1週間とか決めた期間で実績はでました」（F店長・男性）。

第5章｜ダイバシティ・マネジメントの事例　　**347**

　2001年になると，イオングループ全体が「エブリデー・ロー・プライス」実現に向けて大きく組織変革に向かっていった。店舗数も飛躍的に伸びた時期である。この年の戦略課題は多岐にわたっている。新店のメリットをどういかすか，店舗レベルでのコストをどう抑えるか，売場をどう作り，消費者にソリューションをどう提供するか，あわせて消費者のニーズも多様化し，商品のライフサイクルも非常に短くなった。売れる商品をいち早く仕入れることのできる，商品に関する専門知識を持った人材が必要であった。それまでのイオンでは販売経験の豊富な人が店長に抜擢されていた。商品部出身の人が店長に登用されることは稀なケースであった。ところが，この年の優秀店長賞は商品部出身の店長が選ばれている。これはイオンにとって人材登用の新たなステージを迎えたことの表われである。

　これまでの店長は，かつては販売経験，その後には商品に関する知識に長じた人材が登用されていた。ところが，2001年以降，大幅な業態変革を断行し，店舗の中核が大型のショッピングセンターへと移っていき，そこでは企画立案のできる人材が必要となった。店舗運営や販売戦略に関する既成の枠を超えた構想力を持つ企画型の店長が好成績をあげている。店長の役割はこのように次々と変わっていく。

　さらに，イオンは2002年に人事制度の変革に着手している。改革に着手した理由は，既存の人事制度が，必要な職務遂行能力の変化に対応できなくなっているからだという。それは，実際の成果を反映した評価基準になっていないこと，身についた能力は実際には陳腐化し，低下することがあるということ，昇格基準があいまいで，その結果年功的に運用されていること，専門職の人材を評価する尺度が不在であるということなどがあげられる。

　さらに，組織風土を診断した結果，官僚主義化と挑戦意欲の欠如が明らかになった。具体的には，「商売人意識」の希薄化，挑戦意欲・責任感の欠如，主体的判断・行動力の不足，学ぶ姿勢の欠如，人材の重要性軽視，戦略思考の欠落，水平展開の不徹底，強い縦割り意識などである。

　同年2月に導入した新人事制度では，非組合員（幹部職）をS職として職務等級制度を変えている。役割の項目には「経営者としての事業推進」「課題形成のための提案」「事業の変革」などがあがっている。

また，同年8月には，組合員層にも新制度を導入している。職能資格制度を変更し，M職とJ職を設けた。役割の項目にはM職は「課題形成のためのスペシャリティ・マネジメント力の発揮」，J職は「実務に強い主任，及びその候補者」となっている。

これまでの人事制度では，入社して，社員4級からはじまり，副主事，主事，副参事，参事以上になるまでに10年が必要であったのに対し，新人事制度だと6年でなれるという昇格スピードアップを行ったのである。この新人事制度導入の目的は次の4点である。

① 成果主義の浸透：業績貢献へのインセンティブを高め，挑戦意欲を喚起することである。雇用形態（幹部社員，組合員層，フレックス社員）にかかわらず適用する。

② 戦略と個人目標の接合：ひとりひとりの企業への貢献やアウトプットの仕方を企業戦略とむすびつけることである。

③ 個人と組織の関係において契約概念を導入：無責任体質の打破と幹部社員のアカウンタビリティを向上させることである。

④ 総額人件費管理強化：人件費の変動費化，人的生産性を向上させることである。

この制度の長所のひとつに人事異動の柔軟性があげられる。人事異動には「人材育成」と「労働力の需給調整」という2つの機能を持たせている。例えば，年収は変わらないで，店長から商品部・スタッフ担当への異動が可能になった。人材育成のためには，それまでの職務と関連の薄い職務への異動も必要であり，新しい職能資格制度では柔軟に対応できるようになった。

このような2002年の人事制度改革で店長の役割権限が明確になった。例えば，店長の評価基準が明示されている。一番ウェイトを占めるものは，過去3回の営業数値達成度である。その他は，店舗戦略の達成度，上司による観察評定，風土形成，経営の品質向上，危機管理・予防などである。

こうして，イオンは人事制度まで大きく変革しているのである。1996年以前は女性を採用しても既存の人事制度に則って昇進する女性は稀であり，この時期は「同化」のパラダイムであったといえる。ところが，1997年以降，イオンは，ドラスティックな組織変革を行い，女性店長の登用に至っては既

存の人事制度を越えて登用した。そして，それを追って2002年には上記のように人事制度を大きく変革している。

　第4章でダイバシティ・マネジメントを効果的にすすめるための組織構造と組織文化における変革の内容を明らかにした。それを踏まえて，イオンの取り組んだ組織変革と照合してみたい。

　〈組織戦略を変える〉
　　　・革新的なビジネス戦略に変える
　　　・ミッションを変える
　　　・行動指針を変える
　〈組織構造を変える〉
　　　・トップのコミットメントを変える
　　　・意思決定システムを変える（役割や権限などのルールを変える）
　　　・人事制度を変える
　　　・割合のバランスを変える
　〈組織文化を変える〉
　　　・認知を変える（トップ，ミドル，ローワー）
　　　・すべてのメンバーのモラールを変える
　　　・職場の価値観を変える
　　　・行動規範を変える

　1997年以降，イオンは革新的なビジネス戦略を内外に示し，それを実行してきた。ジェンダー・ダイバシティに取り組み，その数値目標を掲げた。ミッションも，行動指針も，トップのコミットメントも変わった。さらに，岡田元也社長就任以降，トップに権限が集中し，本部主導型に組織が変わった。つまり，意思決定システムを変えている。さらに先述したように人事制度を変えている。

　女性店長を登用し，そのうえでパワーバランスを変えた。パワーバランスは女性を店長に登用するだけでは変えたことにはならない。そこでは，組織的支援が必要となる。具体的には財務的支援と人的支援，情報支援である。K店長の店舗では，駐車場の拡張，店舗改装を行った（財務的支援）。T店長の店舗では，地方店舗でありながらヘリコプターなどを導入した数千万円

規模のイベントを行っている（財務的支援）。女性店長の欠けている能力を補えるような優秀な社員を部下にしたり，女性店長に理解のある上司を配属したりした（人的支援）。トップから直接，今後のイオンの戦略や，その店舗の戦略課題などを示した（情報支援）。

　イオンが行ったその他の改革は，具体的には図表5-3に記載している。こうした変革の軌跡をみると，イオンはまさに「統合」のパラダイムにあるといえる。

　繰り返すが，企業のパフォーマンスを上げる要因にはいくつかあり，そのひとつとしてダイバシティがある。イオンはさまざまな変革に着手し，そのひとつとしてダイバシティ・マネジメントに取り組んだ。女性店長の登用事例からもわかるとおり，イオンはダイバシティを組織変革のツールとして活用しているのである（図表5-7）。

　イオンは，常に組織変革を行いつづける企業である。組織変革と同時に，個人も変化するという組織文化を持っていることがイオンの強みでもある。過去にとらわれることなく，新しいことに挑戦する組織文化を持っている。

　この年に優秀店長賞を受賞した男性店長はこう語る。

図表5-7　ダイバシティ・マネジメントとパフォーマンス

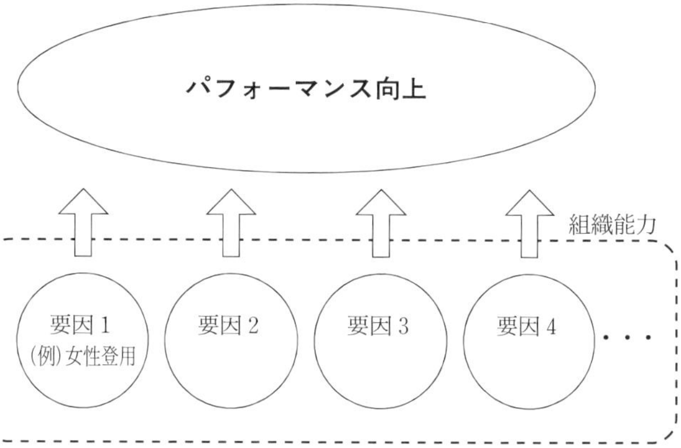

〈過去の成功体験を捨てる〉

「過去の成功体験を持って来られても困るんです。それは関係ないんです。今はどうなのか。ゼロからスタートするわけです。それに対してどう取り組むかってことが大事なはずです。新しいものを取り組むっていうのは，過去を引きずった人じゃ駄目なんです。（中略）結果が出なかったら，優秀もへったくれもない，ぼんくらなんですから。だって，企業というのはそうやって評価していかないと駄目だと思います。しかも，短期短期でやっていかなければいけません。この人は昔，優秀だったからって，必ずしも今も優秀だとは限らないです。（中略）いろんな人間がミックスして，イオンという会社を形成しているんですから」（Y店長・男性）。

　過去を捨て，常に新しいことに取り組もうとする姿勢がこの店長のコメントからうかがえる。それはジャスコの設立時から貫いてきた経営姿勢でもある。すなわち，環境変化に素早く対応し，組織変革を成し遂げるということである。

　小売業を取り巻く環境は1990年代以降目まぐるしく変化してきた。それゆえイオンは，大きく戦略を変え，その戦略課題が店長に課せられる。このようにして，店長の役割は毎年変わっていく。その中でイオンは，販売経験の乏しい女性を登用した。イオンにとって，「女性というダイバシティ」は，販売経験の少ない人材と同等の意味であった。2，3年の猶予があたえられたものの，店長として業績が上がらなければすぐに別部署へ異動となった。

　つまり，イオンは店長の役割を明確にすることで，必要とされるスキルや行動を示したのである。どういう能力を身につけ，どういう行動を取ればいいのかを社員に知らしめようとした。

　女性店長登用の初期段階では，ジェンダーという表層レベルのダイバシティに着目していたが，次なる段階では，経歴という深層レベルのダイバシティに着目した。同じ女性であっても，店舗での販売経験の有無（食料品中心，衣料中心）や商品部，本部の人事・総務，店舗の人事・総務の出身者といった経歴のダイバシティにわけて店長に登用していった。そこでは，自分のバックグラウンドに照らし合わせて，自分自身の強みは何かを知り，逆に自分

に欠けているスキルをいかに店舗の部下やその他の人々に補完してもらうか
が重要であった。それをうまくマネジメントした店長が業績をあげることと
なった。

イオンのダイバシティ・マネジメントのまとめ◆

　ダイバシティ・マネジメントとは，パフォーマンスの向上を目的として，
パワーバランスを変え，戦略的に組織変革を行うことである。イオンの歴史
は創業時から変革につぐ変革の歴史である。1990年代後半に行われた女性店
長の登用は，それらの変革のひとつである。

　イオンは，まず店長職への登用，戦略に合わせたかたちでの組織的支援を
行うことで組織内での女性というカテゴリーのパワーバランスを変化させた。

　1999年，2000年頃は，マーチャンダイジングの集権化などを進めながら統
合に向かっている時期であった。同時に，本部からの指示が反映されるトッ
プダウン型の組織が作られつつあった。その状況下で，店舗ではボトムアッ
プ型のリーダーシップをとる店長が業績をあげた。トップダウンで戦略を徹
底していく中で，店舗ではその弊害を防ぐボトムアップ型のリーダーシップ
が効果を発揮した。特に，ボトムアップ型のリーダーシップをとることので
きる女性店長が優秀店長賞を受賞し，他店よりも業績のあがった女性店長の
店舗へ事業部や他の店長らが視察に訪れた。そのことで，イオンの組織内部
での女性というカテゴリーのパワーのさらなる向上につながった。

　しかしながら，2000年以降，新店舗が乱立し，競合他社の進出，あるいは
新業態や大型のショッピングセンターが建設されるようになると，店長自ら
が戦略やビジョンをしっかりと示せる店長が業績をあげるようになった。店
舗ではトップダウン型の店長がうまく機能するようになり，ディベロッパー
出身や商品部出身，しかも，そういう部署のトップだった店長らが優秀店長
賞を受賞するようになる。次第に社内で着目され，組織的支援を受けるのは
そうした経歴を持つ店長となった。結果的には，男性店長ばかりが脚光を浴
びることとなった。

　2000年以前までは，男性であっても，商品部出身者が店長に登用されたと
しても優秀店長賞を受賞するほどの業績をあげることは稀であった。なぜな

ら，店舗では，ヒトのマネジメントが，戦略・ビジョン提示よりも，店舗の業績向上には重要であり，そうしたスキルは，実際の店舗経験によって育成されることが多かったからである。

さらに，このパワーバランスは変化する。その後，大型のショッピングセンターや新業態店舗の利益が上がらなくなると，いくら本部が支援しても業績は好転しなくなった。そうなると，逆に本部の支援が少なく，小売の基本を徹底させることで業績を上げた既存店舗や，競合の少ない地方の店舗などで，かえって業績が向上し，注目されるようになった。個店単位で，売り方全体を管理できる店長が業績を上げた。そこで2003年度には，再び，2名の女性の店長が優秀店長賞を受賞する。このようにイオンは，外部環境の変化に伴って，パフォーマンス向上にむすびつく店長の特性，すなわちダイバシティの次元がジェンダーから経歴へと短期間で変化した。

イオンは，環境変化に迅速に適応する能力をみつけるためにさまざまな経歴を持つ人材を店長に登用し，そこから学習することで組織を変革していった。

1990年代後半，個人消費が回復せず，流通業が右肩下がりの状態である中，イオンは他社との合併を繰り返し，郊外を中心に積極的な出店と低価格商品の開発に力を入れた。老朽化した店舗を閉鎖し，スクラップ＆ビルドを展開した。店舗においては，「52週マーチャンダイジング」などによって消費者の多様なニーズを細かくとらえていった。

イオンの戦略が常に環境の変化に先んじているところに勝因のひとつがある。大型のショッピングセンターを全国に展開したことも，外資系流通への対策も，新業態の開発もすべて先んじている。そして，そのためにイオンは大きな組織変革を断行したのである。

イオンは，組織変革のひとつとして，組織を構成する人材，特にリーダー（店長）に異質な人材を登用した企業である。その取り組みを組織的な支援によって支えつつパワーバランスを変えることで，ドラスティックな変革を成し遂げた。イオンの事例はダイバシティ研究のうえで重要な発見事実を提供する（図表5-8）。

図表 5-8　異質リーダーの登用と組織のパフォーマンスの関係

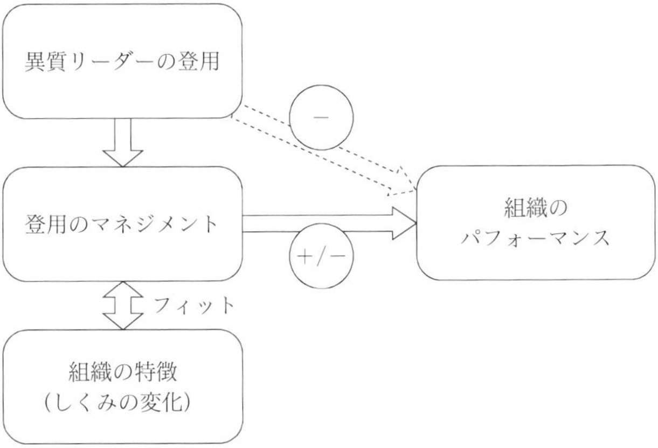

```
┌─────────────────┐
│  異質リーダーの登用  │ ┈┈┈┈┈┐
└─────────────────┘      ( － )┈┈┐
        │                        │
        ↓                        ↓
┌─────────────────┐      ┌─────────────────┐
│  登用のマネジメント  │ ─( +/－ )→│     組織の     │
└─────────────────┘      │  パフォーマンス  │
        ↕ フィット              └─────────────────┘
┌─────────────────┐
│    組織の特徴    │
│  （しくみの変化）  │
└─────────────────┘
```

イオンの事例とダイバシティ研究の課題◆

　イオンにおけるダイバシティ・マネジメントの取り組みを調査するうちに，われわれは多くの成果を得ることが出来た。ダイバシティ研究に欠けていたいくつかの課題をイオンの事例が解き明かしてくれた。そのことをまとめると次の 3 つになる。

① 　これまでのダイバシティ研究では，コンテクストが重要だといいながら，それを時系列で調査した事例はほとんどなかった。外部環境がどのように変化し，それに対応して，組織の内部環境をどう変化させ，いつどんなときにパフォーマンスがあがったかというデータはこれまで示されてこなかった。イオンの事例は，ダイバシティ・マネジメントを外部環境との関係性を示しながら考察している。

② 　ダイバシティのミクロレベルでの研究は，ダイバシティがパフォーマンスに影響を与えるプロセスを明らかにするものの，実験室研究に終始しているため，パワーバランスが変化するという視点が欠けていた。実際のダイバシティ・マネジメントの現場では，パワーバランスを変化させることで組織変革へとつなげていくのである。

③ 　マイノリティの人材をリーダーに登用する事例は多数あるが，リーダーがマイノリティであることで，グループのパフォーマンスに与える影

響に関する研究は少ない。イオンの事例は，女性店長というマイノリティがリーダーに登用されることでどのようにパフォーマンスがあがっていったかを明らかにしている。

イオンは1997年の岡田元也社長就任後，「ラディカルな変革」を行うために次々と組織変革に取り組んだ。そのひとつにダイバシティ・マネジメントがあった。最初の段階では，ジェンダー・ダイバシティを自社の課題としてとらえ，トップが積極的に関与し既存の人事制度を越えて女性店長の登用を行った。次なるダイバシティの課題として経歴のダイバシティに取り組んだ。既存店長とは異なる経験や職歴をもつ店長を意図的に登用しながら，大胆な組織変革を実行していった。イオンは店長の性別あるいは経歴の異質性というダイバシティを変革のツールとして有効に活用した企業である。

3．マツダとフォードの事例

製造業A社，イオンと，日本企業におけるダイバシティ・マネジメントの実情をみてきたが，もう1社，1990年代中盤，外資系企業と戦略的提携を強化し，長期的な視点で，両社の強みをいかそうとした企業を紹介したい。それは，ロータリーエンジンなどエンジニアリング技術に優位性を持ち自動車業界で独自のポジションを確立させようとしてきたマツダである。ここで検討する事例は，マツダの経営モデルのなかに，フォード流の経営モデルを統合させていくプロセスである。

従来のマツダの経営モデル（意思決定構造）とフォードの経営モデル◆

戦略提携以前のマツダの意思決定の構造は，部下が十分に検討して提案し，それを上司が承認するというスタイルが主流であった。情報の加工や分析は主に実質的な業務の担当者が行っていた。ミドルマネジャーは，下からあがってきた情報をスクリーニングし，重要だと思われるものだけに限定してトップに渡していた。この意思決定構造のもとでは，意思決定に必要な情報はすべて部下のもとにあり，トップやシニアマネジャーは加工された情報や分析結果で決定を下すことになる。つまり，実質的な意思決定者は部下であった。さらに，マツダの意思決定構造では，責任の所在をあえて特定せず，組

織全体でコンセンサスを得たうえで，意思決定がなされていた。この仕組みは，組織全体の衆知を結集した知識創造が促進されるという利点がある。

一方，フォードのモデルは，組織の中でのマネジャーの位置づけや，部門間関係における意思決定の権限と責任の所在を明確にするものである。このやり方には，意思決定にスピードがあり，問題が発生した場合の解決が容易になる。またシニアマネジャーが問題解決や意思決定を実施する能力が備わっているという条件を満たせば，意思決定の質も向上する。

また，意思決定の基準は，フォードでは，ロジックや裏づけデータが重視された。

これに対して，従来のマツダの意思決定の基準は，人間関係や信頼関係が重要視された。直接的に業務に携わる担当者が上司に提案し，上司は部下を信頼して承認するパターンが少なくなかっため，上司と部下のそれまで築き上げてきた人間関係や信頼関係が重要なのである。ロジックよりも関連部署の同意が重視された。

また決定プロセスでは，従来のマツダは，ロジックや事実よりも，コンセンサスを重視した意思決定をされる傾向が強かった。会議のやり方にしても，アドホックな会議が多く，そこでは必ずしも明確な結論を出さなくても，関係者の間で暗黙的なコンセンサスが得られれば良いという側面もあった。それゆえ，事前の根回しにかける時間も必要だった。つまり，マツダの経営モデルは，すべてを表出化し形式化しなくてもうまく機能する柔軟な意思決定プロセスであった。

マツダとフォードのやり方にはこのような違いがあった。この両社がどのようにして双方の仕組みを統合していったかを次に示す。

マツダとフォードの提携関係の経緯◆

1969年にマツダとフォードは提携関係を始めた。1971年にマツダはフォードへ車輌供給を開始する。1979年，フォードからマツダへの25％の資本出資が実現し，3名の取締役がフォードから派遣され，その後も役員派遣が継続される。ただし，当時の派遣役員は経営権を持たないアドバイザー的な職務を担当していた。

1987年に，マツダは北米の生産拠点としてアメリカ・フラットロックに MMUC（マツダ・モーター・マニュファクチャリング・USA・コーポレーション）を設立し，マツダ車に加えフォード車の生産も行った。1992年にはフォードが MMUC に50％を出資し社名も AAI（オートアライアンス・インターナショナル Inc.）となった。ここに，フォードによるマツダの経営再建が始まった。

その後，1993年12月，両社は提携関係を強化，「戦略的協力関係の構築」に合意する。1994年には経営企画部門にフォードから役員が派遣された。1996年5月，フォードが出資比率を25％から33.4％に引き上げ，マツダの経営権を実質的に掌握する。また，フォード出身の常勤役員を2名増やし6名とした。さらに，1997年6月には2名追加し8名となった。これによって最

図表5-9　フォードからの役員派遣

ポスト ＼ 年	1992	1993	1994	1995	1996	1997	1998	1999	2000
社長					■	■	■	■	■
副社長			■	■	／	／	／	／	／
専務	■	■	■	■	■	■	■	■	■
財務	■	■	■	■	■	■	■	■	■
経営企画			■	■	■	■	■	■	■
商品企画					■	■	■	■	■
原価企画							■	■	■
人事									
研究開発				■	■	■	■	■	■
デザイン						■	■	■	■
情報システム									
生産									
購買								■	■
関連事業（MNAO）									
マーケティング									
営業									

■ フォードからの役員派遣のあったポスト
／ 副社長のポストは1996年以降廃止となった

注1：兼務しているポストがあるため，必ずしも派遣役員の数と色づけしている数は一致していない。
注2：MNAO（Mazda North America Operations）
出所：谷口・延岡（2003）

高意思決定機関である，常務以上で構成する経営会議では，フォード出身者が6名となり，メンバー18名の3分の1を占めることになった。その後，1997年11月にヘンリー・ウォレス社長が退任し，ジェームズ・ミラー副社長が昇格，これによりマツダは2代続けてフォード出身者が社長となった。1999年6月時点でフォード出身役員は9名となった。

　最初にフォードから役員が送られたのは，経営企画部門と，商品企画，研究開発といった製品開発に関連する部門であったが，その後，デザイン，マーケティング，原価企画，情報システムといった部門への派遣が行われ，フォードの経営参加が強まっていく。

　ここで注目したいのは，マツダの経営権を掌握したフォードはすぐにマツダをフォード式に同化させなかったことである。フォードは，マツダの優れた部分を認めつつ，フォードのシステムとどう統合させていく方法を模索した。つまり，フォードはマツダと互いに学習し合いながら業績を上げていく統合モデルを目指したのである。

どのような経営革新が行われたのか

　マツダとフォードが，第1段階で取り組んだのは意思決定構造の変革である。

　意思決定構造の変革として，権限の所在と責任の明確化が行われた。意思決定構造とは，誰が意思決定を行い，誰がその責任を持つかということである。先述のとおり従来マツダの意思決定構造は，部下が充分に検討して提案し，それを上司が承認するというスタイルであった。

　新しい意思決定構造では，トップやシニアマネジャーなど上に立つ者が，意思決定者としての役割と責任を担うことが徹底された。これは，シニアマネジャーは部下が提案したものでも，その提案の背後にあるさまざまなデータや事実に基づき，自らの責任において意思決定するということである。シニアマネジャーの最大の役割は承認や調整ではなく，正確な意思決定を下すことにあると定義された。

　業務や提案の内容が単にトップダウンになるというわけではなく，ボトムが主体性をもって活発に提案するスタイルは残したままで，シニアマネジャ

ーは提案された内容を充分に吟味し意思決定する。そのため，これまで以上に質の高い提案が求められ，意思決定の質も向上する。さらに，責任の所在は上下間だけでなく，部門間でも明確にされ，特に，付加価値創造への貢献，目標の達成における各部長の責任が明示された。

　役職者は，自らが掌握する範囲内の意思決定に，全面的に自分で責任を持つことが徹底され，自分のマネジメント領域に必要な知識・能力を充分に持たなければならなかった。

　フォードが持ち込んだ意思決定構造の変化について，マツダの社員が述べた言葉をいくつか引用する。

〈意思決定者としてのトップマネジメント〉
「フォードの派遣幹部らは，自分の得意分野でなくても自分のマネジメント領域である限りは，納得いくまで情報を吸い上げます。自分が自信を持って責任をとれるようにするのです。われわれの感覚では，こんなことは別に偉い人だからインフォームしなくていい，知らなくてもいいのではないかということまで全部知りたがります。そこで必然的にそういう情報が入るような仕掛けを作るのです」
〈トップに要求される能力の変化〉
「フォードのトップは，朝早くから夜遅くまでよく働きます。トップがきちんとレビューする。トップにとってはアメリカ的なマネジメントは大変です」
〈ミドルの役割・要求される能力の変化〉
「主査（プロダクトマネジャー，部門横断的に製品開発に携わる）がほとんどを決めるようになりました。財務にも主査がもっとコミットしていかなければならないというように変わりました。昔はいい車を作って売ればいいなということが主査の仕事だったのかもしれません。もともとは技術系のバックグラウンドなので，財務的な知識が十分でなく，とまどいはありました。財務のことをほとんどふれずに育ってきましたから」
〈責任と権限の明確化〉
「商品作りで市場の声をいかに反映するかのプロセスにしても，海外のディストリビュータ，マーケティング本部，市場部，商品本部，それぞれについて，どういうものに基づいて誰が情報を発信するのか，誰がそ

れを受けて，どういう付加価値をつけるのかというプロセスが出来上がっているんです。そういうプロセスのひな型を見せられると，さすがと思いますね。きっちりとタイムテーブルをつくって，プロセスをきっちりしてそこにチェックをかけていく。それは本当に日本的ではないです。日本は任せるほうでしょ」

　次に，意思決定の基準として，事実とロジックの活用が徹底された。従来は，先述のように業務に携わる担当者が直接上司に提案し，上司は部下を信頼して承認するというパターンが少なくなかった。その際，人間関係や信頼関係が意思決定の基準として重要であった。一方，新しいモデルでは，意思決定の基準として，ロジックや裏付けデータが重視された。とはいえ，経験的知識をまったく排除したわけではない。データはあくまでも意思決定のツールにすぎないと考えられた。

　つまり，データのような形式知されたされたものに振り回されてしまえば弊害になりうるが，効果的に使用するのであればプラスに働くと考えられたのである。例えば，自動車の販売台数の予測について，従来のマツダでは予測に過度な時間を費やすことは意味がないと考えていた。フォードの派遣者も必ずしも正確に予測できると信じているわけではなく，意思決定者の責任を明確にするためにはロジックをつめておくことは必要だと考えた。結果が出たときに，どこのロジックが間違っていたのかを分析でき，そのような積み重ねによって企画者に力がつくということを重要視したのである。

　そうした変革をマツダ側の社員は次のように受け止めていた。

〈意思決定ツールとしてのデータやロジック〉
「彼らのいい点は，合理的，科学的，定量的にやることを徹底していくということです。しかし，フォードのAさんにしても合理的とはいいながら直感を信じています。また，定量的には成り立たないことでも，本当に必要だと思えばやろうといいます。論理に慣れていない日本人の場合は，論理というと（何から何まで）論理に流されてしまいますが，彼らは違います」。
「開発本部にW氏という人が来た。彼が商品のクリニックをしなさいと指示し

ました。マツダも昔はよくやっていた。実際車を導入したときとズレが大き
かったので，しばらくやってなかった。それで反発した。フォードが昔から
やっていたのは知ってたんだけど，本当に役立っているんだろうかと思って
いた。そこで，一言，おまえのやっていた時代のやり方や使い方が間違って
いたのかもしれないと言われた。クリニック結果もひとつのデータであり，
それに振り回される必要はないということがわかってきました」

〈フォーマットの標準化〉

「まず，企画書のフォーマットを作りました。W氏から『どうも企画書によっ
て書いてあることが違う。パッと見たら，いつも同じところに書いてあるよ
うにしなさい。項目もみんな揃えなさい。最終的に判断するときにこれだけ
の項目が必要だということをみんなが知っているようにしないと駄目だ』と
言ってきたんです」

　さらに，会議のやり方が大幅に変わった。つまり，意思決定のプロセスの
変化である。従来のアドホックな会議が少なくなり，明確な結論がなくても
コンセンサスが得られればいいという会議はなくなった。変革後の会議は，
システマティックに構成され，個々の会議体の役割が明確にされた。

〈ミーティングもシステマティックに〉

「理にかなった話が通りやすくなった。NGだということがスパッとやれる。
昔は，言ったらどこかが反発してまとまらなかったですね。部門によって利
害関係があったから，そういう話はあげにくかったですよ。昔は導入の日が
決まっていたら少々だめでも続けていましたが，今は途中でもストップをか
けられるようなこともあります」

　目標管理とプロセス管理も徹底された。これまで，マツダで厳格な目標管
理が実施されなかったのは，それを追求しすぎることでフレキシビリティが
阻害されたり，暗黙知をいかした創造的な活動が制限されると考えられてい
たからである。新たな手法では，目標を決める段階ではフレキシビリティを
許容し，いったん明確な数値で目標が決められるとそれを厳守させる。また
は，フレキシブルな活動の節々にそれらを形式知化させる時期を設けること

で，組織能力の構築において効果的な統合が実現された。

〈徹底した目標管理〉
「フォードはワールドワイドだから，グロッサリーって辞書があるんです。例えば，ターゲットっていう言葉。みんなであの辺にいこうや，と漠然といっているときはターゲットでいいけど，会議でこれを目標にしようと決めた瞬間からオブジェクティブって名前が変わります。ターゲットは挑戦目標で，アグリーしなくてもお咎めはありません。一方，オブジェクティブは必達目標のようなもので，何が何でも守らせる。そういう数値をどんどん決めていって，それに対して必ず守らせる。ステップをきれいに踏まされるようになりました」
〈チェックの徹底とシステマティックなプロセス管理〉
「開発中にコストレポートをマンスリーで提出しています。プロセスを追いかけるのに執念深い印象を受けます。そして先月との差異を重視します。昔は承認イベントごとでしたね。毎月報告やっても普通は出ず，タイミングでしか設計変更は集中して起こらないから，そのほうが効率的なんではないかと思っていました。だけど，実際は途中でも設計変更が起こっていました。それからマンスリーをやっているということは意義付けとして厳しさをラインに与えています。その辺の差だと思うんですね」

　コストレポートに関しては，従来のマツダでは半年ごとにレポートを作成していた。それが現在では毎月開発コスト状況をトップに報告することが義務付けられている。以前は，原価計算を毎月行って報告することは逆に効率の悪いことだと考えられていた。しかし，実際に始めてみるとコスト削減に大きく寄与することが判明した。
　また，レポート作成に関しては「ネクスト」と呼ばれる新しいコスト集計報告システムを利用することによって，かなりの時間短縮を実現している。このシステムも，毎月レポートを提出しなければならないというニーズによって洗練されてきたのだという。

第5章｜ダイバシティ・マネジメントの事例　　**363**

経営革新の手法とプロセス◆

　マツダの経営が傾き，フォードの役員が乗り込んで事実上マツダを再建する際，マツダの従業員の抵抗が予想されたが，実際は意外なほど抵抗は小さかった。組織変革をスムーズに実現させた要因のひとつにフォードのとった手法がある。

　マツダの業績を向上させることが，最終的にフォードの利益にむすびつく。逆にマツダを単なるフォード広島工場にしてしまうとフォードグループの総合力向上に大きくは貢献しない。この態度をフォードの全派遣者に徹底した。

　フォード派遣役員は，フォードのやり方をそのまま押し付けることは避け，マツダのおかれた環境や優れた面を充分に理解し，必要であればフォードのやり方を変更することもよしとした。また，雇用に関する大きな混乱を引き起こすような変革は避けた。

〈ディスカッションによる納得と理解〉

「フォードからきた役員から難しいことをポンポンと言われるけれども，極めてロジカルだから心地よかった。要求されていることが正しいということは直感的にわかります。何度も議論してプロジェクトが前に進まなかったけど，そこでやり合っていた特定の何人かは，その議論が正しいと言うことが最初にわかった。やり合ってない人間は，またＨさんがなんだか言ってるって言ってました」

〈公平でオープンな行動スタイル〉

「やはりいい人材が派遣されて来ていますね。今来ている人は非常にリーズナブルです。われわれがアメリカに行っていたときは，言葉の問題もあったし，それから現地に対する不信感というのがあったために，絶えず日本人同士でミーティングをやってました。情報も各部門に日本人を配置してそれを吸い上げ情報源にしていました。フォードの人のやり方見てて，それが非常に少ない。もっといっぱいフォードの人間を置いていたら，裏情報も全部取れますが，それをしない。来ている若い人も公平で，とてもオープンです」

〈情報公開を手段とした意識改革〉

「マネジメントの中で何が優れているかというと，会社が長期的にどういう方向へ向いていて，その中で，自分の担当する部門がこれからどういうことを

しなきゃいけないかを説明し，それに関連した情報を公開してくれました。今までそれがやはり無かったように感じます。社員にしてみれば，会社がどういう方向に進んでいるのかわかりません。何のために役に立つのかよくわからない，自分たちのやっている仕事っていうのが。やはりそういう状態でやっていると，非常にフラストレーションがたまります」

「最近，社長名でEメールがポンポンくるようになりました。社長は，社員が会社のことを新聞で初めて知るようなことをやめたい。だから一秒でもいいから早くEメールや社内文書で，先に知らせてあげたいと言っています。それは非常に気持ちが良いことです。われわれはそれまでは突然新聞やニュースで知るということがありまして，社員を何だと思っているのかと思いました。特に大きかったのは，フォードが買収しましたというのをニュースで初めて聞いたときです」

　フォード派遣者の，公平でオープンな態度は，マツダ側の社員が変革を肯定的に受け入れた大きな要因となっている。フォード派遣役員の，何度も議論しわかり合うまでとことん話し合う行動スタイルがマツダ側の社員の信頼を次第に増幅させ，組織変革に向け協力し合うことを可能にした。

　「短期的な利益を追求せずフォードの長期的戦略の中に位置づける」ことで，マツダの経営手法をフォードが学び，それを従来のフォードの経営手法とむすびつけていった。さらに「At Mazda People Come First」の基本方針のもとで，十分なコミュニケーションを尽くし両社を統合させていった。

迅速な組織変革が行われた◆

　マツダにおけるダイバシティ・マネジメントでのポイントは，日米自動車会社の異質なものがぶつかり合うことで両社の違いがはっきとしたことにある。また，大企業は短期では変わらないものと考えられていたが，むしろ長期的な展望をもって取り組むことでかえって迅速な改革を成し遂げていった。そして，マツダの事例は，部分的な変革ではなく，既存の経営モデルを変容させる大きな変革であった。

　企業合併時の統合は非常に困難なことである。合併後，同じ拡張を遂げる

ことが相互間の競争を激化するため，大規模な会社同士の合併による経済効果は少ないとされていた。そのため，２社が統合する場合，どちらか一方を破壊するか，組み合わせずに別個に管理するか，どちらかが選択されることが多かった。どちらか一方を破壊するのは「同化」のパラダイムにあたり，別個に管理することは「分離」のパラダイムにあたるが，本事例は，どちらか一方に合わせる同化ではなく，組み合わせによる統合を可能にしたものである。

　マツダとフォードでは異なる経営モデルが存在していた。そこで，お互いの組織能力をつなぎ合わせるためのツールを開発した。迅速な組織変革を行うためには，こうしたインフラをつくることが重要である。

　1996年から1999年の間に，マツダとフォードは両社の良い部分を取り入れながら，意思決定システムを含めた組織構造の変革に取り組んでいった。マツダが大きく変わったのは，利益を出すための考え方の変化である。今まではよい車を作って，売ればいいというあいまいさがたぶんに含まれていた。そこにデータやロジックを組み入れたビジネス思考に変わってきた。ただし，その場合は，先述のように，データやロジックが必ずしも最重要とされたわけではなく，マツダの柔軟性や協調性など良いところも残しつつすすめられた。そして，1999年までに，マツダは，業績を回復した。

　その後，いったん業績は低下したものの，2002年から順次発表した新型車の販売が好調で，2002年３月期で赤字から脱却し，過去10年間で最高の営業利益をあげた。

　〈典型的な日本型企業がどう変わったか〉
　「マツダは典型的な日本企業で『借金するのも経営のうち』といった非合理的な考え方が残っていた。会議も事前の根回しが重要だった。それがフォードが入ってきたことで大きく変わった。キャッシュフロー経営を徹底。経営会議や取締役会で発言しないと『仕事をしていない』とみなされるようになり，議論が活発になった。（中略）最初は疑心暗鬼になったところもあったし，摩擦がなかったといえばうそになる。だが，とことんやり合う中で理解するようになった。気配りの大切さなど人付き合いの本質は西洋も日本も変わりな

い。（中略）フォード出身者もマツダにいる間はマツダの利益を代表する。フォードのためにマツダの利益を損ねるようなことはしない」（マツダ社長・井巻久一氏，日本経済新聞　2004年5月30日付）。

　マツダとフォードというそれぞれ異なる経営モデルを長年培ってきた企業同士が，共同で統合した仕組みを作ることに取り組んだ。通常，ひとつの組織の中では，その組織の既存の経営モデルに精通していても，取り入れようとする新しいモデルについては本当に理解しているとはいえない。両モデルに精通していなくては，うまく統合することは無理である。

　その点，両社はまったく異なる経営モデルを持ちながらも，これまでに長年相互理解，相互学習の努力を続けてきた歴史を持つ。さらに，マツダが危機的な状況にあったために，学習への意欲が非常に高かったということも両者の統合をスムーズにさせた要因のひとつだといえる。組織の体質を改善し，組織変革を行うことは，単独の組織だけでは非常に困難を極めるが，異なる経営モデルを持つ組織同士を統合させることは，組織変革のひとつの有効な手段だといえる。

　既存のマツダの経営モデルは，先述したように，すべてを表出化し形式化しなくてもうまく機能する柔軟な意思決定プロセスであった。このことは混沌とした人的ネットワークのなかで行われる製品開発などに特に効果を発揮し，非常に短期間で機能や品質の優れた製品をつくりあげることを可能にする。一方で，全社的な意思決定を迅速に行ったり，目標管理を徹底するためには，責任体制を明確にしたり数字やロジックを使った形式知化されたコミュニケーションが必要となる。この点では，フォードの経営モデルが優れている。マツダの変革においては，このような2つのモデルのどちらを選択するのかではなく，両方をうまく統合しているのである。

　いかに共通の経験を基盤にコミュニケーションをとりあいながら知識を創造していく手法と，データやロジックに置き換え知識を創造していく手法のバランスを取りながらそれらを統合するか，それが，この事例の主要課題である。

　この点でマツダとフォードの経営モデルの統合は，次の3つのパターンに

集約して考えることができる。

　ひとつは，暗黙的な知識の創造を組織のユニットごとに限定して許容しつつ，それらをむすびつける機能として形式知化したプロセスを利用する手法である。例えば，会議体の整備や意思決定基準の明確化，企画書フォーマットの整備もこれにあたる。

　2つ目は，暗黙知的な知識の創造プロセスの節々に形式知化したプロセスを入れる手法である。原価管理を毎月チェックするシステムはその典型例である。

　3つ目は，ある段階までは暗黙的な知識創造を許容し，その後一気に形式知化する手法である。例えば，製品開発において，ある段階までは柔軟な管理により創造性を重視し，その後フォーマルな意思決定の段階で一気に形式知化した形で意思決定するやり方である。

　マツダの事例でみる，統合を実現するための変革プロセスとして重要な点は，外部からの圧力によって変革したのではなく，ディスカッションを徹底し，組織内部から変えようとしたことである。目的だけを追求するのではなく，プロセスを重視し，たとえ目標達成にとって多少は遠回りになる場合であっても，関連する人々の気持ちや考え方から変えることによって，新しい組織プロセスを創造し定着させた。このようなプロセスがない限り2つの経営モデルを統合させることはできないであろう。

　この事例がもつ理論的な含意としては，これまでの組織変革では比較的軽視されてきた統合という視点から議論したことである。

　従来，組織変革に関しては，ラディカルかインクリメンタルか（Hinings & Greewood, 1988, 1996; Miller & Friesen, 1980），連続か非連続か（Meyer, et al., 1983）といった両極端な議論が多かった。本事例では，既存のものに新しいものを統合しつつ，大きな変革を実現したプロセスを示した。さらに，この統合という概念は，第4章でも示した同化，分離，統合というダイバシティのパラダイムの議論にもつながる。異なるシステムの統合が実際にどのように行われていくかを考えるうえでも，示唆を与えるものである。

第2節　まとめ

「同化」のパラダイムの特徴をもつ製造業A社◆

　製造業A社は，1980年から大卒女子の採用を開始しており，これは1986年の男女雇用機会均等法よりも早い時期の実施である。男性主導型の組織に女性登用の動きがこの頃から出始めていた。1992年には人事制度を改革している。製造業A社は，人材の多様化にいち早く取り組んだ企業だといえる。

　新しい人事制度は男女を問わず公平に採用しようとしたものである。能力主義に向けて大きく変革し，あくまでも公平性を重視しており，ある特定のマイノリティである個人を意図的に引き上げようとするものではない。この公平性を重視する人事制度は，マイノリティを登用しようとする企業が，既存の従業員の納得性を高めるために多く採用するものである。

　製造業A社の企業行動をみると，「同化」のパラダイムで示された主要な特徴のいくつかがみられる。第4章で述べた通り，「同化」のパラダイムには次のような特徴と限界がある。

　「同化」のパラダイムでは，ダイバシティをすすめることがパフォーマンス向上にむすびつくとは考えられていない。すべての人を同一に公平に扱うことを重視する。こうした組織では，制度の厳格な運用が重視される。

　製造業A社の，ある女性管理職は，人事改革の波にのって昇進したが，そのプロセスをみると，個人を意図的に引き上げようとする制度や仕組みがつくられたわけではなく直属の上司や人々の支援はあくまでインフォーマルなサポートであった。

　製造業A社は1992年に大きな組織変革を行い，新しい人事制度のもとで，女性の管理職が増えた。その後は大きな組織変革は成されず，女性管理職の数は横ばい状態となっている。人事制度の枠を超えた登用や，組織的な支援は行われず，インフォーマルな個人的なサポートしかできなかったからである。異質なリーダーを登用することを組織変革のツールとは考えておらず，それがかえって従業員のモチベーションの低下につながることを懸念する。

　製造業A社の事例は，「同化」のパラダイムの特徴と限界を証明する結果

第5章｜ダイバシティ・マネジメントの事例　**369**

となった。

◆ダイバシティを変革のツールとしたイオン◆

イオンの事例では，既存研究で解明されなかったことを，明らかにしようと試みている。それは次の4点である。

① 組織変革との連動性

② 外部環境・組織の特徴・女性のリーダーシップスタイル・パフォーマンスとの整合性

③ リーダー・ダイバシティ

④ パワー関係

〈①組織変革との連動性〉

第4章で，組織が変わっていなければダイバシティがパフォーマンスにむすびつくことはあり得ないと述べた。そこでは，「組織戦略」，「組織構造」，「組織文化」を変えることが，ダイバシティをマネジメントしパフォーマンスを向上させるうえで重要なことであることを示した。

イオンの事例では，そのことを明らかにしている。

・組織戦略を変えた：競争環境をグローバルに変えた。2001年には，社名をイオンに変更し「グローバル10」構想を発表した。大店法の施行，外資の日本参入，消費動向の変化といった外部環境の変化に先んじて，業態変革を行っていった。それに伴い，店長の役割を変化させていった。

・組織構造を変えた：マーチャンダイジングの本部集権化，ITによる業務プロセス改革を行うことで，商品に関する意思決定の中央集権化，迅速化，効率化が促進された。それにより，店長の役割，店舗の権限も明確になった。最近では，経営の監督と執行の最高責任者を明確に分離するなど，戦略決定と実行の迅速化，トップマネジメントの役割権限の明確化が促進された。戦略に合わせた形での予算管理システムが整備され，人事制度もそれぞれのポジションの役割権限の変化に従って，変更が加えられた。女性，若手，経歴の異なる（たとえば商品部やデベロッパー部門出身の）店長の数を増やし，それぞれの特性のパワーバランスを変えた。

・組織文化を変えた：競争環境をグローバルに変え，自らの業態も常に変化させていくうえで，組織文化の変容の重要性が高まった。外資参入が見込まれ，環境の不確実性が高まってくるにともない，従業員は，トップの戦略に従い，価値観や行動規範を臨機に変えるようになった。

　イオンは次々と変革に取り組んでいく企業である。その変革は，パフォーマンスの向上を前提にした変革であり，ダイバシティのためのダイバシティを進めたのではない。換言すると，イオンは，様々なパターンの店長を登用しながら，環境の変化に迅速に適応しパフォーマンスをあげられるような組織に変えていったのである。女性や販売経験のない職歴をもった新しいタイプの人々が店長に登用され，実績をあげていったことからもそのことがうかがえる。

〈②外部環境・組織の特徴・女性のリーダーシップスタイル・パフォーマンスとの整合性〉

　女性店長がパフォーマンスをあげたのは1999年から2000年のイオンが統合型の組織に急激に変化した時期である。この時期は，システムの統合や組織変革が強められるにしたがって，逆に，ボトムアップ型のリーダーシップが有効に機能した。これは，第3章でもみたように女性に特徴的なリーダーシップスタイルだとされている。しかしながら，女性店長のリーダーシップスタイルでパフォーマンスがあがるという傾向も，外部環境の変化とともに変わっていく。2001年，2002年になると大型店舗が増加し，外資系企業の参入など外部環境も変化してくると女性のリーダーシップスタイルがパフォーマンスにむすびつかなくなった。そこでは，商品部の経歴を持つ店長が表彰されるなど，ジェンダーではなく，経歴のダイバシティがパフォーマンスに影響を及ぼすように変化していった。

　このことから，女性のリーダーシップスタイルやある特定の経歴のダイバシティが，常にパフォーマンス向上につながるというものではないということがみえてくる。イオンの事例では，外部環境の変化や，組織の特徴の変化によって，そうしたダイバシティとパフォーマンスとの関係が変化していくことが明らかとなった。

〈③リーダー・ダイバシティ〉

既存研究で，リーダー・ダイバシティがパフォーマンスにむすびつくという事例がほとんどないことは先述の通りである。イオンのケースが，まさにリーダー・ダイバシティの事例だといえる。女性店長（リーダー）が，ボトムアップ型のリーダーシップスタイルを発揮しパフォーマンスにむすびつけた。このリーダーシップが女性社員やフレックス社員のモチベーションを向上させ，業績も伸ばした。つまり，リーダー・ダイバシティが，非財務的パフォーマンスと財務的パフォーマンスにむすびついた事例である。

〈④パワー関係〉

繰り返すが，ダイバシティ・マネジメントとは，多様な人材を組織に組み込み，パワーバランスを変え，戦略的に組織変革を行うことである。つまり，パワーバランスを変えなければ，真にダイバシティをマネジメントしたことにはならないのである。

既存の制度に準じて，女性を店長に登用したからといって，パワーバランスを変えたことにはならない。イオンは既存の人事制度の枠，職能等級を越えて女性を店長に登用しただけでなく，その店舗へ人的支援，財務的支援，情報的支援を行っている。それらは，個々の店舗の戦略課題にあわせて行われた。単に登用された女性店長のスキルが劣るからという理由だけで支援を行うことは，人事制度の厳格な運用が重視される組織のもとでは，既存の社員からの反発をかうことになる。しかしながら，イオンでは，全社戦略と店舗の戦略課題の変化，さらには役割・権限の明確化によって，そうした支援が可能になったのである。

パワー関係を意図的に変えることができるのは，製造業A社や，あくまでも公平な処遇を重視し，特定の個人への組織的支援が他の従業員のモチベーション低下につながることを懸念する企業と比較して，イオンが大きく異なる点である。

イオンは環境の変化に迅速に適応しながら，パフォーマンスを向上させるために，組織変革に取り組み，ドラスティックな変革を次々と実行した。その変革のひとつとしてダイバシティにも取り組んだ。ダイバシティを同化させずに組織のあり方を見直すという点からも，まさにイオンの事例は，「統合」のパラダイムに相当する。イオンは，全社的な組織変革を行うなかで，

ダイバシティを変革のツールとして有効に活用した企業なのである。

「統合」のパラダイムを目指すマツダ◆

マツダの組織改革では，マツダの経営モデルのなかに，フォード流の経営モデルを統合させていくプロセスを検討した。

第4章で，「統合」のパラダイムは，次のような特徴を持つと述べた。コアの業務とそのプロセスを知り，それらを強化することを目的とし，ダイバシティを価値付ける度合いは最も高く，ダイバシティを学習や変革，再生の資源と考える。こうした組織は，違いをコアの業務やそのプロセスに統合していくことが適切だとしている。ダイバシティは，直接的に業務全体に組み込まれており，組織を変革するパワーとむすびついている。

「統合」のパラダイムのもとでは，企業は，その文化や仕事の慣行，システム，さらにはミッションまでも再定義することになる。だからこそ，このパラダイムを用いている企業が，本当の意味でのダイバシティのベネフィットを得ることができるのである。このパラダイムのもとで，はじめて企業は進化を始める。

Ely & D. Thomas はこうした企業には，次の4つの特徴がみられると指摘する。

① 従業員が精神的な面でつながりを築いていること
② オープンな議論が正当であるとしていること
③ 貢献を妨げるような支配や従属を受けいれないこと
④ 組織と個人の相互の信頼関係があること

異なる経営モデルを持つマツダとフォードが，互いに学び合いながら統合していくプロセスをみると，「統合」のパラダイムを目指した事例であることが理解できる。

マツダとフォードの関係は1969年にさかのぼる。この年から両者の提携関係ははじまった。この長い期間を経て，マツダとフォードは精神的なつながりを構築していったのである。ただ30年近い間，マツダとフォードのそれぞれのやり方は併存していた。まったく別のシステムが同時に存在しているという意味で，これは「分離」のパラダイムだといえる。

第5章｜ダイバシティ・マネジメントの事例　**373**

　1996年の両社の資本提携強化以降，フォードによるマツダの経営再建がはじまる。フォードがマツダを再建する際，フォードの派遣役員は，フォードのやり方をそのまま押しつけることは避け，すなわち「同化」のパラダイムをとったのではなく，マツダのおかれた環境や優れた面を充分に理解し，必要であればフォードのやり方を変更して両社の新しい仕組みを作っていった。つまり，統合をすすめようとしたのである。

　マツダの組織変革では，トップやミドルの役割や求められる能力が変わった。責任と権限も明確になった。会議体のあり方も大幅に変えた。ミーティングはシステマティックになり理にかなった話が通りやすくなった。オープンな議論が推奨され，納得するまで何度も議論するようになった。すなわち，ダイバシティのぶつかり合いを長期的な学習の機会ととらえ，さらに相互の統合を促進した。派遣されたフォードの幹部たちも公平でオープンな行動スタイルをとった。このことはダイバシティを促進するリーダーに求められている行動のひとつでもある。

　マツダの組織改革は，組織と個人の信頼関係の構築にも取り組んでいる。社長名で従業員にメールが届くという仕組みも，信頼関係構築に一役買っている。会社の長期展望などの情報を開示し，学習を社員の意識改革につなげている。

　このようにマツダとフォードによる組織変革は，Ely & D. Thomas の指摘する特徴を示しており，「統合」のパラダイムを目指した変革だといえる。

　マツダの事例では，2つの異なるモデルのどちらを選択するのかではなく，両方をうまく融合している。その際に，実施されたいくつかの方策は次の3つの手法に集約される。

① 暗黙的な知識の創造を組織のユニットごとに限定して許容しつつ，それらをむすびつける機能として形式知化したプロセスを利用する手法。例えば，会議体の整備や意思決定基準の明確化，企画書フォーマットの整備もこれにあたる。

② 暗黙知的な知識の創造プロセスの節々に形式知化したプロセスを入れる手法。原価管理を毎月チェックするシステムはその典型例である。

③ ある段階までは暗黙的な知識創造を許容し，その後一気に形式知化す

る手法。例えば，製品開発において，ある段階までは柔軟な管理により創造性を重視し，その後フォーマルな意思決定の段階で一気に形式知化した形で意思決定するやり方である。

意思決定システムを整えることで，マツダの良さとフォードの良さの双方を組み合わせることを可能にした。A社でもB社でもない，新しい仕組みを作っていくというマツダの事例は，異なる経営モデルを持つ2社の統合，あるいは既存の組織か新規の組織か，その両者の強みをいかしながら破壊のない組織変革を行おうとする企業に示唆を与えるものと考える。

まとめ◆

ダイバシティでパフォーマンスが向上する組織とは，そのために組織はどう変わらなければいけないのか，どのようなプロセスを経てダイバシティでパフォーマンスが向上するのか，これらを第5章の3社の事例をとおしてみてきた。

第2章で示したように，ダイバシティのメリットとデメリットというのは，二者択一の議論になる傾向がある。具体的には，新規か既存か，AかBか，多様か同質か，どちらをとるかという議論になりがちであった。

しかしながら，実際には，ダイバシティをうまく取り込んで，継続的にパフォーマンスを上げている組織は，意思決定システムを変え，既存のシステムを異質なシステムと統合させている。

第5章でみてきた製造業A社は，ダイバシティでパフォーマンスをあげるということを意図せず，既存の仕組を徐々に変えていくというスタンスをとってきた。

他方，イオンは，ダイバシティを変革のツールとして用い，恒常的にダイバシティでパフォーマンスを向上させることができるように組織のしくみを整備し，環境変化に強い組織へと変わっていこうとした。

また，マツダは，意思決定システムを変えることで，互いの強みをいかしてパフォーマンスを恒常的にあげることができる組織へと変容させようと試みた。

ダイバシティのメリットを最大にし，デメリットを最小にする。そのため

の組織変革とは，どのようなものなのか。どのようにシステムを統合してい
けばよいのか。こうした問いは，ダイバシティの理論と実践にとって重要で
ある。

終章

1. 各章の要約

第1章　今起こりつつある変化◈

第1章では，現在どのような変化が起こりつつあるのかを明らかにすることで，組織の人材が多様化するトリガーについて述べた。

第1にあげられるトリガーは，ビジネスのグローバル化である。そこでは，次のような変化が起こっている

・生産拠点の国際化，さらにはグローバル化が起きている

・企業間合併が頻発している

・企業間関係のあり方が変化している

・労働市場が多様化している

・消費市場が多様化している

・プロダクトライフサイクルや新製品開発のサイクルが短期化している

また，技術革新がそのトリガーとなる場合がある。労働力と市場と技術の3者は，密接にむすびついているものと考えられている。

第2章　ダイバシティとパフォーマンス◈

ダイバシティがパフォーマンスに与える影響に関する理論モデルは次の3つの理論に集約される。

① 情報・意思決定理論：ダイバシティのあるグループはより多くの情報ネットワークを組織外に持つことができる。ゆえに，新しい情報を得る際に価値あるものとなり，革新や問題解決，意思決定，製品設計において有効となる。

② ソーシャル・カテゴリー理論：人は，自己および他者を社会的に分類する。それゆえ内集団，外集団を形成し，他集団に対する偏見や固定観念，コミュニケーション障害などを生む。

③ 類似性・アトラクション理論：属性における類似性は，個人間のアトラクションや好意を増大させる。それゆえ，異なる属性の個人間では，コミュニケーションが減少し，メッセージの歪曲やエラーが生じる。

「ソーシャル・カテゴリー理論」と「類似性・アトラクション理論」は，ダイバシティとパフォーマンスとの関係では，マイナスの影響を主張し，「情報・意思決定理論」はプラスの影響を主張をしている。だが，コンテクスト要因によってその結果は異なる。

そのコンテクスト要因には，「タスク」，「組織文化」，「チームの風土とチームプロセス」，「戦略」，「時間」などが挙げられる。

さらに，ダイバシティが競争優位性にむすびつく領域として，「コスト」，「人的資源獲得」，「マーケティング」，「創造性」，「問題解決」，「システムのフレキシビリティ」の6つがある。

ダイバシティにはメリットだけでなく，デメリットも存在する。ダイバシティのデメリットを最小限にとどめ，メリットを最大限に引き出すことが，パフォーマンスを高めることにむすびつくのである。

第3章　ジェンダー・ダイバシティ ◆

ジェンダー・ダイバシティとパフォーマンスとの関係は，他のダイバシティと同様に3つの理論で説明されてきた。それは，「ソーシャル・カテゴリー理論」と，「類似性・アトラクション理論」，「情報・意思決定理論」である。「ソーシャル・カテゴリー理論」と「類似性・アトラクション理論」のどちらも，ジェンダー・ダイバシティはグループの結束を阻害しパフォーマンスを悪化させマイナスの影響を与えるとする。一方，「情報・意思決定理論」では，プラスに働くとしている。

ジェンダー・ダイバシティのパフォーマンスへの影響には，直接的な効果と間接的な効果がある。実は，ジェンダー・ダイバシティは，間接効果の方が大きく影響を及ぼすのである。

終章　379

　直接的な効果は，女性のパーソナリティ，価値観，知識，態度，行動が男性のそれと異なっているために，組織やグループに異なる影響をもたらすことである。それがグループの機能の仕方に直接的な効果をもたらすと考えられている。間接的な効果は，女性リーダーが登用されたり，女性の割合が増えることで，女性社員のモチベーションがあがるといった，間接的に影響を及ぼす効果である。女性幹部や商品開発リーダーの登用によって，顧客イメージが向上すること，女性が職場に増えることで職場の価値観が仕事重視から家庭重視へとシフトするなど組織文化が変容することも間接効果である。ジェンダー・ダイバシティのパフォーマンスへの影響を考えた場合，この間接的な効果が大きく影響を及ぼす。

第4章　ダイバシティと企業の戦略的行動◆

　第4章の第1節では，企業組織がどのようにダイバシティに取り組んでいくのか，その行動モデルを紹介した。

　代表的な5つの行動モデルを解説するとともに，ダイバシティ・マネジメントを可能にする組織とはどのような組織なのか，さらにはその組織の特徴を示した。それは，Cox の言葉を借りれば，多文化組織である。多文化組織には次のような特徴がある。

① 　全ての多様なグループが他のグループを尊重し，価値を見出し，そして他のグループから学び，自らの文化を変容させることができること。

② 　組織のあらゆる階層に全てのダイバシティ・グループが十分に統合されていること。換言するとどんな階層にも多様な人々がいること。

③ 　組織の非公式ネットワークにおけるマイノリティのメンバーが十分に統合されていること。つまり，インフォーマルなネットワークにマイノリティが組み込まれていること。

④ 　偏見や差別がないこと。

⑤ 　組織のゴールにマイノリティ・グループメンバーもマジョリティ・グループメンバーも等しく共鳴していることと，組織と個人のキャリアゴール達成の整合性の機会が等しく見出せること。

⑥ 　人種やジェンダーや国籍や組織メンバーの他のアイデンティティグル

ープに基づくグループ間のコンフリクトが最小限に抑えられていること。

さらに，Dass & Parker（1999），D. Thomas & Ely（1996）らは「学習する組織」という概念を付加した。学習する組織の従業員は変化を受け入れやすく，その従業員は，ダイバシティのための取り組みを進んで受け入れるようになる。同様に，こうした組織は他に比べてダイバシティに関して受容的で適応的であると彼らは述べている。

第2節では，D. Thomas & Ely の3つのパラダイムを解説し，それらをさらに「同化」・「分離」・「統合」のパラダイムに読みかえてそれぞれの組織の特徴を示した。

・同化／差別と公平性のパラダイム
・分離／市場アクセスと正当性のパラダイム
・統合／学習と効率性のパラダイム

「同化」（差別と公平性）のパラダイムは，法律に違反しないよう差別を減らすことを目的にダイバシティを進めるパターンである。「分離」（市場アクセスと正当性）のパラダイムは，ダイバシティを進める目的を多様な市場や顧客にアクセスするためだと解釈され，組織の変容はなされないまま組織とは分離して多様な人材の採用・登用などが行われるパターンである。「統合」（学習と効率性）のパラダイムは，コアの（中核）業務とそのプロセスを知り，それらを強化することを目的とする。ダイバシティを価値付ける度合いは最も高く，ダイバシティを学習や変革，再生の資源と考える。こうした組織は，違いをコアの（中核）業務やそのプロセスに統合していくことが適切だとしている。ダイバシティは，直接的に業務全体に組み込まれており，組織を変革するパワーとむすびついている。

D. Thomas & Ely は，「差別と公平性のパラダイム」，「市場アクセスと正当性のパラダイム」，「学習と効率性のパラダイム」の3つのパラダイムを示したが，単に個人レベルに焦点を当てるものであった。ダイバシティでパフォーマンスを向上させるには，個人間の学習だけではなく，組織変革や企業がどのような行動をとるかということが重要となる。そうしたマクロ的な議論を深めるために筆者は，同化，分離，統合という枠組みを取り入れた。それをみることで組織システムの学習・統合といった現象にまで拡大して分析

終章　381

することができる。さらには，企業間提携や合併，強みをいかす組織作りという議論へと発展するのである。

第5章　ダイバシティ・マネジメントの事例◆

　第5章では，製造業A社と，イオン，マツダの事例を取り上げ，それぞれの組織の特徴とダイバシティに対する企業行動を分析した。

　製造業A社は，人材の多様化にいち早く取り組んだ企業であるが，人事制度の枠を超えた登用や，組織的な支援は行われず，インフォーマルな個人的なサポートしかできなかった。企業行動をみると，「同化」のパラダイムで示された主要な特徴のいくつかがみられた。

　イオンも，当初の取り組みは「同化」のパラダイムであった。女性を公平に扱えば，優秀な女性はキャリアに乗って昇進すると考えていた。ところが，いっこうに女性は昇進しなかった。さらに1990年前後，女性の能力をいかそうと，商品開発室に2名の女性社員を配属し，消費者動向を調査し，それを商品作りにいかそうと試みた。結果は，実際に出来上がってくる商品は，従来とほとんど変わらず，利益の向上には大きくむすびつかなかった。女性を単に登用しただけで，パワー関係を変えるための組織的支援もなされなかった。つまり，イオンの初期段階の取り組みは，「同化」のパラダイムだったのである。

　イオンのダイバシティへの取り組みが大きく変化したのは，1997年からである。この年からイオンは次々と大改革に乗り出す。組織戦略，組織構造，組織文化をドラスティックに変えていった。ダイバシティへの取り組みはそのひとつのツールとして考えられた。そこでは「統合」のパラダイムを示す組織の特徴がある。

　マツダの事例は，人材が多様化するというよりも，ダイバシティ・マネジメントを企業間合併や組織変革などマクロ的な議論に広がりを持たせるものである。マツダとフォードの異なる経営モデルが統合するプロセスを示すことで，破壊のないラディカルな変革の可能性を示唆した。

2．発見事実と考察

　ここでは，既存研究のサーベイ，および，事例研究から得たダイバシティとパフォーマンスに関する発見事実について考察する。

ダイバシティがパフォーマンスにむすびつく組織の特徴◆

発見事実1：ダイバシティでパフォーマンスがあがる組織は，権限がトップに集中し，トップの役割が明確になっているという特徴を持っていた（仮説7-1-2-1）。

　今回取り上げたイオンでは，1997年からの組織改革で，全社的な戦略決定におけるトップマネジメントの権限が強化された。ダイバシティがパフォーマンスにむすびつく，すなわち女性・若手・経歴の異なる店長を登用しながらも店舗のパフォーマンスが向上するような組織に変革していくことは，リスクが大きく長期的な視野での意思決定とその実行が必要となる。こうした大規模な組織変革は，トップに権限が集中した組織，主にアメリカの大企業において実行しやすい。日本企業であるイオンがそれを成し遂げたのは，他社との競合激化や，個人消費の低減，Kマートやウォルマート，カルフールなど外資系の進出といった外部環境の変化によって，同社の意思決定の集権化が促進されたからである。

発見事実2：組織戦略を革新的な戦略に変えることで，ダイバシティでパフォーマンスを向上させることができた（仮説7-1-1）。

　1997年以降，イオンの業態変革，出店戦略，価格戦略，流通戦略は，革新的な戦略として業界内で注目された。この戦略のもとで，既存の人事制度を越えて女性店長が登用され，若手・既存の経歴とは異なる店長の登用が相次いで実施された。店舗への組織的支援も行われた。組織的支援は，店舗の従業員のモチベーションを上げ，自発的な行動を促し，財務的パフォーマンスの向上にむすびついた。

発見事実3：個々人のスキルや経験に応じ役割権限を明確にしている組織の

もとではダイバシティでパフォーマンスを向上させることができる（仮説7-1-2）。

イオンは，マーチャンダイジングの本部集権化，IT による業務プロセス改革を行うことで，商品に関する意思決定の中央集権化，迅速化，効率化が促進された。それにともない，各店舗に与えられる戦略課題が明確になり，店長の役割も変化した。

店舗での販売経験が少なく既存の店長とは異なる経歴を持つ女性店長であっても，必要とされる行動が明確になり，それにそった行動をとることができるようになった。

発見事実6に関連するが，役割行動の明示が店長の行動を促し，パフォーマンス向上にむすびつくと同時に，逆に，登用された女性店長が，自己の経歴をいかして従来の男性店長とは異なる行動をとり，その店舗のパフォーマンスを向上させるというケースもみられた。すなわち，決められた役割をこなすというだけではなく，自発的に利益にむすびつく行動をとったことで，当該店舗に必要とされている店長の新たな役割行動を企業側が知るきっかけにもなった。

発見事実4：多様なメンバーを登用したときの成果は，組織的介入（財務的支援，情報支援，人的支援）いかんでパフォーマンスにプラスの影響をもたらす（仮説7-1-2-4）。

イオンの事例では，女性店長の店舗には，組織的介入（財務的支援，情報支援，人的支援）がなされた。具体的には，店舗改装はもちろんのこと，駐車場の拡張や大掛かりな改築が行われた。数千万規模の CSR のイベントが開催された店舗もあった。女性店長のスキルや経験をおぎなえるような販売課長，主任が配属された。

しかしながら，組織的な支援が機能し，店舗の業績向上にむすびつくかどうかは，支援のタイミングと店長自身の自発的な行動の有無によるところが大きかった。過度の支援がかえって自己評価を低下させたり，同僚や部下からの他者評価が低くなったりした女性店長もいた。結果的に，パフォーマンスを上げることができなかった店舗もあった。このことは，仮説7-3「組織

的介入が過度になされるとマイノリティにマイナスの影響を及ぼすことがある。例えば，過度な支援は，自己評価と他者評価の低下につながる。」と合致している。

ダイバシティとパフォーマンス◆

発見事実5：女性をリーダーに登用することで，女性社員のモチベーションが向上した（仮説3-2）。

　イオンでは，女性店長を登用することで，店舗のフレックス社員や女性社員のモチベーションが上がった。この事例は，仮説3−2で述べたように，「同じカテゴリーの人が登用されることで自己アイデンティティ化が促進されることにより，コミットメントや，モチベーションが上がる」という類似性・アトラクション理論の説明に該当する。

　逆に，女性が店長に登用され，しばらく経過した後に，女性の部下のモチベーションが急に低下するというケースがあった。女性部下は，男性店長以上に女性店長が自分たちの意見を聞いてくれるという期待を持つ。その期待が充足されなかった場合には，コミュニケーションをとらなかった男性店長以上に，女性部下のモチベーションが下がるという結果につながっていた。

発見事実6：リーダー個人の持つダイバシティの次元の中の経歴のダイバシティにもとづいた行動がパフォーマンス向上にむすびつく（仮説1-1，仮説1-2，仮説4-1）。

　発見事実3でも記述したように，イオンの事例では経歴のダイバシティ（社会資本・人的資本の異質性）をいかし，利益に直接むすびつく行動をとった店長が，店舗のパフォーマンスを上げている。なぜ自分が登用されたか，自分の強みが何かを把握したうえで，それに応じた行動をとることが，店舗の業績に影響を与えていた。また，販売経験，人事教育，商品部での経験など，自らの知識やそれまで培ってきた社内ネットワークをいかした行動をとることで業績向上につながっていった。自らの経歴のダイバシティをいかし，利益に直接むすびつく行動をとった店長が，パフォーマンスをあげた。

発見事実 7：女性のリーダーシップスタイルがパフォーマンスにむすびつく事例が顕著にみられたのは，組織が統合型に向かったときである（仮説 7-1-2-1）。

イオンでは，1999年，2000年頃，マーチャンダイジングの集権化などを進めながら組織は統合型に向かっていた。同時に，本部からの指示が迅速に反映されるトップダウン型の組織が作られつつあった。その状況下で，業績を向上させた店舗では逆に，店長がボトムアップ型のリーダーシップをとっていた。つまり，従業員は指示に従い自発的に考えて行動しなくなりがちになるというトップダウン組織の逆機能を，店舗単位で防いだ店長が，部下の問題解決型行動を促進させ，業績の向上にむすびつけたのである。

1999年，2000年には，こうしたリーダーシップスタイルをとる女性店長が優秀店長賞を受賞した。しかしながら，同時期に受賞した他の男性店長も同様のリーダーシップスタイルをとっており，ボトムアップ型のリーダーシップスタイルは女性に限定してみられるわけではないことが明らかになった。このことは，ジェンダーロールの特異性を強調する既存の役割理論とは異なり，女性の行動が，男女に共通してみられ，相互に学習が可能であるというFletcher の主張（第 3 章参照）に合致する。

発見事実 8：「同化」のパラダイムにおいては，ダイバシティをパフォーマンスにむすびつけることはできない（仮説 8-2，仮説 8-2-1）。

製造業 A 社の事例では，人事制度改革を行い，その制度に準じた人を登用したものの，とくに異質性に着目してパフォーマンスを向上させることは望んでいなかった。それよりも新人事制度に準じた等しい処遇を行うことが重視された。製造業 A 社では，組織的支援は行われず，現場で行われたのは個別の上司のインフォーマルな支援だけであった。したがって，ダイバシティで大きくパフォーマンスが変化するということは発生せず，登用の数もさほど増えなかった。

仮説でも述べたように，「『同化』のパラダイムのもとでは，個々人への同等の処遇（公平性の重視）がなされるため，多様なメンバーへの組織的支援は行われず，パフォーマンス向上は望めない」ということを示す結果となっ

た。

発見事実9:「分離」のパラダイム（多様な市場や顧客にアクセスするために，多様性が影響を及ぼす部署に限定して多様性を取り入れようとする行動パターン）のもとでは，メンバーが多様になることが，パフォーマンスにプラスの影響を与えることがある（仮説8-3）。

　イオンの事例では，女性を店長に登用するという試みは店舗単位で行われたということからも，「分離」のパラダイムに相当するといえる。女性店長が成果をあげたことにより，女性に対する社内的な認知が変わった。女性店長の店舗へ，他店の店長やスタッフが視察に訪れるようになり，全社的な展開へと広がっていった。

　さらに，発見事実3でも示したように，イオンは女性・若手・経歴の異なる人材を店長に登用することで，どのような役割行動が業績をあげるのかを探った。それにより，各店舗には課題が与えられ，店長の役割も変わった。「マイノリティが新しい役割行動を実施すると，同じマイノリティのメンバーに限らず従来のメンバーにとっても新たな自己の役割と目標を見出すことにつながり，部下を介し間接的に，パフォーマンス（実行能力が高まる）にプラスの影響を及ぼす」ということも明らかになった（仮説4-3）。

発見事実10:「統合」のパラダイム（ダイバシティを学習や変革，再生の資源と考え，中核の業務とそのプロセスを知り，それらを強化することを目的とする行動パターン）のもとでは，メンバーが多様になると，パフォーマンスにプラスの影響を与える（仮説8-4）。

　発見事実3と9でも示したように，イオンの事例で明らかになったことは，環境が変化する中で，ダイバシティが，店長にとってどのような能力が必要なのかを今一度見直すきっかけとなったということである。女性社員を従来の人事制度の枠組みから越えて店長に登用したり，若手や経歴の異なる店長を配属し，組織支援をすることで，既存の店長のキャリア経験がない者でもパフォーマンスを向上させる，場合によってはそれがない方が戦略行動の実行が促進されるということが明らかになった。そのことで，イオンは人事制

度やシステムを変えていった。そして，イオンはダイバシティでパフォーマンスを向上できる組織に変わった。

「統合」のパラダイムのもとでは，組織のコアな（中核の）システムがダイバシティを取り込んで変化するため，ダイバシティによるパフォーマンスの向上を促進させることができる。さらには，従業員は変化を受け入れやすく，進んで学習するのでダイバシティの組織の取り組みを自発的に促進させる。個々人の成長を促し，組織を高いパフォーマンス水準で維持させることができる。イオンは，「統合」のパラダイムのときに企業が最大限のベネフィットが得られるということを実証する結果となった。

企業間提携とダイバシティ◆

発見事実11：企業間提携によって，どちらか1社のやりかたを選択したり，両者のやり方をそのまま並存させたりするのではなく，両者の強みをいかして2社のシステムを統合することは可能である。

本書は，同化，分離，統合の概念を用い，企業間合併や提携を，ダイバシティ研究の範疇として検討している。従来のダイバシティ研究は，社会心理学，ソーシャルアイデンティティ，ソーシャルネットワークといった個人に焦点を当てた研究が多く，アイデンティティの変容や個人間の学習による「統合」の議論が中心となっていた。「システムの統合」に関して，既存システムの見直しの必要性が指摘されるものの，実際に何をどのように変えるかについては，評価や報酬のしくみ，教育訓練，配属，福利厚生といった人事システムに閉じた議論が多かった。

しかしながら，個人間の学習や認知の変容だけではパフォーマンスの向上に限界が生じる。とくに企業間合併や提携においてそうである。そこでは，システム間の統合をいかに行うか，パフォーマンス向上のために必要な組織インフラをいかに整備するかが重要になってくる。

既存の組織変革の理論では，このシステム間の統合に，多大な時間とコストを要すると考えられてきた。そのため，どちらかを選択し，もう片方を破壊する，あるいは両方を並存させるかのいずれかの方法がとられてきた。いいかえれば，同化あるいは「分離」のパラダイムがとられてきたことになる。

マツダとフォードはお互いの良い面を取り込んで，パフォーマンスを向上させることができる組織に変えるために意思決定システムを変容させた。マツダの組織変革では，トップやミドルの役割や求められる能力が変わった。責任と権限も明確になった。オープンな議論が推奨され，納得するまで何度も議論するようになった。異質性を長期的な学習の機会ととらえ，さらに相互の統合を促進した。意思決定システムを整えることで，マツダの良さとフォードの良さの双方を組み合わせ，新しい組織を作ることを可能にした。

3．理論的含意と実務的含意

理論的含意◆

　本書は，ダイバシティに関する既存研究をサーベイし，ダイバシティとパフォーマンスとの関係に焦点をおいて議論している。さらには，それを企業の事例研究にあてはめ，パフォーマンスにむすびつくロジックとプロセスを検証した。そうした特徴を有する本書は，ダイバシティ研究の進展にとっていくつかの含意をもっている。

　第1は，ダイバシティに関する既存研究を包括的にサーベイしたことである。1980年代以降これまで，ダイバシティ研究にはさまざまな分野の人々が参入してきた。戦略論やアイデンティティ論，グループダイナミクスなどの分野の人々も多く参入してきた。ところが，その中の主要な議論を対比してみたり，既存研究を包括的に示した研究は少なかった。そうしたことを本書は試みている。

　グループレベルのパフォーマンスに関しては，Williams & O'Reilly（1998）が40年間のダイバシティとデモグラフィー研究をサーベイし，その特徴を分類しようとしたが，本書はさらに，ダイバシティとパフォーマンスに関する組織レベルの研究や近年の研究成果を加えた。

　また，実際の企業行動を包括的にみるものとしてはDass & Parkerのフレームワークがあげられる。彼らは，戦略という切り口で，企業行動によってどんなタイプにわけられるかという包括的なモデルを示した。だが，それは，スタティック（静的・一時的）な企業の分類であり，実際の企業のダイ

ナミック（動的・プロセスをみる）な行動プロセスを検討するものではなかった。本書は，環境の変化にあわせて，企業がどのようなプロセスでダイバシティ・マネジメントに取り組み，ダイバシティがパフォーマンスにむすびつく組織に変化していったかを明らかにしようとしている。

さらに，本書は，包括的なサーベイから，何が解明され何が解明されていないかを示している。

第2は，企業がダイバシティによってパフォーマンスを向上させることができない場合はどういうときか，そして，それはなぜなのか，逆にダイバシティでパフォーマンスをあげるのはどんなときで，それはなぜなのかを論じるために，企業の行動パターンを示すフレームワークを提示したということである。筆者はそれを「同化」，「分離」，「統合」と名付けた。

Ely & D. Thomas は，「差別と公平性のパラダイム」，「市場アクセスと正当性のパラダイム」，「学習と効率性のパラダイム」という3つのパラダイムを示したが，学習や認知スタイルといった個人レベルの議論が中心であった。著者はこの3つのパラダイムに，「同化」，「分離」，「統合」という概念を取り入れることで，システムの変容や進化といった組織レベルの議論にまで広げ，マクロ的な視点を持たせた。

この「抵抗」，「同化」，「多様性尊重」，「分離」，「統合」の5つのパラダイムを示すことで，個人の行動パターンだけでなく，ダイバシティでパフォーマンスをあげる組織とはどのような組織なのか，その組織の特徴やそこに至るプロセス，あるいは，企業間提携などで行われる異なる経営モデルが組み合わされるときの組織変革や組織の進化のプロセスを分析することが可能になる。本書で議論してきたダイバシティ・パフォーマンスの議論が，企業間提携や合併といった組織論・組織変革の議論につながる可能性を示した。

第3に，事例分析としての含意である。グループレベルのパフォーマンスに関連する既存研究のほとんどが実験室研究であった。組織レベルでの研究，ダイバシティでパフォーマンスが向上する組織の特徴に関してはほとんどが抽象的な概念を提示するにとどまっていた。現行の組織での実証が少なく，実際にパフォーマンスを上げるプロセスを取り上げるものはほとんどなかった。本書では，実際に取り組んだ企業を調査することで，その解明を試みた。

企業の内部資料と，10年近くにもわたるヒアリング調査をもとに，ダイバシティとパフォーマンスの関係をより詳細に解明しようと試みた。

第4は，日本企業を対象としたことである。ダイバシティ研究のほとんどの事例はアメリカ企業を対象としており，日本企業を取り上げた事例は皆無である。ひとつのモデルや理論を異なる環境下で検証することは重要なことである。アメリカ企業と，日本企業とでは，とりまく環境は大きく異なり，既存研究に新しい視点をもたらすかもしれない。本書は，製造業Ａ社，イオン，マツダというそれぞれ異なるタイプの日本企業を取り上げ，その行動パターンを検討した。日本の環境下で，ダイバシティがどのようなプロセスでパフォーマンスにむすびつくのか，そのときの組織の特徴はどのようなものなのかを本書は解明しようとした。

実務的含意◆

本書は，アカデミックな専門書でありながら，ダイバシティとパフォーマンスの関係に焦点をあてて論じているせいか，個人と組織の双方のパフォーマンスの向上という意味で，経営の実践に対して多くの含意をもっている。ここにその実務的含意を列記してみる。

① 多くの日本企業では，ジェンダー・ダイバシティが中心に取り上げられ，あたかもダイバシティ＝ジェンダー・ダイバシティであるかのような誤解もある。本書の読者はすでに理解していると思うが，ジェンダーはダイバシティのごく一部にすぎないのである。ダイバシティの次元はジェンダーの他にもさまざまなダイバシティが存在する。ダイバシティ研究は，それぞれのダイバシティの次元の特徴に着目することで，それらのパフォーマンスへとむすびつくプロセスが変化するものだということを本書は示している。

② 本書は，企業がなぜこれまでマイノリティを登用してもうまくいかなかったのか，パフォーマンスにむすびつかなかったのかを考えるきっかけを与える。

③ 本書は，ダイバシティでパフォーマンスをあげるのはどのような企業なのかを示している。ダイバシティでパフォーマンスをあげることので

きる組織の特徴と，どのようにそうした組織へと変革していくかという
フレームワークを明らかにしている。

④　本書は，人事部の人々がパフォーマンスというものを再考する機会を
与えるかもしれない。人事を人事の問題だけでなく，あるいは，誰かを
登用する，採用するということのみを目的とするのではなく，組織のパ
フォーマンス向上につなげるにはどうすればいいのかという問い，まさ
に「戦略的人的資源管理」を考えるとき，本書はその道標となる。

⑤　本書は，ダイバシティがパフォーマンスにプラスに働く場合と，マイ
ナスに働く場合の理論やプロセス，コンテクストなどを明らかにするこ
とで，マイナスを最小限にし，プラスを最大限にするための方法を考え
る機会を提供している。

⑥　本書は，ダイバシティ・マネジメントの具体的な実行ステップを示す
ことで，実務家がダイバシティ・マネジメントに取り組むことを手助け
している。

⑦　本書は，今後頻繁に起こりうるであろうと予測される企業間提携や合
併における，組織変革のあり方を見つめ直す一助となる。

ダイバシティ研究は，先にも述べたように，「同化」，「分離」，「統合」の
３つのパラダイムという新しい概念を得ることにより，個人レベルからマク
ロ組織レベルの議論ができるようになった。さらには企業間提携や合併とい
った，異なる経営モデルをもつものが組み合わされるときの組織変革を論ず
ることが可能となったのである。

4．残された研究課題

残された課題を，短期的，中長期的な課題にわけて述べてみたい。

(1)　短期的な課題

仮説の検証◆

補章で仮説を列挙したが，そのひとつひとつの検証を試みたわけではない。
本書では，パフォーマンス向上にむすびついた代表的なケースを，抜粋し
て記述した。これをさらに詳細に示したい。

〈プロセスの詳細な分析〉

　組織が効果的にダイバシティをマネジメントすることで財務的メリットを獲得する可能性があるという実証結果はあるものの，そこで明らかにされた組織的介入の実証結果は，ほとんどがスタティック（静的・一時的）な分析であり，ダイナミック（動的・プロセスをみる）なものではなかった。イオンの事例では，パフォーマンスがあがっているときとはどのようなときなのかを示した。しかしながら，パフォーマンスが向上していくプロセスの詳細については，今回は，明らかにしていない。初期時点でのパフォーマンスの向上が，当該店長の社内の評価を上げ，さらなる支援につながるという好循環が起こっていくプロセスについては，他稿を期したい。

〈店長間の詳細な比較〉

　今回は，既存とは異なる属性をもつ店長（ジェンダー・経歴）が，どのようなときに店舗の業績をあげたかを記述した。実際には，1999年以降，年度ごとに優秀店長を受賞した店長，さらには比較対照として受賞しなかった店長にもヒアリングを実施したが，その調査結果を抜粋して示している。そのため，店長，店舗ごとの詳細な比較は述べていない。この点に関しても，より詳しい事例を次回，記述したい。

　なお，店長の行動・スキル・経験，マネジャーの行動・スキル・経験，店舗の特徴・環境，との関係を，店舗ごとにみるアンケート調査を2004年上期に，実施している。

　上記のような，事例分析とアンケート調査によってダイバシティとパフォーマンスとの関係をさらに明らかにしてきたい。

企業間提携の事例研究

　本書では，「抵抗」・「同化」・「多様性尊重」・「分離」・「統合」のパラダイムを示し，それが企業間提携・合併にも適用できる概念であることを示した。とくにこの統合の概念は，企業間提携を行いながら，ダイバシティをパフォーマンスにむすびつける組織内インフラを構築するうえでも重要である。企業間提携の事例を元に，統合をめざしながらともに製品開発に取り組んだケースをとりあげ，その統合のプロセスを詳細に記述したい。

終章　393

◆アメリカ以外のダイバシティ・パフォーマンスの研究のサーベイ

　今回，サーベイしたダイバシティの実証研究のほとんどは，アメリカでの研究であった。第1章でも述べたように，欧州統合により，ヨーロッパでもダイバシティが着目されてきた。今回は，紹介しなかったが，ヨーロッパ企業のダイバシティに対する企業行動のパターン，ダイバシティがいかに企業のパフォーマンスにむすびついているかの実証研究が存在している。そこではパフォーマンスの基準として，アメリカ同様のROEだけでなく，コーポレートガバナンスやCSRといった異なる尺度が用いられている。諸外国にダイバシティ研究のサーベイを広げていくことは，ダイバシティを考えるうえで必要な，企業のパフォーマンスとは何なのかを明らかにしていくためにも重要である。

(2)　中長期的な課題

◆実証研究を積み重ねること

〈日本企業の事例〉

　今後は，日本企業の中にもダイバシティ・マネジメントに取り組むケースが多く出てくることが予想される。多様なチームと同質なチーム，あるいは，企業間比較といった実証研究をさらに重ねていきたい。特に，ダイバシティでパフォーマンスが向上する組織とはどういう特徴を持っているのかをみていきたい。

　このことは，日米欧の比較研究にもつながるだろう。それぞれの地域では企業のおかれている環境は大きく異なる。その異なるコンテクストのもとで，ダイバシティがパフォーマンスにむすびつくプロセスが異なるのかという問いを明らかにすべく，実証研究を今後も積み重ねていきたい。

〈ダイバシティがパフォーマンスにむすびつく組織内インフラの解明〉

　本書で，ジェンダー・ダイバシティがイントロダクションだと述べた。実際，ジェンダー・ダイバシティをうまくマネジメントできる企業は，その他の，人種，経歴，年齢といったダイバシティもうまくマネジメントしているように見受けられる。あるいは，国内のダイバシティをうまくマネジメントした後に，グローバルレベルでダイバシティを展開している欧米企業も多い。

逆に，国内で，ジェンダー・ダイバシティをうまくパフォーマンスにむすびつけることができなかった企業は，次への展開がすすんでいない。

どうもダイバシティをマネジメントすることに長けている企業とそうでない企業があるようである。

ダイバシティのマネジメントに長けている企業に共通することを，本書の各所でも指摘したが，さらに議論を深めたかった点がいくつかある。そのひとつにインフラの整備があげられる。ダイバシティの課題をひとつひとつ解決しながら，組織内インフラを整備し，そのためのシステムをつくっている企業がダイバシティをマネジメントするのに長けてくるようだ。組織内インフラとパフォーマンスの関係，あるいは，どのようなインフラがダイバシティを有効に機能させるために必要なのか，今後，その解明にも力を注いでいきたい。

理論研究をさらにすすめること◆

さらに研究をすすめたいことは，歴史的な経緯との関連でダイバシティ議論を行っていくことである。これに関しては次の3つがあげられる。

ひとつは，融合と統合についてである。本書では融合という言葉はあえて使用しなかった。融合はアメリカではメルティングポットを連想させるネガティブなイメージがある。溶けてひとつになるという意味あいをもつ融合という言葉は，多様な人材の個性をつぶしてしまうという印象を受ける。

だが，必ずしも融合は悪い意味にはならない。個人を融合させるのではなく，異なるシステム同士を融合し，新たに進化した組織システムをつくる。そのうえで多様な人材の個性がいかされていれば，それは同化のようなネガティブな意味ではなくポジティブな意味になる。融合と統合という言葉，どちらを使うかは筆者も悩んだところである。実は，そこに，ダイバシティ・マネジメントの本質的な意味があるのではないかとさえ思う。こうした言葉の持つイメージや限界を議論しさらに深めていきたい。

2つ目は，ダイバシティがパフォーマンスに影響を与えるプロセスで発生する「コンフリクト」についてである。アメリカはコンフリクト文化だといわれている（Trandis, 1996）。コンフリクトを積極的に受け入れ，問題解決

や組織変革に活用しようとする動きさえある。ところが，日本はそのコンフリクトの発生自体を避けようとする。とことん議論することを嫌い，あいまいで中途半端な結論を受け入れる方がよしとされる場合も多い。

　コンフリクトに対して日米で異なる反応を示すのであれば，ダイバシティがパフォーマンスにむすびつくプロセスを説明する理論モデルに違いが出てくる。おそらく既存研究の中では，ソーシャル・カテゴリー理論よりも類似性・アトラクション理論の方が，日本ではより説得力を持つものと思われる。こうした日米の違いがダイバシティ・パフォーマンスの理論構築に影響を与えるかもしれない。コンフリクトに関する研究は今後さらに深めていく必要を感ずる。

　3つめは，ダイバシティ・マネジメントという言葉の定義についてである。「Diversity Management」，「Managing Diversity」，を本書ではダイバシティ・マネジメントとした。マネジメントという言葉には「経営」の他に，「管理」という意味もあり，ダイバシティ・マネジメントと表現すると，「管理」というイメージが強くなる。しかし，ダイバシティ・マネジメントの本質的な意図は，第4章で記述したように，管理ではない。この問題に関してはさらに議論していきたい。

　最後に，リーダー・ダイバシティがパフォーマンスにむすびつくプロセスの明確化をあげたい。本書では，事例として異質なリーダーの登用とパフォーマンスとの関係性を説明しようと試みた。リーダーのダイバシティも，情報・意思決定理論，ソーシャル・カテゴリー理論，類似性・アトラクション理論といった代表的なダイバシティ・パフォーマンスの理論モデルで説明可能なものである。しかしながら，リーダー登用とグループや組織のパフォーマンス向上との関係は，間接的であり，理論モデルが少ないとも述べた。その間接性やプロセスにより焦点をあてるのであれば，その他の研究分野の成果を理論モデル構築に含めていく必要がある。

　上司の部下への直接的な影響に関しては，LMX（Leader Member Exchange Theory）といったリーダーシップの研究や，Tsui らのリーダーと部下のダイバシティのカテゴリーとの合致をみながら Dyad な（一対の）関係を分析しようという研究も存在する。そうした分野の研究成果もサーベイ

に含めながら，リーダーの異質性が，部下のどのような行動を促し，どんな
プロセスを経て，グループや組織全体のパフォーマンス向上につながるのか，
理論モデルを探求していきたい。

　上記のような課題が残されるものの，本書は，ダイバシティ・マネジメン
トに関連するできるかぎり多くの既存研究を網羅し，ダイバシティという切
り口で日本企業の事例を検討しようと試みた，日本語での最初の出版物である。

あとがき

　ダイバシティ・マネジメントへの最初の関心は，修士論文を執筆した時期にまでさかのぼる。論文のテーマは「海外進出日系企業の現地経営」であった。調査をすすめるうちに，海外に進出した日系企業が外国人をほとんど登用していないことがわかった。日本的な人事システムでは外国人登用はなかなか進まないのだが，生産システムはうまく機能していた。既存研究のサーベイを行ううちに，同じことが日本国内の女性にも当てはまるのではないかという疑問が浮かんだ。女性と外国人では，個々の特徴も抱える事情も異なるが，日本人男性以外を活用しきれていないという点は，どうやら日本企業の持つ特徴のように思えた。外国人や女性たちは，日本的経営の適用の限界を超えている。こうした切り口から博士論文の時に，「女性の昇進プロセスを日本企業と外資系企業とで比較」あるいは，「女性の管理職と男性管理職のリーダーシップ行動の比較」，といったテーマで研究した。その結果明らかになったことは，日本企業では，管理職へのキャリアパスにのる前に企業に対するコミットメントを測るふるいにかけられ，認められた者だけが昇進できるというプロセスがあるということである。それまでの日本的経営の研究は，日本人男性のようにもともと日本的経営の適用の内側にいた人材の登用プロセスをみていたが，女性や外国人という外側にいる人材がどのように登用されていくかを調査し，そのプロセスから企業の特徴を解明するものは稀であった。

　ちょうどその頃，イオンが女性の登用を開始するようになり，イオンの女性店長の登用プロセスを調査する機会を得た。調査をするうちにひとつの疑問を持つようになった。店長に登用された女性社員のうち，登用後に力を発揮できないで終わってしまった女性店長と，うまくパフォーマンスを上げた女性店長とがいたのだが，それは個人の能力によるだけでなく組織的な要因

があるのではないかという疑問を持つようになった。

　イオンでは，業績をあげた店長へ優秀店長賞が贈られるのだが，1999年頃から，女性店長がトップあるいは2位の売上をあげる位置に現れるようになった。なお，イオンは同時期に，組織も環境もドラスティックな変革を遂げていた。

　著者は，1997年から毎年「アメリカ経営学会」に参加するようになり，そこで，ダイバシティに関する議論が頻繁に行われているのを目の当たりにした。さらに，1999年と2000年にボストン大学の客員研究員として招かれたとき，D. Thomas & Ely の3つのパラダイム（差別と公平性・市場アクセスと正当性・学習と効率性）と出会った。ちなみに，著者はそれを，同化，分離，統合という3つの枠組みにおきかえ，それらが組織変革や企業間合併を行う上での企業が取りうる行動パターンとして示している。

　当時，D. Thomas & Ely の3つのパラダイムに関する文献は，MBA コースで必ず読まれていた。女性を登用し，それをパフォーマンスにむすびつけるという概念がまだ日本にはなかった頃である。日本では，「女性に優しい職場は，人間にも優しい」とか，「これまで女性は不利な立場にあった。機会は均等に与えられるべきだ」といった倫理的な概念ばかりが目立った。社会学的な立場の議論は，もちろん重要である。しかし，パフォーマンスとの議論がなければ，そのイニシアティブは短期的なもので終わってしまう。

　異質な人々を雇用して，利益が上がる，パフォーマンスが上がる，売上が上がる。アメリカでは，ダイバシティをそうした企業利益にむすびつける研究がかなり前から行われていた。著者はそこに魅了され，多くのダイバシティ研究者と交流を持った。

　日本国内で急にダイバシティという言葉が注目されるようになったのは2004年頃からである。ダイバシティが競争優位性にむすびつくという Cox & Blake の論文がアメリカで脚光を浴びたのは1991年である。さらにダイバシティとパフォーマンスが頻繁に議論されたのは1990年代中盤の頃である。したがって，ダイバシティという波は，アメリカより10年から15年遅れて日本にやってきたことになる。

　2005年現在，日本国内でダイバシティ・マネジメントを議論するとき，さ

あとがき　399

まざまな誤解に遭遇する。その誤解が生じる原因のひとつは，基本的な定義や理論が共有されていないことである。ダイバシティという言葉の定義，ダイバシティ・マネジメントとはどういうものか，あるいは，パフォーマンスにむすびつくロジックなど，海外のダイバシティ研究者らが共有している概念を，まずは日本に紹介する必要があることを痛感した。そして，本書を執筆するに至った次第である。

　基本的な定義や理論を深く理解しないままダイバシティ・マネジメントに取り組むことは，地図やコンパスを持たずに登山するようなものである。例えば，ダイバシティ・マネジメントに取り組んだものの継続できずに終わってしまった企業や，パフォーマンスをあげることができなかった企業など，ダイバシティ・マネジメントで成果をあげられなかった企業には，いくつかの共通する失敗の原因がある。それは次のようなものである。

- ・どのダイバシティが自社にとって重要であるかをみきわめていないこと。つまり，自社のダイバシティの定義を明らかにせず，それらの優先順位がつけられていないのである。取り組むべきダイバシティの次元はひとつではなく，各社各様のダイバシティの次元がある。例えば，日本企業は，ジェンダー・ダイバシティにばかり注目してしまうが，実際に取り組まなければいけないのは，人種・民族のダイバシティかもしれないのだ。

- ・ダイバシティが，その企業のビジネスモデルやパフォーマンスに，あるいは，利益に，組織変革に，どのようにつながっているのかを明確にしていないこと。それらを明確にすることなしにすすめてしまうと，本質的な変革にはつながらないのである。

- ・パフォーマンスの尺度が明確にされていないこと。単なる採用や登用比率を上げることではなく，それによって何をねらうのか，ということである。評価基準を示すということは換言すると目的を明らかにするということである。ステークホルダーは誰なのか，誰のニーズを満足させたいのかを考えること，それが決まることで進歩の度合いを確認することができる。例えば，顧客満足度なのか，従業員のモチベーションを上げることなのか，従業員の定着率を上げることなのか，ということである。

こうしたことが原因で，ダイバシティ・マネジメントが，表面的な活動で終わってしまい，実質的な変革ステップにむすびついていないのである。

さらに，他社のダイバシティ・マネジメントの成功事例をモデルにして実施したとしても，うまくパフォーマンスを上げられないケースがある。なぜパフォーマンスが上がるのか，どのようなロジックでそれが証明できるのか，理論的ベースとなるモデルは何なのかが明確になっていないからである。ダイバシティ・マネジメントに取り組む企業は，他の成功事例とともにそれらを学び取る必要がある。

ダイバシティ・マネジメントにおける組織的介入の具体的なモデルを本書の第4章で説明した。そこで，「特に重要だと考えられるのは，トップのコミットメントである」と述べた。だが，具体的な介入プログラムの策定においては，組織の特徴と，市場や技術革新などの環境変数を考慮しなければならない。組織の現状を見極め適切な介入を行わなければ，期待する効果の反対の結果を引き出すことになりうるし，変化の少ない業界と変化の激しい業界とでは，用いるモデルも変化させなければならない。

ダイバシティ・マネジメントを行うことでパフォーマンスを向上させている企業は，いずれもトップがダイバシティに取り組む意思を明確に表明し，トップがコミットメントを示している。さらに，トップに権限が集中している企業である。トップが責任を持てる企業であり，なおかつ，ボトムからの多様な意見を吸い上げるシステムを持っている。トップに権限が集中しているからこそ，リスクが多く結果が不確実なダイバシティ・マネジメントへの取り組みが継続しやすくなる。ダイバシティ・トレーニングなどのプログラムや組織変革への活動が長いスパンでとらえることができる。

もしトップに権限が集中していない企業が，こうした企業と同じ行動を取ったとしたらどうなるだろうか。ダイバシティ・マネジメントは成功するだろうか。トップがコミットメントを示し，ダイバシティ・マネジメントへの取り組みを宣言したとしても，権限が集中していないので，組織はなかなか動き出さないであろう。そこで，トップに権限が集中していない企業の取るべき道は2つある。ひとつは，トップに権限が集中する組織に変革することであり，もうひとつは，現行のままの組織でダイバシティ・マネジメントに

取り組むことである。現行のまま取り組むのであれば，ユニット（例えば，特定のプロジェクトや部署）に分けて成功事例をつくることが最も有効な方法だと思われる。トップに権限が集中していない企業は小さな成功事例を作ることでマネジャーや従業員などの理解を得ることから始めなければならない。つまり，トップに権限が集中していない企業にとっては，トップのコミットメントよりも，ユニットに分けて小さな成功事例を作ることのほうが重要かもしれないのである。

このように，実際にダイバシティ・マネジメントを導入する際には，組織内外の環境変数を考慮する必要がある。トップに権限が集中している企業とそうでない企業の方法論が異なるように，10の企業があれば，10通りの方法があるのである。

ただ，基本となる理論が理解できていれば，具体策はおのずと見えてくる。すでに明らかにされた実証結果や理論は，ダイバシティ・マネジメントの導入計画を立てるうえで重要な道標となるであろう。

第2章で，社会心理学の立場では，ダイバシティはパフォーマンスにマイナスの影響を与えることが多いということを紹介した。また，第4章では，プラスの面だけでなく，マイナスの面も存在することを述べた。ダイバシティをマネジメントしていくということは，リスクと困難をともなうが，大いなるベネフィットがあることを強調しておきたい。

・広範囲な見方を与える
・現行組織の課題を浮き彫りにする
・組織のコアバリューに焦点をあて，それを強化することができる
・組織変革のツールになる
・社会経済的，知的，心理的な成長を促す
・グローバルコミュニティにおける自社の位置づけを理解することができる

参考文献

Abernathy, W. J., Clark, K. B. (1985), "Mapping the winds of creative destruction", *Research Policy*, 14, 3-22.

Abrams, D., Thomas, J., Hogg, M. (1990), "Numerical distinctiveness, social identity, and gender salience", *British Journal of Social Psychology*, 29, 87-92.

Acker, J. (1990), "Hierarchies, jobs, bodies: A theory of gendered organizations", *Gender and Society*, 4, 139-158.

Adler, N. J. (2001), *International dimensions of organizational behavior*, South-Western College Pub.

Adler, N. J. (2002), "Global managers no longer men alone", *International of Human Resource Management*, 13, 743-760.

Adler, N. J., Izraeli, D. N. (1994), *Competitive frontiers: Women managers in a global economy, ed.*, Blackwell Publishers.

Agars, M. D., Kotttke, J. L. (2002), "An integrative model of diversity", Paper presented as part of M. D. Agars and J. Kottke (Chairs) Integrating theory and practice in gender diversity initiatives. Symposium presented at the 17th Annual Conference of the Society for Industrial and Organizational Psychology, April, Toronto, Canada.

Agars, M. D., Kottke, J. L. (2004), "Models and practice of diversity management: a historical review and presentation of new integration theory", In Stockdale Margaret S., Crosby Faye J. (ed.), *The psychology and management of workplace diversity*, Blackwell Publishing.

Alagna, S., Reddy, D., Collins, D. (1982), "Perceptions of functioning in mixed-sex and male medical training groups", *Journal of Medical Education*, 57, 801-803.

Alderfer, C., Thomas, D. (1988), "The significance of race and ethnicity for understanding organizational behavior", *International review of industrial and organizational psychology*, John Wiley & Sons.

403

Aldrich, H. E. (1999), *Organizations evolving*, Sage Publications.

Alexander, J., Nichols, B., Bloom, J., Lee, S. (1995), "Organizational demography and turnover; an examination of multiform and nonlinear heterogeneity", *Human Relations*, 48, 1455-1480.

Allard, M. J. (2002), "Theoretical underpinnings of diversity", In Harvey, C., Allard, M. J. eds., *Understanding and managing diversity*, Princeton Hall.

Allen, R. S., Montgomery, K. A. (2001), "Applying an organizational development approach to creating diversity", *Organizational Dynamics*, 30, 149-161.

Allport, G. (1954), *The nature of prejudice*, Addison-Wesley.

Altman, I., Haythom, W. (1967), "The effects of social isolation and group composition on performance", *Human Relations*, 20, 313-339.

Alvesson, M., Billing, Y. (1997), *Understanding gender and organizations*, Sage Publications.

Amason, A. (1996), "Distinguishing the effects of functional and dysfunctional conflict on strategic decision making: Resolving a paradox for top management teams", *Academy of Management Journal*, 39, 123-148.

Amburgey, T. L., Kelly, D., Barnett, W. P. (1993), "Resetting the clock: The dynamics of organizational change and failure", *Administrative Science Quarterly*, 38, 51-73.

Ancona, D., Caldwell, D. (1992), "Demography and design: Predictors of new product team performance", *Organization Science*, 3, 321-341.

Andrews, K. R. (1987), *The concept of corporate strategy (3rd ed.)*, Richard D Irwin.

Angeles, A., Mikhail, G. S. (2001), *Working together: Producing synergy by honoring diversity*, Berrett-Koehler Publishers.

Anudarha, N., Will, M. (1998), "Evolutionary diffusion: Internal and external methods used to acquire encompassing, complementary, and incremental technological changes in the lithotripsy industry", *Strategic Management Journal*, 19, 1063-1077.

青島矢一・武石彰 (2001), 「アーキテクチャという考え方」藤本隆宏・武石彰・青島矢一（編著）『ビジネス・アーキテクチャ』有斐閣, 27-72頁。

Argyris, C., Schon, D. (1978), *Organizational learning: A theory of action perspective*, Addison-Wesley.

Arnord, C. C., Schendel, D. (1976), "Strategic responses to technological threats", *Business Horizons*, 19, 61-69.

Aronson, E., Blaney, N., Stephan, C., Sikes, J., Snapp, M. (1978), *The jigsaw classroom*, Sage Publications.

Arredondo, P. (1996), *Successful diversity management initiatives: A blueprint for planning and implementation*, Sage Publications.

浅川和宏（2003），『グローバル経営入門』日本経済新聞社。

Austin, J. R. (1997), "A cognitive framework for understanding demographic influences in groups", *International Journal for Organizational Analysis*, 5, 342-359.

Bailyn, L. (1993), *Cultural change, female engineers, case study: Breaking the mold women, men, and time in the new corporate world*, Free Press.

Bailyn, L., Fletcher, J. K. (2003), "The equity imperative: Reaching effectiveness through the dual agenda", *CGO Insights*, July No. 18.

Bantel, K., Jackson, S. (1989), "Top management and innovations in banking: Does the composition of the team make a difference?", *Strategic Management Journal*, 10, 107-124.

Barnett, W. P. (1990), "The organizational ecology of a technological system", *Administrative Science Quarterly*, 35, 31-50.

Barnett, W. P., Carroll, G. R. (1995), "Modeling internal organizational change", *Annual Review of Sociology*, 21, 217-236.

Barnlond, D., Harland, C. (1963), "Propinquity and prestige as determinants of communication networks", *Sociometry*, 26, 467-479.

Barron, D. N., West, E., Hannan, M. T. (1994), "A time to grow and a time to die: Growth and mortality of credit unions in New York City, 1914-1990", *American Journal of Sociology*, 100, 381-421.

Barsade, S. G., Wasrd, A. J., Turner, J. D. F., Sonnenfeld, J. (2000), "To your heart's content: A model of affective diversity in top management teams", *Administrative Science Quarterly*, 45, 802-836.

Bartunek, J. M., Moch, M. K. (1994), "Third-order organizational change and the western mystical tradition", *Journal of Organizational Change Management*, 7, 24-41.

Baum, J., Mezias, S. J. (1992), "Localized competition and organizational failure in the Manhattan hotel industry, 1989-1990", *Administrative Science Quarterly*, 37, 580-604.

Beckhard, R., Harris, R. T. (1987), *Organizational transitions: Managing complex change*, Addison-Wesley.

Beer, M., Nohria, N. (2000), "Cracking the code of change", *Harvard Business Review*, May-June.

Belenky, M. F., Clinchy, B. M., Goldberger, N. R., Tarule, J. M. (1986), *Women's ways of knowing: The development of self, voice, and mind*, Basic Books.

Bellinger, L., Hillman, A. J. (2000), "Does tolerance lead to better partnering? The relationship between diversity management and M and A success", *Business and Society*, 39, 323-337.

Berry, J. W. (1984), "Cultural relations in plural society: Alternatives to segregation and their sociopsychological implications", In N. Miller and M. Brewer (eds.), *Groups in contact: The psychology of desegregation*, Academic Press.

Berscheid, E., Walster, H. (1978), *Interpersonal attraction, (2nd ed.)*, Addison-Wesley Publishing.

Bierman, L. (2001), "OFCCP affirmative action awards and stock market reaction", *Labor Law Journal*, 52, 147-156.

Blalock, H. M., Jr. (1956), "Economic discrimination and negro increase", *American Sociological Review*, 21, 584-588.

Blalock, H. M., Jr. (1957), "Percent non-white and discrimination in the South", *American Sociological Review*, 22, 677-682.

Blau, P. M. (1977), *Inequality and heterogeneity: A primitive theory of social structure*, Free Press.

Bochner, S., Hesketh, B. (1994), "Power distance, individualism/collectivism, and job-related mitudes in a culturally diverse work group", *Journal of Cross-Cultural Psychology*, 25, 233-257.

Boeker, W. (1997), "Strategic change: The influence of managerial characteristics and organizational growth", *Academy of Management Journal*, 40, 152-170.

Brass, D. (1985), "Men and women's networks: A study of interaction patterns and influence in an organization", *Academy of Management Journal*, 28, 327-347.

Brewer, M. (1979), "Ingroup bias in the minimal intergroup situation: A cognitive-motivational analysis", *Psychological Bulletin*, 86, 307-324.

Brickson, S. (2000), "The impact of identity orientation on individual and organizational outcomes in demographically diverse settings", *Academy of Management Review*, 25, 82–101.

Brown, D. L., Fuguitt, G. V. (1972), "Percent nonwhite and racial disparity in nonmetropolitan cities in the South", *Social Science Quarterly*, 53, 573–582.

Burke, R. J., Nelson, D. L. (2002), *Advancing women's careers: Research in practice*, Wiley-Blackwell.

Burt, R., Reagans, R. (1997), "Homophile, legitimacy, and competition: Bias in manager peer evaluations", Working Paper, Graduate School of Business, University of Chicago.

Byrne, D. (1971), *Attraction paradigm*, Academy Press.

Byrne, D., Clone, G., Worchel, P. (1966), "Toe effect of economic similarity-dissimilarity as determinants of attraction", *Journal of Personality and Social Psychology*, 4, 220–224.

Calas, M., Smircich, L. (1993), "Dangerous liaisons: The 'feminine-in-management' meets globalization", *Business Horizons*, 36(2), 71–81.

Caldwell, D., O'Reilly, C. (1995), *Promoting team-based innovation in organizations: The role of normative influence*, Paper presented at the Annual Academy of Management Meetings Vancouver, B. C..

Carol, H. P., June, Allard. M. (2004), *Understanding and managing diversity, Third edition*, Prentice Hall.

Carpenter, M. (2002), "The implications of strategy and social context for the relationship between top management team heterogeneity and firm performance", *Strategic Management Journal*, 23, 275–284.

Carsten, De Dreu. K. W., Nanne, De Vries. K. (2001), *Group consensus and minority influence: Implications for innovation*, Blackwell Publishers.

Catalyst Organization (2004), *The bottom line: Connecting corporate performance and gender diversity*.

Chatman, J. A., Flynn, F. J. (2001), "The influence of demographic heterogeneity on the emergence and consequences of cooperative norms in work teams", *Academy of Management Journal*, 44, 956–974.

Chatman, J. A., Barsade, S. (1995), "Personality, organizational culture, and cooperation: Evidence from a business simulation", *Administrative Science Quarterly*, 40, 423–443.

Chatman, J. A., Polzer, T. J. Barsade, G. S. Neale, A. M. (1997), "The influence of demographic composition and organizational culture on work processes and outcomes in a business simulation", Working Paper, Haas School of Business, University of California Berkeley.

Chatman, J. A., Polzer, T. J., Barsade, G. S., Neale, A. M. (1998), "Being different yet feeling similar: The influence of demographic composition and organizational culture on work process and outcomes", *Administrative Science Quarterly*, 43, 749-780.

Chen, C. C., Eastman, W. (1997), "Toward a civic culture for multicultural organizations", *Journal of Applied Behavioral Science*, 33, 454-470.

Cheng, C. (1997), "A review essay on the books of bell hooks: Organizational diversity lessons from a thoughtful race and gender heretic", Academy of Management. *The Academy of Management Review*, 22, 553-564.

Christensen, C. M. (1997), *Innovator's dilemma*, Harvard Business School Press.

Christensen, C. M., Bower, J. L. (1996), "Customerpower, strategic investmet, and the filure of leading firms", *Strategic Management Journal*, 17, 197-218.

Christopher, P. P., Boris, B. Neil, D. C. (1997), "Support for affirmative action, justice perceptions, and work attitudes: A study of gender and racial-ethnic group differences", *Journal of Applied Psychology*, 82, 376.

Clark, M. A., Anand, V., Roberson, L. (2000), "Resolving meaning: Interpretation in diverse decision-making groups", *Group Dynamics: Theory Research and Practice*, 4, 211-221.

Clement, D. E., Schiereck, J. J. (1973), "Sex composition and group performance in a visual signal detection task", *Memory and Cognition*, 1, 251-255.

Cohen, L., Broschak, J., Haveman, H. (1996), "And then there are more? The effect of organizational sex composition on hiring and promotion", Working Paper, Haas School of Business. Haas School of Business, University of California Berkeley.

Cohen, W., Levinthal, D. (1990), "Absorptive capacity: A new perspective on learning and innovation", *Administrative Science Quarterly*, 35, 128-152.

Comer, D., Soliman, C. (1996), "Organizational efforts to manage diversity: Do they really work?", *Journal of Management Issues*, 8, 470-483.

Cox, T. (1993), *Cultural diversity in organizations: Theory, research & practice*, Reprint edition, Berrett-Koehler Publishers.

Cox, T. (2001), *Creating the multicultural organization: A strategy for capturing the power of diversity*, Jossey-Bass.

Cox, T., Blake, H. S. (1991), "Managing cultural diversity: Implications for organizational competitiveness", *Academy of Management Executive*, 5, 45-56.

Cox, T., Finley-Nickelson, J. (1991), "Models of acculturation for intraorganizational cultural diversity", *RCSA/CJAS*, 8, 90-100.

Cox, T., Lobel, S., McLeod, P. (1991), "Effects of ethnic group cultural differences on cooperative and competitive behavior on a group task", *Academy of Management Journal*, 34, 827-847.

Cox, T., Nkomo, S. (1990), "Invisible men and women: A status report on race as a variable in organizational behavior research", *Journal of Organizational Behavior*, 11, 419-431.

Cox, T., Nkomo, S. (1996), "Diverse Identities in organizations", In *Handbook of organization studies*, pp. 338-356, Sage Publications.

Cox, T., Tung, R. L. (1997), "The multicultural organization revisited", In C. L. Cooper and S. E. Jackson (eds.), *Creating tomorrow's organizations: A handbook for future research in organizational behavior*, John Wiley & Sons.

Cox, T., Welch, J. Nkomo, S. M. (2001), "Research on race and ethnicity: An update and analysis", In R. T. Golembiewski (eds.), *Handbook of organizational behavior*, pp. 255-286, Marcel Dekker.

Crocker, J., Major, B. (1989), "Social stigma and self-esteem: The self-protective properties of stigma", *Psychological Review*, 96, 608-630.

Cummings, A., Zhou, J., Oldman, G. (1993), *Demographic differences and employee work outcomes: Effects of multiple comparison groups*, Paper presented at the Annual Meeting of the Academy of Management Atlanta, GA.

Cyert, R. M., March, J. G. (1963), *A behavioral theory of the firm*, Prentice Hall.

Dass, P., Parker, B. (1996), "Diversity: Strategic issue", In Kossek, E. and Lobel, S. (eds.), *Managing diversity: Human resource strategies for transforming the workplace*, 365-340, Blackwell Publishers.

Dass, P., Parker, B. (1999), "Strategies for managing human resource diversity resistance to learning", *Academy of Management Executive*, 13, 68-80.

David, A. H., Kenneth, H. P., Joanne, H. G., Anna, T. F. (2002), "Time, teams, and task performance: Changing effects of surface-and deep-level diversity on group functioning", *Academy of Management Journal*, 45, 1029–1045.

David, A. K. (2003), "More women in the workplace: Is there a payoff in firm performance?", *Academy of Management Executive*, August, 17.

Davidson, M. J., Burke, Ronald. J. ed. (2004), *Women in management worldwide, facts, figures and analysis*, Ashgate Publishing.

Davis-Blake, A. (1992), "The consequences of organizational demography: Beyond social integration effects", *Research in the Sociology of Organizations*, 10, 175–197.

Deborah, P. L. ed. (2003), *Handbook of diversity management: Beyond awareness to competency based learning*, University Press of America.

DeLaat, J. (1999), *Gender in the workplace: A case study approach*, Sage Publications.

Dewar, D. R., Dutton, E. J. (1986), "The adoption of radical and incremental innovations: an empirical analysis", *Management Sciences*, 32, 11, 1422–1433.

Dobbs, M. (1998), "Managing diversity: The department of energy initiative", *Public Personnel Management*, 27, 161–173.

Donnellon, A., Kolb, D. (1994), "Constructive conflict for all: Dispute resolution and diversity in organizations", *Journal of Social Issues*, 50, 139–155.

Doty, D. H., Glick, W. H., George, P. (1993), "Fit, equifinality, and organizational effectiveness: A test", *Academy of Management Journal*, 36, 1196–1250.

Dorinne, K. K. (1990), *Crafting selves, power, gender, and discourses of identity in a Japanese workplace*, University of Chicago Press.

Downs, A. (1967), *Inside bureaucracy*, Little Brown & Company.

D'Souza, D. (1995), *The end of racism*, Simon and Schuster.

Eagly, A. H., Johnson, B. T. (1990), "Gender and leadership style: A metaanalysis", *Psychological Bulletin*, 108, 233–256.

Earley, P. C. (1989), "East meets west meets mideast: Further explorations of collectivistic and individualistic work groups", *Academy of Management Journal*, 36, 319–348.

Earley, P. C., Mosakowski, E. M. (2000), "Creating hybrid team cultures: An empirical test of international team functioning", *Academy of Management Journal*, 43, 26–49.

参考文献　411

Ella, J. L., Edmondson, Bell., Nkomo, S. M. (2001), *Our separate ways: Black and white women and the struggle for professional identity*, Harvard Business School Press.

Ellis, C., Sonnenfeld, J. A. (1994), "Diverse approaches to managing diversity", *Human Resource Management*, 33, 79–109.

Elsass, P. M., Graves, L. M. (1997), "Demographic diversity in decision-making groups: The experiences of women and people of color", *Academy of Management Review*, 22, 946–973.

Ely, R. J. (1994), "The effects of organizational demographics and social identity on relationships among professional women", *Administrative Science Quarterly*, 39, 203–238.

Ely, R. J., Erican, G. F., Maureeen, S., The Center for Gender in Organizations Simmons School of Management (2003), *Reader in gender, work, and organization*, Blackwell Publishing.

Ely, R. J., Meyerson, D. E. (2000), "Theories of gender in organizations: A new approach to organizational analysis and change", In Staw, B. M. and Sutton, R. I. (eds.), *Research in Organizational Behavior*, *Vol.22*, pp. 105–153, JAI Press.

Ely, R. J., Thomas, D. A. (2001), "Cultural diversity at work: The effects of diversity perspectives on work group processes and outcomes", *Administrative Science Quarterly*, Jun 2001, 46, 229–273.

Enos, J. L. (1962), *Petroleum progress and profits: A history of process innovation*, The MIT Press.

Espinoza, J., Garza, R. (1985), "Social group salience and inter-ethnic cooperation", *Journal of Experimental Social Psychology*, 21, 380–392.

Ethier, A. K., Deaux, K. (1994), "Negotiating social identity when contexts change: Maintaining identification and responding to them", *Journal of Personality and Social Psychology*, 67, 243–251.

Eisenhardt, K., Kahwajy, J., Bourgeois, L. (1997), "Conflict and strategic choice: How top management teams disagree", *California Management Review*, 39, 42–62.

Eisenhardt, K., Schcoonhoven, K. (1990), "Organizational growth: Linking founding team strategy, environment, and growth among U.S. semiconductor ventures, 1978–1988", *Administrative Science Quarterly*, 35, 504–529.

Fagenson, E. A. (1990), "At the heart of women in management research:

Theoretical and methodological approaches and their biases", *Journal of Business Ethics*, 9, 267-274.

Fairhurst, G. T., Snavely, B. K. (1983), "A test of the social isolation of male tokens", *Academy of Management Journal*, 26, 353-361.

Feldman, B. (1992), "The dynamics of ethnic diversity in organizations: Toward integrative models", In Kelly, K. (ed.), *Issues, theory, and research in industrial/organizational psychology*, pp. 246-277.

Fenelon, J., Megaree, E. (1971), "Influence of race on the manifestation of leadership", *Journal of Applied Psychology*, 55, 353-358.

Fiol, C. M. (1994), "Consensus, diversity, and learning in organizations", *Organizational Science*, 5, 403-420.

Flatt, S. (1996), "Developing innovative strategies: How top management teams bring creativity and implementation to the form", Paper presented at the 16th Annual Strategic Management Society Conference. Phoenix, Arizona.

Fletcher, J. K. (1999), *Disappearing acts, gender, power, and relational practice at work*, The MIT Press.

Fligstein, N. (1985), "The spread of the multi-division form among large firms, 1919-1979", *American Sociological Review*, 50, 377-391.

Floyd, S. W., Lane, P. J. (2002), "Strategizing throughout the organization: Managing role conflict in strategic renewal", *Academy of Management Journal*, 25, 154-177.

Ford, J. D., Ford, L. W. (1995), "The role of conversations in producing intentional change in organizations", *Academy of Management Review*, 20, 541-570.

Friedman, J., DiTomaso, N. (1996), "Myths about diversity: What managers need to know about changes in the U.S. labor force", *California Management Review*, 38, 54-77.

Frink, D. D., Robert, K. R., Brian, R., Michelle, M. A. (2003), "Gender demography and organization performance: A two-study investigation with convergence", *Group & Organization Management*, 28, 127-148.

Frisbe, W. P., Neidort, L. (1977), "Inequality and the relative size of minority populations: A comparative analysis", *American Journal of Sociology*, 82, 1007-1030.

藤本隆宏（1997），『生産システムの進化論』有斐閣。

参考文献 **413**

Gaertner, S. L., Dovidio, J. F. (1977), "The subtlety of white racism, arousal, and helping behavior", *Journal of Personality and Social Psychology*, 35, 691-707.

Gaertner, S. L., Dovidio, J. F. (1986), "The aversive form of prejudice", In Dovidio, J. F. and Gaetner, S. L. (eds.), *Prejudice, Discrimination, and Racism*, pp. 61-89, Academic Press.

Gaertner, S. L., Dovidio, J. (ed.) (1986), *Prejudice, discriminations, and racism*, pp. 61-89, Academic Press.

Gaertner, S. L., Mann, J., Dovidio, J., Murrell, A., Pomare, M. (1990), "How does cooperation reduce intergroup bias?", *Journal of Personality and Social Psychology*, 59, 692-704.

Gaertner, S. L., Mann, J., Murrell, A., Dovidio, J. (1989), "Reducing intergroup bias: The benefits of recategorization", *Journal of Personality and Social Psychology*, 57, 239-249.

Gardenswartz, L., Rowe, A. (1998), *Managing diversity, a complete desk reference & planning guide, revised edition*, McGraw-Hill.

Garza, R., Santos, S. (1991), "Ingroup/outogroup balance and interdependent inter-ethnic behavior", *Journal of Experimental Social Psychology*, 27, 124-137.

Geoffrey, M. E., Charles, Schewe, D. (2002), *Managing by defining moments*, Hungry Minds.

Gersick, C. G. (1989), "Making time: Predictable transitions in task groups", *Academy of Management Journal*, 31, 9-41.

Gersick, C. G. (1991), "Revolutionary change theories: A multilevel exploration of the punctuated equilibrium paradigm", *Academy of Management Review*, 16, 10-36.

Gigone, D., Hastie, R. (1993), "The common knowledge effect: Information sharing and group judgment", *Journal of Personality and Social Psychology*, 65, 959-974.

Gilbert, J. A., Ivancevich, John, M. (2000), "Valuing diversity: A tale of two organizations", *The Academy of Management Executive*, 14, 93-105.

Giles, M. (1977), "Percent black and racial hostility: An old assumption reexamined", *Social Science Quarterly*, 58, 412-417.

Gilligan, C. (1982), *In a different voice*, Harvard University Press.

Ginsberg, A., Buchholtz, A. (1990), "Converting to for-profit status: Corporate responsiveness to radical change", *Academy of Management Journal*, 33, 445-477.

Gladstein, D. (1984), "A model of task group effectiveness", *Administrative Science Quarterly*, 29, 499-517.

Glick, W., Huber, G. (1993), "The impact of upper echelon diversity on organizational performance", In Huber, G., Glick, W. (eds.), *Organizational change and redesign*, pp. 176-224, Oxford University Press.

Golembiewski, R. (1995), *Managing diversity in organizations*, University of Alabama Press.

Good, L., Nelson, D. (1971), "Effects of person-group and intra-group similarity on perceived group attractiveness and cohesiveness", Psychonomic Science.

Goodman, P., Garber, S. (1988), "Absenteeism and accidents in a dangerous environment: Empirical analysis of underground coal mines", *Journal of Applied Psychology*, 73, 81-86.

Goodman, P., Leyden, D. (1991), "Familiarity and group productivity", *Journal of Applied Psychology*, 76, 578-586.

Goodman, P., Ravlin, E., Schminke, M. (1987), "Understanding groups in organizations", In Staw, B. and Cunnings, L. (eds.), *Research in Organizational Behavior, Vol.9*, pp. 121-175, JAI Press Greenwich.

Graen, G. B. (2003), *Dealing with diversity*, information Age Publishing.

Grant, J. (1988), "Women as managers: What they can offer to organizations", *Organizational Dynamics*, Winter, 56-63.

Greenhaus, J., Parasuraman, S., Wornley, W. M. (1990), "Effects of race on organizational experiences, job performance evaluations, and career outcomes", *Academy of Management Journal*, 33, 64-86.

Greenwood, R., Hinings, C. R. (1988), "Organizational design types", *Tracks and the Dynamics of Strategic Change Organization Studies*, 9, 293-317.

Greenwood, R., Hinings, C. R. (1993), "Understanding strategic change: The contribution of archetypes", *Academy of Management Journal*, Briarcliff Manor, 36, 1052-1081.

Greenwood, R., Hinings, C. R. (1996), "Understanding radical organizational change: Bringing Together the old and the new institutionalism", *Academy of Management Review*, 21, 1022-1054.

Gruenfeld, D. H., Mannix, E. A., Williams, K. Y., Neale, M. A. (1996), "Group composition and decision-making: How member familiarity and information distribution affect process and performance", *Organizational Behavior and Human Decision Processes*, 67, 1-15.

Guillen, M. F. (2002), "Structural inertia, imitation, and foreign expansion: South korean firms and business groups in china, 1987-95", *Academy of Management Journal*, 45, 509-525.

Gusso, R., Dickson, M. (1996), "Teams in organizations: Research on performance and effectiveness", *Annual Review of Psychology*, 47, 307-338.

Hacker, A. (1995), *Two nations: Black and white, separate, hostile, unequal*, Ballantine Books.

Hackman, J. R. (1987), "The design of work teams", In Lorsch, J. (ed.), *Handbook of Organizational Behavior*, pp. 315-342, Prentice Hall.

Hackman, J. R. (1999), "Thinking differently about context", In Wageman, R. (ed.), *Research on managing groups and teams: Groups in context*, pp. 233-247, JAI Press.

Halliman, M., Smith, S. (1985), "The effects of classroom racial composition on students' interracial friendliness", *Social Psychology Quarterly*, 48, 3-16.

Hambrick, D. C., Cho, T. S., Chen, M. (1996), "The influence of top management team heterogeneity on firms' competitive moves", *Administrative Science Quarterly*, 41, 659-684.

Hambrick, D. C., Mason, P. A. (1984), "Upper echelons: The organization as a reflection of its top managers", *Academy of Management Review*, 9, 193-206.

Hamilton, D. I. (1979), "A cognitive-attributional analysis of stereotyping", In Berkowitz, L. (ed.), *Advances in Experimental Social Psychology*, 12, 53-84, Academic Press.

Hammond, T. R., Kleiner, Brian, H. (1992), "Managing multicultural work environments", *Equal Opportunities International*, 11, 6-9.

花枝美恵子（2002），「欧米の多国籍企業」吉原英樹編『国際経営論への招待』有斐閣，252-278頁。

Hannan, M. T., Freeman, J. (1984), "Structural inertia and organizational change", *American Sociological Review*, 49, 149-164.

Hanover, J., Cellar, D. (1998), "Environmental factors and the effectiveness of workforce diversity training", *Human Resource Development Quarterly*, 9, 105-124.

Harrison, D. A., Price, K. H., Bell, P. M. (1998), "Beyond relational demography: Time and the effects of surface-and deep-level diversity on work group cohesion", *Academy of Management Journal*, 41, 96–107.

Harrison, D. A., Price, K. H., Gavin, Joanne, H., Florey, Anna, T. (2002), "Time, teams, and task performance: Changing effects of surface-and deep-level diversity on group functioning", *Academy of Management Journal*, 45, 1029–1045.

Harvard Business School Press, (2002), *Harvard business review on managing diversity*, Harvard Business School Press.

Harvey, C. P., Allard, M. June (2004), *Understanding and managing diversity, readings, cases, and exercises*, Prentice Hall.

Haveman, H. (1995), "The demographic metabolism of organizations: Industry dynamics, turnover, and tenure distributions", *Administrative Science Quarterly*, 40, 586–618.

Helgesen, S. (1990), *The female advantage: Women's ways of leadership*, Currency Doubleday.

Henderson, G. (1994), *Cultural diversity in the workplace: Issues and strategies*, Praeger Publishing.

Henderson, R. M., Clark, K. B. (1990), "Architectural innovation: the reconfiguration of existing product technologies and the failure of established firms", *Administrative Science Quarterly*, 35, 9–30.

Henry, P. K. (2003), *Diversity and the bottom line prospering in the global economy*, Turnkey Press.

Hillman, A. J., Harris, I. C., Cannella, A. A., Bellinger, L. (1998), "Diversity on the board: An examination of the relationship between director diversity and firm performance", Paper presented at the annual meeting of the Academy of Management, San-Francisco, CA.

Hinings, C. R., Greenwood, R. (1988), *The dynamics of strategic change*, Basil Blackwell Publishing.

Hitt, M. A., Keats, B. W. (1984), "Empirical identification of the criteria for effective affirmative action programs", *Journal of Applied Behavioral Science*, 20, 203–222.

Hof, R. D. (1992), "Inside intel", *Business Week*, Jun 1, 86–94.

Hoffman, E. (1985), "The effect of race-ratio composition on the frequency of organizational communication", *Social Psychology Quarterly*, 48, 17–26.

参考文献　417

Hoffman, L. R. (1959), "Homogeneity and members personality and its effect on group problem solving", *Journal of Abnormal and Social Psychology*, 58, 27–32.

Hoffman, L. R., Harburg, E., Maier, N. (1962), "Differences and disagreement as factors in creative group problem solving", *Journal of Abnormal and Social Psychology*, 64, 206–214.

Hoffman, L. R., Maier, N. R. (1961), "Quality and acceptance of problem solutions by members of homogeneous and heterogeneous groups", *Journal of Abnormal and Social Psychology*, 62, 401–407.

Hogg, M., Abrams, D. (1988), *Social identifications*, Routledge.

Holahan, C. (1979), "Stress experienced by women doctoral students, need for support, and occupational sex typing: An interactional view", *Sex Roles*, 5, 425–436.

Hopkins, W., Hopkins, S. Mallette, P. (2001), "Diversity and managerial value commitment: A test of some proposed relationships", *Journal of Managerial Issues*, 13, 288–306.

Hubbard, E. E. (2004), "Diversity scorecard, evaluating the impact of diversity on organizational performance", In Harver, C., Allard, M. J. (2001), *Understanding and managing diversity, readings, cases, and exercises, 2nd edition*, Edited by Carol Harvey and M. June Allard, Elesevier.

Huselid, M. A. (1995), "The impact of human resource management practices on turnover, productivity, and corporate financial performance", *Academy of Management Journal*, 38, 635–672.

Huy, Q. N. (2001), "Time, temporal capability, and planned change", *Academy of Management Review*, 26, 601–623.

Iannuzzi, J. (1997), "Reaping diversity's competitive rewards", *Business Forum*, 22, 4–5.

Iaquinto, A., Frederickson, J. (1997), "Top management team agreement about the strategic decision process: A test of some determinants and consequences", *Strategic Management Journal*, 18, 63–75.

Ibarra, H. (1992), "Homophily and differential returns: Sex differences in network structure and access in an advertising firm", *Administrative Science Quarterly*, 37, 422–447.

Ibarra, H. (1993), "Personal networks of women and minorities in management: A conceptual framework", *Academy of Management Review*, 18 (1), 56–

87.

Ibarra, H. (1995), "Race, opportunity, and diversity of social circles in managerial networks", *Academy of Management Journal*, 38, 673-703.

Ibarra, H. (1997), "Paving an alternative route: Gender differences in managerial networks", *Social Psychology Quarterly*, 60, 91-102.

Ibarra, H. (2003), *Working identity: Unconventional strategies for reinventing your career*, Harvard Business School Press.

Ibarra, H. (2004), "Men and women of the corporation and the change masters: Practical theories for changing times", *The Academy of Management Executive*, 18, 108-111.

Ichniowski, C. K., Thomas, A. L., David, O. C., Strauss, G. (1996), "What works at work: Overview and assessment", *Industrial Relations*, 35, 299-333.

板垣　博（2002），「海外生産」吉原英樹編『国際経営論への招待』有斐閣，102-121頁。

Itami, H. (1987), *Mobilizing invisible assets*, Harvard University Press.

伊丹敬之（1987），『人本主義企業──変わる経営変わらぬ原理』筑摩書房。

Jackson, S. E. (1992), "Team composition in organizational settings: Issues in managing a diverse work force", In Worchel, S., Wood, W. and Simpson, E. (eds.), *Group process and productivity*, Sage Publications.

Jackson, S. E. et al. (1992), *Diversity in the workplace human resources initiatives*, Guilford Press.

Jackson, S. E., Aparma, J., Nicolas, L. E. (2003), "Recent research on team and organizational diversity: SWOT analysis and implications", *Journal of Management*, 29, 801-830.

Jackson, S. E., Brett, J., Sessa, V., Cooper, D., Julin, J., Peyronnin, K. (1991), "Some differences make a difference: Individual dissimilarly and group heterogeneity as correlates of recruitment, promotions, and turnover", *Journal of Applied Psychology*, 76, 675-689.

Jackson, S. E., May, K. E., Whitney, K. (1995), "Understanding the dynamics of diversity in decision-making teams", In Guzzo, R. A., Salas, E. et al. (eds.), *Team effectiveness and decision making in organizations*, pp. 204-261. Jossey-Bass.

Jackson, S. E., Ruderman, Marian, N. eds. (1996), *Diversity in the work teams: Research paradigms for a changing workplace*, American Psychological Association.

Jackson, S. E., Stone, V., Alvarez, E. (1993), "Socialization amidst diversity: Impact of demographics on work teams old timers and newcomers", In Staw B. and Curnings L. (eds.), *Research in Organizational Behavior, vol.* 15, JAI Press.

Jamieson, D., Julie, O. (1993), "Managing workforce 2000: Gaining the diversity advantage", *HR. Human Resource Planning*, 16, 86.

Jawnet, H. (ed.) (1993), *Japanese women working*, Routledge.

Jean, R. (1999), *Kimono in the boardroom*, Oxford University Press.

Jehn, K. A. (1995), "A multimethod examination of the benefits and detriments of intragroup conflict", *Administrative Science Quarterly*, 40, 256-282.

Jehn, K. A. (1997), "A qualitative analysis of conflict types and dimensions in organizational groups", *Administrative Science Quarterly*, 42, 530-557.

Jehn, K. A., Chadwick, C., Thatcher, S. M. B. (1997), "To agree or not agree: The effects of value congruence, individual demographic dissimilarity, and conflict on workgroup outcomes", *International Journal of Conflict Management*, 8, 287-305.

Jehn, K. A., Northcraft, G., Neale, M. (1997), "Opening Pandora's box: A field study of diversity, conflict, and performance in work groups", Working Paper, Wharton School, University of Pennsylvania.

Jehn, K. A., Northcraft, G. B., Neale, M. A. (1999), "Why differences make a difference: A field study of diversity, conflict, and performance in workgroups", *Administrative Science Quarterly*, 44, 741-763.

Jehn, K. A., Bezrukova, K. (2003), "A field study of group diversity, group context, and performance"Unpublished manuscript. The Wharton School, University of Pennsylvania Philadelphia.

Jennifer, A. C., Jeffrey, T. P., Sigal, G. B., Margaret, A. N. (1998), "Being different yet feeling similar: The influence of demographic composition and organizational culture on work processes and outcomes", *Administrative Science Quarterly*, 43, 749-780.

Johnson, G. (1987), *Strategic change and the management process*, Blackwell Publishers.

Johnson, R., Hoskisson, R., Hitt, M. (1993), "Board of director involvement in restructuring: The effects of board versus managerial controls and characteristics", *Strategic Management Journal*, 14, 33-50.

Johnston, W. B., Packer, A. H. (1987), *Workforce 2000*, Hudson Institute, Indianapolis.

Jones, G. (1996), *The evolution of international business: An introduction*, Routledge.

Jones-Jr., A. J. (1991), *Affirmative talk, affirmative action*, Preager.

Jordan, A. T. (1995), "Managing diversity: Translating anthropological insight for organization studies", *Journal of Applied Behavioral Science*, 31, 124-140.

Judge, T., Ferris, G. (1993), "Social context of performance evaluation decisions", *Academy of Management Journal*, 36, 80-105.

Judy, R. W., D'Amico, C., Geipel, G. L. (1997), *Workforce 2020: Work and workers in the 21st century*, Hudson Institute, Indianapolis.

加護野忠男（1997），『日本型経営の復権』PHP 研究所。

金井壽宏（1991），『変革型ミドルの探求』白桃書房。

Kandola, R. (1995), "Managing diversity: New broom or old hat?", In Cooper and I. T. Robertson (eds.), *International Review of Industrial and Organizational Psychology*, 10, 131-167. Wiley.

Kandola, R., Fullerton, J. (1994), *Managing the mosaic*, The Cromwell Press.

Kanter, R. M. (1977), *Men and women of the corporation*, Basic Books.

Kanter, R. M. (1997), "Some effects of proportions on group life: Skewed sex ratios and responses to token women", *American Journal of Sociology*, 82, 965-990.

Katherine, W. Y., Charles III, O'Reilly, A. (1998), "Demography and diversity in organizations: A review of 40 years of research", *Research in Organizational Behavior*, 20, 77-140.

Katz, I., Goldston, J., Benjamin, L. (1958), "Behavior and productivity in biracial work groups", *Human Relations*, 11, 123-141.

Katz, R. (1980), "Time and work: Toward an integrative perspective", In Staw B. and Curnings L. (eds.), *Research in Organizational Behavior*, 2, 81-104.

Katz, R. (1982), "Project communication and performance: An investigation into the effects of group longevity", *Administrative Science Quarterly*, 29, 81-104.

Keck, S., Tushman, M. (1993), "Environmental and organizational context and executive team structure", *Academy of Management Journal*, 36, 1314-1344.

Kelly, D., Amburgey, T. L. (1991), "Organizational inertia and momentum: A dynamic model of strategic change", *Academy of Management Journal*, 14, 591-612.

Kent, R., McGrath, J. (1969), "Task and group characteristics as factors affecting group performance", *Journal of Experimental Social Psychology*, 5, 429-440.

Key, V. O-Jr. (1949), *Southern politics*, Random House.

金　早雪（2001），「東アジアの奇跡は終わった」「アジアにおける地域経済圏」岩本武和・奥和義・小倉明浩・金早雪・星野郁（著）『グローバル・エコノミー』有斐閣，201-247頁。

Kim, K. I., Park, H., Suzuki, N. (1990), "Reward allocations in the united states, Japan, and Korea", *Academy of Management Journal*, Briarcliff Manor, 33, 188-198.

Kirchmeyer, C. (1993), "Multicultural task groups: An account of the low contribution level of minorities", *Small Group Research*, 24, 127-148.

Kirchmeyer, C. (1995), "Demographic similarity to the work group: A longitudinal study of managers at the early career stage", *Journal of Organizational Behavior*, 36, 67-83.

Kirchmeyer, C., Cohen, A. (1992), "Multicultural groups: Their performance and reactions with constructive conflict", *Group and Organization Management*, 17, 153-170.

Kirn, K., Park, H., Suzuki, N. (1990), "Reward allocations in the United States, Japan, and Korea: A comparison of individualistic and collectivistic", *Academy of Management Journal*, 33, 188-198.

Kiselica, M., Maben, P. (1999), "Do multicultural education and diversity appreciation training reduce prejudice among counseling trainees?", *Journal of Mental Health Counseling*, 21, 240-254.

Kizilos, M., Pelled, L., Cummings, T. (1996), "Organizational demography and prosocial organizational behavior", Unpublished manuscript.

Klayman, J., Ha, Y. (1987), "Confirmation, disconfirmation, and information in hypothesis testing", *Psychological Review*, 94, 211-228.

Konrad, A. M. (2003), "Special issue introduction: Defining the domain of workplace diversity scholarship", *Group & Organization Management*, 28, 1, 4-17.

Konard, A. M., Linnehan, F. (1995), "Formalized HRM structures: Coordinating equal employment opportunity or concealing organizational practices?",

Academy of Management Journal, 38, 787-820.

Konard, A. M., Linnehan, F. (1995), "Race and sex differences in line managers' reactions to equal employment opportunity and affirmative action interventions", *Group and Organization Management*, 20, 408-438.

Konrad, A. M., Gutek, B. (1987), "Theory and research on group composition applications to the status of women and minorities", In Oskamp, S. (ed.), *Interpersonal processes*, pp. 85-112, Sage Publications.

Konrad, A. M., Winter, S., Gutek, B. (1992), "Diversity in work group sex composition", *Research in the Sociology of Organizations*, 10, 115-140.

Korn, H., Milliken, F., Lant, T. (1992), "Top management team change and organizational performance: The influence of succession, composition, and context", Paper presented at the annual meeting of the Academy of Management.

Kosnik, R. (1990), "Effects of board demography and directors' incentives on corporate greenmail decisions", *Academy of Management Journal*, 33, 129-150.

Kossek, E., Lobel, S. (1996), "Introduction: Transforming human resource systems to manage diversity", In Kossek, E. and Lobel, S. (eds.), *Managing diversity*, Blackwell Publishers.

Kramer, R. (1991), "Intergroup relations and organizational dilemmas: The role of categorization processes", In Staw, B. and Curnings, L. (eds.), *Research in Organizational Behavior*, 13, 191-228.

Kravitz, D. A. (2003), "More women in the workplace: Is there a payoff in firm performance?", *The Academy of Management Executive*, 17, 148-149.

Kuhn, T. S. (1970), *The structure of scientific revolution (2nd ed.)*, University of Chicago Press.

LaFromboise, T. C., Coleman, H. Gerton, J. (1993), "Psychological impact of biculturalism: Evidence and theory", *Psychological Bulletin*, 114, 395-412.

Lau, D. C., Mumighan, K. J. (1998), "Demographic diversity and faultliness: The compositional dynamics of organizational groups", *The Academy of Management Review*, 23, 325-340.

Lawrence, B. S. (1997), "The black box of organizational demography", *Organization Science*, 8, 1-22.

Lazear, B. (1997), "Diversity and immigration", Working Paper. May 17,

Graduate School of Business, Stanford University.

Lee, G., Anita, R. (1998), "Why diversity matters", *HR Focus*, 75, 1-3.

Lefkowitz, J. (1994a), "Race as a factor in job placement: Serendipitous findings of 'ethnic drift", *Personnel Psychology*, 47, 497-513.

Lefkowitz, J. (1994b), "Sex-related differences in job attitudes and dispositional variables: Now you see then", *Academy of Management Journal*, 37, 323-349.

Leonard-Barton, D. (1992), "Core capabilities and core rigidities: A paradox in managing new product development", *Strategic Management Journal*, 13, 111-125.

Levinson, D. J. (1978), *The seasons of a man's life*, Knopf.

Levitt, B., March, J. B. (1988), "Organizational learning", *Annual Review of Sociology*, 14, 319-338.

Levy, L. (1964), "Group variance and group attractiveness", *Journal of Abnormal and Social Psychology*, 68, 661-664.

Lewin, K. (1951), *Field theory in social science*, Harper Row.

Lincoln, J., Miller, J. (1979), "Work and friendship ties in organizations: A comparative analysis of relational networks", *Administrative Science Quarterly*, 24, 181-199.

Linville, P., Jones, E. (1980), "Polarized appraisals of outgroup members", *Journal of Personality and Social Psychology*, 38, 689-703.

Loden, M. (1985), *Feminine leadership how to succeed in business without being one of the boys*, Random House.

Loden, M. (1996), *Implementing diversity: Best practices for making diversity work in your organization*, McGraw-Hill.

Loden, M., Rosener, J. (1991), *Workforce america! Managing employee diversity as a vital resource*, Irwin.

Loft, A., Lott, B. (1965), "Group cohesiveness as interpersonal attraction: A review of relationships with antecedent and consequent variables", *Psychological Bulletin*, 64, 259-309.

Lorber, J., Farrell, S. (eds.) (1991), *The social construction of gender*, Sage Publications.

Maddock, S. (1999), *Challenging women : Gender, culture and organization*, Sage Publications.

Martin, P., Shanrainan, K. (1983), "Transcending the effects of sex composition in small groups", *Social Work with Groups*, 6, 19-32.

Mattis, M. (2001), "Advancing women in business organizations", *Journal of Management Development*, 20, 371-388.

McCain, B., O'Reilly, C., Pfeffer, J. (1983), "The effects of departmental demography on turnover: The case of a university", *Academy of Management Journal*, 26, 626-641.

McEnrue, M. P. (1993), "Managing diversity: Los Angels before and after the riots", *Organizational Dynamics*, 21, 12.

McGrath, J. (1984), *Groups: Interaction and performance*, Prentice-Hall.

McGrath, J., Grenfeld, D. (1993), "Toward a dynamic and systemic theory of groups: An integration of six temporally enriched perspectives.", In Chemers, M. and Ayman, R. (eds.), *The future of leadership research: Promise and perspective*, pp. 217-244, Academic Press.

McLeod, P., Lobel, S. (1992), "The effects of ethnic diversity an idea generation in small groups", Paper presented at the Annual Academy of Management Meeting, Las Vegas, Nevada.

McPherson, J., Smith-Lovin, L. (1987), "Homophily in voluntary organizations: Status difference in the composition of face-to-face groups", *American Sociological Review*, 52, 370-379.

Mehra, A., Kilduff, M., Brass, D. (1996), "Relegation to the margins: Race and gender differences in network position, friendship strategies, and social identity", Unpublished working paper.

Merrill-Sands, D., Holvino, E., Cumming, J. (2000), "Working with diversity: A focus on global organizations", CGO Working Paper No.11, Center for Gender in Organizations, Simmons School of Management.

Messick, D., Massie, D. (1989), "Intergroup relations", *Annual Review of Psychology*, 40, 45-81.

Meyer, A. D., Goes, J. B., Brooks, G. R. (1983), "Organization reacting to hyperturbulence", *Organizational change and redesign*, pp. 66-111, Oxford University Press.

Meyerson, D. E. (2001), *Tempered radicals: How people use difference to inspire change at work*, Harvard Business School Press.

Michel, J., Hambrick, D. (1992), "Diversification posture and the characteristics of the top management team", *Academy of Management Journal*, 35, 9-37.

参考文献　**425**

Miller, D. (1990), *The icarus paradox,* Harper Collins.

Miller, D. (1993), "Some organizational consequences of CEO succession", *Academy of Management Journal,* 36, 644-659.

Miller, D. (1994), "What happens after success: The perils of excellence", *Journal of Management Studies,* 31, 325-338.

Miller, D., Friesen, P. H. (1980), "Momentum and revolution in organizational adaptation", *Academy of Management Journal,* 23, 591-614.

Miller, D., Friesen, P. H. (1982), "Structural change and performance: Quantum versus piecemeal-incremental approaches", *Academy of Management Review,* 25, 867-892.

Miller, D., Friesen, P. H. (1984), *Organizations: A quantum view,* Prentice Hall.

Milliken, F. J. (1990), "Perceiving and interpreting environmental change: An examination of college administrators' interpretation of changing demographics", *Academy of Management Journal,* 33, 42-63.

Milliken, F. J., Lant, T. K. (1991), "The effect of an organization's recent performance history on strategic persistence and change", In Shrivastava, P., Huff, A. & Dutton, J. (eds.), *Advamces in Strategic, Management,* 7, 129-156, JAI Press.

Milliken, F. J., Martins, L. L. (1996), "Searching for common threads: Understanding the multiple effects of diversity in organizational groups", *Academy of Management Review,* 21, 402-433.

南方建明（2005），『日本の小売業と流通政策』中央経済社。

Mohrman, A. M., Mohrman, S. A., Ledford, G. E., Cummings, T. G., Lawler, E. E.-Jr. (1989), *Large-scals organizational change,* Jossey-Bass.

Mor-Barak, M. E. (2000), "The inclusive workplace: An ecosystem approach to diversity management", *Social Work,* 45, 339-352.

Mor-Barak, M. E., Cherin, D., Berkman, S. (1998), "Organizational and personal dimensions in diversity criminate: Ethnic and gender differences in employee perceptions", *Journal of Applied Behavioral Science,* 34, 82-104.

Moreland, R. (1985), "Socialcategorization and the assimilation of "new"group members", *Journal of Personality and Social Psychology,* 48, 1173-1190.

Morrison, A. M. (1996), "Closing the gap between research and practic", In Jackson, S. E., Ruderman, M. N. (eds.), *Diversity in work teams,* pp. 219-224, American Psychological Association.

Moscovici, S. (1985), "Social influence and conformity", In Lindzey G. and Aronson H. (eds.), *Handbook of social psychology*, *Vol.2*, pp. 217-249, Random House.

Motwani, J., Harper, Earl., Subramanian, R., Douglas, Ceasar (1993), "Managing the diversified workforce: Current efforts and future directions", *S. A. M. Advanced Management Journal*, 53, 16-21.

Mullen, B. (1983), "Operationalizing the effect of the group on the individual: A self-attention perspective", *Journal of Experimental Social Psychology*, 19, 195-229.

Mullen, B., Copper, C. (1994), "The relation between group cohesiveness and performance: An integration", *Journal of Personality and Social Psychology*, 115, 210-227.

Murmann, J. P., Tushman, M. L. (1997), "Organizational responsiveness to environmental shock as an indicator of organizational foresight and oversight: The role of executive team characteristics and organizational context", In Garud, R., Nayyar, P. R. & Shapira, Z. B. (eds.), *Technological Innovation*, pp. 260-278, Cambridge University Press.

Murmann, P., Tushman, M. (1997), "The effects of executive team characteristics and organizational context on organizational responsiveness to environmental shock", Working Paper, Feb 7, Graduate School of Business, Columbia University.

Murnighan, J. K., Conlon, D. E. (1991), "The dynamics of intense work groups: A study of British string Quartets", *Administrative Science Quarterly*, 36, 165-186.

Murray, A. (1989), "Top management group heterogeneity and firm performance", *Strategic Management Journal*, 10, 125-141.

Nadler, D. A., Shaw, R. B., Walton, A. E. et al. (1995), *Discontinuous change*, Jossey-Bass.

Nadler, D. A., Tushman, M. (1989), "Organizational frame bending: Principles for managing reorientaion", *Academy of Management Executive*, 1, 194-204.

Naff, K. C. (1988), "Progress toward achieving a representative federal bureaucracy: The impact of supervisors and their beliefs", *Public Personnel Management*, 27, 135-150.

Nelson, R. R., Winter, S. G. (1982), *An evolutionary theory of economics*, Belknap

Press.

Nemeth, C. J. (1986), "Differential contributions of majority and minority influence", *Psychological Review*, 93, 1-10.

Nemeth, C. J., Kwan, J. L. (1987), "Minority influence, divergent thinking, and detection of correct solutions", *Journal of Applied Social Psychology*, 17, 786-797.

Nemetz, P. L., Christensen, S. L. (1996), "The challenge of cultural diversity: Harnessing a diversity of views to understand multiculturalism", *Academy of Management Review*, 21, 434-462.

Nieva, V., Guiek, B. (1980), "Sex effects on evaluation", *Academy of Management Review*, 5, 267-276.

Nkomo, S. (1992), "The emperor has no clothes: Rewriting 'race in organizations'", *Academy of Management Review*, 17, 487-513.

Numagami, T. (1996), "Flexibility trap: A case analysis of U.S. and Japanese technological choice in the digital watch industry", *Research Policy*, 25, 133-162.

沼上　幹（2000），『行為の経営学』白桃書房。

Nystrom, P. C., Starbuck, W. H. (1984), "To avoid organizational crises-Unlearn", *Organizational Dynamics*, 12, 53-65.

O'Farrell, B., Harlan, S. (1982), "Craftworks and clerks: The effect of male co-worker hostility on women's satisfaction with nontraditional jobs", *Social Problems*, 29, 252-264.

Offerman, L., Gowing, M. (1990), "Organizations of the future: Changes and challenges", *American Psychologist*, 45, 95-108.

小倉明浩（2001），「グローバル化と新たな貧困問題」岩本武和・奥和義・小倉明浩・金早雪・星野郁（著）『グローバル・エコノミー』有斐閣，172-200頁。

O'Reilly, C., Caldwell, D., Barnett, W. (1989), "Work group demography, social integration, and turnover", *Administrative Science Quarterly*, 34, 21-37.

O'Reilly, C., Chatman, J. (1996), "Culture as social control: Corporations, cults, and commitment", In Staw, B. and Curnings, L. (eds.), *Research in organizational behavior*, 18, JAI Press.

O'Reilly, C., Flatt, S. (1989), "Executive team demography, organizational innovation, and firm performance", Paper presented at the Forty-ninth Annual Meetings of the Academy of Management, Washington D. C..

O'Reilly, C., Snyder, R., Boothe, J. (1993), "Effects of executive team demography on organizational change", In Huber G. and Gliek W. (eds.), *Organizational change and redesign*, pp. 147-175, Oxford University Press.

O'Reilly, C., Williams, K., Barsade, S. (1997), "Group demography and innovation: Does diversity help?", In Mannix, E. and Neale, M. (eds.), *Research in the management of groups and teams*, 1, JAI Press.

Osterman, P. (1995), "Work/family programs and the employment relationship", *Administrative Science Quarterly*, 40, 681-700.

Pelled, L. H. (1993), "Team diversity and conflict: A multivariate analysis", Working paper, School of Business Administration, University of South California.

Pelled, L. H. (1996), "Demographic diversity, conflict, and work group outcomes: An intervening process theory", *Organizations Science*, 7, 615-631.

Pelled, L. H. (1996), "Relational demography and perceptions of group conflict and performance: A field investigation", *International Journal of Conflict Resolution*, 7, 230-246.

Pelled, L. H., Eisenhardt, K., Xin, K. (1997), "Demographic diversity in work groups: An empirical assessment of linkages to intragroup conflict and performance", Working paper, School of Business Administration, University of South California.

Pelled, L. H., Eisenhardt, K. M., Xin, K. R. (1999), "Exploring the black box: An analysis of work group diversity, conflict, and performance", *Administrative Science Quarterly*, 44, 1-28.

Penrose, E. T. (1959), *The theory of the growth of the firm*, John Wiley.

Perker, C. P., Baltes, B. B., Christiansen, N. D. (1997), "Support for affirmative action justice perceptions, and work attitudes: A study of gender and racial-ethnic group differences", *Journal of Applied Psychology*, 82, 376-389.

Peters, T. (1990), "The best new managers will listen, motivate, support", *Working women*, 142-143, 216-217.

Peterson, R., Nemeth, C. (1996), "Focus versus flexibility: Majority and minority influence can both improve performance", *Personnel and Social Psychology Bulletin*, 22, 14-23.

Pfeffer, J. (1983), "Organizational demography", In Staw, B. and Curnings, L. (eds.), *Research in organizational behivior*, Vol.5, pp. 299-357, JAI Press.

Pfeffer, J. (1985), "Organizational demography: Implications for management", *California Management Review*, 28, 67-81.

Pfeffer, J., O'Reilly, C. (1987), "Hospital demography and turnover among nurses", *Industrial Relations*, 26, 158-173.

Philip, H. R., Robert, Moran. T., Sarah, M. V. (2004), *Managing cultural differences, global leadership strategies for the twenty-first century, Sixth edition*, Elsevier Butterworth-Heinemann.

Phinney, J. S. (1996), "Understanding ethnic diversity", *The American Behavioral Scientist*, 40, 143-152.

Phinney, J. S. (1996), "When we talk about American ethnic groups, what do we mean?", *American Psychologist*, 51, 918-927.

Pinkley, R. (1990), "Dimensions of conflict: Disputant interpretations of conflict", *Journal of Applied Psychology*, 75, 117-126.

Plummer, D. L. (2003), *Handbook of diversity management: Beyond awareness to competency based learning*, University Press of America.

Polzar, J. T., Milton, L. P., Swann, W. B. Jr. (2002), "Capitalizing on diversity: Interpersonal congruence in small work groups", *Administrative Science Quarterly*, 47, 296-324.

Porter, M. E. (1980), *Competitive strategy*, Free Press.

Powell, G. N. (1990), "One more time: Do female and male managers differ?", *Academy of Management Executive*, 4, 68-75.

Powell, G. N. (1993), "Promoting equal opportunity and valuing cultural diversity", In G. N. Powell (ed.), *Woman and men in management*, pp. 225-252, Sage Publications.

Powell, G. N. (2004), *Managing a diverse workforce, learning activities, 2nd edition*, Sage Publications.

Powell, G. N., Graves, L. M. (2003), *Women and men in management Third edition*, Sage Publications.

Prasad, P., Mills, A. J., Elmes, M., Prasad, A. (1997), *Managing the organizational melting pot dilemmas of workplace diversity*, Sage Publications.

Priem, R. L., Lyon, D. W., Dess, G. G. (1999), "Inherent limitations of demographic proxies in top management team heterogeneity research", *Journal of Management*, 25, 935-954.

Priem, R. L., Harrison, D., Muir, N. (1995), "Structured conflict and consensus in group decision-making", *Journal of Management*, 21, 691–710.

Quinn, R., Cameron, K. (1983), "Organizational life cycles and shifting criteria of effectiveness" *Management Science*, 9, 33–51.

Ranger-Moore, J. R. (1997), "Bigger may be better, But is older wiser?: Organizational age and size in the New York life insurance industry", *American Sociological Review*, 62, 903–920.

Rao, S. M. (1996), "Effects of employee discrimination on stock returns", *American Business Review*, 89–94.

Rapoport, R., Bailyn, L., Fletcher, J. K., Pruitt, B. H. (2002), *Beyond work-family balance: Advancing gender equity and workplace performance*, Jossy-Bass.

Richard, O. C. (1998), "The impact of coalescing racial diversity and a growth strategy. Evidence from the U.S. Banking industry", *Academy Meetings*, WIM division.

Richard, O. C. (2000), "Racial diversity, business strategy, and firm performance: A resource-based view", *Academy of Management Journal*, 43, 164–177.

Richard, O. C., Barnett, Tim, Dwyer, S., Chadwick, K. (2004), "Cultural diversity in management, firm performance, and the moderating role of entrepreneurial orientation dimensions", *Academy of Management Journal*, 47, 255–266.

Richard, O. C., Grimes, D. (1996), "Bicultural interrole conflict: An organizational perspective", *Mid-Atlantic Journal of Business*, 32, 155–170.

Richard, O. C., Johnson, N. B. (1997), "Making the connection between formal diversity practices and organizational effectiveness: A combined universalistic/contingency interpretation", Presented at the 2nd Annual Brown-Bag Series, Lexington, KY.

Richard, O. C., Kirby, S. (1997), "Attitudes of white American male students toward workforce diversity programs", *Journal of Social Psychology*, 137, 784–786.

Richard, O. C., Kirby, S. L. (1997), "African-Americans' reaction to unjustified diversity selection programs: Do procedures matter?", *Journal of Black Psychology*, 23, 388–397.

Richard, O. C., Kirby, S. (1999), "Organizational justice and the justification of workforce diversity programs", *Journal of Business and Psychology*, 14, 109–118.

参考文献　431

Richard, O. C., Kochan, T. A. (1998), "The impact of cultural diversity on organizational effectivveness", Working Paper, MIT Sloan School of Management.

Riordan, C. M. (2000), "Relational demography within groups: Past developments, contradictions, and new directions", In G. R. Ferris (ed.), *Research in Personnel and Human Resources Management, Vol.19*, pp. 131-173, JAI Press.

Riordan, C., Shore, L. (1997), "Demographic diversity and employee attitudes: Examination of relational demography within work units", *Journal of Applied Psychology*, 82, 342-358.

Robbins, S. P. (1998), *Organizational behavior: Concepts, controversies, application*, Prentice Hall.

Roberson, L., Kulik, C. T., Pepper, M. B. (2001), "Designing effective diversity training: Influence of group composition and trainee experience", *Journal of Organizational Behavior*, 22, 871-885.

Robert, F. L., Norma, R. R. A. (1996), *Diversity management: Triple loop learning*, John Wiley & Sons.

Robert, H., Ben, R. (2002), *Balancing work & life*, Dorling Kindersley.

Roberts, K., O'Reilly, C. (1979), "Some correlates of communication roles in organizations", *Academy of Management Journal*, 22, 42-57.

Robinson, G., Dechant, K. (1997), "Building a business case for diversity", *The Academy of Management Executive*, 11, 21-30.

Rogers, E., Bhowmik, D. (1971), "Homophily-heterophily: Relational concepts for communication research", In Barker, I. and Kibler, E. (eds.), *Speech communication behavior: Perspectives and principles*, McGraw-Hill.

Ronnie, L. (1998), *Management development through cultural diversity, Revised edition*, Routledge.

Rosener, J. B. (1990), "Ways women lead", *Harvard Business Review*, Nov.-Dec., 119-125.

Rosener, J. B. (1995), *American competitive secret women managers*, Oxford University Press.

Ross, K. (1999), "Can diversity and community coexist in higher education?", *American Behavioral Scientist*, 42, 1024-1040.

Rossett, A., Bickham, Terry. (1994), "Diversity training: Hope, faith and cynicism", *Training*, 31, 40-46.

Rothbart, M., John, O. (1993), "Intergroup relations and stereotype change: A social-cognitive analysis and some longitudinal findings", In Sniderman, P. and Tetlock, P. (eds.), *Prejudice, politics, and race in America*, Stanford University Press.

Rousseau, D. M., Fried, Y. (2001), "Location, location, location: Contextualizing organizational research", *Journal of Organizational Behavior*, 22, 1-13.

Ruble, T., Cohen, R., Rubte, D. (1984), "Sex stereotypes", *American Behavioral Scientist*, 27, 339-356.

Ruhe, J. A. (1978), "Effect of leader sex and leader behavior on group problem-solving", Proceeding of the American Institute for Decision Sciences, North-east Division. May, pp. 123-127.

Ryder, N. (1965), "The cohort as a concept in the study of social change", *American Sociological Review*, 30, 843-861.

Rynes, S., Rosen, B. (1995), "A field survey of factors affecting the adoption and perceived success of diversity training", *Personal Psychology*, 48, 247-262.

Sackett, P., DuBois, C., Noe, A. (1991), "Tokenism in performance evaluation: The effects of work representation on male-female and black-white differences in performance ratings", *Journal of Applied Psychology*, 76, 263-267.

坂本和一（1985），『IBM：事業展開と組織改革』ミネルヴァ書房。

Sastry, M. A. (1997), "Problems and paradoxes in a model of punctuated organizational change", *Administrative Science Quarterly*, 237-275.

Schneider, B. (1987), "The people make the place", *Personnel Psychology*, 40, 437-453.

Schneider, S. K., Northcraft, G. B. (1999), "Three social dilemmas of workforce diversity in organizations: A social identity perspective", *Human Relations*, 52, 1445-67.

Schreiber, C. (1979), Changing places: *Men and women in transitional occupations*, MIT Press.

Schumpeter, (1934) *Theory of economic development*, Harvard University Press.

Schwartz, F. N. (1989), "Management Women and the New Facts of Life", *Harvard Business Review*, Jan.-Feb., 65-76.

Schweiger, D., Sandberg, W., Ragan, J. (1986), "Group approaches for improving strategic decision-making: A comparative analysis of dialectical inquiry, devil's advocacy, and consensus approaches to strategic decision-making", *Academy of Management Journal*, 29, 51-71.

Scott, W. R. (1987), "Adolescence of institutional theory", *Administrative Science Quarterly*, 493-511.

Scott, W. R. (1995), *Institutions and organizations*, Sage Publications.

Seiler, W. J., Baudhuin, E. S., Schuelke, L. D. (1982), *Communication in business and professional organizations*, Addison-Wesley Reading.

Selznick, P. (1948), "Foundation of the theory of organization", *American Sociological Review*, 13, 25-35.

Sheila, W., Betty, S. (2001), *Be your own mentor*, Random House.

Shepard, C. R. (1964), *Small groups*, Chandler Publishing.

Sherif, M. (1936) *The psychology of social norms*, Harper & Row.

新宅純二郎・網倉久永（2001），「戦略スキーマの相互作用－組織の独自能力構築プロセス」『競争戦略のダイナミズム』日本経済新聞社，27-64頁。

Siggelkow, N. (2001), "Change in the presence of fit: The rise, the fall, and the renaissance of liz claiborne", *Academy of Management Journal*, 44, 838-857.

Simmons, B. L., Nelson, D. L. (1997), *The diversity advantage?*, Presented at Annual Academy of Management Meetings Boston, MA.

Simon, H. A. (1976), *Administrative behavior, (3rd ed.)*, Free Press.

Simon, H. A. (1996), *The sciences of the artificial, Third edition*, The MIT Press.

Simons, T. (1995), "Top management team consensus, heterogeneity, and debate as contingent predictors of company performance: The complimentarily of group structure and process", Academy of Management Best Papers Proceedings, pp. 62-66.

Simons, T., Pelled, L. (1996), "What kinds of difference make a difference? Distinguishing the performance implications of different types of top management heterogeneity", Unpublished working paper.

Singh, V., Point, S. (2004), "Strategic responses by European companies to the diversity challenge: An online comparison", *Long Range Planning*, 37, 295-318.

Singh, V., Point, S. (2004), "Promoting diversity management", *Management Focus*, 21, 17-19.

Slocum, J. W., McGill, Lei, D. T. (1994), "The new learning strategy: Anytime, anything, anywhere", *Organizational Dynamics*, 23, 33-47.

Smith, C. K., Marvin, D. (1995), "Delinquency and family life among male adolescents: The role of ethnicity", *Journal of Youth and Adolescence*, 24, 69-93.

Smith, K., Smith, K., Olian, J., Sims, H., O'Bannon, D., Scully, J. (1994), "Top management team demography and process: The role of social integration and communication", *Administrative Science Quarterly*, 39, 412-438.

Snyder, M., Tanke, E., Berscheid, E. (1977), "Social perception and interpersonal behavior: On the self-fulfilling nature of social stereotypes", *Journal of Personality and Social Psychology*, 36, 1202-1212.

Sondra, T. (2003), *Making diversity work : Seven steps for defeating bias in the workplace*, Dearborn Trade Publishing.

Sonnenschein, W. (1997), *Diversity toolkit: How you can build and benefit from a diverse workforce*, Contemporary Books.

Sorensen, J. B., Stuart, T. E. (2000), "Aging, obsolescence, and organizational innovation", *Administrative Science Quarterly*, 81-112.

South, S. J., Markham, W. T., Bonjean, C. M., Corder, J. (1987), "Sex differences in support for organizational advancement", *Work and Occupations*, 14, 261-285.

South, S., Bonjean, C., Curnings, W., Corder, J. (1982), "Social structure and intergroup interaction: Men and women of the federal bureaucracy", *American Sociological Review*, 47, 587-599.

South, S., Bonjean, C., Curnings, W., Corder, J. (1983), "Female labor force participation and the organizational experiences of male workers", *Sociological Quarterly*, 24, 367-380.

Spungler, E., Gordon, M., Pipkin, R. (1978), "Token women: An empirical test of Kanter's hypothesis", *American Journal of Sociology*, 85, 160-170.

Stangor, C., Lynch, L., Duan, C., Glass, B. (1992), "Categorization of individuals on the basis of multiple social features", *Journal of Personality and Social Psychology*, 62, 207-218.

Stasser, G., Stewart, D., Wittenbaum, G. (1995), "Expert roles and information exchange during discussion: The importance of knowing who knows what", *Journal of Experimental Social Psychology*, 57, 244-265.

Stasser, G., Stewart, D., Wittenbaum, G. M. (1995) "Expert roles and information exchange during discussion: The impoortance of knowing who knows

参考文献 435

what", *Journal of Experimental Social Psychology*, 31, 244-265.

Staw, B. M. (1981), "The escalation of commitment to a course of action", *Academy of Management Review*, 6, 577-587.

Staw, G. (1980), "The consequences of turnover", *Journal of Occupational Behavior*, 1, 253-273.

Stephan, W. (1985), "Intergroup relations", In Lindzey, G. and Aronson, E. (eds.), *Handbook of social psychology*, pp. 599-658, Random House.

Stephan, W., Stephan, C. (1985), "Intergroup anxiety", *Journal of Social Issues*, 41, 157-175.

Stewart, F. D., Jeffrey, G. H. (2000), *Work and family-allies or enemies?*, Oxford University Press.

Stewman, S. (1988), "Organizational demography", *Annual Review of Sociology*, 14, 173-202.

Stinchcombe, A. (1965) "Social structure and organizations", In J. March (ed.), *Handbook of organizations*, pp. 142-103, Rand MaNally.

Stockdale, M. S., Crosby, F. J. ed. (2004), *The psychology and management of workplace diversity*, Blackwell Publishing.

Swim, J., Borgide, E., Maruyama, G., Myers, D. (1989), "Joan McKay versus John McKay: Do gender stereotypes bias evaluations?", *Psychological Bulletin*, 105, 409-429.

Tajfel, H. (1978), *Differentiation between social groups: Studies in the social psychology of intergroup relations*, Academic Press.

Tajfel, H. (1981), *Human groups and social categories: Studies in social psychology*, Cambridge University Press.

Tajfel, H. (1982), *Social identity and intergroup relations*, Cambridge University Press.

Tajfel, H., Turner, J. (1986), "The social identity of intergroup behavior", In Worchel S. and Austin W. (eds.), *Psychology and intergroup relations*, pp. 7-24, Nelson-Hall.

谷口真美（1995），「部下からみた女性管理者の現状」六甲台論集経営学編『女性管理者のもとで働く部下に対する調査』第42号，神戸大学経済経営学会，1-19頁。

谷口真美（1995），「日本的経営と女性管理者」『六甲台論集経営学編』第42号，神戸大学経済経営学会，21-36頁。

谷口真美（1996），「日本的経営と女性管理者」『神戸大学博士論文』神戸大学，

1-219頁。

谷口真美 (1998),「新しい雇用システムの構築－女性管理者の登用」『日本労務学会第28回全国大会研究報告論集』日本労務学会, 49-54頁。

谷口真美 (1999),「昇格意図とその天井」『広島経済大学経済研究論集』第22号, 広島経済大学地域経済研究所, 1-20頁。

谷口真美 (2001),「女性にとっての日本型経営」佐野陽子・嶋根政充・志野澄人編著『ジェンダー・マネジメント』東洋経済新報社, 53-91頁。

Taniguchi, M. (2002), "Leadership and commitment, women and the Japanese system", In Derr C. B., Roussillon S., Bournois, F., *Cross-Cultural Approaches to Leadership Development*, Praeger Publishing.

谷口真美・延岡健太郎 (2002),「経営モデルの融合プロセス：フォード資本提携強化後のマツダの経営革新」『国民経済雑誌』第187号, 神戸大学経済経営研究所, 1-17頁。

Taylor, F. (1911), *The prineiple of scientific management*, Norton.

Thiederman, S. (1994), "Staff diversity: The best of all backgrounds", *Association Management*, 46, 57-62.

Thomas, D. A. (1993), "The dynamics of managing racial diversity in development relationships", *Administrative Science Quarterly*, 38, 169-194.

Thomas, D. A., Gabarro, J. J. (1999), *Breaking through: The making of minority executives in corporate america*, Harvard Business School Press.

Thomas, D. A., Ely, R. J. (1996), "Making differences matter: A new paradigm for managing diversity", *Harvard Business Review*, September/October, 79-90.

Thomas, R. R., Jr. (1990), "From affirmative action to affirming diversity", *Harvard Business Review*, March-April, 107-117.

Thomas, R. R., Jr. (1992), "Managing diversity: A conceptual framework", In Jackson, S. (ed.), *Diversity in the workplace: Human resources initiatives, The professional practice series.*, pp. 306-317, Guilford Press.

Thomas, R. R., Jr. (1996), "The concept of managing diversity", *Public Manager*, Potomac Winter 1996/1997, 25, 41-44.

Thomas, R. R., Jr., Woodruff, M. I., Thomas, R. Jr. (1999), *Building a house for diversity: A fable about a giraffe & an elephant offers new strategies for today's workforce*, American Management Association.

Thomburg, T. (1991), "Group size and member diversity influence on creative performance", *Journal of Creative Behavior*, 25, 324-333.

徳田昭雄（2002），「国際戦略提携」吉原英樹編『国際経営論への招待』有斐閣，197-214頁。

Torrance, E. (1957), "Group decision-making and disagreement", *Social Forces*, 35, 314-318.

Triandis, H. C. (1960), "Cognitive similarity and communication in a dyad", *Human Relations*, 13, 279-287.

Triandis, H. C. (1995), "The importance of contexts in studies of diversity", In Jackson, S. and Ruderman, M. (eds.), *Diversity in work teams*, 225-233. American Psychological Association.

Trandis, H. C. (1996), "The importance of contexts in studies of diversity", In Jackson, S. E., Ruderman, M. N. (eds.), *Diversity in work teams*. pp. 225-233, American Psychological Association.

Triandis, H. C., Hall, E., Ewen, R. (1965), "Member heterogeneity and dyadic creativity", *Human Relations*, 18, 33-55.

Triandis, H. C., Kurowski, L., Gelfand, M. (1994), "Workplace diversity", In Triandis H., Dunnetle M. and Hougo L. (eds.), *Handbook of industrial and organizational psychology, vol.4*, pp. 769-827, Consulting Psychologists Press.

Tsui, A. S., Egan, T. D., O'Reilly, C. A. (1992), "Being different: Relational demography and organizational attachment", *Administrative Science Quarterly*, 37, 549-579.

Tsui, A. S., Gutek, B. A. (1999), *Demographic differences in organizations, current research and future directions*, Lexington Books.

Tsui, A. S., O'Reilly, C. (1989), "Beyond simple demographic effects: The importance of relational demography in superiors-subordinate dyads", *Academy of Management Journal*, 32, 402-423.

Turner, J. (1982), "Toward a cognitive definition of the group", In Tajfel (ed.), *Social identity and intergroup relations*, Cambridge University Press.

Turner, J. (1987), *Rediscovering the social group: A social categorization theory*, B. Blackwell.

Tushman, M. L., O'Reilly, C. (1996), "The ambidextrous organization: Managing evolutionary and revolutionary change", *California Management Review*, 38, 1-23.

Tushman, M. L., Romanelli, E. (1985), "Organizational evolution: A metamorphosis model of convergence and reorientation", In Cummings, L. L. &

Staw, B. M. (eds.), *Research in organizational behavior, vol.7*, pp. 171–222, JAI Press.

Tziner, A., Eden, D. (1985), "Effects of crew composition on crew performance: Does the shole equal the sum of its parts?", *Journal of Applied Psychology*, 70, 85–93.

Ven, Vande., Andrew, H., Marshall, S. P. (1995), "Explaining development and change in organizations", *Academy of Management Review*, 20, 510–540.

Verkuyten, M., de Yong, W., Masson, C. (1993), "Job satisfaction among ethnic minorities in the Motherlands", *Applied Psychology: An International Review*, 42, 171–189.

Virany, B., Tushman, M., Romanetti, E. (1992), "Executive succession and organization outcomes in turbulent environments: All organization learning approach", *Organization Science*, 38, 72–91.

Wall, V. D-Jr., Nolan, L. L. (1986), "Perceptions of inequity, Satisfaction, and conflict in task-oriented groups", *Human Relations*, 39, 590–602.

Wanger, W., Pfeffer, J., O'Reilly, C. (1984), "Organizational demography and turnover in top management groups", *Administrative Science Quarterly*, 29, 74–92.

Wanous, J. P., Youtz, M. A. (1986), "Solution diversity and the quality of group decisions", *Academy of Management Journal*, 29, 149–159.

Watson, V., Nolan, L. (1986), "Perceptions of inequity, satisfaction, and conflict in task-oriented groups", *Human Relations*, 39, 1033–1052.

Watson, W. E., Kumar, K., Micaelsen, L. K. (1993), "Cultural diversity's impact on interaction process and performance: Comparing homogeneous and diverse task groups", *Academy of Management Journal*, 36, 590–602.

Watzlawick, P. (1978), *The language of change*, Basic Books.

Weber, M. (1964), *The theory of social and economic organizations*, Free Press of Glencoe.

Wentling, R. M., Palma-Rivas, N. (2000), "Current status of diversity initiatives in selected multinational corporations", *Human Resource Development Quarterly*, 11, 35–60.

West, M. A. (2002), "Sparkling fountains or stagnant ponds: An integrative model of creativity and innovation implementation in work groups", *Applied Psychology: An International Review*, 51, 355–424.

West, C. T., Jr., Schwenk, C. R. (1996), "Top management team strategic consensus, demographic homogeneity and firm performance", *Strategic Management Journal*, 17, 571-576.

Westphal, J. (1996), "Who shall govern? The role of demographic similarity in new director selection", Paper presented at the annual meeting of the Academy of Management, Cincinati, OH.

Wharton, A. S., Baron, J. N. (1987), "So happy together? The impact of gender segregation on men at work", *American Sociological Review*, 52, 574-587.

Wharton, A. S., Baron, J. N. (1991), "Satisfaction? The psychological impact of gender segregation on women at work", *Sociological Quarterly*, 32, 365-387.

Wiersema, M., Bantel, K. (1992), "Top management team demography and corporate strategic change", *Academy of Management Journal*, 35, 91-121.

Wiersema, M., Bantel, K. (1993), "Top management team turnover as an adaptation mechanism: The role of the environment", *Strategic Management Journal*, 14, 485-504.

Wiersema, M., Bird, A. (1993), "Organizational demography in Japanese firms: Group heterogeneity individual dissimilarity, and top management team turnover", *Academy of Management Journal*, 36, 996-1025.

Williams, K. Y., O'Reilly, C. A. (1998), "Demography and diversity in organizations: A review of 40 years of research", In Staw, B. and Cummings, L. L. (eds.), *Research in organizational behavior, vol.8*, pp. 70-140, JAI Press.

Witherspoon, P. D., Wohlert, K. L. (1996), "An approach to developing communication strategies for enhancing organizational diversity", *Journal of Business Communication*, 33, 375-399.

Wittenbaum, G., Stasser, G. (1996), "Management of information in small groups", In Nye, J. and Brower, M. (eds.), *What's social about social cognition? Social cognition research in small groups*, pp. 3-28, Sage Publications.

Wood, W. (1987), "Meta-analytic review of sex differences in group performance", *Psychological Bulletin*, 102, 53-71.

Word, C., Zanna, M., Cooper, J. (1974), "The nonverbal meditation of self-fulfilling prophecies in interracial integration", *Journal of Experimental Social Psychology*, 10, 109–120.

Wright, P., Ferris, S. P., Hiller, J. S., Kroll, M. (1995), "Competitiveness through management of diversity: Effects on stock price valuation", *Academy of Management Journal*, 38, 272–287.

Yakura, E. K. (1996), "EEO law and managing diversity", In Kossek, E. and Lobel, S. (eds), *Managing diversity*, Blackwell Publishing.

吉原英樹（2002），『国際経営論への招待』有斐閣。

Zajac, E., Golden, B., Shortell, S. (1991), "New organizational forms for enhancing innovation: The case of internal corporate joint ventures", *Management Science*, 37, 170–184.

Zamasripa, P., Krieger, D. (1983), "Implicit contracts regulating small group leadership: The influence of culture", *Small Group Behavior*, 14, 187–210.

Zeleny, L. (1955), "Validity of a sociometric hypothesis -the function of creativity in interpersonal and group relations", *Sociometry*, 18, 439–449.

Zenger, T., Lawrence, B. (1989), "Organizational demography: The differential effects of age and tenure distributions on technical communications", *Academy of Management Journal*, 32, 353–376.

Ziller, R. C., Exline, R. V. (1958), "Some consequences of age heterogeneity in decision-making groups", *Sociometry*, 21, 198–211.

Zuker, L. (1987), "Normal change or risky business; Institutional effects of the 'harzard' of change in hospital organizations, 1959–1979", *Journal of Management Studies*, 24, 671–700.

Zuker, L. (1988), *Institutional patterns and organizations*, Ballinger.

参考文献　441

雑誌文献

国際商業出版（1997），『激流』2月号，14-17頁。

国際商業出版（1997），『激流』5月号，14-15頁。

国際商業出版（1997），『激流』7月号，10-14頁。

国際商業出版（1997），『激流』10月号，58-76頁。

国際商業出版（1998），『激流』1月号，18-21頁。

国際商業出版（1998），『激流』5月号，18-35頁。

国際商業出版（1999），『激流』10月号，70-74頁。

国際商業出版（2000），『激流』1月号，50-53頁。

国際商業出版（2000），『激流』5月号，22-29頁。

国際商業出版（2001），『激流』1月号，14-17頁。

国際商業出版（2001），『激流』5月号，26-27頁。

国際商業出版（2002），『激流』5月号，32-33頁。

国際商業出版（2003），『激流』5月号，12-13頁。

国際商業出版（2003），『激流』7月号，10-14頁。

国際商業出版（2004），『激流』5月号，50-53頁。

国際商業出版（2004），『激流』9月号，14-25頁。

商業界（2001），『商業界』7月号，30-47頁。

日本経済新聞社（2000），『流通経済の手引き』2000年版，5-13頁，108-109頁，200頁。

日本経済新聞社（2001），『流通経済の手引き』2001年版，101-103頁，146頁。

日本経済新聞社（2002），『流通経済の手引き』2002年版，5-16頁。

日本経済新聞社（2003），『流通経済の手引き』2003年版，118-154頁。

日本経済新聞社（2004），『流通経済の手引き』2004年版，23-34頁，231頁。

日経BP社（2003），『日経ビジネス』1月13日号，18頁。

日経BP社（2004），『日経ビジネス』5月17日号，30-33頁。

新聞

毎日新聞，2005年6月12日。

日経産業新聞，2005年4月7日。

日経産業新聞，2004年5月30日。

日経産業新聞，2005年5月28日。

索　引

ア行

アファーマティブ・アクション　45,
149, 151, 199, 202
　　ポジティブ・アクション　183, 187

カ行

Catalyst　168, 172
企業間提携　232
　　——合併　8, 231
企業の戦略的行動　199
　　学習と効率性のパラダイム　174, 231
　　差別と公平性のパラダイム　231, 368
　　市場アクセスと正当性のパラダイム
　　　231, 255
　　「多様性尊重」のパラダイム　238
　　「抵抗」のパラダイム　235
　　「同化」のパラダイム　232
　　「統合」のパラダイム　232, 234
　　「分離」のパラダイム　232, 233
　　——の12の行動パターン　245
グローバル化　7, 15, 37, 48
雇用差別　24
コンテクスト　89
　　時間　93
　　戦略　92
　　チームの風土　92
　　組織文化　92
　　タスク　90
　　プロセス　91

サ行

ジェンダー・ダイバシティ　74, 137
　　公園と私圏　139
　　男女の違いをめぐる4つの立場　140
　　男性リーダーと女性リーダーは異なるか
　　　175
　　デュアルアジェンダ　179
　　日本における——　183

——とパフォーマンス　147
——とパフォーマンスの関係性
　162
——の特徴　137
——の有効性　163
実行ステップ　267
　　変革へのスタンスに応じた対処法　273
　　　イノベーター　274
　　　懐疑論者　274
　　　現実主義者　274
　　　チェンジエージェント　274
　　　伝統主義者　274
　　ユニットに分ける　272
　　ラウンドテーブル　279
組織開発のモデル　199
　　2001年 Cox モデル　211
　　Agars & Kottke モデル　219
　　Taylor Cox 初期モデル　200
　　Dass & Parker の戦略的マネジメント
　　　モデル　217
　　D. Thomas & Ely モデル　206
　　Robert Golembiewski モデル　205
　　Gary Powell モデル　199
　　Roosevelt Thomas モデル　202
組織的介入　207
　　教育　209
　　フォローアップ　210
　　マネジメントシステムの整合　210
　　予備的調査と効果測定　209
　　リーダーシップ　208
組織的支援　283
　　財務的——　283, 349
　　情報——　283, 350
　　人的——　283, 350
組織変革　265
　　漸進的——　238
　　　組織構造を変える　258, 266
　　　組織戦略を変える　265
　　　組織文化を変える　258, 266
　　破壊のない——　240
　　ラディカルな——　238

443

タ行

ダイバシティ　39
　アンチ・───　122
　カルチャラル・───　40, 42
　経歴の───（Background Diversity）
　　68
　在職期間の───（Tenure Diversity）
　　60
　サプライヤーの───　12
　人種・民族の───（Racial and Ethnic
　　Diversity）80
　深層的な───　41
　性別（ジェンダー）の───（Gender
　　Diversity）74
　トップマネジメントの───　168
　年齢の───（Age Diversity）71
　表層的な───　41
　メンバーの───　165
　リーダーの───　167
　───研究　39
　───研究の変遷　45
　───研修　225
　───専任マネジャー　208
　───・タスクフォース　208, 270
　───とパフォーマンスとの関係　48
　───のカテゴリー　41
　───の定義　39
　───のプレッシャー　252
　───の理解　203
　───をどのように認知するか　218
ダイバシティが競争優位性にむすびつく領
　域　104
　コスト　105
　人的資源獲得　108
　創造性　110
　システムのフレキシビリティ　113
　マーケティング　108
　問題解決　111
ダイバシティ（多様化）のトリガー　37
ダイバシティへのアプローチ　243
　The Episodic Approach　243
　The Freestanding Approach　243
　The Systemic Approach　243
ダイバシティ・マネジメント　254
　狭義の───　257
　広義の───　257
　───とは　254
　───の取り組み　258
　───を可能にする組織　276
ダイバシティ（多様性）をいかす組織の特
　徴　199

学習する組織　206
　多元組織　200
　多文化組織　200
　単一組織　200
多国籍企業　8, 20, 110
多様性（化）　9, 16, 22, 25, 31, 33
　技術の───　48
　市場の───　10, 48
　労働力の───　9, 48
多用性　33
多様性に価値をおく（Value-In-Diver-
　sity）45, 165
男女雇用機会均等法　294
デモグラフィ研究　39
同化　232
統合　235
トップマネジメント　168
　───についている女性の割合　169
　───の権限役割　261
　───のコミットメント（関与）
　　208, 261
　───のダイバシティと均質性　95
　───の認識　262

ハ行

パフォーマンス　49
　財務的───　49
　　TRS, ROE　50
　中間的───　50
　非財務的───　50
　───に結びつくプロセス　105, 276,
　　308
パフォーマンスに与える影響　50
　逆U字型曲線　164, 166
　デメリット　117, 122, 124
　ネガティブな主張　55
　プラスに働くもの　52
　ポジティブな主張　55
　マイナスに働くもの　53
　メリット　117, 119, 123
パワー　144
　支援を与える　256
　地位を与える　256
　パワーバランスを変える　256
　割合を変える　152
　───バランス　127, 256
分離　233
米国雇用機会均等法　39, 45

索　引　445

マ行

マイノリティ　39, 58, 79, 276
マジョリティ　59
ミドル・マネジメント　197
　　——の役割　359
メルティングポットからサラダボールへ
　　45

ラ行

リーダーシップスタイル　172
　　女性と男性の——が異なるか　174
　　女性の——　172
　　ボトムアップ型の——　332
理論
　　組織構造変数理論　149

トークニズム　151
トークン　150
ドミナント　153
社会的統合理論　66
社会的役割理論　160
情報・意思決定理論　51
ソーシャル・アイデンティティ理論
　158
ソーシャル・カテゴリー理論　52
ソーシャル・ネットワーク理論　158
役割理論　160
類似性・アトラクション理論　53

ワ行

Workforce 2000　34
割合効果　83

■著者紹介

谷口　真美（たにぐち　まみ）
早稲田大学大学院商学研究科教授

略歴
1996年3月	神戸大学大学院経営学研究科博士後期課程修了， 同年3月博士（経営学）取得
1996年4月-1999年3月	広島経済大学経済学部経営学科専任講師
1999年4月-2000年3月	同　助教授
2000年4月-2003年3月	広島大学大学院社会科学研究科マネジメント専攻 （社会人対象MBA）助教授
2000年10月-2001年4月	米国ボストン大学大学院組織行動学科，エグゼクティブ・ ラウンドテーブル　客員研究員
2003年4月-2007年3月	早稲田大学大学院商学研究科助教授
2007年4月-2008年3月	同　准教授
2008年4月-現在	同　教授
2013年8月-2015年8月	マサチューセッツ工科大学スローン経営大学院客員研究員

担当科目
大学院：Diversity Management，国際経営論
学　部：グローバル経営，ダイバシティ・マネジメントⅠ，Managing Teams and
　　　　Faultlines

研究概要：現在，次の2つのテーマに取り組んでいる。
⑴ 多様性（ダイバシティ）をいかすリーダーシップ
⑵ 多様性（ダイバシティ）が組織に与える影響

主要業績
谷口真美（2016）．多様性とリーダーシップ　曖昧で複雑な現象の捉え方，組織科学，
　50⑴，4-25．
谷口真美（2016）．多様性とは何か，季刊家計研究，111，12-22．
谷口真美（2008）．組織におけるダイバシティ・マネジメント，日本労働研究雑誌，
　574，69-84．

▨ **ダイバシティ・マネジメント**
　　　　－多様性をいかす組織－

〈検印省略〉

▨ 発行日──2005年 9 月26日　初 版 発 行
　　　　　2023年 5 月26日　第 7 刷発行

▨ 著　者──谷口真美

▨ 発行者──大矢栄一郎

▨ 発行所──株式会社　白桃書房
　　　　　〒101-0021　東京都千代田区外神田5-1-15
　　　　　☎03-3836-4781　📠03-3836-9370　振替00100-4-20192
　　　　　https://www.hakutou.co.jp/

▨ 印刷／製本──藤原印刷
　Ⓒ Mami Taniguchi 2005　Printed in Japan　ISBN978-4-561-23441-8 C3034
　本書のコピー，スキャン，デジタル化等の無断複製は著作権法上での例外を除
　き禁じられています。本書を代行業者等の第三者に依頼してスキャンやデジタ
　ル化することは，たとえ個人や家庭内の利用であっても著作権法上認められて
　おりません。
　　JCOPY〈出版者著作権管理機構　委託出版物〉
　本書の無断複写は著作権法上での例外を除き禁じられています。複製される場
　合は，そのつど事前に，出版者著作権管理機構（電話03-5244-5088,
　FAX03-5244-5089, e-mail：info@jcopy.or.jp）の許諾を得てください。
　落丁本・乱丁本はおとりかえいたします。

好 評 書

坂下昭宣【著】
組織シンボリズム論
—論点と方法

本体3000円

山田幸三【著】
新事業開発の戦略と組織
—プロトタイプの構築とドメインの変革

本体2800円

岩崎尚人【著】
コーポレートデザインの再設計

本体4000円

西脇暢子【編著】
日系企業の知識と組織のマネジメント
—境界線のマネジメントからとらえた知識移転メカニズム

本体3500円

安藤史江【著者代表】 浅井秀明・伊藤秀仁・杉原浩志・浦 倫彰【著】
組織変革のレバレッジ
—困難が跳躍に変わるメカニズム

本体3800円

内藤知加恵【著】
フォールトライン
—組織の分断回避へのアプローチ

本体3000円

舟津昌平【著】
制度複雑性のマネジメント
—理論の錯綜と組織の対応

本体2818円

山﨑京子【著】
個人と組織 不適合のダイナミクス
—適合と不適合が索引する外部環境適応

本体3091円

D. L. ブルスティン【編著】 渡辺三枝子【監訳】
キャリアを超えて ワーキング心理学
—働くことへの心理学的アプローチ

本体6400円

―――――――― 東京 白桃書房 神田 ――――――――

本広告の価格は本体価格です。別途消費税が加算されます。